本书出版得到华中师范大学政治学"一流学科"项目经费资助

基层治理现代化丛书

徐勇 陈军亚 主编

以共同缔造推进基层治理现代化

厦门探索

任路 冯晨晨 等 编著

中国社会科学出版社

图书在版编目(CIP)数据

以共同缔造推进基层治理现代化：厦门探索／任路等编著．— 北京：中国社会科学出版社，2023.10
（基层治理现代化丛书）
ISBN 978-7-5227-2449-2

Ⅰ.①以… Ⅱ.①任… Ⅲ.①社会管理—现代化建设—研究—厦门 Ⅳ.①D675.73

中国国家版本馆 CIP 数据核字（2023）第 155123 号

出 版 人	赵剑英
责任编辑	朱华彬　李　立
责任校对	谢　静
责任印制	张雪娇

出　　版	中国社会科学出版社
社　　址	北京鼓楼西大街甲 158 号
邮　　编	100720
网　　址	http://www.csspw.cn
发 行 部	010-84083685
门 市 部	010-84029450
经　　销	新华书店及其他书店
印　　刷	北京君升印刷有限公司
装　　订	廊坊市广阳区广增装订厂
版　　次	2023 年 10 月第 1 版
印　　次	2023 年 10 月第 1 次印刷
开　　本	710×1000　1/16
印　　张	25
插　　页	2
字　　数	423 千字
定　　价	108.00 元

凡购买中国社会科学出版社图书，如有质量问题请与本社营销中心联系调换
电话：010-84083683
版权所有　侵权必究

《基层治理现代化丛书》编委会

主　　编　徐　勇

执行主编　陈军亚

编　　委　(按姓氏笔画排序)

丁　文　马　华　卢福营　田先红　刘义强

李海金　李华胤　任　路　冷向明　吴晓燕

吴春宝　吴　帅　陆汉文　陈军亚　陈　明

张启春　张大维　贺东航　徐　勇　徐　刚

徐增阳　黄振华　黄凯斌

总 序

作为一个概念和术语,"共同缔造"最早用于统一的多民族国家建构。《中华人民共和国宪法》规定:"中华人民共和国是全国各族人民共同缔造的统一的多民族国家。"从"共同缔造"的内涵可以看出,这一概念强调个体或者部分之上的整体,由所有个体或部分围绕共同的目标共同参与创立、创造的行动工作,进而形成一个全新的共同体。作为基层治理过程中使用的概念,"共同缔造"经历了十多年的发展演化与探索创新。

"共同缔造"在实际生活中的运用,始于人居环境科学领域的思想探索。吴良镛先生在《广义建筑学》中基于美好建筑环境与美好的社会理想的关系,对美好环境与幸福生活做了重要解释:"美好建筑环境是与美好的社会理想共同缔造的,它是社会理想和社会建设的结合点""人居环境建设不仅是建立人与自然和谐关系的过程,也是建立人与人和谐关系的过程,人创造人居环境,人居环境又对人的行为产生影响"。他强调从人的角度来分析人对人居环境的创造以及在此过程中人本身的变化。

"共同缔造"作为一种施政理念和政策行为,发源于广东省云浮市社会建设的创新实践。自2008年开始,广东省云浮市开展"美好环境与和谐社会共同缔造"活动,通过"共谋、共建、共管、共享"的方法,统筹经济社会协调发展。与发达地区重经济发展轻社会建设相比,云浮在经济发展中更加重视社会建设,在经济发展水平低、政府能力不足的情况下,政府运用"共同缔造"的理念和方法,组织发动群众,凝聚群众力量,决策共谋、发展共建、建设共管、成果共享,在欠发达地区社会建设中领先一步,尤其是城乡基层治理取得显著成效和宝贵经验,成为广东乃至全国农村改革的试验区,不少经验做法在广东乃至全国推广,成为当时广东农村社会建设与基层治理的典范与样本。

"共同缔造"发展于福建省厦门市社会治理的跨越提升。2013年之后,"共同缔造"理念和实践结合得更加紧密,其重心逐渐从社会建设转向社会治理,通过"美丽厦门·共同缔造"活动推动城市社会治理创新。当时厦门市面临城市治理的巨大压力,与之相对政府在社会治理中习惯于"大包大揽",出现"中等收入社会难题",即社会建设滞后、社会矛盾突出、社会事件增长、社会治理困难。为此,厦门市在社会治理体制创新、提升治理水平方面做出积极探索,让社区居民参与到社会治理之中。凝聚社会共识,彰显共同体精神;强化社会行动,推动共同性缔造;完善社会组织,推动协调治理;扩大社会参与,让自治运转起来;发展社会事业,实现精细化治理等。为了扭转政府在社会治理中"包办"和"独唱"的局面,厦门市在云浮"共谋、共建、共管、共享"基础上加入"共评",通过"以下评上"方式,让居民对社会治理效果进行共评,是当时地方探索社会治理共同体的先声。

"共同缔造"拓展于辽宁省沈阳市与住建部的人居环境建设。2016年开启的"幸福沈阳·共同缔造"是在城市社区中开展社区参与式规划与美好环境建设实践,"共同缔造"进入人居环境与社会治理中。之后2017年住房和城乡建设部在全国推动"美好环境与幸福生活共同缔造"行动,并形成了"共同缔造工作法",积极倡导人居环境建设、社区改造过程中居民的参与和行动,并具体运用到城市边缘社区、城市社区微改造、乡村振兴、宜居城市建设、城市更新等场域。

"共同缔造"定型于湖北省深化共同缔造推进党建引领基层治理。自2022年,历经十年理论与实践积淀的"共同缔造"形成体系化的理念和方法,写入湖北省第十二次党代会报告:"以城乡社区为基本单元,以改善群众身边、房前屋后人居环境的实事小事为切入点,以建立和完善全覆盖的基层党组织为核心,以构建纵向到底、横向到边、共建共治共享的城乡社会治理体系为目标,广泛开展美好环境与幸福生活共同缔造活动,发动群众决策共谋、发展共建、建设共管、效果共评、成果共享。"在"共同缔造"活动中,湖北省重点聚焦于完善城乡基层治理体系,运用共同缔造理念和方法推进基层治理现代化。如果说"共同缔造"理念发源于云浮,方法成熟于厦门,方法拓展于沈阳与住建部,那么,体系则定型于湖北。

至此，从作为术语的"共同缔造"，到理念、方法与行动的"共同缔造"，再到体系化的"共同缔造"，随着实践的发展，理论逐渐丰富完善。从人居环境建设到统筹经济社会发展，从社会建设到社会治理，再到城乡基层治理，"共同缔造"逐渐形成一个完整的理念与方法的体系。

共同缔造作为理念与方法进入基层治理实践过程中，带来的是一种创新性的变革。共同缔造的核心要义是共同。它的时代背景是，随着经济体制改革和市场经济发展，我国的社会结构发生了深刻的变化，原有的单一的政府管理已无法适应新的形势。共同缔造强调在党的领导下政府、社会与群众共同参与，形成共建共治共享的基层治理新格局，推进基层治理现代化。

基层治理现代化是一个具有现代取向的基层治理过程。在传统农业社会，我国的基层主要以社会自我治理为主。新中国建立后，基层治理主要以单一的政府管理为主。改革开放以来，我国的经济社会基础发生了巨大变化，国家整体进入现代化建设轨道之中，并要求基层治理现代化。共同缔造是一种具有现代取向的理念，强调政府、社会与群众相结合的共建共治共享。它重视政府在基层治理的主导地位，但强调政府治理更多的是为全体民众提供更好的公共服务，因此要有更多的群众参与。为此，它重视传统社会中社会自治的价值，重视计划经济时代群众参与管理的经验，更重视如何在现代化进程中将分散的个体社会成员组织起来参与公共事务。这使得基层治理现代化具有鲜明的中国式属性。更重要的是，以共同缔造推进基层治理现代化具有高度的人民性。它将人民视为治理的主体，强调人民群众对治理的参与和对成果的享有。共同缔造是一种具有现代实践价值的方法。没有理念的行动是盲目的；没有行动的理念是空洞的。现代性是一个通过实践不断获得的过程。共同缔造强调以实事小事为切入点，有助于将先进的理念落到实处，通过实践活动一步步推进基层治理现代化。

通过共同缔造建构的基层治理新格局在实践中取得了很好的成效。共同缔造是对传统的基层治理格局的重要变革，这一过程也面临诸多挑战和困难。毕竟中国数千年来，国家对基层更多的是管制；新中国成立后的相当长时间，国家对基层更多的是管理。人们对自上而下的纵向的单一的管理，十分熟悉，对纵向到底、横向到边、共建共治共享的现代基层治理还很陌生。特别是我国正处于社会结构急剧变化、社会矛盾相对活跃的现代化进程之中，基层治理必须充分考虑活力与秩序的统一。以共同缔造推进基层治理现代化的探索因而更为艰难。

自改革开放以来，华中师范大学的政治学学者便将基层治理作为主要领域，将田野调查作为主要方法，将治理实践作为主要动力。当共同缔造作为一种地方施政理念和政策行为，推动基层治理创新，我们便参与其中，并一直追寻实践的足迹，将共同缔造推进基层治理现代化作为我们的研究对象和切入点，以此牵引我们的研究。首先是基层治理创新实践提出的诸多问题需要我们去解答。如与传统的单一的政府管理不同，共同缔造要求共建共治共享，必须找到政府治理与群众参与的结合点，基层治理单元问题因此提了出来。其次是基层治理创新实践推动了研究方法的提升。过往人们研究基层更多的是由外向内看，是一种外部性研究。基层治理创新实践中提出诸多要解答的问题，仅仅是外部性研究已不够。它要求我们深入事物内部，发现其内在机理。如基层治理单元如何设置问题，需要进入基层治理体系内部去寻找答案。田野政治学作为政治学的一种路径，特别强调以田野调查为基础。再次是基层治理创新推动理论的提升。政治学主要以国家整体为对象，强调理论建构。基层治理创新实践为政治学回答国家整体问题提供了新的角度。如我国的国家结构形式是单一制。这一结构形式有助于集中力量，但会伴随压抑地方和基层活力的问题。我们从基层治理创新的实践中发现，地方和基层积极解决问题并引起治理创新的实践成为单一制国家结构形式的重要补充和活力所在。

基层治理现代化是国家治理现代化的基础所在。以共同缔造推进基层治理现代化是基层治理现代化的一种路径，也推动着我们的研究。"以共同缔造推进基层治理现代化书系"便是我们团队研究的系列成果。

相信本书系的出版不仅能够为持续十五年之久的共同缔造与基层治理创新提供历史解释、理论总结和经验解读，而且能够为当下正在推进的基层治理现代化提供富有参考价值的研究样本！

徐勇　陈军亚
2023 年 7 月 8 日

序　言

　　城市是现代化的先导。随着现代化的推进，中国的城市规模迅速扩大，城市社会急剧变化，并要求城市治理加快变革，城市治理现代化加速推进。厦门市作为我国沿海发达的中等城市，通过共同缔造活动，在推进基层治理现代化方面进行了积极的探索。

　　与广东云浮主要是农村地区不同，厦门是发达的城市。在基层治理中，城市与农村面临的问题有所不同。对于云浮来说，主要是政府提供公共服务的能力不足。对于厦门来说，政府能力较强，但受限于大包大揽治理模式，政府做了许多事，得不到市民的理解。这在于，相对农村而言，城市的社会自治能力较弱。新中国成立后，城市治理主要依靠政府的力量。云浮和厦门面临的治理问题尽管不同，但本质上都是一样的，即群众参与不够。2013年，厦门运用云浮共同缔造的理念和经验，启动了"美丽厦门·共同缔造"行动，并致力于推进城市治理现代化。

　　共同缔造作为一种施政理念和政策行为，发源于云浮。云浮以共同缔造推进基层治理现代化的探索为厦门提供了基础。与此同时，"美丽厦门·共同缔造行动"在一个更高的历史起点上推进，特别是这一行动将共同缔造与城市治理现代化紧密联系起来，取得了更为丰硕的成果。

　　一是深化了对共同缔造的认识。"美丽厦门·共同缔造"行动强调这一行动的"核心是共同，基础在社区、群众为主体"，着力于解决群众参与不够的问题。

　　二是注重搭建现代城市治理架构。通过"美丽厦门·共同缔造"行动的开展，探索形成以党建为引领、以发动群众共同参与为核心、以完整社区建设为基础的"纵向到底、横向到边、互动共治"的城市治理框架，着力于建构适应现代化需要的治理新格局。

三是形成推进城市治理现代化的行动自觉。2013年召开的中共十八届三中全会提出了国家治理体系和治理能力现代化的总体要求。厦门市的主政者努力探索实现国家总体要求的具体路径和行动方案，提出"美丽厦门·共同缔造"行动是实现城市治理体系和治理能力现代化的基础工程，着力于推进城市治理现代化。

早在国家提出治理体系和治理能力现代化之前，因为有了云浮以共同缔造推进基层治理创新的探索，厦门便致力于通过共同缔造创新城市治理，积累了丰富经验。国家提出治理体系和治理能力现代化之后，厦门很快与国家的顶层设计相呼应，先行一步积极探索以共同缔造推进治理体系和治理能力现代化的地方路径，将"美丽厦门·共同缔造"行动纳入国家治理体系和治理能力现代化的总体框架之中，进一步推进城市治理现代化，取得了丰硕成果。

2021年，中共中央国务院发布关于加强基层治理体系和治理能力现代化的意见，指出：基层治理是国家治理的基石，统筹推进乡镇（街道）和城乡社区治理，是实现国家治理体系和治理能力现代化的基础工程。这是国家关于基层治理现代化的总体部署。在中央的总体部署下，各个地方积极探索实践路径。厦门先行一步的探索实践，提供了可学习、可复制和可推广的经验。

在云浮启动"实施美好环境与和谐社会共同缔造行动"时，我们便参与了，撰写出版了《再领先一步：云浮探索》一书。"美丽厦门·共同缔造"行动启动之后，我们也参与其中，进行了实地调查和经验总结，撰写出版了《海沧跨越：在共同缔造中提升社会治理》（2014年）、《思明提升：共同缔造中的基层治理现代化》（2015年）两种书。这两种书与《再领先一步：云浮探索》相比，更加聚焦基层治理现代化。但这两种书主要是以厦门市所辖的两个试点区为基础，对于厦门市的总体部署和实施进程缺乏整体把握，特别是对于厦门市致力推进城市治理体系和治理能力现代化的努力尚缺乏深入细致的研究。而这方面对于当下全国推进基层治理体系和治理能力现代化有重要借鉴意义。正是基于此，我们撰写出版了此书。

徐　勇
2023年7月8日

目 录
CONTENTS

上编　厦门探索的理论研究

第一章　治理共同体：城市基层治理现代化的新发展 …………… 3
　第一节　新时代城市基层治理现代化 …………………………… 3
　第二节　厦门基层治理的现实背景 ……………………………… 11
　第三节　厦门基层治理的探索历程 ……………………………… 18
　第四节　厦门基层治理的主要措施 ……………………………… 26
　小　结 ……………………………………………………………… 33

第二章　创新治理模式，构建决策共谋 ………………………… 35
　第一节　转变观念，干群共谋新关系 …………………………… 35
　第二节　搭建平台，组织共谋新发展 …………………………… 44
　第三节　增进合作，专家共谋新出路 …………………………… 51
　小　结 ……………………………………………………………… 60

第三章　建构新型联结，促进发展共建 ………………………… 62
　第一节　社区营造，培育共同精神 ……………………………… 62
　第二节　同驻共建，促成自觉行动 ……………………………… 72
　第三节　分类并进，优化民生服务 ……………………………… 77
　第四节　党带群建，落实群众路线 ……………………………… 88
　小　结 ……………………………………………………………… 90

第四章　明确主体责任，推动建设共管 …… 92
第一节　区级：做好全域筹划 …… 93
第二节　街道：突出治理职能 …… 99
第三节　社区：实现服务全覆盖 …… 107
第四节　单元：发挥规模自治效能 …… 114
小　结 …… 121

第五章　强化监督考核，坚持效果共评 …… 123
第一节　评工作：居民监督评议社区工作 …… 124
第二节　评服务：多方监督评议物业服务 …… 130
第三节　评干部：全面监督评议干部履职 …… 140
小　结 …… 147

第六章　优化服务格局，实现成果共享 …… 150
第一节　优化市场，共享集体收益 …… 151
第二节　优化土地，共享公共空间 …… 157
第三节　优化设施，共享便民服务 …… 165
第四节　优化参与，共享治理效能 …… 172
小　结 …… 181

第七章　总结与思考：基层治理现代化的厦门探索 …… 183
第一节　积极治理：厦门基层治理现代化的基本理念 …… 184
第二节　完整社区：厦门基层治理现代化的主要途径 …… 186
第三节　治理创新：厦门基层治理现代化的借鉴意义 …… 193

中编　厦门探索的案例报告

如何撬动群众参与社区建设
——基于厦门市思明区"以奖代补"政策的调查与思考 …… 207

如何延伸行政服务最后一公里
　　——基于厦门市海沧区行政服务中心改革的调查与思考 ………… 214
如何激发志愿服务活力
　　——基于厦门市海沧区志愿服务机制 ……………………………… 221
如何加强社会组织管理与服务
　　——基于厦门市社会组织管理的调查与思考 ……………………… 228
如何简政放权赋能基层治理
　　——基于厦门市街道改革的调查与思考 …………………………… 234
如何减负放权推进社区治理
　　——基于厦门市社区减负放权改革的调查与思考 ………………… 240
如何让群众认捐认管公共事务
　　——厦门市思明区公共事务的认捐认管的调查与思考 …………… 248
如何让驻社区企事业单位参与进来
　　——基于厦门市海沧区社企同驻共建理事会的调查与思考 ……… 257
如何奏好基层治理大合唱
　　——基于厦门市海沧区社区大党委的调查与思考 ………………… 263
如何推进社区"微治理"
　　——基于厦门市海沧区兴旺社区的调查与思考 …………………… 269
如何让有德者有得
　　——基于厦门市志愿服务积分制的调查与思考 …………………… 277
如何让社区居民自我约束
　　—— 基于厦门市思明区镇海社区居民公约的调查与思考 ………… 284
如何让社区都动起来
　　——基于厦门市社区分类评级制度的调查与思考 ………………… 290

下编　厦门探索的政策文件

厦门市思明区全面开展"美丽厦门·共同缔造"行动工作意见………… 299
厦门市思明区"美丽厦门·共同缔造"试点工作"以奖代补"
　　专项资金申报办法 ………………………………………………… 306

关于思明区"美丽厦门·共同缔造"行动区级项目、区级"以奖代补"
　　项目资金安排的通知 ………………………………………… 311
厦门市海沧区行政服务中心标准化建设实施方案 …………………… 313
厦门市海沧区志愿服务管理试行办法 ………………………………… 321
厦门市海沧区自然村、社区（小区）基础分类评定暂行办法………… 327
厦门市思明区关于规范社会组织管理加快社会组织发展
　　的实施意见 …………………………………………………… 332
厦门市关于开展社会组织评估工作实施意见的通知 ………………… 338
厦门市关于推进政府购买服务工作实施意见的通知 ………………… 342
厦门市民政局关于社区社会组织登记和备案管理工作的
　　实施意见 ……………………………………………………… 348
厦门市思明区进一步推进试点社区减负放权工作意见 ……………… 352
厦门市思明区关于社区公共事物（务）认捐认管工作的
　　指导意见 ……………………………………………………… 356
厦门市思明区社区公共事物（务）认领暂行办法 …………………… 359
厦门市海沧区新阳街道社会治理创新改革方案 ……………………… 362
厦门市海沧区新阳街道各层级治理运行机制 ………………………… 370
厦门市海沧区兴旺社区关于建立"四民家园"的实施方案………… 373
厦门市新阳街道关于开展楼栋微自治："我爱我楼"
　　活动实施方案 ………………………………………………… 379

后　　记 …………………………………………………………………… 382

上 编

厦门探索的理论研究

第一章
治理共同体：城市基层治理现代化的新发展

改革创新是经济特区的灵魂。从改革开放到被确认为经济特区及进入21世纪的发展，厦门始终以先行先试、敢闯敢试、"杀出一条血路"的勇气，率先进行一系列的改革创新实践，创造了多个"全国第一"，突显了作为经济特区的优势。然而，随着经济发展进入新的阶段，经济与社会发展的非均衡性矛盾不断凸显，尤其是进入中等收入社会以后，基层社会治理的困境更加突出。在经济与社会双重转型的压力下，厦门市紧抓时代发展脉搏，立足基层社会治理创新，开展"美丽厦门·共同缔造"行动，即转变政府观念，提高公民意识，逐步确立"共同体"观念，共谋发展规划，共建美丽厦门，共管社区事务，共评改革效果，共享发展成果。厦门在基层社会治理领域的创新，是推进治理体系与治理能力现代化的有益探索，也是破解"中等收入社会难题"的有效路径，为中国基层治理现代化以及其他基层地方的改革创新提供了新的经验和路径。

第一节 新时代城市基层治理现代化

城乡社区是社会治理的基本单元。2021年4月《中共中央国务院关于加强基层治理体系和治理能力现代化建设的意见》指出："统筹推进乡镇（街道）和城乡社区治理，是实现国家治理体系和治理能力现代化的基础工程。"推进城乡社区治理已然成为基层治理现代化的重要内容。其实，早在2012年，党的十八大报告就提出要"在城乡社区治理、基层公共服务和公益事业中实行群众自我管理、自我服务、自我教育、自我监督"。党的十八届三中全会提出全面深化改革的目标是推进国家治理体系和治理能力现代化,并把城乡社区治理纳入国家治理体系和治理能力现代化的改革布局当中。之后《中共中央国务院关于加强和完善城乡社区治理的意见》和《城乡社区服务体系建设规划(2016—2020年)》的制定,更从制度层面明确了城乡社区治理的基础性地位。

由此可知,城乡社区作为基层社会的组成部分,一端指向农村社会治理,一端指向城市社区治理,对于筑牢国家的基层基础起着关键性作用。不同于"草根民主",城市社区治理发轫于20世纪50年代的"单位制",从"政企合一"到"政企分离",实现无社会管理到社会管理,再到社会治理阶段的转变,更加显著地体现了现代化、城市化的趋势特征,是国家治理基层社会的集中体现。

一 治理转换与城市基层治理现代化

20世纪80年代以来,随着市场失灵和政府失灵现象的出现,政治学家和经济学家在扬弃统治和管理内涵的基础上提出了"治理"概念。1989年世界银行的报告中首次使用"治理危机"这一术语来描述当时非洲的发展状况。1992年世界银行再次以"治理与发展"为题,进一步明确所谓治理是指"运用政治权力来管理国家事务"的行为。在联合国、世界银行和经济合作与发展组织等国际组织的推动下,"全球治理""地方治理""分权化治理"等不同层面的治理研究相继展开。此后,治理理念被迅速推广到各个领域。总体上看,治理一词由来已久,党的十八大之后又被赋予新的时代含义。"治理"包含统治、管理的内容,又有统治、管理等词难以概括的内容,是一个动态的变化的概念。一般来讲,治理是指政治主体运用公共权力及其他方式达成一定政治目的的活动。它的核心问题是:谁来治?治什么?怎么治?治得怎么样?治理属于上层建筑领域的活动。经济基础决定上层建筑。

中国古代城市,因"城"有"市",与西方城市相比经济功能不强,主要是政治统治堡垒。西周时建立"国野制",将天子所居都邑及近郊国君所居的城郭称为"国",居民称为"国人";近郊以外的广大地区称为"野",居民称为"野人",本质上体现了西周时期的宗族歧视与统治特点。战国后国人和野人的区别逐渐泯灭,国野用以表示不同地域和城乡的差别。城市居民主要是官僚统治者及其附属。实行"官治",治理内容主要是维护统治秩序,连城市空间布局都反映了等级秩序;治理方式主要是单向的强制,包括实行严格的户籍管理、城门管制、宵禁等;治理结果是获得一种安全秩序,"平世居城,乱世下乡"。但这种秩序缺乏活力。与西方"城市空气使人自由"不同,中国"城市空气使人窒息",城市未能成为推动社会发展的动力,属于典型的"统治型"治理。近代以来,中国的城市有了一定的经济功能,特别是沿海部分城市的经济功能更强,成为经济中心,如上海,有了独立的市民,城市治理也发生了一定的变化,但因不断的战乱没有定型。

1949年后,中国开始大规模的工业化建设,城市的经济功能日益突出,城市人口迅速增加。[1] 50年代,中国城市工业主要来自对国民党官僚资本的没收,对民族资本主义的改造和利用苏联援助有计划的建设。因此,中国城市经济以国有经济为主,集体经济不仅处于分散状态,而且在相当程度上依附于国有经济。在这一所有制基础上,实行国家直接控制和分配价值、资源和财富的计划经济管理体制。城市社会由一个个企事业单位所构成。这些单位之间缺乏横向的有机联系,而是隶属于国家各个部门。国家通过单位管理社会,并事实上覆盖着全社会。[2] 如此一来,"单位制"成为城市治理的基础,形成管理型治理。治理主体具有唯一性,即自上而下的党政机构;治理内容无所不包,属于全能型;治理方式主要是单向的动员、组织和管理,包括城市户籍管理、人口管理、产品管理等,通过控制资源来控制人;治理结果是获得与严格的计划经济管理相适应的秩序。这种管理获得了秩序,缺失了活力。改革也走"农村包围城市"的道路。

中国的改革开放从农村和基层开始。经济体制改革的重要特点是"分",不分不活。在城市,实行"政企分开",企业独立经营。市场经济发展造成"单位制"解体。80%以上的居民不在原有体制以内,成为自主性的居民。过往治理体制建立在"集合体"基础上。国有企业改革实行合同制,工作场所和生活场所分离,日常生活无须"班长吹哨"。因为利益关系的变动,人们的利益意识、权利意识、参与意识迅速增长,甚至出现非制度化的

---

[1] 参见徐勇《非均衡的中国政治:城市与乡村比较》,中国广播电视出版社1992年版,第369页。
[2] 参见徐勇《论城市社区建设中的社区居民自治》,《华中师范大学学报》(人文社会科学版) 2001年第3期。

"参与爆炸"。尤其进入新时代，随着社会事务迅速增加，社会流动急剧加速，社会活力空前提高，社会秩序面临挑战，社会治理难度突出，从而要求治理类型的转换，即转向治理型治理。具体来说，在治理主体上，不仅仅是党和政府，还包括更多主体的参与；在治理内容上，重点是市场和个人解决不了，也解决不好的公共性问题；在治理方式上，除了强制性，还包括更多的非强制性的方式；在治理结果上，需要获得与市场经济发展和和谐社会建设相适应的活而有序的图景。

城市治理硬件是必要的，但软件更重要，需要凝聚居民共识。共识来自共同的需要和活动，要面向有着不同需求的居民，找到大家共同的生活内容和共同的活动方式，为居民的共识建立一个现实的基础，也需要创造条件，帮助居民形成集体生活的行为习惯和道德意识。[①] 党的十八大以来，我国的主要矛盾转化为人民日益增长的美好生活需要和不平衡不充分的发展之间的矛盾，需要重新厘清城市与乡村之间、行政与自治之间的二元关系。在城市治理中既培养人们共同的社区意识，使人们担负共同的责任，又能使人们按照自己习惯的方式，保持自己的活动空间，保持丰富多彩的生活方式，保持每个个体和家庭自己的个性。从这一基础上，保持都市的多样性、创造性和活力，使得在这里生活的人感到舒适、安全、便捷、宽容而又丰富，这是现代城市社区治理的一个重要的方面。[②]

二 城市社区与城市基层治理现代化

从国家对基层社会的治理看，乡镇（街道）是基层政权单位，乡镇（街道）以下的村民委员会和社区居民委员会是基层治理的基本单元，通常被称为国家法律规定的建制村或者建制社区。将村（社区）作为基层治理的基本单元，在于其处于国家与社会的结合部位。其主要功能，一是将自上而下的政府管理落实到社会最底部，二是广大人民群众通过村（社区）进行自我管理，自己创造自己的幸福生活，由此实现政府治理与群众自治的有机结合。由此，确定了城乡社区作为基层治理基本单元的地位。

"社区"概念是20世纪30年代从欧美引入中国的，其最初解释受到

---

① 参见费孝通《居民自治：中国城市社区建设的新目标》，《江海学刊》2002年第3期。
② 参见费孝通《居民自治：中国城市社区建设的新目标》，《江海学刊》2002年第3期。

西方人文区位学观点的影响，其含义简单地说是指人们在地缘关系基础上结成的互助合作的共同体，用以区别在血缘关系基础上形成的互助合作的共同体。这两种共同体对其成员行为的控制有各自不同的依据，前者通常是乡规民约和正式法律，后者则是具有自然性质的习惯或传统家教。由此可知，"社区"最重要的是"共同体"属性。德国社会学家滕尼斯在《共同体与社会》一书中专门对"共同体"与"社会"作了区分，认为"共同体是持久的和真正的共同生活，社会只不过是一种暂时的和表面的共同生活"[①]。

城市是一个典型的"社会"和"结合体"。人们为何从乡村走向城市，为何离开父母家庭的庇护走向一个陌生的城市社会，在于"利"，即个人的更大发展和自由。城市犹如一个大容器，将一个个互不相识的人结合在一起，使其生活在同一片蓝天下。与共同体的亲人社会、熟人社会、信任社会、情感社会相比，城市社会则是一个非亲非故、互不相识、互相提防、利益当先的社会。这种"社会"因为利益结合而成，有利则合，无利则散，人们以交换和利益的眼光看待事物。因为每个人的利益不同，人与人之间属于"陌生人"或者"熟悉的陌生人"。城市人同住一栋楼，不是一条心。同在一片蓝天下，却是缺乏有机联系的原子化、碎片化的个人，居民缺乏认同感、归属感，甚至滋生"他人就是地狱"的孤独感、排斥感、敌视感等。这种社会显然不是理想社会，需要通过改善治理改变这一状况。

社区治理与社区管理、社区建设、社会治理等不同。从治理目的看，社区治理与社区管理的根本差别在于政府作为国家的公共权威机构对公共事物（务）的管理基于善治与管控两种目的，基于此种目的，社区治理与社区管理对应着多元与一元、上下互动与自上而下、合作协商与政府权威的区别[②]。从治理功能看，社区治理具有自下而上式功能扩散的影响力，更加重视多元主体在社区治理中的作用[③]，是实现国家治理现代化的基础，而在社区建设

---

① [德]费迪南·滕尼斯：《共同体与社会——纯粹社会学的基本概念》，林荣远译，商务印书馆1999年版，第54页。

② 参见陈炳辉、王菁《"社区再造"的原则与战略——新公共管理下的城市社区治理模式》，《行政论坛》2010年第3期。

③ 参见吴晓林《中国的城市社区更趋向治理了吗——一个结构—过程的分析框架》，《华中科技大学学报》（社会科学版）2015年第6期。

的话语体系下，社区主要还是被动接受管理的单位[1]，表现出的政府治理与社区自治的有机衔接的功能还不够充分。从治理场域看，社区治理与社会治理是国家公共事物（务）治理中的两个不同层面，社区治理是社会治理的微观层面与基层场域，二者相互促进、相辅相成[2]。社区作为国家—社会的联结场域，社区治理代表着国家与社会关系变革的结果[3]。

我国的基层治理体制是在"公社制"和"单位制"基础上演变而来的。农村在原公社层级建立乡镇政府，在生产大队层级设立村民委员会，其重要原因是生产大队设有党支部。公社体制废除后，大队改为村，"支部设在村上"。村支部是乡镇党委的下级，保障分散的农村在统一的国家领导之下。在城市，人们除在"单位"中工作，主要生活在社区，社区建立有党的组织，受街道党委领导。"单位制"社会构成的基础有二：一是由政府负责所有经济、政治和社会事务的管理，为"全权政府"，政府是城市社会唯一的治理主体，公共权力资源的配置呈单极化，实行自上而下的垂直式管理；二是政府及其下属单位包揽社会成员就业（包括子女就业）、住房、医疗、福利、娱乐等所有社会事务，即"生老病死、衣食住行"全部由政府及下属单位包揽，政府为"全能政府"[4]。随着经济社会发展，"全能政府"行为事实上"失效"。在这一背景下，运用农村改革的经验，政府管理进行了第一次改革，促进计划经济体制向市场经济体制转变，导致"单位制"解体，出现了一个"非单位型"社会。

由此就需要政府管理进行第二次改革，这就是培育社区，通过社区建设将自主但分散的社会成员再组织起来，整合和动员社会资源，对传统的"单位制"社会加以重新构造。而在城市社区建设的改革实验中，出现了两种不同的社会整合导向。其一是行政导向，即强化基层政府的功能，主要运用政府及其所控制的资源进行自上而下的社会整合，并形成"新政府社会"。最

---

[1] 参见吴海红、郭圣莉《从社区建设到社区营造：十八大以来社区治理创新的制度逻辑和话语变迁》，《深圳大学学报》（人文社会科学版）2018年第2期。

[2] 参见任克强、胡鹏辉《社会治理共同体视角下社区治理体系的建构》，《河海大学学报》（哲学社会科学版）2020年第5期。

[3] 参见陈潭、史海威《社区治理的理论范式与实践逻辑》，《求索》2010年第8期。

[4] 参见徐勇《论城市社区建设中的社区居民自治》，《华中师范大学学报》（人文社会科学版）2001年第3期。

典型的是 20 世纪 90 年代上海提出的"两级政府、三级管理、四级落实"[①]。这一做法为北京、石家庄等地所借鉴和引用。其二是自治导向，即强化基层社区的功能，主要通过政府下放权力，建立社区自治组织，并通过这一组织动员社会参与、进行社会整合，形成"社区制"社会。最典型的是沈阳根据自治原则对微观社会的再造和武汉江汉区在"沈阳模式"基础上强调将权力下放给社区，促进政府转变职能。[②]

进一步看，需要加快推进社区治理现代化，主要从社区共同体建设与社区治理结构重塑层面展开，通过社区成员之间的相互交往，缔结社会联结的生活共同体，将分散的个体组织起来，建立国家与个体的联结，实现共建共治共享。[③] 它包括社区治理体系与社区治理能力两个层面，其中社区治理体系主要包括社区层面的规章制度和公约，社区组织体系的多元构建和分工合作，社区协调规则和机制以及社区成员的行为策略与互动模式；社区治理能力主要是国家和地方政府对社区的管理服务能力和社区自治能力[④]。以此构建完整社区，建牢基本治理单元，推进基层治理现代化。

三 治理共同体与城市基层治理现代化

当下城市社区治理面临诸多问题和挑战，城市社区治理将走向何方？对此，《中共中央国务院关于加强基层治理体系和治理能力现代化建设的意见》指出，要"推进基层治理创新。以市（地、州、盟）为单位开展基层治理示范工作，加强基层治理平台建设，鼓励基层治理改革创新"。作为改革开放的窗口，厦门较早开启了城市社区治理的探索之旅。当时的厦门正值城市转型、产业转型和社会转型"三个转型"时期，社会流动性大、人口构成复杂、利益需求多元、历史遗留问题多、社会建设滞后于经济建设，传

[①] "新政府社会"不同于"单位制社会"，也不同于"社区制社会"。在这一社会模式下，社会资源更多地集中于地方，特别是基层政府组织，社区只是落实和完成政府任务的基点。参见上海市社会科学界联合会等《上海社区发展报告（1996—2000）》，上海大学出版社 2000 年版。

[②] 《南方周末》等报刊对"沈阳模式"有较为详尽的报道和介绍。

[③] 参见王德福《社区治理现代化：功能定位、动力机制与实现路径》，《学习与实践》2019 年第 7 期。

[④] 参见郑安兴《社区治理现代化的意涵阐释》，《华南师范大学学报》（社会科学版）2018 年第 3 期。

统的管理模式失灵，居民的"社区归属感"缺失，出现"中等收入社会裂痕"，面临"中等收入社会难题"，为有效解决上述问题，厦门立足新形势下转型发展实际，探索"共同缔造"在社会治理创新中的运用，创新打造"统筹增效、协商共治"的城市中心城区社会治理新模式，贡献了城市治理现代化的"厦门经验"。从社区群众关心的微事务入手，通过"决策共谋，发展共建，建设共管，效果共评，成果共享"五个连续的链条，有效促成政府与社会、党员和群众、社会组织和自治组织之间的良性互动，化解了城市社区治理的"行政化""原子化""非制度化"等难题，对于理解中国城市社区治理的现代演进和基层治理创新具有重要意义。具体包括以下几方面。

决策共谋是指政府和干部进入民众生活之中，建立政府与公众交流的通道，搭建公众之间交流的平台，发现公众需求，汇集公众智慧，由政府、专业人士和公众共同研究解决问题的方案并作出决策。在决策共谋中，人们出谋划策，干部与群众一起讨论、共同商量，形成群众满意的项目方案。通过决策共谋，按群众意见办理，获得群众满意的效果。发展共建是指在政府的指导和激励下，将政府力量、社会力量和群众力量汇聚起来，推动经过决策共谋后的项目建设。城乡社区是人们生活的基本单位，也是社区居民共同生活的共同体，是集聚多个小家的"大家"。"社区是我家，建设靠大家。"大家一起动手，才能建设美好的"大家"。在共同缔造活动中，为了修建好大家共同期盼的公共设施，各方力量出资出力，共同建设。有的家将自己的田地无偿贡献出来修建公共道路。建设共管是指在政府的指导下，政府与居民一起制定制度，居民参与发展共建后的项目管理，使项目成果能够维持和运转。共同缔造活动中实施修建道路、整治环境、栽种花木、垃圾分类、生活设施整修等项目，居民共同制定公约，以志愿服务等方式共同参与这些项目的维护和运转。效果共评是指通过组织群众和社会各方面力量对项目建设和活动成效进行全过程的评价和反馈，以不断改进工作，持续推进项目和活动向更高水平发展。它包括群众参与对政府工作的评价和群众之间的相互评价。有一些地方，农村房前屋后的环境由小学生参与评价，督促家长打扫。成果共享是指让人民群众在参与中分享建设成果。人们参与美好环境与幸福生活的缔造，通过缔造共同享受缔造的成果。共同缔造的项目和活动大多属于公益类项目，是每个人都能享受到的。人们在享受的过程中进一步增强参与建设的公益意识。

城市社区治理的逻辑，可以为超大规模的中国式现代化提供借鉴启示，筑牢国家治理的基层基础。事实上，基层社会治理的对象和主体是"人"。人是有意识有目的的活动者。中国之治的一个重要优势就是"以文化人"，即以文化感化人，使人学会做人，学会在社会上做人、做好人、做守规矩的人，"从心所欲不逾矩"，基层社会治理获得牢固的基础。自治要在自我治理，自我治理首在治心。共同缔造的重要成果是通过共同缔造活动，在一个分化分散的社会基础上重建"共同体"，人们在共同缔造中建立对自己美好家园的认同感和归属感；在共同缔造中大家熟悉起来，成为利益相关、生活互助、情感相通的新型"熟人"。以城乡社区为基础，形成"纵向到底，横向到边"的基层组织和治理体系架构。"纵向到底"指政府的管理和服务自上而下经由乡镇（街道）、城乡社区（村委会）、村湾（小区）一直延伸到家庭和个人。"横向到边"是指基层社会通过各种功能性组织联结起来，自我管理、自我服务和自我教育。

总的来看，共同缔造不仅是一项活动，更重要的是基层治理创新的社会工程。共同缔造是在创新基层治理的背景下产生的，通过共同缔造建构出积极主动型的基层治理样式。社会工程的目的是改变原有状况，建造新的建筑。这一建筑由各个部分所构成，形塑出新的格局。共同缔造重在体制机制创新，以新代旧，着眼长远，兼顾整体，增强能力，为基层治理创新建设稳固的基础，形成可学习、可复制、可推广的成果。通过共同缔造将"陌生人"变为相互帮助和相互关爱的熟人和亲人，让社区成为一个有温情的生活共同体，在每个社区居民的参与下，建构人人有责、人人尽责、人人享有的社会治理共同体。

第二节　厦门基层治理的现实背景

党的十八大以来，我国进入经济社会转型和全面深化改革的关键时期。面对新形势新任务，要全面建成小康社会，进而建成富强、民主、文明、和谐的社会主义现代化国家，实现中华民族伟大复兴的中国梦，就必须在新的历史起点上全面深化改革。而改革的系统性、整体性、协同性要求以现代化的治理体系和治理能力为支撑和保障。推进国家治理体系和治理能力现代化是全面深化改革的总目标。作为更高层次的现代化，国家治理体系和治理能力现代化是完善中国特色社会主义制度的内在需要，是实现社会主义现代化的应有之义，是适应经济社会发展和满足群众期待的必然选择，也是应对基层新情况、新问题的客观要求，影响着改革的推进，决定着改革的成败。因此，应该扎实进行治理体制改革，推进治理体系和治理能力现代化，使治理创新成为新时期全面深化改革的新常态。①

厦门作为经济特区，一直是改革开放的前沿阵地，是全国先行先试的"排头兵""试验田"。党的十八大以来厦门经济社会快速发展，与周边地区相比虽然具有一定的先行优势，但是与国内先进地区相比，无论是发展理念和发展实力，还是改革意识和改革力度，都还存在一定差距。王蒙徽书记到任时，厦门正面临着经济社会双重转型，社会流动性大、人口构成复杂、利益需求多元、历史遗留问题多、群众民主意识较强、社会建设滞后于经济建设，使得厦门出现"中等收入社会裂痕"，面临"中等收入社会难题"。为缝合裂痕，解决难题，厦门市率先提出"美丽厦门·共同缔造"的改革思路，力求突破现实发展瓶颈，寻找基层治理的突破口。②

一　国家治理现代化的要求

改革开放以来，以社会主义经济体制改革为突破口的中国改革取得了举世瞩目的成就：经济高速增长，人民生活水平大幅提高，经济建设成效显著，中国已经成为世界第二大经济体，"中国经济奇迹"横空出世！2013年6月5日，李克强同志强调，"中国已进入中等收入阶段"。国家统计局公布的数据显示，2010年至2013年，中国经济增长速度呈现逐年放缓的趋势，依次为11.7%、10.4%、7.8%和7.7%。与经济增速下行形成鲜明对比的是，社会矛盾逐年增长，社会风险不断提高。如何成功化解矛盾冲突，有效治理社会，是摆在中国政府面前的一道绕不开的难题。③

为了解决这一难题，党的十六届四中全会提出建立"党委领导、政府负责、社会协同、公众参与"的社会管理格局的思路。党的十七大提出了

---

① 参见徐勇等《思明提升：共同缔造中的基层治理现代化》，中国社会科学出版社2015年版，第17页。

② 参见徐勇等《思明提升：共同缔造中的基层治理现代化》，中国社会科学出版社2015年版，第24页。

③ 参见徐勇等《海沧跨越：在共同缔造中提升社会治理》，中国社会科学出版社2014年版，第1页。

"经济建设、政治建设、文化建设和社会建设"四位一体的中国特色社会主义事业总体布局,强调"必须在经济发展的基础上,更加重视社会建设",并将社会管理创新的命题提出来。党的十八大报告指出:"要围绕构建中国特色社会主义社会管理体系,加快形成党委领导、政府负责、社会协同、公众参与、法治保障的社会管理体制。"[1] 这是对社会管理格局提出的新要求。同时,报告中也多次强调要加快推进社会体制改革,形成科学有效的社会管理体制,提高社会管理科学化水平。[2]

2013年11月12日,中共中央十八届三中全会公报首次提出"推进国家治理体系和治理能力现代化"的总体目标,将"创新社会治理体制"提高到前所未有的高度,使治理创新成为新时期全面深化改革的新常态。推进治理体系和治理能力现代化要求转变政府治理方式,促进社会建设,激发社会活力,以政府与社会的良性互动释放改革红利,摆脱中等收入陷阱引发的治理困境,实现有效治理。[3]

二 快速发展中的"厦门困境"

厦门市作为中国沿海的发达城市,经济发展迅速,2012年的人均GDP已超过12000美元,而中国当时的人均GDP为6100美元。按照世界银行2010年8月对于中等收入国家的界定标准,低收入国家人均GDP在1005美元以下,中低收入国家人均GDP为1006—3975美元,中高收入国家人均GDP为3976—12275美元,高收入国家人均GDP在12276美元以上。这表明厦门市率先进入中等收入阶段。[4] 可以说厦门作为经济特区充分利用有利条件,保持了良好的发展势头,经济发展始终走在前端。然而经济活动频繁、基础设施发达、人员流动速度加快、财富迅速集聚等特点也为城市发展带来

---

[1] 胡锦涛:《坚定不移沿着中国特色社会主义道路前进 为全面建成小康社会而奋斗——在中国共产党第十八次全国代表大会上的报告》,《人民日报》2012年11月18日第1版。

[2] 参见徐勇等《海沧跨越:在共同缔造中提升社会治理》,中国社会科学出版社2014年版,第1页。

[3] 参见徐勇等《海沧跨越:在共同缔造中提升社会治理》,中国社会科学出版社2014年版,第14页。

[4] 参见徐勇等《海沧跨越:在共同缔造中提升社会治理》,中国社会科学出版社2014年版,第11页。

诸多社会矛盾和潜在风险，给社会治理带来前所未有的挑战和压力。经济发展进入中等收入社会，但是相应的社会矛盾和问题也不断显现，类似陈水总事件的公共危机时有发生。厦门面临着"中等收入社会难题"，亟待突破困境。①

一是中等收入陷阱引发新的治理需求。现代城市的发展呼唤一种"有限、高效"的政府管理模式。厦门的社会管理存在一些问题。首先，领导干部认识不够，观念转变难。在政府管理中强化了政府的主导地位，弱化了群众的主体地位。其次，政府职能转变不多，服务供给难。政府依然承担着一些社会组织可以完成的工作，管了许多政府不需管也管不好的事，向下放权不多。再次，治理主体权责不明，任务落实难。政府、社区党组织、社区居委会、业主委员会、社区民间组织、物业管理部门之间的关系没有理顺，造成社会管理的交叉混乱。最后，服务队伍配备不精，基层自治难。厦门市的各个社区服务队伍普遍呈现数量少、任务重、压力大的特点。社区工作人员难以承受繁重的管理和服务工作，在一定程度上影响了基层自治功能的有效发挥。② 以上种种都难以满足厦门的现代化发展需求。

二是经济社会双转轨亟须治理创新。厦门的社区治理具有良好的基础。"爱心超市""城市义工""无讼社区"等先进的社区管理方式在全国推广，表明厦门有着创新社会管理的传统。2002年到2011年十年间，厦门市公共财政的民生投入达到1191亿元，占公共财政支出的64.3%。其中2011年民生投入是2002年的5.2倍，年均增长高达20%。2014年，厦门启动实施24项为民办实事项目，着力保障和改善民生，促进社会和谐稳定。但是随着经济发展和城市化进程加速，厦门率先遇到了"中等收入社会难题"：社会管理对象不断扩大，原有的社会管理功能难以承载；基层社会矛盾日益增多，过去的社会管理手段难以奏效；群众的社会诉求不断升级，传统的社会管理方式难以实施。滞后的社会建设和社会管理将阻碍经济发展，产生社会危机。③ 厦门社会管理的理念、制度、手段和方式已经难以适应社会发展和城

---

① 参见徐勇等《海沧跨越：在共同缔造中提升社会治理》，中国社会科学出版社2014年版，第11页。

② 参见徐勇等《思明提升：共同缔造中的基层治理现代化》，中国社会科学出版社2015年版，第25页。

③ 参见徐勇等《思明提升：共同缔造中的基层治理现代化》，中国社会科学出版社2015年版，第26页。

市管理的新形势、新情况，基层社会治理亟须找到"突破口"。

三是政府管理的路径依赖阻碍社会管理。长期以来，中国政府管理社会始终摆脱不了历朝历代传统社会管理的惯性思维，在如今改革开放的大潮中，依然存在着明显的路径依赖现象。在社会治理的具体方式上，为防止社会力量的解放引发社会不稳定和社会动乱，计划经济的控制手段依然是政府管理的首选。[①] 一方面在社会保障体系管理、食品安全和药物管理、公共服务、环境治理等许多本应由政府重点管理的领域和环节，却因政策执行不力等常常出现政府政策失灵的现象，所以在社会管理领域往往还存在政府"缺位"。另一方面许多本应由市场和社会承担的、按照市场规则来运行的社会事务却由地方政府依靠行政权力来管理，从而形成政府社会管理职能的"越位"。[②] 这样就造成在政府履行社会管理职能过程中，运动式、动员式治理成为主要的治理模式，以"行政命令式""以罚代法""突击式"等简单方法为主，缺乏有效性、规范性、系统性和统一性。[③] 虽然公民参与公共政策的权利在法律上得到了肯定，但在参与的具体条件、具体方式、具体程序上还缺少明确细致的法律规定，尤其在涉及公众切身利益的城市规划、动迁拆迁、旧区改造、环境保护等领域，政府缺乏应有的公开性，公众参与渠道不畅和参与形式较为单一，利益诉求无法得到及时的回应，造成公众参与社会管理的积极性不高。[④]

四是流沙式的个体难以形成共同体意识。孙中山先生曾将中国人形容为"一盘散沙"，以示其整体性不足；而当前的厦门居民则更像是"流沙"，分散的独立个体，加上频繁的流动，这样的社会构成无疑对社会管理提出了更大的挑战，共同体难以形成，不同阶层、类型群体之间的矛盾也变得敏感。[⑤] 厦门外来人口较多，2013 年全市总人口达 398.3 万，其中户籍人口 193.6 万

[①] 参见陶希东《中国特大城市社会治理模式及机制重建策略》，《社会科学》2010 年第 11 期。
[②] 参见岳世平《厦门经济特区实现社会管理创新面临的挑战及对策建议》，《厦门特区党校学报》2012 年第 2 期。
[③] 参见徐勇等《海沧跨越：在共同缔造中提升社会治理》，中国社会科学出版社 2014 年版，第 11 页。
[④] 参见徐勇等《海沧跨越：在共同缔造中提升社会治理》，中国社会科学出版社 2014 年版，第 13 页。
[⑤] 参见徐勇等《海沧跨越：在共同缔造中提升社会治理》，中国社会科学出版社 2014 年版，第 13 页。

人，非户籍人口204.7万人，外来人口超过本地居民的数量。厦门市针对外来人口出台了一系列惠民措施，比如在户籍上有所放松，建设了100多栋公寓解决了部分外来人口的住房问题，在教育、医疗等方面也尽量给予优惠。但是，缺乏共同的文化关联、与本地居民的落差感等还是会影响外来人口对本地的认同感和归属感。① 从某种程度上看，厦门的经济发展是跨越式的，尤其岛外的各个区，从农业社会向工业社会的转型速度较快，但是传统的生活方式难以在短时间内快速转变，思想观念更新与生活条件改善的节奏存在一定差异，加上大量流动人口的涌入，影响了居民参与社会治理的自觉性、主动性。同时，受市场经济的冲击，民众往往只看重权利，不重视责任和义务的付出。此外，全社会范围内出现的部分贫富分化和资源分配的不公现象，滋生了影响治理稳定的潜在因素。厦门有待培育与中等收入的经济发展水平相匹配的公民意识。②

三 传统城市社区治理体制的困境

我国现有的社区治理架构是从传统街居管理体制承袭而来的，由相互联系的区、街、居三级组织构成。其中区政府是我国城市的基层政权机关，街道办事处是区政府的派出机构，居民委员会是街道办事处指导下的基层群众自治组织。这种形成于20世纪50年代前期的组织体制在当前的社区治理中具有明显的不科学性，具体表现为以下几点。

一是区级、街道、社区等功能发挥不充分。在市、区、街道三级管理层次上，机构设置与权限呈"倒金字塔"形，"上面千条线，落地一根针"。作为区政府派出机构的街道办事处，原本只履行一部分行政职能。但在实际的社区治理中，行政、执法、经济发展等各项任务都下放到街道办事处，使它从一级基层政权的派出机构，逐步演变为一个集行政管理、社区治理与服务于一体的综合性机构。很多街道办事处在无暇应对城市政府部门"条条"工作任务的情况下，经常以"二传手"的角色，把相关工作任务直接转交

---

① 参见徐勇等《海沧跨越：在共同缔造中提升社会治理》，中国社会科学出版社2014年版，第13页。

② 参见徐勇等《海沧跨越：在共同缔造中提升社会治理》，中国社会科学出版社2014年版，第13页。

给其"指导"的社区去办理，不仅造成其处在"上下不满"的尴尬境地，而且致使社区原本的自治功能日益萎缩。①

二是多元治理主体的非理性博弈。在当前城市社区治理和服务体系中，作为城市社区治理主体的居民委员会、业主委员会和物业管理委员会这"三驾马车"，分别从社区治理、自治治理和专业治理的角度，在相互博弈的过程中从事社区的管理与服务。② 由于城市社区这三种不同的治理主体都有着自己不同的利益和不同的治理原则与路径，这些矛盾和冲突不可避免地会导致社区治理效能的低下，亟须一种统合性力量来协调不同主体之间的关系，中国的社区党组织一直在为此努力，但社区事务管理具有多样合作治理的特点，党组织和自治组织的关系较为宽松加大了党建引领群众自治的难度，这也一定程度上制约了社区治理水平的提升。

三是社会组织化参与程度较低。在城市社区，党政部门对相关社会组织的角色、作用定位不明，街居与社会组织、社会组织与社会组织的沟通、协调机制还没有完善起来，此外社区内的各种社会组织也没有形成有效的行为规范，让社区成员来共同遵守。如此一来，除了社区党组织和居委会等自治组织外，其他各种社会组织，尤其是志愿者组织，不仅数量有限，而且缺乏独立性。比如，在许多居民小区，像社区服务志愿者协会、计划生育协会、老年人协会等组织的主要工作，大多由居委会干部兼任。而且许多社区的社会组织事实上都难免沦为街居党政组织的附庸，甚至即使是居民委员会这样的社区自治组织，也无法避免经常为街道办事处"跑腿"的局面。有关专业管理部门权力过于集中，对其工作质量和一些不正之风难以进行监督与制约，极大地挫伤了社会组织自发参与社区治理的积极性。

四是社区公共服务供需失衡。近些年随着人的流动，个人从市场获得的资源份额有了差别，不同收入人群的出现，表明社会结构发生了新的变化，社会阶层逐步形成。这一点在社区层面就表现为不同人群向不同地域的集中，由经济上自立的人员所组成的同质居民区已经出现，其数量和规模都在

---

① 参见史云贵《当前我国城市社区治理的现状、问题与若干思考》，《上海行政学院学报》2013年第2期。

② 参见史云贵《当前我国城市社区治理的现状、问题与若干思考》，《上海行政学院学报》2013年第2期。

急剧增长，而需要外部帮助的弱势群体也呈现同样的集中趋势。① 尤其进入新时期，社区公共服务需求层次种类多元化，单纯依靠政府已不能满足居民的需求，迫切需要激活社区自我服务的内生动力，以此适应社区内部形成的不同关系样式和组织结构，在外部上提供不同的管理模式和服务方式。

第三节　厦门基层治理的探索历程

城市社区是城市社会治理的基本单元，也是国家治理的单元。推进国家治理体系和治理能力现代化，关键是要推进基层治理体系和治理能力现代化。城市社区治理现代化，是推进基层治理现代化的基点，是构成国家治理体系和治理能力现代化的重要内容，是实现国家治理现代化的题中之义。② 本节通过回顾和分析中华人民共和国成立以来厦门市基层治理的探索历程，对不同阶段城市社区治理的政策文件进行全面梳理，来透视70多年来厦门市城市社区治理的演变过程、发展逻辑。围绕着厦门市实现城市社区治理现代化的努力，我们得以更加深入地理解不同时代背景下社区治理的真实状况，理解国家大政方针背景下社区治理的走向。同时，厦门市城市社区治理作为全国城市社区治理的缩影，对于全国其他地区社区治理的发展具有极大的借鉴作用，能够明确社区治理今后的发展方向与治理重点，为社区治理的发展提供实际价值，进一步加快实现基层治理体系和治理能力现代化。

一　社区管理时期（1949—1990年）

社区是一个社会的基础，也是国家体制的基本依托。我国城市社区建设的历史可以追溯到中华人民共和国成立初期。从1949年中华人民共和国成立到1991年社区建设正式提出，我国城市社区总体上是处于以街居制为特征的社区管理阶段。街居制是我国国家管理城市基层民众的一种体制。管理者是街道办事处和居民委员会，管理对象初期是单位覆盖不到的少数群体、无组织人员，后来扩展至辖区内的所有居民和单位，承担着福利救济和社会

---

① 参见费孝通《居民自治：中国城市社区建设的新目标》，《江海学刊》2002年第3期。
② 参见何绍辉《政策演进与城市社区治理70年（1949—2019）》，《求索》2019年第3期。

保障职能。①

中华人民共和国成立以来,街居制大体经历了三个阶段。

(一) 创立阶段

中华人民共和国成立后,由于计划经济体制的限制,国家通过单位管理社会,单位自成一体,几乎覆盖整个城市社会。但在"单位"之外,也存在着许多"非单位"人员,国家通过居民委员会将其组织起来。我国在城市基层社会逐步建立了以"单位制"为主,以街居制为辅的管理体制。在新政权建立初期,居民委员会在维护社会稳定、巩固国家政权等方面发挥着重要作用。1953年时任中央选举委员会委员的彭真向中央提交了《关于城市街道办事处、居民委员会组织和经费问题的报告》,该报告建议:"街道办事处的定位应该是政府的派出机关,居民委员会则作为群众自治组织存在。"② 1954年12月,第一届全国人民代表大会第四次会议审议通过了《城市街道办事处组织条例》和《城市居民委员会组织条例》,按照规定,街道办事处的任务是:办理市、市辖区人民委员会有关居民工作的交办事项,指导居民委员会的工作,反映居民的意见和要求。居民委员会的任务是:办理有关居民的公共福利事项,反映居民的意见和要求,动员居民响应政府号召并遵守法律,领导群众性的治安保卫工作,调解居民间的纠纷等。③《城市街道办事处组织条例》和《城市居民委员会组织条例》的出台从法律层面明确了街道办事处和居民委员会的性质、地位、作用以及二者之间的关系,标志着城市基层组织的正式建立。全国各地陆续按照《条例》开展城市组织整顿工作,到1956年城市基本完成了街道办事处和居民委员会的组建工作,街居制正式建立起来,城市基层管理体制也正式确立。

(二) 曲折发展阶段

1958年的"大跃进"、人民公社运动以及1966—1976年的"文化大革命"破坏了原有的街居体系。"大跃进"时期,街道的机构和职能迅速膨胀,城市试行人民公社,实际上是"党、政、社"的高度合一,街道权力

---

① 参见刘丝雨《我国街居制的演变历程及发展策略》,《人文与科技》(第七辑) 2021年11月02日。
② 《彭真文选》,人民出版社1991年版,第210页。
③ 参见何海兵《我国城市基层社会管理体制的变迁:从单位制、街居制到社区制》,《管理世界》2003年第6期。

高度集中，街道的所有事务都由街道党委统一领导。同时，街道的组织机构增多，柴米油盐、衣食住行等都在人民公社管理范围内，人民公社全面负责街道生活的方方面面，街道职能全面覆盖，权力空前膨胀。"文化大革命"时期，街道办事处更改为"革命委员会"，居民委员会更改为"革命居民委员会"，二者的任务也发生了根本性的变化，从为人民服务转变为抓阶级斗争。这一阶段，街居制仍然处于城市社会的边缘地位，主要管理"非单位"的社会闲散人员，街道办事处和居民委员会的职能错位、移位、越位，高度依附于政府，发展过程十分曲折。

（三）恢复发展阶段

改革开放后，党的十一届三中全会指出，"现在我国经济管理体制的一个严重缺点是权力过于集中，应该有领导大胆地下放"。于是，厦门城市基层社会管理体制改革首先从去单位化入手，"去单位化是中国城市以单位为组织架构的发展模式逐渐被以市场经济为架构的发展模式所取代的过程，是单位主义逐渐消退和市场机制逐步强化的过程"[①]。"去单位化"的发展，使得"单位"人员流向"非单位"人员，"单位"原本承担的部分职能转移到街道办事处和居民委员会。1980年，全国人大常委会重新公布了《城市街道办事处条例》《居民委员会组织条例》，街道办事处、居民委员会的机构和职能得以恢复，街居体系得以恢复并发展。此时的街道办事处和居民委员会的发展表现为：一是二者的管理对象从"非单位"人员扩展到辖区内的所有居民和单位，办事人员也大大扩充，城市基层社会管理队伍逐渐扩大；二是二者的管理任务和职能也大大拓展，根据居民多样化的需求，进行社区管理。

1982年公布施行的《中华人民共和国宪法》规定，"城市和农村按居民居住地区设立的居民委员会或者村民委员会是基层群众性自治组织"，这是国家最高法律对居委会性质的界定，也是首次把基层群众性自治组织写入宪法当中，为城市社区建设提供了坚实的法治保障。1986年，民政部首次提出开展社区服务，以此顺应社会结构变化，适应城市基层政权建设需要，满足广大人民群众需求，这同时也把社区服务正式载入了我国城市改革与发展

[①] 柴彦威、肖作鹏等：《中国城市的单位透视》，东南大学出版社2016年版，第15页。

的史册①。为社区居民提供社区服务,使得居民享受到社区的种种好处,更好地激发了社区居民参与的积极性、主动性。而1989年《城市居民委员会组织法》的颁布,进一步明确了社区自治组织的定位与任务,详细规定了居民委员会的组成、选举等内容,进一步细化与深化了城市社区管理,居民委员会的工作得到更大程度的发展。自此,各地如火如荼地进行社区建设,厦门市也不例外,在厦门政府的推动下,不断健全街居制度,注重发挥人民群众的主体性,积极发挥社区自治的作用。

从街居制的演变历程来看,前两个阶段主要是政府主导下的城市管理,城市社会被高度结构化于国家体系。政府是唯一的治理主体,街道办事处与居民委员会始终处于城市社会管理体制的边缘。虽然《城市居民委员会组织条例》明确规定居民委员会是群众自治组织,但在实际管理过程中,居民委员会是作为政府的"腿"在社区中负责传达政府的指令而存在的,与居民委员会规定的职能、定位不符,城市社会的自主性与居民的自治空间十分有限,这对于居民参与积极性与社区自治功能的发挥,对于社区建设的深入发展不利。第三阶段是政府推动与社区自治相结合来推动城市社会管理,这种模式通常被称为"合作型社区管理模式"②。在该模式下,政府不再是唯一的治理主体,其发挥的作用也由主导型变为推动型,注重社区内部的发展,而不仅仅借助于外力推动,强调群众的主动性、积极性与创造性,着重发挥社区的自治功能,推动了城市社区管理的深入发展。

二 社区建设时期 (1991—2011年)

改革开放后,社会主义市场经济的发展也给城市社会带来了诸多挑战,一方面,城市迎来了流动人口的大潮,城市基层管理任务急剧增加,城市管理难度大大升级。街道办事处与居民委员会的管理负担过重,行政效率有限,无法有效应对城市秩序的变化,原有的街居体系俨然不能满足大量的城市流动人口的需要。另一方面,随着社会经济的发展,居民的收入水平与生活水平得到了极大的提高,居民的需求也从低层次转变为较高层次的需求,需求更加多样化,不再满足于吃饱穿暖,居民更加追求生活的质量。而居民

---

① 参见何绍辉《政策演进与城市社区治理70年(1949—2019)》,《求索》2019年第3期。
② 何绍辉:《政策演进与城市社区治理70年(1949—2019)》,《求索》2019年第3期。

是社区的主体，人的发展与社区紧密相关，居民需求的变化也要求社区与时俱进地推进变革。1991年5月，时任民政部部长的崔乃夫明确指出："社区服务已经不能容纳社区出现的新情况、新问题，需要在此基础上提升出一个包容量更大、更全面的概念来促进社区服务和整个社区全方位的发展。"[①]社区建设应运而生。从1991年到2011年社区治理正式提出之前，我国城市社区总体上是处于以社区制为特征的社区建设阶段。根据国家1991年到2011年的社区建设政策的演进历程，社区建设大体经历了三个阶段。

（一）社区建设启动阶段（1991—1999年）

1991年民政部明确提出了"社区建设"的概念。此后，南京、上海等城市积极行动，大胆实践，为全国其他城市积累了一定的社区建设的经验。1998年国务院的政府体制改革方案确定民政部在原基层政权建设司的基础上设立基层政权和社区建设司，明确赋予民政部"指导社区服务管理工作，推动社区建设"的职能，进一步推动了城市社区建设工作。1999年民政部选择21个城市的26个城区作为首批"社区建设实验区"进行试点，这26个实验区为全国城市社区建设的全面展开提供了宝贵的探索与经验。厦门市开元区作为实验区之一，率先出台了相关文件，开展了试点工作。开元区以社区服务为切入点和突破口，以发展社区各项事业为基本途径，逐步形成了以街道为载体，区抓、街管、居落实、居民参与的社区建设格局，营造了良好的社区建设氛围，为社区建设的深入发展打下了坚实的基础。

（二）社区体制改革阶段（2000—2004年）

2000年11月，中共中央办公厅、国务院办公厅联合下发了《中共中央办公厅、国务院办公厅关于转发〈民政部关于在全国推进社区建设的意见〉的通知》，通知强调："努力形成党委和政府领导、民政部门牵头、有关部门配合、社区居委会主办、社会力量支持、群众广泛参与的推进社区建设的整体合力。"这一文件是城市社区建设的纲领性文件，具有划时代的重大意义，标志着社区建设将在全国进行正式和全面的推广。同时，这一文件也明确了这一时期的工作重点：社区体制改革。2002年民政部命名了厦门市开元区等148个区为"全国社区建设示范区"，社区建设全面推进。自此，厦

[①] 夏建中：《从街居制到社区制：我国城市社区30年的变迁》，《黑龙江社会科学》2008年第5期。

门市开元区从建设新型社区体制出发，对社区建设进行了积极的探索。一是重新划分社区。按照社区的要素（地域面积、户数或人口、居民心理认同等）和功能，再度进行社区规模调整，将102个社区整合为65个，整合后的社区规模平均为2000多户①。二是建立社区居民委员会。厦门市开元区的社区居民委员会不仅仅是在原有居委会前加上"社区"的前缀，更是强调对于社区内部自治的激发，突显了社区居委会的主体作用，弥补了原有居民委员会的有限作用，充分开发与利用了社区资源，调动了社区多元力量参与社区建设的积极性。三是健全社区组织机构。首先是加强了社区党组织建设，实现了"一社区一支部"，有效发挥了社区党支部的领导核心作用。其次是培育了居民自治组织。开元区形成了由社区成员代表会议、社区议事监督委员会、社区居委会组成的包括决策、议事、执行三个层次的社区自治组织体系。最后，发展了专门化的社区服务机构，较好满足了社区居民多样化的需求。

（三）和谐社区建设阶段（2005—2011年）

2005年2月19日，胡锦涛同志在中央举办的省部级主要领导干部"提高构建社会主义和谐社会能力专题研讨班"上指出，"我们所要建设的社会主义和谐社会，应该是民主法治、公平正义、诚信友爱、充满活力、安定有序、人与自然和谐相处的社会"②。在全国建设和谐社会的热潮中，和谐社区建设自然成为题中应有之义，因为，社区是社会的基本单元，社区和谐是社会和谐的基础。为此，时任民政部部长李学举对和谐社区的概念作出了明确的界定："我们所要建设的和谐社区，应当是居民自治、管理有序、服务完善、治安良好、环境优美、文明祥和的社区。"③ 自此，和谐社区建设成为自十六届四中全会以来社区建设工作的主线。2006年厦门市人民政府审议通过了《厦门市城市社区建设若干规定》（以下简称《规定》）。《规定》紧扣和谐社区主题，指明了社区建设的目标和方向。该《规定》的颁布实施，是厦门城市社区建设工作的一件大事，对厦门市的城市社区建设工作产生了积极深远的影响。在《规定》的指示下，厦门市和谐社区建设取得了

---

① 参见杨贵华《建立新型社区组织体制的探索——厦门市开元区社区组织建设研究》，《中共福建省委党校学报》2003年第11期。

② 胡锦涛：《在省部级主要领导干部提高构建社会主义和谐社会能力专题研讨班上的讲话》，《人民日报》2005年6月27日要闻版。

③ 李学举：《建设和谐社区为构建和谐社会奠定基础》，《红旗文稿》2005年第19期。

较大的进展，探索出了一条符合厦门客观实际的和谐社区建设之路。一是健全新型社区管理与服务体制，实现社区管理科学化。首先，厦门市各街道办事处主动转变职能，实现了管理重心与工作下移，实现了"五个到社区"。其次，强化社区管理与服务功能。厦门市各街道办事处高度重视提升社区服务水平，为社区提供了充足的物质支持，延长了社区居委会工作时间，扩展了社区服务内容，大大提升了社区服务的质量。最后，建设数字化平台，社区通过互联网为居民提供高效、便捷的社区服务平台。虽然信息化技术还未在社区层面普及，但厦门市的初步尝试也为社区数字化的发展积累了经验。二是实现社区自治的制度化。首先是进一步加强了社区居民自治组织的建设，在每个社区都建立健全了"五室、六站、一中心"，居民自治组织更加多样化，能够更加全面地满足社区居民需求。其次，各社区根据社区实际情况，制定了社区居民自治章程、社区居民自治公约、共驻共建联席会议制度、居民会议议事制度、社区居民对社区居委会民主评议制度、社区信访接待制度等，使社区居民参与社区自治活动有法可依、有章可循。①

从社区建设的总体演变过程来看，我国的城市社区治理模式已由"合作型社区管理模式"发展为"自治型社区建设模式"。在"自治型社区建设模式"下，厦门市注重发挥政府的引导作用，重点强调社区的主导作用，植根于社区，充分挖掘社区内部资源，调动社区居民参与社区建设的主动性、创造性。该模式不仅有效减轻政府负担，降低城市社区建设成本，同时也进一步推动了社区治理回归本真，真正促进社区"内源性发展"。

三 社区治理时期（2012年以来）

改革开放以来，我国的工业化和城镇化带来了经济社会的高速发展，经济建设成效显著，中国逐步迈入中等收入国家行列。但是伴随着经济社会双重转型和城市化进程加速，全国各大城市的"社会病""城市病"日益显现。城市社会建设滞后于经济建设，政府转型滞后于社会转型，城市外来人口激增，居民归属感、认同感低，政府与社会、居民的张力逐渐拉大，城市社会管理压力巨大，面临着失序化的问题。新情况的出现亟须突破城市社区发展瓶颈，打开基层治理的突破口。2012年，党的十八大报告首次把"社区

---

① 参见石文静《厦门市构建和谐社区的实践经验与启示》，《厦门特区党校学报》2007年第5期。

治理"的概念写入党的纲领性文件当中，提出要"在城乡社区治理、基层公共服务和公益事业中实行群众自我管理、自我服务、自我教育、自我监督"。从党的十八大开始，我国城市社区工作开始由社区建设阶段进入社区治理阶段，城市社区总体上是处于以城乡社区融合发展为特征的社区治理阶段。

党的十八届三中全会把"完善和发展中国特色社会主义制度，推进国家治理体系和治理能力现代化"作为全面深化改革的总目标。创新社会治理，推进治理现代化，是完善和发展中国特色社会主义制度的内在需要。厦门作为经济特区，一直是改革开放的前沿阵地，是全国先行先试的"排头兵""试验田"，但也率先遇到了中等收入社会难题，基层矛盾增多，社会危机加剧，迫切需要创新社会治理。2014年1月，厦门市获批"全国社区治理和服务创新实验区"，厦门市认真贯彻党的十八大和十八届三中、四中全会精神，以深入推进"美丽厦门·共同缔造"为实践蓝本，以创建"全国社区治理和服务创新实验区"为载体，围绕"共治共享，建设美丽厦门"目标，全面深化重点领域改革，建立政府主导和群众自治相结合、城乡服务一体化与差异化发展相结合的社区治理体系，形成政府、社会、居民多元治理的路径与模式。

厦门市主要从六方面展开社区治理的探索实践。一是提升社区空间平台。既为居民规划社区公共空间，又打造公共活动平台，倾力营造邻里和睦、居民和乐的温馨社区环境。二是加强社区基层组织建设。厦门市一方面注重发挥现有基层党组织、工青妇等各类基层组织的力量，发动社区内各类群体共同参与社区治理。另一方面引导社会组织参与，调动社会组织发挥社会化、专业化的优势。三是打造社区发展特色模式。按照"老社区、新社区、村改居社区"三种社区类别，积极打造突显厦门市特质的特色社区治理模式。四是优化社区公共服务。厦门市不断满足社区居民的个性化、多样化、专业化需求，积极打造一站式的便民服务平台，建立全覆盖的社会救助体系，推出更全面的居家养老服务，开展全方位的社区教育服务，通过自助、救助、帮助、互助，提升群众生活在社区的幸福感。五是增强社区认同。厦门市城市社区着力通过环境营造、精神营造，增强了居民群众对共同家园的认同感和归属感。六是创新社区体制机制。厦门市围绕深化群众参与，在"共谋、共建、共管、共评"上初步建立了务实管用的长效机制。

通过共同缔造，厦门市构建起多元共治初步完善、体制机制基本健全、城乡服务全面覆盖、社区营造差序并进、区域特色较为显著、治理能力明显提高的社区治理体系，治理能力不断提升，建立了政府主导和群众自治有机结合的社区治理新型体制机制，强化了社区自治功能，提升了社区服务水平，促进了居民融入融合，打造了温馨包容的和美社区，为全国社区治理创新提供了一个鲜活的样本，为全国推进基层治理现代化提供了有益经验，值得各地学习和借鉴。

第四节　厦门基层治理的主要措施

党的十八届三中全会审议通过的《中共中央关于全面深化改革若干重大问题的决定》（以下简称《决定》）提出创新社会治理体制的重大战略任务，标志着我们党对社会治理的认识和要求从局部走向了系统，并进一步提出了创新社会治理体制的理念和目标，这就是：必须着眼于维护最广大人民根本利益，最大限度增加和谐因素，增强社会发展活力，提高社会治理水平，全面推进平安中国建设，确保人民安居乐业、社会安定有序。这一理念和目标，实质是坚持增强社会发展活力与增加社会和谐因素的统一，坚持促进社会发展与人的发展的统一，体现了在发展中保持和谐与在和谐中推进发展的辩证统一，对克服重经济发展轻社会发展的倾向具有积极意义，是一种积极的发展观、和谐观。[1]

2013年7月，厦门市委、市政府提出《美丽厦门战略规划》（以下简称《规划》），明确了规划的实施路径是共同缔造，即通过共谋共建共管共评共享，发动全社会共同参与共同缔造行动。按照时任省委常委、市委书记王蒙徽关于"核心在共同、基础在社区"的要求，厦门市紧扣"美丽厦门·共同缔造"定位，以群众参与为核心，以培育精神为根本，以奖励优秀为动力，以项目活动为载体，以分类统筹为手段，不断深化试点工作，积极破解经济社会发展面临"中等收入陷阱"所带来的各类社会难题，改进社会治理方式，让社会治理的触角真正延伸到社区的"最后一公里"，着力构建形成"纵向到底、横向到边、纵横交错、多元共治"的社会治理新体系，实现"党委领导、政府引导、

---

[1] 参见中央党校中国特色社会主义理论体系研究中心《为什么要创新社会治理体制？——十一谈深入学习贯彻十八届三中全会精神》，《光明日报》2013年12月12日第1版。

社会协同、群众参与、法治保障"的"共同缔造、互动共治"新格局。①

一 决策共谋

随着人民的生活水平日益提高，已经达到经济自立的居民在生活方面，不再需要政府全能主义式的"包办式"管理，彼此平等的居民之间需要一种"同意权力"，这种权力主要是从决策参与中产生的，它不具有强制性，但有约束力。约束力首先不来自外部压力，而来自因为自愿参与和自主选择而形成的内在动力。面对"中等收入社会难题"，厦门自2013年来在社会治理创新方面进行了一系列艰难探索，先后出台了《规划》《厦门市深化两岸交流合作综合配套改革试验总体方案》（以下简称《总体方案》），始终坚持以群众参与为核心、以问题为导向，紧扣"美丽厦门·共同缔造"定位，循序渐进地推进厦门市城市基层治理改革创新。在《规划》的编制过程中，厦门市广泛征求各方意见，同时通过开展形式多样的宣传，凝聚社会共识，树立共同缔造理念；在此基础上，分类明确可操作的工作路径，确定通过试点方式逐步开展改革，确定政策保障措施，并通过制定政府文件进行确定，指导全市推广，进一步凝聚共识。② 把社区层面与居民直接有关的公共事务交给居民自己来决定，最后形成认可和尊重自我决定的习惯和制度。

厦门严格按照"核心在共同，基础在社区，关键在激发群众参与、凝聚群众共识、塑造群众精神，根本在让群众满意、让群众幸福"的要求创新理念和方法。从2013年7月初开始，选择在岛内的思明区和岛外的海沧区作为开展共同缔造社会治理探索实践的试点，以此作为践行党的群众路线的重要载体，探索社会治理体系和社会治理能力现代化的有益尝试，并试图以"典型引路、以点带面"的理念，探索出适宜厦门市基层治理创新的路径和体制机制。分别选择若干不同类型的社区，包括城市新社区、城市老旧社区、外来人口集中社区、村改居社区、农村社区等各种类型，开展共同缔造试点工作。在试点工作开展过程中，引导基层治理单位树立依靠群众共治共

---

① 参见徐勇等《海沧跨越：在共同缔造中提升社会治理》，中国社会科学出版社2014年版，序一第2页。

② 参见徐勇等《海沧跨越：在共同缔造中提升社会治理》，中国社会科学出版社2014年版，第21页。

享理念，积极探索激发群众共治共享方法，大胆创新共治共享的社会治理机制，办好与群众密切相关的实事好事。① 通过转变观念、搭建平台、增进合作的方式，重新定位政府、群众、组织、专家等不同主体的角色，变"为民作主"为"让民作主"，变"政府主唱"为"社会合唱"，变单向管理为多元治理，形成各主体协商合作、多手段统筹运用、上下联动的互动共治格局，真正实现社会管理向社会治理的转变。

二 发展共建

群众参与是"共同缔造"的核心，因此需要搭建公众参与的信息化平台，拓展市民评审团、市民调查、公众论坛等公众参与形式，广泛听取、充分吸纳各方面建议和意见，充分调动全社会智慧和力量。通过宣传培训、"以奖代补"项目带动等措施探索建立群众参与激励机制。同时以深入开展群众路线教育实践活动为契机，着力转变干部作风，密切联系群众，提升工作效能，夯实基层基础，为建设"美丽厦门"提供坚强的组织保障和干部、人才支持。② 厦门通过政府授权将群众的事情交由群众决定，有助于将群众"组织起来"参与社区治理，但生活在社区的各家各户有不同兴趣、不同要求，一方面，市场经济将人们分为"你、我、他"的独立个体；另一方面，社会管理活动将人们分为"管理者"和"被管理者"。如此一来，找到合情合理的优化方案并提出建设性意见，就需要协商和协调人们自己出人出力来解决问题。从过去依靠别人代理来做，到现在自己要求建立一个委员会，一个组织，自己管理自己的事务，这种"自理"的要求，是构成社区组织的新因素。

厦门聚焦群众关心的民生实事和重要事项，发扬特区解放思想、改革创新精神，着力先行先试，以转变发展方式、理顺政府职能、创新社会治理、改善公共服务为重点，创新工作的理念思路、工作机制和手段举措，统筹发挥群众主体作用与部门规划、协调、服务职能，整合并有效利用各种资源。通过广泛征求群众需求和意愿，逐阶段推进一批项目和群众性活动，统筹项

---

① 参见徐勇等《海沧跨越：在共同缔造中提升社会治理》，中国社会科学出版社 2014 年版，第 24 页。

② 参见徐勇等《海沧跨越：在共同缔造中提升社会治理》，中国社会科学出版社 2014 年版，第 22 页。

目活动；把各级各部门专项资金集中安排、统筹使用，并吸引社会资本参与项目建设和经营管理，统筹资金资源；发挥专家、职能部门、基层干部、社区群众作用，统筹人才资源；集中宣传、集中部署、集中培训、集中评议、集中发动群众等，统筹服务资源。[①] 在有效统筹各项资源的基础上，着力建立新型联结。通过社区营造，培育共同精神；同驻共建，促成自觉行动；分类并进，优化民生服务；党带群建，落实群众路线。将"你、我、他"变为"我们"，将"管理者"与"被管理者"变为"共建共治者"，将"陌生人"变为"熟人"和"亲人"。强化社区共同体的内聚力和向心力，充分调动社区成员参与到社区的建设和发展之中来。

三 建设共管

不同于西方自下而上的衍生路径，我国的社区自治产生和建构不是居民追求自由民主权利的结果，而是政府主导下的自上而下强制性制度变迁。行使社区自治功能的核心载体——居委会的创设不仅带有强烈的政府规划性，受压力型行政体制的内卷化影响，其职能作用的行政化倾向更为严重。居委会承担着过多的政府"委托—下派"的行政功能，而所应具有的居民"委托—代理"的自治功能则流于虚化。在两种不同权力逻辑支配的冲击下，居委会时常陷入行政与自治功能的悖论中而无法自拔。[②]

厦门为优化社区治理结构，一方面实现治理结构延伸"纵向到底"，理顺不同层级结构的功能，确定区级统筹、街道治理、社区服务、单元自治的治理架构，通过不同层级的组织自上而下将对基层社会的治理一直延伸到最底部的个人。以海沧区海虹社区为例，海虹社区遵循"街巷定界、规模适度、动态调整"的原则，以街巷、小区、楼栋为基础，按照每个网格管辖300—400户的标准划分网格单元。整合"六大员"由社区统一管理使用，有效解决了"六大员"管理使用"两张皮"的问题。每个网格中配备一名社区网格管理员和若干名网格助理员，网格管理员由社区干部担任，网格助

---

① 参见徐勇等《海沧跨越：在共同缔造中提升社会治理》，中国社会科学出版社 2014 年版，第 22 页。

② 参见程同顺、魏莉《微治理：城市社区双维治理困境的回应路径》，《江海学刊》2017 年第 6 期。

理员由老党员、居民小组长、居民代表、楼长、物业管理人员等担任。同时，每4个网格配备一名民警，每个网格配备一名协警，负责收集信息和处理问题。工作机制由原来在办公室坐等群众上门变为主动走入群众，从被动应对问题到主动发现问题。网格管理员作为网格内事务的发现、受理、协调、处置的第一人，实行"一岗多责"，实现计生、综治、卫生、文明督导等多项事务全方位管理服务。他们每月巡查走访入户不少于10天60户，重点到空巢老人、残疾人、低保户、未就业人员、重点帮教对象、计划生育对象等家中帮助解决困难。网格管理员负责网格内综合性管理工作，同时确保彼此之间的工作独立性、协同性和连续性，在一定程度上解决了基层政府在社区管理过程中的工作缺位、职能交叉、权责不清、条块分割等问题。通过社区网格化管理的联动机制协调条块关系，实现无缝隙的全面覆盖整体化管理，实现"纵向到底"。

另一方面推动治理结构扩展"横向到边"，这一过程是与"纵向到底"同步进行的，即社会成员通过自我联结，将每个人都组织起来，进行自我管理、自我服务和自我教育。厦门市相继出台《厦门市事业单位民间非营利组织职工工伤保险实施办法》《关于进一步加强厦门市社会科学类学会管理的意见》《厦门市异地商会管理办法》等政策、法规和文件，有效优化社会组织发展的外部环境。为解决"登记难"问题，厦门市大胆推行审批制度改革。一是缩短审批时限。将社团登记审批时限从法定的30日改为15个工作日，并对外承诺；民办非企业单位登记审批时限从法定的60日改为25个工作日，并对外承诺。二是试行"社区社会组织"备案登记制度。降低门槛，放宽准入条件，从注册资金、会员数量、办公场所、业务主管单位、筹备程序等五个方面给予放宽。目前，全市登记或备案的"社区社会组织"达418个。实行"政治类控制、经济类放开"；"宗教类"、"气功类"、"三会类"（同乡会、战友会、校友会）、"民办社科类科研机构"等严格控制；对社会经济发展能起到积极促进作用和民间资本投资的科技、教育、卫生、养老等慈善公益类的社会组织，采取积极引导、扶持和放开登记的政策。截至2012年底，厦门全市已登记的社会组织（含备案）共有2290个，每万人拥有社会组织6.5个，位居全省第一。其中：社会团体1007个（市级589个，区级418个），民办非企业单位890个（市级186个，区级704个），备案社区民间组织 390 个，包括台湾经贸社团在厦代表机构 4 个。[①] 全市 138 个行业协会全部与行政主管部门实行职能、机构、人员、财产"四脱钩"，人员自聘，会务自理，有效增强自治能力。

四 效果共评

群众是公共服务的享受者。私人物品可以通过评价和退货的方式表达消费者意志。政府提供公共服务不能退货，需要引进"共评"机制，让公共服务更能适合多样化的群众需要。厦门摒弃原来单一的上对下的考核模式，在政府内部完善上下互评和平级互评机制，同时逐步引进第三方，引进社会力量、专家团队、群众主体，加强评价和考核主体的多元化、客观性。在工作评议方面，从社区资源禀赋、经济状况、社会结构等实际出发，建立分类差异化评价机制，更加注重社区发展的过程和长远效益，兼顾效率与公平。在服务评议方面，严格把控服务供给的各个环节，从市场准入、服务供给、保障激励三方面着手，通过引入市场化竞争机制改善物业服务质量。在评议干部方面，坚持"官评"和"民评"相结合，注重从干部履职、功能发挥等多个方面建立考核指标，同时引入量化评分机制，做到公开透明，并以评价和考核结果为基础，完善配套的政策调整机制和奖惩机制，增强共同缔造的动力。

厦门市健全监督激励机制。启动异地商会评估工作，推进行业协会与行政主管部门脱钩，建立社会组织重大事项报告、信息公开、公众投诉等制度；建立起规范化、常态化的工作机制，包括联动机制、绩效考核机制、激励机制。在海沧区新阳街道，率先建立起街道层面的网格化联动服务中心，实施"1+3+6+N"的"全联动"模式，即在 1 个网格化社会服务管理指挥中心的引领下，建立发现、处置、评价等 3 个机制，发挥信息综合共享、人员综合调度、民生综合服务、社会综合管理、绩效综合考评、三级网格综合推进等 6 大职能，响应百姓个性化、多样化需求，创新 N 个服务管理品牌项目，构建社会服务管理"全街联动、全员联动、全面联动"的"全联动"模式。变宏观管理为微观管理，将问题化解在基层，及时应对突发事件，切

[①] 参见徐勇等《海沧跨越：在共同缔造中提升社会治理》，中国社会科学出版社 2014 年版，第 18 页。

实在社区公共事务和群众生活需求的层面上做到管理到位、服务到位。①

五 成果共享

厦门市政府高度重视民生工作，一方面，以街居公共服务改革为突破口，加快城市公共服务向社区延伸和下沉。另一方面，重视发展新兴社会组织工作，社区经济互助合作组织、居民协商议事会、社区文化娱乐组织、社区志愿组织等一批批涉及社区经济、自治、文化、志愿服务等方面的"两新"组织迅速发展起来。2007年，厦门市成立全市性社会团体——厦门市志愿者联合会，标志着厦门志愿服务步入规范化的阶段。2011年厦门市率先推出志愿服务对接平台，全市所有文明单位都成立了志愿者服务支队，总数超过100个，市一级成立志愿者服务总队，这些志愿者队伍分别与全市主要交通路口及公园、广场、医院等数十处公共场所实现服务平台对接，基本实现志愿服务常态化。全市志愿服务工作围绕构建和谐社会、创建全国文明城市、岛内外一体化建设、未成年人思想道德建设等工作重心，已经形成了以文明创建为主题的公益服务活动，以便民利民为主题的社区服务活动，以帮困助弱为主题的帮扶服务活动，以服务大型活动为主题的应急专项服务活动，以长期服务固定对象为主题的长效服务活动等五大主题的志愿服务活动项目体系。

厦门加快推进体制机制创新，以"共同缔造"方法改进社区公共服务，一是将社区基础建设经费、社区办公经费、社区干部工资福利经费列入政府财政预算，每年全市社区活动经费2000多万元，平均每个社区活动经费在6万元以上。二是全市203个社区普遍建立社区服务中心、文体活动中心等，设立"一站式"服务大厅。三是与电信公司签订战略合作协议，打造"2+N"项目体系，即加快信息化综合服务平台和电子政务综合服务平台建设，重点推进智能政府、城市管理、应急指挥等"智慧政务"项目以及"智慧社区"、民生保障等"N"个项目，形成区、街、社区三级联动的动态管理机制。总的来看，厦门通过优化市场、土地、设施、参与，实现了集体收益、公共空间、便民服务、质量效能的全面共享。真正做到"从群众中来，到群众中去"，让群众自我管理、自我服务、自我教育、自我监督的基层民主内涵落到实处。此外，社区成果共享具有溢出效应，它适应城乡发展一体

---

① 参见陈振明等《厦门综改区社会管理创新的实践及其特色》，《东南学术》2013年第4期。

化和基本公共服务均等化要求，能够促进公共资源在城乡间均衡配置，以此统筹谋划城乡社区治理工作，注重以城带乡、以乡促城、优势互补、共同提高，促进城乡社区治理协调发展。

小　结

当前，中国正处于历史大变革的关键时期，经济社会的双转轨需要开展深刻的社会治理变革，厦门从推进国家治理体系和治理能力现代化的高度谋划和布局改革，通过"美丽厦门·共同缔造"行动的探索，实现基层治理由"管理"转向"治理"，由"他治"转向"共治"，由"善政"转向"善治"。因此，厦门市的共同缔造行动不仅是化解厦门社会治理难题的有力探索，而且具有重要的现实意义和时代价值。一方面，作为先行城市，厦门市的社会治理具有良好的基础，但是也有很大的提升空间，通过共同缔造行动提升了城市治理水平；另一方面，厦门以共同缔造行动破解了城区经济社会转型带来的新问题、新挑战，提升了城市治理能力，从而为城市治理尤其是老城区的治理提供了示范性样本。[①] 主要体现在以下三方面。

一是激活了社会，使社会真正地参与了进来。中国是一个历史悠久的传统农业文明国家，虽然在一个静态社会里它的国家治理经验已经非常成熟了，但是面对一个变化速率相当之快的现代化社会还缺乏经验。社会急剧变迁的速率造成了两个"严重不适应"，第一个是国家治理严重不适应社会变迁的速率，跟不上变化；第二个是国家治理当中社会参与严重缺失，跟不上国家治理。基层的有效治理建立在政府与社会互动的基础上，参与是互动的前提，没有社会的参与，可能获得一时的稳定，但难以持续。厦门把激发社会活力作为共同缔造的重要着力点，"共同"的理念贯穿了改革的全过程，共建共管邀民参与，搭建平台便民参与，"以奖代补"激励参与，在参与中培养了居民的参与意识，提高了居民的参与能力。可以说，厦门在激发社

---

① 参见徐勇等《思明提升：共同缔造中的基层治理现代化》，中国社会科学出版社2015年版，第7页。

活力方面提供了可复制、可推广的经验。①

二是重塑了群众，使自治真正地运转了起来。一直以来，基层自治的"形式化""悬浮化"，导致治理体系少了一个重要环节，只有政府主导，没有群众主体，只见政府主治，没有群众自治。在整个国家治理体系当中，群众自治是基础环节，没有群众自治的治理体系是虚的，是没有根基的。厦门通过探索多层级多类型多样式的社区居民自治，让"墙上的自治"进入居民的日常生活，使自治真正地运转了起来。同时，我国居民自治进程分别经历了吸纳型、建构型和内生型三个阶段，总体上自治发育很不充分。要推进居民自治，需要根据利益相关、地域相近、文化相连、规模适度和便于自治的原则，探索不同条件下居民自治的有效实现形式。厦门的自治实践着眼于居民的内在需求和内在力量，将自治单元下沉到小区以及楼院，成立居民议事会等自治组织，通过各种微观机制激活居民的内在动力，培育居民的自主参与意识，着力于让自治运转起来，让居民自治制度"落地"，并取得了良好的成效。

三是改变了政府，使互动共治的治理格局初步建立起来。政府对民众诉求的持续回应是现代民主社会的重要特征。当前，伴随着经济社会的快速转型，社会日益多元化，居民的诉求日益多样化，对政府的回应性提出了更高的要求。国家治理现代化关键在于政府自身的现代化，尤其是政府治理的现代化。这就要求政府及时、主动回应社会诉求，实现政府与社会的良性互动。从管理型政府到服务型政府，再到回应型政府，厦门在共同缔造中主动听取民声，从群众急难愁盼的事入手，持续不断改善民生，完善公共服务，积极寻求最广泛的参与方式和最主动的参与精神，以平等对话替代居高临下，以鼓励自治替代全盘管理，用共同缔造的方法化解社会问题，开创了互动交流、互动共治的新模式。

---

① 参见徐勇等《思明提升：共同缔造中的基层治理现代化》，中国社会科学出版社2015年版，第7页。

第二章
创新治理模式，构建决策共谋

社区治理既是国家治理的"最后一公里"，也是人民群众感知决策效能和温度的"神经末梢"。然而，中国城乡社区治理目前仍然存在社区自治和服务功能不强，基层群众自治活动内容和载体相对单一，社区治理参与机制还不健全，政府部门包办过多，社会力量、市场主体参与缺乏长效机制，社区居民参与缺乏组织化渠道等短板。①

2021年，中共中央、国务院印发《关于加强基层治理体系和治理能力现代化建设的意见》指出，以加强基层政权建设和健全基层群众自治制度为重点，以改革创新和制度建设、能力建设为抓手，建立健全基层治理体制机制，推动政府治理同社会调节、居民自治良性互动，提高基层治理社会化、法治化、智能化、专业化水平。② 决策共谋就是众人的事众人商量，共谋共议办实事。在社区建设决策中让群众充分表达，在项目规划上与群众反复协商，以充分了解群众需求、汇集群众智慧。

第一节 转变观念，干群共谋新关系

干群关系是一对基本且不容忽视的政治关系。构建新型、和谐的干群关

---

① 参见《中共中央国务院关于加强和完善城乡社区治理的意见》，《人民日报》2017年6月13日第1版。

② 参见《中共中央国务院关于加强基层治理体系和治理能力现代化建设的意见》，《人民日报》2021年7月12日第1版。

系，对于密切党群干群关系、推进基层治理体系和治理能力现代化、发展社会主义政治文明、建设服务型政府具有十分重要的意义。当前，领导干部脱离群众、政务服务能力不足、基层矛盾频发等问题制约着干群关系的进一步提升。随着信息社会的不断发展，公民参政议政的热情和表达意愿的能力不断提升，对干群关系提出了更高的要求。

一 变"包揽"为"自治"，激活群众自治

政府在基层治理中一直扮演着非常重要的角色，但中国政府具有典型的"爸爸式治理"风格，"管大又管小"，包揽一切社会事务。这种"大包大揽"不仅使政府深感疲惫，大大降低行政效率，而且会引起社会反感，"吃力不讨好""花钱找骂"，政府大包大揽的治理模式早已力不从心。近些年来，以习近平同志为核心的党中央对社区治理改革大力支持，以社区为平台，群众自治的城市社区治理模式在全国实践，并初见成效。[①] 2013 年，厦门市着力改革政府管理方式，逐渐展开社会治理改革的探索实践，以社区为单位，推行基层社会"微治理"，转向社会精细化治理。这一改革突破了"父爱管制"的传统，由以往政府为主的"包揽式"管理，转向"政府领唱，社会合唱"的全民参与的微治理，使厦门较好地实现了对城的治理与对人的服务之结合。[②]

（一）实现居民"微心愿"

没有广泛的群众参与就没有真正的群众自治。居民作为社区的主人，却认为社区治理是政府的事，自己不用去管。长此以往，居民对社区公共事务越来越漠然，社区矛盾也越来越多。因此，政府应积极作为，充分调动居民，让居民意识到"社区是我家"，社区事务都与自身密切相关，引导居民参与到社区治理的具体事务中来，把涉及居民共同利益的事项交由居民民主决定，提升居民参与度，增强居民"主人翁"意识。

一是要实现问需于民。群众的需求是社区治理的立足点，脱离了群众的需求，社区治理就变成了一句空话。厦门市广泛征求居民意见，问需于民。

[①] 参见刘振《城市社区共治与群众自治问题研究——以广州花都区新华街道为例》，硕士学位论文，吉林大学，2017 年，第 1 页。

[②] 参见徐勇等《海沧跨越：在共同缔造中提升社会治理》，中国社会科学出版社 2014 年版，第 83 页。

通过社区"微愿箱"、微博、社区 QQ 群、社区网站留言板等渠道以及手机云平台，广泛征集群众对社区建设、治理、服务等方面的"微心愿"。同时建立健全了"微心愿"征集、定期分析、落实反馈等制度，真实地听取群众心声，找准群众需要，最终实现群众心愿。

二是要实现问计于民。厦门市注重汇聚民众智慧，问计于民，从群众中汲取智慧与力量。厦门市设立了"金点子"信箱，让居民随时反映自己需求；组建"四民家园"，民情调查队经常走访收集社区居民各类意见；借助"网格化"的信息平台，广泛征集居民对公共项目建设步骤、设施添置、活动开展等方面的意见和建议。问计于民既能够有效汇集群众智慧，又能帮助居民实现微心愿。

（二）培育社区"微组织"

治理组织是社区自治的重要载体，也是社区发挥治理力量的"输送带"。厦门市在推动居民委员会定位回归，促使其职能完善外，还搭建了多样化的"微组织"，进一步发展非政府组织的自治力量，推进了社会融合。一是建立社区理事会和社企理事会，建立起以热心公益的社区居民和驻社区企业为主导力量，社区自行发现问题、研究问题、解决问题的自治机制，有效扩大了"新厦门人"的参与程度，拉近了社区与企业之间的距离，带动社区内居民和企业共同参与。二是发展社区服务组织。一方面厦门市创造性地推出"台胞志工＋社工＋义工"的服务模式，在社区层面打造志愿服务组织的"孵化基地"。另一方面大力发展专业社工，成立"社工服务中心"；建立"邻里中心"服务组织，围绕多项居住的配套功能，整合社区资源，为居民提供"一站式"综合服务。三是创建社区特色组织。厦门市推动成立各类具有特色的、从居民的兴趣出发的活动组织，并称之为"特色之家"。这些"特色之家"具有兴趣俱乐部的特点，社区居民为参与的主体，此外还邀请一些专业人士参与，开展丰富多样的文体活动，拉近了居民之间的距离。

（三）共建社区"微机制"

社区治理的建构与发展难以一蹴而就，需要持续地推进和完善，在这一过程中，需要以机制建设为重点，以机制的完善破解社区自治的"形式主义"难题[①]。"微机制"能够解决社区治理难开展、难持续、难规范、难保

[①] 参见徐勇等《海沧跨越：在共同缔造中提升社会治理》，中国社会科学出版社 2014 年版，第 97 页。

障等难题，使社区治理有序运转起来。

一是要建立居民参与机制。在社区议事机制建设方面，厦门市设立社区居民、业主委员会议事机制，构建居民理事会参与机制、"四民家园"的运行机制；在志愿活动参与机制建设方面，厦门市以志愿活动为载体推动居民参与，建立志愿活动参与机制。居民参与机制的完善，明确了本地居民与外来人员都有参与社区治理的权力，逐渐形成社区居民"议事、干事、管事、评事"的参与机制。

二是要建立三联共治机制。社区组织的建立，同样依靠机制的规范与保障。厦门市以台胞义工队为特色，打造"台胞义工志愿行"品牌，创建"台胞志工＋社工＋义工"三联共治模式的"两岸义工联盟"；以奖励优秀为动力，建立义工积分考核制，搭建"义工关爱圈"，推动营造社会公益精神。

三是要建立社企联合机制。一方面，厦门市引领辖区企业主动参与社区公共事务，形成了一批企业服务员工、企业服务企业的行动品牌。另一方面，厦门市通过建立"新厦门人服务综合体"，构建了新厦门人"同城市、同管理、同参与、同服务、同待遇"的"五同"服务机制。

四是要建立上下联通机制。厦门市依托区三级网格化指挥平台联勤联动的全覆盖，于2014年建成全省首个"智慧社区信息服务云平台"，打通了从社区到家庭（居民）"政务信息服务"与"商务信息消费"的两个"最后100米"，实现"区级—街—居—家庭"的四级联通，真正做到"自上而下"与"自下而上"的双向互动。

（四）共促社区"微行动"

厦门市从细微处着眼社区治理发展，让群众从利益最相关、生活最相近的小事入手，在实践中培育群众的参与习惯和参与精神。一是推进"熟人社会"建设。厦门市从微处着手，将社区打造成集商业、文化、体育、卫生、教育等于一体的"邻里中心"，为居民提供"一站式"的综合服务。同时，在基层党组织引领下，借助"邻里中心"开展"睦邻活动拉近新邻里""特色服务普惠新邻里"等主题行动，加快"新厦门人"融入速度。二是推行关爱"微行动"。厦门市采取救治救助与帮扶发展并重的措施，关爱弱势群体。同时，凭借"新厦门人综合服务体"的建设，关爱外来人员，以宣传与关怀并重的方式，关爱环卫工人和公交司机。以微行动开展关爱，在社区自治中引入了人文关怀。三是打造"微笑社区"。厦门市通过创建"微笑环境"、提供"微笑服务"、共建"微笑邻里"、倡导"微笑生活"等措施，大力推进惠民公共项目建设，提升群众幸福感、满足感，塑造社区居住幸福、邻里和谐的氛围。

二 变"管制"为"服务"，转变政府职能

服务型政府是指在公民本位、社会本位、权利本位理念指导下，在整个社会民主秩序的框架下，通过法定程序，按照公民意志组建起来，以全心全意为人民服务为宗旨，承担服务责任并实现服务职能的政府。构建服务型政府是提升国家治理能力的基础，是拉近干群关系的弹簧，是解决中国最基本问题的钥匙。党的十八届三中全会提出"使市场在资源配置中起决定性作用和更好发挥政府作用"，明确把服务型政府建设作为国家治理体系和治理能力现代化的重要组成部分。在全面推进服务型政府建设的过程中，厦门市对服务型政府建设规律的认识更加清晰，实践日益充实，积累了丰富经验。根据厦门探索的经验，可以总结为以下三点。

（一）树立服务型政府理念

虽然服务型政府建设极大推动了社区治理的发展，但我国政府长期存在的"官本位"思想，扭曲了干部的价值取向，使其只顾个人利益而与人民群众相脱节，严重阻碍着服务型政府建设的深化。我们应该意识到树立并强化服务型政府理念，实现从官本位向民本位、政府本位向社会本位的过渡，是解决"官本位"问题的有力因素。

一是要树立"以民为本"的政府理念。全心全意为人民服务是我们党和政府的根本宗旨，必须以实现最广大人民的根本利益作为政府行政的最高标准，在任何时候任何情况下，都要想人民之所想、急人民之所急、谋人民之所求、解人民之所忧。[1] 全心全意为人民服务、对人民负责，才能密切政府同人民群众的关系，增强民众对政府的信任。

二是要树立有效服务的政府理念。政府要做到有求必应、有事必办、限时办结、负责到底，切实履行职责，不推脱责任，既要提高服务效率也要提升服务质量，保质保量地完成工作。

三是树立公正平等的政府理念。政府应切实提高认识，改善服务态度，

---

[1] 参见巩建华《建立服务型政府应树立的基本理念》，《行政论坛》2005年第1期。

转变工作导向，从命令、控制转为服务，由替人民做主转向由人民做主，从传统的"官民"关系转变为平等的商家（政府）—客户（公民）关系。[①]平等地尊重包括公众在内的社会多元主体，公平公正地为社会多元主体提供服务，以服务意识和态度的转变来推进服务型政府建设。

（二）重新定位政府职能

各地在建设服务型政府的过程中，许多政府部门职能定位不清晰，政府职能出现"越位""缺位""错位"等问题，给社区治理带来诸多阻碍，因此，需要对政府职能重新进行定位。具体来说，应包括以下三个方面。一是要弥补"缺位"。政府职能重新定位的一个核心内容是政府职能重心的调整与转移。服务型政府的建设，要求政府把该管的事情管好、管到位。政府要加强服务职能，弥补公共服务短板，不断扩大公共服务内容，提升公共服务水平，建立健全覆盖城乡、惠及全民、公平公正的公共服务体系，满足社会的多元服务需求。二是要退出"越位"。新时代，政府"大包大揽"的管理模式是不现实的，政府要从不该管、管不了、管不好的领域中退出来，进一步加大简政放权力度，还权于社会，凡是适合中介组织承担的服务，通过合同、委托等方式交由中介组织来承担，实现公共服务的多元化提供。同时，深入推进行政审批制度改革，继续减少审批事项，简化审批流程，集中办理审批业务，合理使用政府审批中的自由裁量权，进而减少政府对微观经济活动的干预。三是要纠正"错位"。现行政府机构存在部门职责交叉、权责脱节、效率不高等问题。[②] 因此，一方面，要深入推进政企分开、政事分开与政社分开，针对市场与社会的特点进行有效管理，政府管不好的事情要交给市场与社会。另一方面，要健全政府内部的权力运作程序，理顺政府部门间的职责关系，避免部门职能的过度交叉重叠，坚持一件事情由一个部门负责的原则，使政府相关部门能够担负起自身的责任，快速作出反应，及时解决问题，提升服务效率。

（三）推进政府决策科学化

在政府决策过程中，存在"替民决策"、缺乏监督等问题，政府决策水平偏低。只有科学的、民主的决策才能够解决广大人民群众亟待解决的突出

[①] 参见黄然强《借鉴新加坡经验 深化服务型政府建设》，《今日中国论坛》2013年第15期。

[②] 参见汪世明《以职能转变和体制改革推进服务型政府建设》，《芜湖日报》2014年4月9日第4版。

问题，才能在实践中较好地落实。①

一要健全民情反映机制。政府通过各种手段广泛征求居民、专家、企业和社会组织对于政府决策的意见，集中民智、顺应民意，认真吸收社会多元主体的合理反馈，健全公众参与、专家论证和政府决定相结合的行政决策机制。

二要完善决策责任制度。科学、民主的决策需要实现决策权与决策责任的统一。按照"谁决策、谁负责"的原则，对决策人进行经济、职务等方面的处罚，追究决策领导者在决策过程中的失误与过错。决策责任制度，能够增强决策领导者的责任感，使决策人作出的每一个决定都经过深思熟虑，推进多方参与，尽可能提高决策的可行性，提升政府决策的能力与水平。

三 变"被动"为"主动"，注重源头治理

《中共中央国务院关于加强基层治理体系和治理能力现代化建设的意见》指出，"强化系统治理、依法治理、综合治理、源头治理"②。这意味着，系统治理、依法治理、综合治理、源头治理不仅是加强和创新社会治理的基本遵循，更是推进国家治理体系和治理能力现代化的根本原则和方法。坚持源头治理，要深入排查矛盾问题和风险隐患，建立多元协调机制，完善落实社会稳定风险评估制度，健全信访首办责任、听证、评议、终结制度和信访违法行为处置机制，努力做到"小事不出社区、大事不出街道、矛盾不上行"。厦门市从源头预防和化解矛盾纠纷，坚持大抓基层导向，补短板、强弱项，完善工作机制，创新方式方法，将信访工作落实在基层，将矛盾纠纷化解在基层，不断开创信访工作新局面，基层信访工作能力水平不断提升，源头治理效果持续显现。

（一）健全矛盾纠纷定期排查机制

要坚持关口前移抓源头治理，把信访工作的着力点放在源头预防和前端化解，坚持矛盾纠纷定期排查、预警、化解、处置，把可能引发信访问题的矛盾纠纷消灭在源头、化解在基层。一方面，设立社区矛盾调解室，以日常

---

① 参见刘汉宾《执政为民理念下服务型政府建设途径研究》，硕士学位论文，西南石油大学，2014年，第28页。

② 《中共中央国务院关于加强基层治理体系和治理能力现代化建设的意见》，《人民日报》2021年7月12日第1版。

排查、集中排查、重点排查和专项排查相结合的方式，对矛盾纠纷和隐患做到早发现、早控制、早解决，对排查出来的问题进行研判分析，梳理出重点难点问题，依法依规拿出化解方案，促进矛盾纠纷快速解决，让群众不出小区就能解决问题，有效避免小问题拖成大问题，小矛盾积聚为大矛盾，避免一般性问题变成信访突出问题。另一方面，健全基层综合管理服务平台，创新民生服务网站、政务微博、民生微信等交流形式，加强网上信访工作，让群众"足不出户就信访"，既能够为群众提供便捷的民意诉求表达渠道，又能节省大量人力物力，提高工作效率，切实化解居民内部矛盾。

（二）创新打造"信访超市"

传统的信访工作，大多是信访部门接访，再转到其他相关职能部门处理，往往解决问题的效率不高，也容易给群众造成"踢皮球"的印象，而"信访超市"能够为基层赋能。"信访超市"最大的特点是多功能的社会治理综合服务平台，不仅集群众信访诉求服务、社会风险研判指挥、网格服务管理、知识产权调解、公共法律服务、社区矫正、智感安防实验等功能于一体，而且，信访、司法、公安、人社、仲裁、法院、检察院等10多个部门常驻其中，群众不用东奔西跑，就能够高效地解决问题，有助于让群众一站式解决矛盾纠纷①，确保群众反映的问题一站式受理、一揽子解决，力争让群众"只访一次"。只要把问题抛出来，无论涉及什么项目，哪个部门，"信访超市"都能统一受理、统一办理、统一管理。群众的每一次信访，代表着对政府的信任与期望，也是对政府的监督与提醒。借助"信访超市"这一创新平台，政府要认真对待群众意见，认真帮助群众解决问题，千方百计为群众排忧解难，高效便捷解决群众需求，时刻把群众放在心上。

（三）完善社会稳定风险评估制度

社会稳定风险评估能力的高低直接影响着基层治理的效果。各地要积极拓展社会稳定风险评估范围，凡是直接关系群众切身利益且涉及面广、容易引发不稳定问题的重大事项，都要把社会稳定风险评估作为前置程序，切实做到应评尽评。② 一是要建立公示、听证、对话、协商等工作机制。首先是做好前期宣传工作。通过多元平台发布有关评估的信息，在信息中明确评估

---

① 参见谭敏《信访超市，让信访有温度有力度》，《广州日报》2022年7月8日第4版。
② 参见佚名《枫桥经验：积极探索创新社会治理方式》，《法治日报》2013年10月17日第1版。

事项、流程、内容等,确保群众全方位地了解评估事项,最大限度做好群众的参与工作。其次是要规范公民参与。根据不同的职业、收入等特点,科学合理地确定公民参与代表,尽可能实现多元利益主体的意见表达。最后要确保群众充分发表意见,在评估过程中根据群众反馈,积极调整评估结果,最大化地照顾群众利益,提升决策的民主性。另外,还要对决策可能引发的各种风险进行科学预测、综合研判,确定风险等级并制定相应的化解处置预案。二是要健全"第三方评估制度"。第三方评估,是利用不具有利益关系且独立于重大行政决策制定方、执行方与决策实施对象之外的第三方主体,遵循法定程序,使用先进技术手段,对地方政府重大行政决策的内容、实施过程、实施结果进行评估的评估模式。[1] 第三方评估能够避免政府内部评估独立性差、结构单一的问题,确保评估的专业性、公平性与独立性,尽可能平衡各方利益,形成较为客观的评估结果。完善社会稳定风险评估制度,不仅能够从源头上降低决策风险,提高决策的民主性与科学性,同时也能够进一步增强公民参与意识,提升政府公信力。

(四)建立健全信访处置机制

同一事由反复信访、"终而不结"的问题,一直是信访部门工作的难点。政府要用公开透明的方式解决群众诉求,将涉法涉诉信访纳入法治化轨道。厦门市通过健全信访首办责任、听证、评议、终结制度和信访违法行为处置机制,使诸多疑难复杂涉法涉诉信访事项得以真正息诉,有效化解了基层矛盾,提升了基层社会治理能力。一是推行首办责任制度。明确群众来访反映问题时第一位接访的社区干部为首问负责人,同时严格实行"小事社干包、中事街道干包、大事区干包"的"三级包干"制度,将信访问题落实到包括社区、街道一把手在内的各位领导班子成员,实行包案负责,落实到人,包解包结,直至息访。政府对任何不按规定办理信访业务造成严重后果的政府工作人员,依法追究其责任。二是建立信访听证终结制度。政府组织信访当事双方、相关部门和公众评判人员召开信访听证会,并邀请专家律师作为听证员,对一些以往沉淀的疑难复杂问题做出终结性处理,打开当事人的心结,促使当事人终止信访行为。

---

[1] 参见郭渐强、严明《地方政府重大行政决策第三方评估机制研究》,《湘潭大学学报》(哲学社会科学版)2017年第5期。

第二节　搭建平台，组织共谋新发展

《中共中央国务院关于加强基层治理体系和治理能力现代化建设的意见》指出，"在基层公共事务和公益事业中广泛实行群众自我管理、自我服务、自我教育、自我监督，拓宽群众反映意见和建议的渠道。聚焦群众关心的民生实事和重要事项。加强基层治理平台建设，鼓励基层治理改革创新"①。厦门市在社区层面搭建"共谋"平台，充分利用各种资源，发挥不同主体优势，凝聚各方智慧，形成决策合力，将原来的政府单方面决策转变为汇集多方意见的决策，极大照顾了各主体尤其是公众的利益，增强了决策的合法性。社区"共谋"平台的创新与构建，能更好地推动社区凝聚力建设，更有效地解决社区问题，更大程度地推进居民自治，是新时代政府、社会与居民参与社区治理的新机制。

一　成立工作坊，促进治理转型

城市社会是高度异质性的社会，标准化的社区生产割裂了原有的人际关系网络，居民间关系冷漠，居民的公民意识不强，干群信任度有待提升。要想使得不同社会群体真正参与到社区治理当中，需要搭建实质性的多元互动参与平台，为不同社会群体表达诉求提供平等的机会，按照公众要求进行社区治理的规划设计，而共同缔造工作坊的出现有效解决了这一问题。

共同缔造工作坊是以公众参与为核心，以问题为导向，以空间环境改造与机制体制建设为手段，依托规划师构筑政府、公众和社团等多元主体互动的平台，工作坊引导主体以多样化方式参与到规划多个环节中，促成各主体社会联系的建立与发展共识的达成，通过各主体协商共治制定符合多方愿景的规划方案，探寻推进社区可持续发展的方法与策略。②

---

①《中共中央国务院关于加强基层治理体系和治理能力现代化建设的意见》，《人民日报》2021年7月12日第1版。

② 参见黄耀福、郎嵬等《共同缔造工作坊：参与式社区规划的新模式》，《规划师》2015年第10期。

2013年，厦门市开展了"美好环境共同缔造"社区参与行动，建设美丽厦门。在此背景下，以参与式规划为特点的厦门共同缔造工作坊应运而生，构建出多元主体深度参与社区治理的长效机制。厦门市为了推进社区治理，由区缔造办牵头，搭建了高校专家、基层政府、社区组织、普通市民平等沟通、有效互动的参与平台，通过空间营造、活动培育、组织建设、规章拟定等方式，推动公众参与空间环境改造与片区治理。依托共同缔造工作坊，先后开展了东坪山美丽提升、曾厝垵节点改造等创意设计大赛，以及鹭江早市、文青讲堂等特色品牌活动，挖掘培育了一批热心社区发展的社区规划师。厦门市城市社区治理规划的最大亮点在于采用了多元联合整治的模式，以工作坊作为协同沟通的工作平台，通过工作坊的组建使得共同缔造的工作理念有了运行的媒介。

（一）加强群众参与

多元主体的共同参与是社会治理的基本要求，其中公众参与是群众表达意见，参与社区决策的重要途径，公众参与能够真实反映社区居民的真实需求，"对症下药"地解决社区问题，推进社区建设。传统的社区治理规划以政府为主导，忽视了包括公众在内的其他社会主体的需求，各社会主体的意见没有得到重视与肯定。共同缔造工作坊以参与式规划的方式，打破了自上而下的政府主导模式，通过吸引各社会主体广泛参与，特别是社区中的公众参与，平等地尊重各主体的发言权，将专业意见与非专业意见相结合，平衡利益关系，促使各方形成发展共识，齐心协力参与社区治理。

（二）采用多元联合整治模式

我国新版的《城市规划编制办法》明确指出，编制城市规划，应当坚持政府组织、专家领衔、部门合作、公众参与、科学决策的原则。共同缔造工作坊坚持多元主体参与社区治理的原则，这些多元主体不仅包括政府、公众、规划师、各类专家和社会组织，还包括游客、商家等群体在内。多元主体间利益的差异与分化是导致社区矛盾的关键。共同缔造工作坊作为多元主体交流互动的平台，将各主体囊括其中，切实协调利益主体的需求，也使得各方能够在工作坊中共同为社区治理出谋划策。

（三）培育社区规划师

以往的社区治理中，规划师由一些"政府精英"担任，规划师所起的形式作用要比实际作用大得多，"面子工程""政绩工程"常常存在，忽视了社区中各主体的真正需求。在厦门社区治理探索中，规划师在工作坊中扮演着不可或缺的角色，规划师的职责不是教导公众怎么做，而是作为听众，结合自身专业知识，将公众的诉求转化为规划成果。[①] 规划师不再仅仅根据专业的、官方的要求进行社区规划，而是真正站在社区中不同群体的角度，鼓励各方积极参与，认真听取各方意见，凝聚各方力量，真正从大众的需求出发，将公众诉求转化为切实可行的规划方案，以工作坊为载体，将政府、专家、公众与社会组织等主体相联结，对社区治理的规划方案进行全面、系统的考量，最终引导社区治理规划的落实。

共同缔造工作坊改变了传统规划自上而下、政府主导的工作机制，着重强调公众参与，尊重公众需求，规划师在其中发挥协调作用，通过工作坊的模式将高校师生、规划设计单位、社会团体、政府机构、本地居民等多元主体纳入社区治理工作中，搭建了政府、公众与社会组织互动的桥梁，创建了一个新型的社会组织模式，成功激发了公众参与社区建设与治理的热情，重新凝聚了社区力量，增强了多元主体的社区认同感与归属感，为以后社区治理规划思路的转变提供了有益的实践。

二 组建议事会，推动自主决策

社区议事会是社区居民参与社区公共事务的重要平台，"社区"是其发生场域，"社区居民"是其主要参与者，协商事务是以社区民生事务为主的社区公共事务。社区议事会通常会将事项所涉及的政府部门或市场、社会主体请到议事会中，沟通解决，是社区建设的重要制度化平台。[②] 例如，《北京市社区议事厅工作指导规程（试行）》（2016）规定：社区议事厅是社区协商议事的平台，在社区党组织领导下，社区居民委员会（以下简称社区居委会）负责组织开展各项社区协商活动，如社区协商会、社区决策听证会、居民议事会、社区四方会议、社区社会组织协商会等；社区居委会结合社区规模设置，统筹开展其他层面的协商活动，如网格议事会、楼院理事会、小

[①] 参见黄耀福、郎嵬等《共同缔造工作坊：参与式社区规划的新模式》，《规划师》2015年第10期。

[②] 参见谢靖阳《协商民主视角下城市社区议事会运行机制研究》，硕士学位论文，深圳大学，2020年，第22页。

区协商会、楼门说事会等。①

厦门市在社区治理的探索中，为引导社区多元主体对社区建设出谋划策，参与社区公共事务讨论，把社区发展的建议权交还给居民，推行了"居民议事厅""议事圆桌会""公众论坛"等公共议事平台，让社区内各类群体长期参与社区事务管理，加强对社区各类棘手难题、热点难题的研究探讨，汇聚民意发挥民智，增强居民群众主人翁意识及当家作主的意识。厦门城市社区议事会的设立，为社区居民参与社区事务提供了渠道，保障居民充分行使自己的民主权利，不仅有助于化解社区的矛盾纠纷，降低基层治理的成本，同时，还扩展了民主的实际范围，通过民事民议、民事民治，推动了基层民主的发展。

但由于全国各地区的发展水平不同，社区议事会在各地区的具体实践也有着巨大的差距。总的来说，城市社区议事会的发展还面临着议事会权责不清、主体参与议事的主动性不强、议事制度安排不完善等问题。基于社区议事会存在的上述问题，今后应注重从以下三个方面推进社区议事会的建设与完善。

（一）明确社区议事会的权责边界

主要是明确党组织、居委会、业委会与议事会的边界。社区党组织在议事制度中的权力存在差异，在一部分议事会中党组织对议事结果起决定作用，在另一部分议事会中党组织没有决定权。"党政军民学，东西南北中，党是领导一切的。"毫无疑问，社区议事会必须接受党的领导，但是要明确这里的"领导"指的是宏观层面的政治方向掌控、统筹协调、保障落实，微观具体的协商事务还是由议事会完成②；在具体的实践中，居委会与议事会的人员构成、议事内容和工作任务存在交叉，影响两个机构的运行。居委会是由《中国城市居委会组织法》保障的群众性自治组织，而议事会是基层治理探索的创新形式，缺乏国家法律保证。因此，议事会应在居委会的主导下展开议事活动，涉及业委会职责范围、自身能够单独处理的事务，交由业委会解决。当问题涉及多方、依靠单一的业委会不能解决时，由社区议事会处理。

---

① 参见唐娟、谢靖阳《城市社区协商政治：发展历程与实践样态素描——以社区议事会为观察对象》，《河南社会科学》2020年第8期。

② 参见刘俊杰《城市社区协商民主的现实问题与推进路径——以无锡市城市社区议事会为例》，《黑龙江社会科学》2018年第4期。

（二）引导各主体参与议事

习近平总书记在参加十三届全国人大一次会议广东代表团审议时指出，"要创新社会治理体制，把资源、服务、管理放到基层，把基层治理同基层党建结合起来，拓展外来人口参与社会治理的途径和方式，加快形成社会治理人人参与、人人尽责的良好局面"①。随着我国社会经济的发展和城市化进程的推进，大量外来人口涌入城市，推动外来人口参与社区治理日益成为摆在基层治理面前的紧迫任务。目前大部分城市社区外来人口较多，参与基层治理的力量却基本来自本地居民，外来人口参与较少。因此，要积极鼓励外来人口参与议事会，发掘和培养外来人口中的积极分子和优秀代表，加强对外来人口的思想引导、道德感化、服务提供，把"外地人"变成"自己人"，形成相互认同的社区共同体。同时，注重参与议事会的男女比例，重视女性在基层治理中承担的重要角色，充分给予女性关于社区治理决策意见的话语权。

（三）建立健全议事制度

社区议事会具备以下三种特性，使其更好地满足新时代社区治理的需要。首先，多元性与平等性相结合。社区议事会的参与主体主要包括六类群体，多元的参与主体形塑着社区议事会的结构，能够从多视角考量社区议题。同时，不同主体能平等地表达其诉求。其次，专业性与地方性相联结。社区议事会包含着多元参与主体，其中不乏具备良好政治素质、专业素质的专家学者、政府人员等，这些主体根据不同的议题以及居民反映的要求与建议，制定专业可行的解决方案，并落实为具体的行动计划。最后，党的领导与居民自治相结合。社区议事会充分发挥了社区党组织在社区治理中的领导核心作用，社区党组织以其政治权威和号召力在议事会中对参与各方起着协调作用，极大推动了社区议事会的平稳运行。同时，社区议事会在党的领导下，能够促使居民最大程度地维护自己的权益，让居民"自己的事情自己解决"，居民自治得以顺利展开。

但从各地区议事会的实践来看，议事会的制度框架还停留在传统的议事流程。整个议事会主要针对社区议事会席位设置、人员选拔、议事、表决流程、议事会职能定性及公开制度做了具体规范，但对提案机制、监督机制、

---

① 《习近平李克强栗战书汪洋王沪宁赵乐际韩正分别参加全国人大会议一些代表团审议》，《人民日报》2018年3月8日第1版。

责任主体的规范相对空缺。① 因此，一方面，应建立完善的议事制度，追踪提案提出、表决、执行全过程，落实到具体的执行主体、责任主体，告知居民，随时接受居民的反馈与监督。另一方面，法律制度与规范的落实完善是民主政治真正能够有效落地的保障，社区议事会作为民主决策机制，有必要进一步确认其在基层自治组织中的地位，以地方订立法规或社区订立公约的方式合理界定议事会的权责关系、职能范围、决策边界，把社区事务的决策权、执行权、监督权的责任主体落实到位，从而做到议事会的运行权限、责任监督有法可依、违法可纠，从而引导基层群众自治的健康发展。② 在现有的法律框架下，应进一步理顺议事会与政府机关、社会组织和其他基层自治组织的关系，明确权责分工、权属关系，通过正式的法律确定议事会在社区公共事务中的合法地位。

三 开展联席会议，促进业务联动

联席会议是指由一方或多方牵头，以召开会议的形式，在充分发扬民主的基础上，达成共识，形成具有约束力的规范性意见，用以指导工作，解决问题。开展联席会议，可以共同协商解决群众反映的重点、难点问题，维护群众利益，进一步促使相关部门履行职责，统一协作，形成合力，提升社区治理整体水平。

2013年"美丽厦门·共同缔造"社区试点行动开始后，厦门市城市社区设立了联席会，取得了突出的效果。联席会在社区党建的引领下，召集社区多方代表，以此为平台对于社区公共事务进行监督、管理和决策，理顺相互关系，调节利益分配，解决了社区治理中出现的问题，增进了社区各方的理解与沟通，协调了各方利益，促进了社区的和谐发展。

与厦门市相似，我国众多基层治理地方已经基本建立了联席会议，但是地区之间仍然存在着显著的差距，因此，为了实现基层治理现代化，共同缔造美好幸福生活，联席会议仍有待进一步完善。

---

① 参见高佳红《协商民主视域下的村级治理创新——基于晋江市新塘街道社区议事会的调查》，《社科纵横》2019年第2期。

② 参见高佳红《协商民主视域下的村级治理创新——基于晋江市新塘街道社区议事会的调查》，《社科纵横》2019年第2期。

（一）加强党委引领，号召多方参与

构建社区联席会议，关键是发挥党组织的引领作用。中共中央、国务院《关于加强和完善城乡社区治理的意见》指出，社区党组织在城市基层协商中发挥引领作用和协调、服务功能。《中国共产党支部工作条例（试行）》指出，社区党支部的基本任务是"全面领导隶属本社区的各类组织和各项工作，围绕巩固党在城市执政基础、增进群众福祉开展工作，领导基层社会治理，组织整合辖区资源，服务社区群众、维护和谐稳定、建设美好家园"[1]。可见，社区党组织是开展联席会议的领导力量。在推进联席会议的过程中，社区党组织一方面通过制定联席会议的规划与流程，明确会议程序，规范参与主体行为；另一方面，社区党组织要履行好引导职责，广泛吸纳社区内外的多元主体参与联席会议，规范、有序地推动会议进程，引导参与各方在意见一致的基础上达成共识，形成公正合理的决策结果。

（二）重视居民需求，激发居民热情

居民是城市社区治理的重要力量，加强居民参与不仅有利于激活基层治理活力，充分发挥人民群众的主体性，同时可以推动社区为人民群众办实事，切实解决现实问题，真正做到"民事、民议、民决"。但从各地联席会议的实践来看，普遍存在着居民参与意识不强、参与渠道不完善、参与引导机制失效等问题。因此，社区应重点把握群众诉求，全心全意为群众办实事、办好事，增强群众的获得感和幸福感，唤醒居民参与社区治理的主人翁意识。首先，转变居民参与意识，变"被动"为"主动"。在日常的社区治理过程中，通过举办社区特色活动，吸引社区居民广泛参与，营造良好的社区参与氛围，增强居民对社区的认同感，提升居民的参与积极性。其次，完善居民意见的反映渠道，可以通过微博、微信小程序、公众号、"社区信箱"等方式，广泛获取民情民意，并及时反馈居民意见，解决群众问题。这既便利了居民的社区参与，也使得社区得以掌握最真实的群众诉求，并对其进行处理。在此过程中，居民通过"点单""评单"参与到社区治理中，社区通过"派单""接单"为居民提供更加精确化的社区服务，使得居民需求和社区服务有效对接，增强居民对社区的认同，提升居民参与能力。[2] 最后，社区要做好宣传工作，积极引导居民

---

[1] 中央党校党建部编著：《基层党建工作手册》，人民出版社2019年版，第215页。
[2] 岳静：《居民参与城市社区治理的困境与突破》，《中共南昌市委党校学报》2022年第6期。

参与。以条幅标语、社区展板等方式，着重强调居民参与社区治理的重要意义，也可利用适当的激励机制，激发居民参与社区治理的积极性。

（三）加强组织孵化，满足治理需求

一是加强社会组织孵化体系建设，促进社区为民服务类、公益慈善类和邻里互助类等社会组织的培育和发展。鼓励社区社会组织积极参与维护公共利益、救助困难群众、化解矛盾纠纷、民主决策、培育社区文化等工作，在服务居民的同时，发挥根植基层、联系群众的优势，与居民积极互动，引导居民有序参与社区治理。[1] 二是加强居民组织建设。在联席会议中居民代表缺乏组织性，是弱势方，不能有效维护社区居民的利益。因此，应建立居民组织，通过居民投票，选出最合适的居民利益的"代言人"，使其能够真正表达居民诉求，以组织的方式，增强居民力量。

（四）完善会议机制，形成社区合力

一方面，完善联席会议制度，对于联席会议会前、会中与会后的三个阶段进行全面的规划设计，达到对联席会议全过程的规范，尤其是参与主体达成一致决策后，重点监督决策的执行效果。另一方面，发挥传统资源与网络资源在社区治理中的作用，采取"线上+线下"的联席会议方式。根据社区实际与具体的会议议题，适合在网络上开展联席会议的议题，在线上进行；有些在网络上不方便交流、需要面对面沟通的议题在线下展开，或者在线上收集社区各方意见，线下针对突出问题开展联席会议。联席会议机制的完善，对于提升居民参与积极性、吸纳多元主体参与、化解社区矛盾、提升社区治理合力具有重要作用。

第三节　增进合作，专家共谋新出路

2017年6月，《中共中央国务院关于加强和完善城乡社区治理的意见》指出，统筹发挥社会力量协同作用。制定完善孵化培育、人才引进、资金支持等扶持政策，推进社区、社会组织、社会工作"三社联动"，完善社区组织发现居民需求、统筹设计服务项目、支持社会组织承接、引导专业社会工

---

[1] 参见岳静《居民参与城市社区治理的困境与突破》，《中共南昌市委党校学报》2022年第6期。

作团队参与的工作体系。积极引导驻社区机关企事业单位、其他社会力量和市场主体参与社区治理。①

专家是推动社区治理的核心力量，在社区治理中发挥着重要作用。不同的专家参与社区治理的方式不同。地方治理团队作为专家，是当地社区治理的实际参与者与推动者，具有先进的社区治理理念和丰富的资源；高校教师作为专家，其具备专业素养、能力素养和素质素养，且熟悉社区治理的发展趋势和脉络，可以做出较好的制度设计；社会组织作为专家拥有项目资源和项目实践能力，他们能依托项目实践参与社区治理；资深社区工作者作为专家拥有丰富的社区治理经验和广泛的资源积累，他们了解社区发展的现状，熟悉居民的需求，能更好地指导社区治理实践。② 总之，专家参与是社区治理的题中之义。

一 地方合作，交流先进经验

地方之间的学习与合作是社区治理的窗口与纽带，是加强地方人才培养、促进社区建设、推动社区治理改革、提高社区治理能力的重要组成部分。厦门市在社区治理过程中积极与其他地区交流合作，学习当地的先进治理经验，结合自身实际状况，形成了厦门本土模式的社区发展经验，推进了厦门城市社区居民自治，提升了社区治理能力，完善了社区治理机制，打造了独具特色的地方治理样本。从厦门市实现基层治理现代化的探索经验不难看出，加强地方合作是新时代基层治理现代化的关键环节。

（一）加强对台合作

厦门市以社区治理为契机，发挥明显对台优势，社区骨干先后随团赴台学习台湾地区社区治理的经验，充分发挥其丰富的对台资源，引进台湾地区优秀专家团队，招揽台湾地区创业人才入驻，为社区治理找到了一条新的发展道路。③

---

① 参见《中共中央国务院关于加强和完善城乡社区治理的意见》，《人民日报》2017年6月13日第1版。
② 参见姜璐瑶、查佳雯等《社区治理实践中的专家参与——以扬州市为例》，《区域治理》2019年第34期。
③ 参见艾明江《两岸同胞合力创新社区治理的启示——来自厦门市三个典型社区的实践样本》，《社会治理》2019年第6期。

一是实现两岸融合发展，以同胞融合撬动社区治理变革。首先是将台湾专家的知识成果与社区力量相结合，学习台湾的社区营造理念。海沧区的院前社引入台湾专家，为两岸融合发展提供理论指导，对社区发展进行融合与创新，给包括台胞在内的社区居民带来实实在在的好处，吸引更多的台胞主动到厦门生活、工作，为厦门市社区治理注入新力量，也在社区治理中实现了两岸基层同胞的深度融合。其次是以"多元共治"来培育良好的社区共同体意识，以融合交流平台将两岸同胞融合发展与社区治理紧密结合起来。思明区的曾厝垵社区设立台胞驿站，既促进了在厦台胞的沟通，也增进了本地居民与台胞间的交流，实现了两岸同胞的资源共享，达成了两岸基层同胞的互利共赢，为推动两岸融合发展创造了良好的条件。最后是打造"共同家园"，构建两岸同胞对社区的认同感与归属感，释放两岸同胞的主动参与意识。思明区的莲花香墅片区、曾厝垵文创村根据自身"台"元素集中和"台"氛围浓厚的区位优势和资源优势，将台湾"社区营造"理念融入社区治理创新，打造了"两岸同胞共同家园"，加深了两岸同胞高度的社区认同感，这种社区认同感也反过来推动了社区治理的持续发展。

二是学习台湾地区先进治理经验。厦门市通过邀请台湾的社区发展协会和志工团体指导共同缔造，组织工作人员到台湾学习、交流，深入了解台湾地区的志愿服务，通过与台湾地区志愿服务的对比，明确厦门市志愿服务的不足，弥补与台湾地区志愿服务的差距。比如厦门市借鉴长庚医院志愿服务的先进经验，引入台湾志工精神，推广"台胞志工＋社工＋义工"的志愿服务模式，建立志愿服务机制。厦门市出台《志愿者管理办法》，建立了区、镇街、村居不同层面与台资企业、台湾志工队伍的共建机制，打造"独具台味"的志愿者队伍；新阳街道与长庚医院共建"义工培训基地"，通过台商平台，号召更多的群众学习、实践台湾义工精神，培育起了具有厦门共同体特色的志愿观念。

（二）加强地方合作

一是要加强与先进地方合作。在城市社区治理的探索过程中，一些实力雄厚的地区社区治理已获得长足发展，而某些正面临转型、基础较为薄弱的地方城市社区发展相对滞后。不同地区之间的交流与合作，使得地方城市社区能够根据自身的特点，吸收先进地区的新理论、新经验、新模式，挖掘自身优势，提升社区治理能力，完善社区治理机制。厦门市十分注重学习各个地区创新社会治理的先进经验。按照"缺什么学什么""学为我用"的原则，对先进经验做法进行分门别类，采取"点对点""结对子"等学习方式，真正做到学深、学透、学到位。① 厦门市"走出去调研"，先后组织考察团赴广州、深圳、云浮、上海、江浙等地考察学习先进理念、经验，为试点工作提供指导和借鉴。一方面，厦门市学习广州、深圳等地区"政府购买服务""城中村有机更新"等经验做法，开拓视野创新思路。另一方面，由于厦门市与云浮市在社区治理的理念与做法上存在许多相似性，厦门市重点借鉴云浮市的社区治理经验，更能针对性地发现治理缺陷，解决治理难题。在学习考察云浮后，考察团认识到厦门市应该在宣传发动、精神培育、社区自治、特色彰显和机制创新等方面持续发力，为进一步开展工作指明了方向。

二是要加强平级地方合作。平级地方间的协同合作，是一种共同发展、合作共赢的策略。厦漳泉在区位、资源、产业方面具有合作与互补优势，三地之间的协同合作对推动各地的发展举足轻重。2014年厦门市在基层治理过程中抓住厦漳泉同城化这一重要机遇，初步实现了厦漳泉三地交通通信基础设施同城化联网、公共服务信息平台同城共用、基本社会公共服务有效融合、资源要素市场体系一体化形成，厦漳泉三地的综合经济实力显著增强，协同发展效应明显显现。

但从各地地方合作来看，仍然存在着利益冲突矛盾、法律规制模糊、合作机制不完善等问题，需要深化推动地方合作的体制机制安排。

首先要完善法律制度，加强法治建设。目前，地方间的协调合作大多数都是地方倡导式的，随意性较大，稳定性不高，存在多方领导、各自为政等现象。因此，地方政府合作治理的开展需要以一定的法律框架为基础，建立公平规范的合作法律法规体系。国家层面，要建立有利于推动地方合作的法律法规与制度，规范地方合作行为，阻止地方保护主义，从法律层面明确地方合作规则。地方层面方面要建立统一、协调的地方立法体系，改变地方立法传统的"本土性"，立足地方合作双方，形成公平合理的"合作立法"，逐步废止与地方合作相冲突的相关文件与政策，推动地方立法的协调与完善。

其次要协调利益分配，实现合作共赢。现行的行政区划管理制度限制了

---

① 参见徐勇等《海沧跨越：在共同缔造中提升社会治理》，中国社会科学出版社2014年版，第29页。

地方政府的目光，使其只聚焦于地方利益。在地方合作结构中，总有优势一方，其社区治理的水平高、合作中的话语权大，资源向优势一方倾斜，这对于地方合作关系的延续、地方合作治理的有效性造成了极大的伤害，因此，应建立利益分享和补偿机制，合作治理中的收益由双方共享，同时优势一方应给予劣势一方必要的补偿，实现地方合作共赢。该机制能够有效地协调双方利益，增进双方的合作关系，实现合作双方的共赢。

再次要优化组织耦合，推动多方互动。从我国各区域地方合作实践来看，组织形式都较为松散，没有系统的协商、议事、决策等功能组织机构。系统严密的组织形式是保障稳定的地方合作的基础。[1] 一是政府合作的形式。一方面社区治理水平相近的地方政府之间可建立横向的沟通平台，搭建互帮互助的伙伴关系网络，各地方主体共同进行治理协调，事务共议、决策共谋、行动共进。比如台湾为加强地方合作治理的常态化，推进深层次合作，开展首长区域协调会议。通过定期召开相关领域横向政府间协调会议的形式，地方基层行政官员和主管人员积极参与、互动磋商，并最后发布带有共识性质的决议简报。[2] 该合作形式有助于化解地方合作的矛盾分歧，推动各地方主体决策共谋，达成一致的合作意见。同时也能促使地方主体察觉自身"短板"，及时弥补不足，提升地方社区发展水平。另一方面，社区治理水平差距大的地方政府之间可建立纵向的合作平台，社区治理水平较高的地方政府应积极指导水平较低的地方政府展开社区治理工作，传授经验，输送人才，配置资源，根据治理基础薄弱地区的实际合理规划治理方案。发展相对滞后的地区也应做好学习工作，认真吸收先进理论与实践经验，在汲取先进治理经验之外，也要挖掘本地优势，形成本土化的社区治理模式。二是地方组织合作的形式。充分重视地方组织在地方合作治理中的推动作用。地方组织在地方合作中必不可少，地方组织受自身利益的影响小，不仅能减少合作过程中的矛盾分歧，还能降低合作成本，提升合作效率。因此，地方应积极支持建立地方间的合作组织。

最后要建立信息网络，实现信息共享。信息不对称使得某些地方掌握更多的信息、获取更多的资源，容易导致地方政府间不信任，阻碍地方合作的

---

[1] 参见华中源《试析泛长三角区域合作政府协调机制的构建》，《科技管理研究》2013 年第 5 期。
[2] 参见杨毅、张琳《跨域治理：台湾基层政府间合作实践模式及经验缕析》，《云南行政学院学报》2015 年第 5 期。

深入推进，影响地方合作治理的效果。同时，由于信息不对称，地方政府的思维容易局限于本地，最大程度照顾本地区的发展利益，对于合作治理的支持流于表面，达不到理想的地方合作治理效果。因此，信息互通共享就显得极为重要。在推动地方合作过程中，各地方应突破地区、部门、行业界限和体制性障碍，加大信息基础设施建设力度，统筹规划信息基础网络，统一信息交换标准和规范，打造地方合作治理信息平台，建立地方合作信息通报与传递制度，共建共享公共信息数据库，建设数字化城市和数字化区域，建立企业信用信息共享机制、联合执法信息机制、维权信息联动机制和检测结果信息互认机制等，实现地方信息资源的交换与共享。[1]

二 院校合作，提供理论论证

2018年习近平总书记在上海考察时指出："城市治理是国家治理体系和治理能力现代化的重要内容。一流城市要有一流治理，要注重在科学化、精细化、智能化上下功夫。"[2] 高校拥有强大的技术人才和物质资源，具有先进的思想文化和治理理念，在社区治理格局中担当着共谋治理主体的重要角色，能激发社区治理活力，弥补社区治理短板，提升社区治理水平，促进社区、高校和居民之间的良性互动。[3]

在"共同缔造"厦门探索中，厦门市政府汇聚高校著名专家学者，为美丽厦门建设出谋献策，高校参与社区治理为基层治理现代化的发展注入了一股新鲜血液，高校教师为社区的民主决策提供合理化意见，有利于解决社区发展难题，提升社区决策水平。[4] 但在具体的实践过程中也出现诸多问题，如高校参与社区治理的历史较短，各种机制尚未形成体系，高校参与社区治理缺乏长期合作机制等。结合我国当前的治理实际，要加快"校社"合作，实现基层治理现代化，还需要做到以下几点。

（一）完善顶层设计，加强政策引导

要实现高校参与社区治理活动的平稳运行，必须有一系列的机制作保

---

[1] 参见陈瑞莲《欧盟经验对珠三角区域一体化的启示》，《学术研究》2009年第9期。
[2] 黄江松：《城市治理如何科学化、精细化、智能化》，《经济日报》2018年11月22日第13版。
[3] 参见黄龙《地方高校参与社区精细化治理的模式与路径探索——以南京市为例》，《江苏科技信息》2020年第18期。
[4] 参见汪娟、李敏等《高校参与社区管理与服务的研究》，《科技经济市场》2016年第8期。

障。第一，建立健全法律法规，明确高校与社区的权责关系，规范高校与社区的合作行为，使"校社"合作更具严肃性、可操作性。第二，完善激励制度。高校教师是高校中参与社区治理的中坚力量，高校应将专家学者参与社区治理的实践纳入教师的考评机制，与教师的绩效挂钩，鼓励更多的专家教师投入社区治理之中。社区方面应为高校提供一定的研究经费和"试验田"，吸引高校参与。此外，也可以通过为高校师生提供工作岗位，使其享受优等待遇等方式激励高校参与。

（二）健全组织体系，推动长期合作

组织机构的健全是活动长期稳定开展下去的重要措施，是工作落到实处的关键。[①] 一是建立"校社"联络平台。高校参与社区治理向来是单向的，与社区间的互动联系不够紧密。因此，应建设双方互动的合作平台，该平台主要由高校部分管理人员、专家学者与社区相关负责人员组成，高校方面主要负责出谋献策，形成专业建议，社区负责提供项目与服务等。双方共同负责协调、整合合作资源，制定社区发展规划，推动长期合作治理。二是要加强合作队伍建设。高校要构建多层次队伍，满足专业发展和社区需要。同样社区也应相应地建立队伍，要选择具备一定的文化素养，了解社区实际情况，能够与高校队伍顺畅衔接的相关人员，推动"校社"合作提高效能，形成和谐共治的良好局面。

（三）整合高校资源，凝聚专家智慧

社区治理是非常复杂的过程，仅凭个别高校无法收到理想的治理效果。因此，高校之间应打破学术壁垒，建立资源共享、优势互补、信息互通的协作机制，共同投入社区治理之中。高校之间协同合作，凝聚集体智慧，利用共享资源，积极为社区治理建言献策，为社区治理提供理论基础和创新思路。社区应广泛宣传高校参与情况，吸引更多高校加入社区治理队伍。同时，鼓励居民走进高校，增强居民作为"社区人"的自豪感，进一步推动"校社"深入合作。

（四）建立评价机制，保证合作质量

评价机制的建立是高校与社区和谐共治深入、持续地开展下去的有力措施，同时也是对和谐共治情况进行价值判断与价值认同的重要方法，更是对

---

① 参见孙延斐《和谐共建：高校与社区的良性互动》，《湖湘论坛》2008年第2期。

高校与社区合作所取得的成果进行总结、宣传，使其扩大影响的重要手段。[①] 评估的指标可以包括："校社"合作有无受到领导重视、合作平台有无建立、队伍建设有无推进、经济与社会效益有无产生等。科学的评价体制对于提升治理质量，持续、深入、有效地开展"校社"合作不可或缺。

三　政社合作，形成社会效益

党的十九届五中全会及"十四五"规划明确提出"社会治理特别是基层治理水平明显提升"的目标要求，畅通和规范市场主体、新社会阶层、社会工作者和志愿者参与社会治理的途径，实现政府"向基层放权赋能"，积极寻求同社会组织合作的路径。构筑新型的"基层政府—社会组织"合作机制成为新时代基层治理体系和治理能力现代化的迫切要求。[②]

厦门市在基层治理现代化探索中，以"三社联动"作为一种创新的社区治理思路。"三社联动"机制是以"社区为平台，政府扶持监督、社会组织承接、项目化管理运作、专业社工引领、志愿者参与"的社区服务新方式，形成了社区、社会组织和专业社工之间资源共享、优势互补、相互促进的良好局面，强调政府、社会组织与社会工作者的互联、互动、互补，体现了政府干预、社区自治和社会组织参与的互相嵌入与相互合作，充分发挥了各主体的优势，形成社区治理合力，促进了厦门市社区治理能力和社区建设水平的全面提升。从厦门市的探索经验不难看出，政社合作有助于加快实现基层治理现代化。

（一）树立合作理念

一是弱化政府的主导性。受传统行政管制思想的影响，政府部门基本上未将社会组织视为平等的合作伙伴，只是将其看作"做事的下属"或"管控的对象"，同时政府部门掌握政策权力和大量资源，而社会组织经费不足，活动空间受限，为了生存发展，大多数社会组织依附和"听命"于政府部门。在这种情况下，政府与社会组织形成了事实上的"上下级关系"[③]。鉴

[①] 参见孙延斐《和谐共建：高校与社区的良性互动》，《湖湘论坛》2008年第2期。

[②] 参见姜秀敏、王子豪《"互依式"合作："权责分配"视角下基层政社合作路径研究》，《中共天津市委党校学报》2022年第6期。

[③] 倪永贵：《政社合作视角下乡村治理模式创新策略——基于安徽省F市的调查》，《行政与法》2021年第5期。

于此，政府应转变传统"官本位"思想，平等对待社会组织，积极吸纳社会组织参与社区治理，牢固树立服务意识、合作意识和责任意识。

二是提高社会组织的自主性。社会组织要走出"配角"思维模式，树立平等、信任、开放、合作和共享等理念，明确并突显自身服务提供者的角色，主动参与基层社会治理。在与政府部门的合作共治中，不断拓展自身参与社会治理的深度和广度，积极提升服务的质量和水平，丰富服务内容与服务形式，实现与基层政府的有效合作，通过合作机制的运行，相互影响，互容共生，塑造基层治理领域合作共治的新型政社关系。①

（二）完善合作机制

一是建立资源分配网络。处于社会治理中心位置的政府由于自身的权威性掌握着大量的重要资源，而处于边缘地带的社会组织资源匮乏，只能依靠政府的协助获取资源。因此，政府应整合自身所掌握的资源，建立资源信息库，将社会组织吸收到资源网络中，加强社会组织对资源的配置。资源分配网络的建立对于提升社会组织的资源配置效率，优化服务质量，促进其自身的发展与成长，平衡政府、社会组织对于社会资源的获取及提高政社合作的行动效率起着重要作用。

二是构建合作组织机构。一方面，合作组织要按照"党委领导、政府负责、社会协同、法治保障、科技支撑"的原则，建立健全组织机构，设置稳定的办事机构，安排专人处理日常事务，具体负责合作共治事宜。② 另一方面，合作组织的构建要保证社会组织能够充分地表达诉求，在决策过程中，政府应当对社会组织实现充分的决策赋权，解放合作主体的自主意志，超越原有的单一主体决策模式，形成多方主体平等协商的民主决策模式。③ 合作组织的建立，有助于稳固政府与社会组织的合作信任关系，推动双方不断双向嵌入，向"互依式"方向发展。

三是推行"三社联动"机制。一方面是将社区居委会、社区自治组织

---

① 参见姜秀敏、王子豪《"互依式"合作："权责分配"视角下基层政社合作路径研究》，《中共天津市委党校学报》2022年第6期。

② 参见倪永贵《政社合作视角下乡村治理模式创新策略——基于安徽省F市的调查》，《行政与法》2021年第5期。

③ 参见浩嫒嫒《合作治理下北京市助残服务中政社合作机制的困境及对策研究》，硕士学位论文，北京化工大学，2022年，第65页。

融入社区治理工作中，为社区居民提供全方位服务，参与基层的治安管理、社区服务等项目。① 另一方面是吸纳专业的社会工作者。社会工作者扮演着服务者的角色，他们拥有专业知识、关注弱势群体、维护公平正义，是社区中排忧解难的"润滑油"。为此，需进一步开发社工岗位，传播公益理念，发展志愿服务，推动社工人才的专业化和职业化建设，壮大社工力量，推动政府和社会协同治理。

（三）完善法律法规

一是国家层面宏观设计，完善合作治理立法。法律是平衡政府与社会组织权力、责任的有力工具。通过国家法规制度建立健全多元合作治理制度体系，明确不同主体参与社区治理的权责利关系，使各主体能够有法可依，规范合作治理行动。② 合作治理立法的完善，对于打破政府、社会组织权责关系的模糊边界，推动政社合作规范化、法治化至关重要。

二是地方层面因地制宜，制定相关合作法规。首先，加快落实社会组织的登记及准入制度，降低社会组织准入门槛，激发社会组织的活力；其次，落实对社会组织的优惠补贴政策，大力培育扶持社会组织的发展③；最后，出台社会组织考评机制，由第三方来评估社会组织效能，监督社会组织的服务质量。

小　结

长期以来，我国政府管理服务奉行的是一种权力主导的工作观，它主要表现为政府的管理服务只对上负责，而不对下负责，不对作为被管理者的民众负责，"官""民"之间界限分明。④ 传统政府管理方式下，在事关一座城

---

① 参见周娟、全永波《舟山基层治理中的"政社互动"机制探究》，《农村经济与科技》2016年第5期。

② 参见倪永贵《政社合作视角下乡村治理模式创新策略——基于安徽省F市的调查》，《行政与法》2021年第5期。

③ 参见吕雅琴、刘妍《国家治理现代化视域下新兴政社关系的构建》，《中国管理信息化》2015年第23期。

④ 参见徐勇等《海沧跨越：在共同缔造中提升社会治理》，中国社会科学出版社2014年版，第46页。

市未来发展的重大决策上，往往是某领导或某部门的"一言堂"，群众渐渐失去对城市发展的关注与兴趣，政府与群众的隔阂不断加大。厦门市作为经济特区，一直是改革开放的前沿阵地，是全国先行先试的"排头兵""试验田"，一直以来在社会治理领域中的探索从未止步。在"共同缔造"理论指导下，厦门市的治理模式更新颖，对实现基层治理现代化的探索有很多可借鉴之处。

厦门市"共同缔造"从构建决策共谋入手，重新定位政府在社区治理中的角色与职能，加强服务型政府建设，推行全民参与的"微治理"，健全居民群众自治制度，塑造了良好的干群关系，实现了与"群众"共谋决策。搭建"共谋"平台，加强政府与群众、群众与群众的互动沟通，让百姓看到更多"群言堂""众言堂"，让群众的声音成为有力的决策依据；通过创新议事平台，实现了与"组织"共谋决策；积极学习台湾地区、大陆先进地区社区治理经验，在学习的基础上，不断创新，形成本土化的社区治理模式，实现了与"地方"共谋决策。创新治理模式，构建决策共谋是实现基层治理现代化的题中应有之义。厦门市着力构建决策共谋的探索既满足了群众日益高涨的社区治理需求，又在一定程度上通过决策共谋的实践提高了社会组织和群众等多元主体参与基层治理的主动性和积极性，有助于实现基层治理现代化。

在推进国家治理体系和治理能力现代化的进程中，基层社会作为国家的神经末梢，其现代化的推进对实现国家治理的现代化有着基础性的意义。基层治理情景是不断变化的，基层治理能力和水平也应随着基层治理情景的变化而不断革新。我国现代化的发展，特别是城市地区的快速发展，对于基层治理能力和治理水平提出了更高的要求。迄今为止，虽然各城市都在积极推动社区建设，推进基层治理现代化，但是距离实现真正的基层治理现代化仍有较大差距。因此，要实现基层治理现代化势必要创新治理模式，构建决策共谋。厦门市对于创新治理模式，构建决策共谋的探索，符合其发展实际和治理需要。但厦门长期形成的"政府唱戏，群众看戏"的状态导致决策共谋阻力重重，主要是政府引导社会和居民的功能并没有充分发挥，且初步探索难以形成一个完整的体系，使得其在治理实践中发挥的作用有限。因此，要有效促进决策共谋，长期以来过度依赖政府的方式亟须改善，需要通过进一步提升认识、加强社会融合、营造决策共谋的氛围，实现多元主体的和谐共治。

第三章
建构新型联结，促进发展共建

2021年，《中共中央国务院关于加强基层治理体系和治理能力现代化建设的意见》开宗明义："基层治理是国家治理的基石，统筹推进乡镇（街道）和城乡社区治理，是实现国家治理体系和治理能力现代化的基础工程。"[①] 基层治理体系与治理能力现代化的加强，需要不断创新基层治理方式和路径。其中，共同缔造是重要路径之一，而以建构新型联结促进发展共建又是共同缔造的重要环节，因而，如何联结各方社会主体共同参与发展共建，是持续推进"共同缔造"效能发挥的重中之重。由此，厦门市在社区治理中重构社区精神的实践，在创建熟人社会、促进社会协同、凝聚群众参与、培养居民自治习惯等方面都取得了显著成效，具有一定的推广价值。

第一节 社区营造，培育共同精神

"社区"不仅是一个地理概念，其本质在于家园共同体意识的培育，精神凝聚与文化传承是城乡社区得以延续的"灵魂"。德国社会学家滕尼斯最先提出了"社区"与"共同体"的概念，他认为社区是人们生活的共同体，并论述了共同体理论中以"血缘共同体—地缘共同体—精神共同体"作为

[①] 《中共中央国务院关于加强基层治理体系和治理能力现代化建设的意见》，《人民日报》2021年7月12日第1版。

本质统一体的发展与进化逻辑，其中"精神共同体"是共同体发展的最高形式。[①] 因此，在国家的引导下培育社区共同体精神是提升基层治理现代化水平的时代呼唤。从厦门市探索基层治理现代化的治理经验中不难看出，助力社区培育共同精神，有助于创新基层治理格局，提升基层治理能力，加快国家治理现代化的进程。

一 形成共同缔造的思想共识

共同缔造是基层治理现代化的重要举措，有着深厚的理论与实践基础。人类社会最初是以共同体方式存在的。在德国社会学家滕尼斯看来，"共同体是一种持久的真正的共同生活"，"是一种原始的或者天然状态的人的意志的完善的统一体"。[②] 由于各种关系的联结，人们生活在不同的共同体之内，如因为血缘关系形成的家庭共同体，因为地缘关系形成的地域共同体，因为信仰关系形成的宗教共同体等。人们对所处的共同体有强烈的归属感和认同感，其核心在于"共同性"，在其中，人们能够在参与集体事务中获得一种满足感、温暖感和安全感，从而形成一种亲人社会、熟人社会、信任社会和情感社会。

随着市场经济的快速发展，社区中的居民由"单位人"向"社会人"转变，人口异质性增大，矛盾由此产生。社区居民间往往缺乏共同的文化基础与共同的社会认同，从而导致居民对社区治理的政治冷漠，加重集体与个人利益的隔阂，使得社区治理陷入"有管理无参与、有服务无自治"的困境。对此，厦门市海沧区以社区精神培育为出发点，通过重建公共空间，让居民在集体生活中深化认同感；通过重筑社会网络，让居民在熟人社会中找到归属感；通过重享社会自治，让居民在责任参与中形成主体意识。观念是行动的先行先导，共同缔造行动的开展首先要确立"共同体"观念，通过凝聚社会共识来集结行动力量，促进各方参与主体在共建共治中共享发展成果。

---

① 参见谢旭斌、李雪娇《湖湘村落家园共同体意识在现代乡村社区中的培育研究》，《湖南大学学报》（社会科学版）2022年第6期。

② ［德］费德南·滕尼斯：《共同体与社会：纯粹社会学的基本概念》，林荣远译，商务印书馆1999年版，第54页。

（一）空间共创，唤起家园认同

为破解社区居民间互不相识、交往闭塞的困境，海沧区激活社区旧空间，营造交往新空间，为居民提供多样化公共交往空间，使居民在交往中熟悉，在熟悉中深化共识，形成社区认同感。海沧区建区20年，工业发展迅速，经济成绩突出，但受长期以来的思维定式影响，居民对社会治理态度不够积极、参与度不高，所以采取传统与新型媒体等多元化的方式，加大"共同缔造"理念的宣传力度，不断凝聚社会共识。政府一方面加大宣传，确保宣传到点、到户，加强群众对"共同缔造"的认识，使其逐步确立起"共同体"的观念，主动参与共谋共建。另一方面政府官员加强自身学习，转变执政理念，充分认识以往这种政府"包揽"式治理的弊端，加强对共同缔造理念的认识，从而转变政府职能。

一是通过平台搭线，架起相知桥梁。交往是互相认识的基础，而交往的发生需要一定载体。对此，海沧区打造了文化广场、阅览室、休闲公园等多样化设施平台，以此吸引居民"走下楼梯、融进社区"。如海虹社区将废弃的地下广场改变为下沉式的文娱广场，形成社区居民生活娱乐的新天地。新阳街道的"新厦门人综合体"，集休闲书屋、儿童游乐室、绿色网吧、健身室等公共活动室为一体，为1400多家企业、15.6万名新厦门人搭建了多功能的交往平台。

二是通过网络互联，畅通相识渠道。海沧区将政府与居民互动场域拓展到虚拟化的网络，居民无须出门，通过网络就可知晓政府事务、享受政府服务。海虹社区深化网络平台，率先建构起社区居民服务互动的三级网格体系，提升了社区与居民的互动交流。对此，从山西太原迁到海沧的郑月英表示，"社区让人感觉特别温暖，社区干部就像自己的管家"。同时，微信、飞信、QQ等软件成为居民交往互动的新帮手。文圃花园小区231位居民在QQ群中聚集，并在经常性的事务讨论、咨询对话中逐渐熟悉，还从虚拟的交往转为真实的互动。

三是通过环境共建，美化相熟家园。社区公共空间是居民日常活动、休憩的重要场所。为此，海沧以公共空间为载体，动员居民参与社区环境的建设与维护，以此营造良好的社区氛围。首先，从居民最关心的房前屋后着手，组织群众美化居住空间。东孚镇西山充满诗情画意的田园风光就是由猪舍、猪圈、茅厕、鱼塘改造而成。其次，盘活社区闲置用地，创建居民交流新空间。兴旺社区将"烦心亭"变身为居民泡茶、聊天的"知心亭",把臭水池改造为儿童娱乐的游乐园,使闲置用地成为促进居民交流的有效平台。

(二)网络共筑,强化心理归属

城市社区是一个陌生人社区。为凝聚居民的归属认同,海沧区通过强化居民之间的利益关联、文化关联等方式,化生人社会为熟人网络社会。

一是以服务网络深化多元凝聚。以理念转变为先导,海沧变"政府设点,群众看戏"的父爱式服务为"群众点单,政府搭台"的需求导向型服务。通过设立多个便民服务中心,将服务前移到社区,居民在社区就可办理多项行政服务项目。借助数字技术,居民通过手机、电视、电脑等个人终端能随时随地享受政务信息浏览、办事预约、购物看病等服务。同时,海沧不断深化人性化服务,教育、养老、休闲娱乐等公共服务都能在社区直接享受到。完备的社区服务有效增加了社区的凝聚力,减少了居民的流动性。对此,山后社居民蔡少宗感慨道:"生活需求在社区就能满足,里面的人留下不走了,在外的人想着回来。"

二是以文化网络激活精神关联。一方面,借力传统闽南文化,聚合具有同根文化的居民。山边村榕树微公园、西山社和谐亭等57个居民纳凉点将闽南特有的"话仙文化"融入其中,通过居民"话仙",拉近了居民之间距离,增强了社区凝聚力。院前挖掘社内古民居的历史,发挥"开台王"颜思齐的宗族纽带作用,吸引了大量台商台胞前来寻根。另一方面,培育新的公共文化,让不同地域的居民找到共同关联。海发社区结合辖区内退休教师多的特色,开办了免费的"文化讲习所",海虹打造社区大学,新阳成立居民大学,为居民提供多样化教学,形成新的社区文化认同。

三是以社交网络重构生活联结。以活动为依托,海沧为生人之间相互认知、熟悉提供重要生活场域。首先是以趣为缘,形成关联。利用舞蹈活动,绿苑打通了农村拆迁安置居民与城市居民的互动,由"我们和你们城里人不一样",转变为"经常互邀喝茶聊天"。其次是以地为缘,拉近距离。文圃花园、金铭花园等小区积极开展"邻里一家亲""邻里守望""四个关爱"等一系列邻里关爱活动,使居民形成"近邻胜远亲"的新熟人社会关系。最后是以业为缘,凝聚共识。兴旺社区通过新厦门人综合体直接在产业园区内开展文体、教育、公益等活动,增进了工人之间的交流,实现了产业工人与社区互融共治。

二 增强当家人的主人翁意识

社区治理是整个社会治理的基础环节，增强居民的主人翁意识至关重要。业主才是小区的主人，社区管理必须以群众的利益为出发点，通过构建"社区+物业+业主委员会+志愿者"的治理模式，厦门市持续提升基层社会治理能力和水平，落实习近平总书记在党的二十大报告中提出的"健全基层党组织领导的基层群众自治机制，加强基层组织建设，完善基层直接民主制度体系和工作体系，增强城乡社区群众自我管理、自我服务、自我教育、自我监督的实效"的目标，打造党群"和融"，邻里"和睦"，爱心"和暖"，治理"和美"，治安"和顺"的美好家园。居民参与是居民主体作用发挥的重要途径。对此，厦门市海沧区以推进居民自治落地为依托，通过自治机制创新、自治内容创新等，使群众有效参与社区公共事务，增强居民主人翁意识。

（一）转观念，邀民参与

"美丽厦门·共同缔造"的核心在于"共同"，要凝聚群众、社会、企业等各方面的力量参与到共同缔造的行动中来。这就要求首先转变政府的观念，改变以往"大包大揽"的模式，放权让权。根本还在于民众的积极参与，只有普通民众不断确立起"共同体"的概念，才能自觉主动参与到社区的建设中来。试点项目开展以来，海沧区充分借助全区网格化、信息化城乡全覆盖的优势，组织全区近600名社区网格员先学先会，将宣传站点直接开到辖区39个村（居），广泛宣传"美丽厦门·共同缔造"试点社区的意义、目的、方式，确保宣传到点、到户，提高社区居民知晓率，充分调动群众积极参与、自主推进试点社区工作的积极性和主动性，营造支持、参与、推动"美丽厦门·共同缔造"试点社区工作的良好氛围。海沧在海沧湾公园、悦实广场等人员密集场所建立20多个意见征集点，先后组织召开群众座谈会50多场，并利用政府网页、微博、微信平台宣传"美丽厦门"战略规划，共征集意见建议49600余条。同时，组织机关干部、社区工作人员进村入户，面对面与群众沟通交流，了解"群众在想什么、需要政府帮他做什么"，让群众成为主体，充分调动群众参与共同缔造的热情。[1]

---

[1] 参见徐勇等《海沧跨越：在共同缔造中提升社会治理》，中国社会科学出版社2014年版，第315页。

(二) 建组织，让民参与

"美丽厦门·共同缔造"离不开群众力量的支撑。只有通过群众的广泛参与和共同实践，才能激发社会发展进步的内生动力。一是发挥现有组织作用。把广大职工群众、团员青年、妇女等最大限度地吸纳到工会、共青团和妇联等群团组织中，鼓励和支持各个组织发挥各自优势，积极参与到同驻共治的事业中来。二是孵化新社会组织，结合各试点社区实际，培育各类志愿者协会、行业协会、义工组织等，为共同缔造出谋划策。三是扩大创新性社会组织，畅通群众议事参与渠道。山边村的"乡贤理事会""村民议事会""道德评议会"，兴旺社区"四民家园"，海虹社区"同心合议厅"等居民自治组织，"社企同驻共建理事会"等自治机制，都能有效吸纳广大群众参与社区管理，共同缔造美好家园。

(三) 搭平台，引民参与

海沧区依托三级网格化平台，以网格小区为单位，充分发挥社区、业委会与居民间的联动作用。同时以社区为基本单位，积极建立"微组织"，推进微治理。一是引导民间自治组织发展。海沧积极挖掘乡贤理事会、老年人协会等传统自治组织，探索成立自治小组、同驻共建理事会等新兴组织，形成"居委会—理事会—居民—企业"的互联网络。二是激活社会公益组织作用。海沧利用台企、台商、台胞聚集的特色，将台湾义工文化融入微治理的工作中，打造出"台胞义工志愿行"品牌，并通过两岸义工联盟培育本土志愿者。三是推动多元互助组织成立。海沧以群众需求为导向，相继激活并培育出发展协会、海虹合唱团、辣妈团等文娱组织，为凝聚共同参与创造了良好的互动平台。[①]

(四) 立微治，便民参与

美丽社区的建设要从小事做起、从身边事做起，发动群众广泛参与。群众幸福感是衡量社区建设的重要指标。以建设幸福海沧为目标，海沧区着力促进民生，实施关爱弱势群体、外来员工、环卫工人、公交司机四个群体的"四大关爱"活动；在社区以"信息网格化"为纽带开启"微生活"，在小区出口处设立显示屏，公告天气、小区活动、出行注意事项等便民信息1万

---

① 参见徐勇等《海沧跨越：在共同缔造中提升社会治理》，中国社会科学出版社2014年版，第317页。

多条;以互助互爱为港湾满足"微心愿",创新设立微梦圆愿小屋、爱心储蓄银行、贴吧交友,让居民在社区表达和实现微愿望。试点确定以来,海沧立足百姓需求的身边事、小事、实事,在群众参与下,共梳理出公共自行车系统、绿道与慢行系统、民声话仙场等 12 大类 160 余个项目,并立即投入建设,保障群众意愿落实。兴旺社区的文化长廊建设,社区负责建长廊、定主题,内容则由居民自主设计、自己填充。社区"绿地认养"机制既保护了社区的绿化建设,又提升了社区居民的责任感、参与感。正是通过一系列类似的微机制、微行动,实现社区事务居民理、社区矛盾居民解、社区活动居民办、社区建设居民建、社区文明居民创、社区和美居民护。①

三 发展包容开放的社区文化

2014 年,习近平总书记提出了"两岸一家亲"的理念,期盼实现两岸同胞面对面、手拉手、心连心。厦门与台湾不仅地理相近,而且文化相连,有着紧密的经济文化联系。在推进社会治理改革的过程中,海沧区充分利用当地独特的对台优势,积极引入台湾在基层治理方面的有益经验,以两岸互助融合推动基层治理创新。

(一) 汲取先进经验,探索融合治理模式

海沧在与台湾地区交流融合的过程中,发掘并吸取了诸多先进的经验,并将这些经验与当地实际结合,探索出一条融合治理的道路。具体而言,所谓融合治理就是依靠文化牵引、平台支撑、组织助推等方式,吸收台湾先进治理理念,融合两岸缔造方式,扩大参与主体范围,最终实现了两岸社会的多元聚合、治理同进、服务共担,将两岸融合治理向前推动了一大步。

一是文化牵引,吸收台湾先进理念。海峡两岸同胞血浓于水,两岸互动始于文化交流。台湾在社会治理方面的一些优秀做法值得借鉴,在双方文化交流的过程中,海沧吸收了诸多先进的理念。首先是吸收先进治理理念。海沧的共同缔造和台湾的社区营造有着异曲同工之妙。因而,在社区营造文化的牵引下,海沧区聘请台湾大学建筑与城乡发展研究基金会来当地进行实地考察,并将台湾先进治理理念融入海沧,为社区量身绘制发展蓝图。其次是

---

① 参见徐勇等《海沧跨越:在共同缔造中提升社会治理》,中国社会科学出版社 2014 年版,第 318 页。

吸纳志愿服务理念。推进服务是实现社会治理的重要方面。两岸融合推动了台湾义工将服务理念带到海沧。在义工文化牵引下，海沧区打造"两岸义工联盟"，采用"台胞志工+社工+义工"的模式，培育志工组织，为当地社区服务。通过讲座培训和实践教学的方式，成功将志愿服务理念和方式应用于社区服务，更进一步推进了社区治理。最后是吸取社区教育理念。经台胞建议，海虹社区率先建立了社区居民大学。担任名誉校长的曾钦照先生为全国台企联副会长，他将其台湾社区教育的成功经验和教育理念引入，满足了社区居民更深层次的服务需求。

二是平台支撑，两岸交流缔造经验。为进一步推进两岸融合，结合厦门市共同缔造和台湾社区营造的实际，海沧区与台湾方面相互联合，打造多方面的交流平台。其一，举办两岸社区共同缔造论坛。与台湾合力打造"两岸社区共同缔造"项目，邀请海峡两岸相关权威人士参与论坛，交流两地治理与发展经验。其二，打造互动交流平台。海沧区为了提升社会治理能力，派出多个赴台考察团，吸收了台湾社区发动居民配合治理的方式。为了整治房前屋后的生活环境，山前村将整治前的杂乱与整治后的整洁拍照公示，让社区居民自主抉择。这一方式快捷有效地解决了居民配合程度低的难题。其三，建设文化交流平台。文化是两岸重要的连接桥梁。海沧借助两岸相同的血脉宗亲文化，举办保生慈济文化节。同时，举办两岸马拉松、乒乓球等体育赛事，共同以体育和音乐提升集体荣誉感和社区认同感。借助文化交流平台，凝聚台湾同胞的祖国认同感，以此来吸引台湾同胞不遗余力地为海沧社会治理服务，提升社区治理能力。

三是组织助推，汇聚两岸主体参与。随着两岸交流的不断深化，海沧区的常住台胞数量也越来越多。为了搭建台胞参与社区事务的平台，海沧区政府、社区、台胞等多方共同努力，打造了多样化的社会组织。首先是两岸义工联盟。两岸义工联盟是两岸同胞相互交流融合的重要平台。通过这一联盟，台湾同胞得以参与到社区服务中，为社区服务主体注入了新鲜的血液。其次是网格理事会。网格理事会的成立旨在实现社区的自我管理和自我服务，网格理事会聘请台胞作为常任理事，使得台胞也有机会参与社区事务。这一组织的成立，一定程度上扩大了社区治理主体。此外还有台商协会。台商协会在台胞中威望很高，海沧区与其签订了《共同缔造美丽厦门协议书》，将台胞中很大一部分力量纳入共同缔造行动中。台商不仅为海沧发展出谋划策，同时通过认捐和赞助公共设施等多种途径，积极参与共建活动。

（二）借助多元力量，提升融合治理效能

借助文化、平台、组织等多元力量，海沧区两岸社区融合治理成效颇丰，实现了两岸社区的多元聚合、治理同进、服务共担和文化相传，为两岸社会的多元融合和社会治理的共同进步作出了突出贡献。作为社会治理的制度创新，多元共治主要包括四大特征：多元主体，开放、复杂的共治系统，以对话、竞争、妥协、合作和集体行动为共治机制，以共同利益为最终产出。[①]

一是"多元聚合"，促进海峡两岸的不断融合。随着两岸融合治理的多项措施逐步推进，两岸社会在多个方面都实现了多元融合，经济、文化、社会都呈现出了新的面貌，海沧区各个层面都充满了"台味"。海虹社区居民大学校长说，"厦门是一个门，金门是一个门，有了联结桥梁，这两个门现在变成了一个门"。在社会方面，海沧区针对台胞提出的一系列亲台惠胞政策，凝聚了台胞的家园归属感；通过打造多个参与平台，不断激发台湾同胞参与海沧社会治理的热情，同时丰富了社区治理的参与主体。在经济方面，海沧区针对台企推出一系列的优惠政策，吸引台商入驻；同时成立涉台涉企理事会，解决台企在本地区的各类纠纷，带动了本区经济发展，同时维护了台商利益。在文化方面，打造了多样化文化交流平台，通过传统文化的弘扬和交流，不仅激发了台湾同胞的祖国归属感，同时促进了两岸传统文化的不断交流融合，推动文化的共同进步。

二是"治理同进"，提升两岸社区的治理能力。一方面，通过两岸融合治理的推进，海沧区在不断的融合与摸索中，社区治理理念日渐成熟，社区治理方式得到创新，社区治理主体也越来越丰富，突破了台湾同胞无法参与社区治理、很难真正融入大陆社会的困境。"有些台商主动要求加入小区业主委员会，参与到社区治理中来"，海虹社区老年协会会长说，"我们的志愿巡逻小组一开始只有 8 个人，现在已经发展到了 50 人，类似我们这样的志愿者小组还有很多，都是自发形成的自治组织"。这些由台胞义工带动的志愿者组织，俨然提升了社区居民的自治能力。另一方面，台湾当地通过参

---

① 参见王名、蔡志鸿、王春婷《社会共治：多元主体共同治理的实践探索与制度创新》，《中国行政管理》2014 年第 12 期。

与"两岸社区共同缔造"项目，双方不断交流学习，也在海沧区吸取了诸多社区治理理念。

三是"服务共担"，增强社区居民的服务能力。服务意识、志愿精神作为社区精神的重要组成部分，一直是社区发展的短板。台胞志愿者组织的入驻，一方面推动了社区服务，另一方面带动了当地居民的志愿服务意识。通过两岸志愿者不断的交流学习，海沧区居民的志愿服务意识逐渐觉醒，志愿服务能力也得以提升。这在很大程度上减轻了政府提供公共服务的负担，同时弥补了社区公共服务的漏洞。在社区形成了一种"有问题找志愿者，有时间做志愿者"的志愿服务文化。此外，社区志愿者的素质、专业性有所提升，在进入社区开展志愿服务工作时，往往能够得到社区居民的欢迎，也有利于建立起社区成员之间的和谐友好关系，有效减少矛盾纠纷，促进社区和谐。

（三）推进两岸融合，深化"互融共进"意识

海沧区通过"互融共进"推进两岸融合治理的创新探索，在推进两岸融合，提升治理能力和服务能力方面成效显著，意义非凡。

一是同脉文化是两岸社区共融共建的坚实基础。共同的信仰文化，共同的宗亲文化是海峡两岸同胞的重要联结器，正是同脉文化造就了"两岸一家亲"的感情认知。两岸的交流起于民间的交流，而民间的认祖归宗文化正是由于割不断的乡愁。海沧区为了实现两岸融合治理，依靠文化，打传统文化这一张王牌，成效巨大。院前社打造"看得见山，望得见水，记得住乡愁"的新型社区，就是基于血浓于水的同脉文化。"一家人"的认知为两岸社区共建提供了坚实的文化基础，不仅推动海沧为台商台企提供优越的投资环境，同时吸引台商积极为海沧共同缔造提供帮助和扶持，而且促进了两岸同胞在各个层面的交流合作。

二是社区共治是两岸社会相互融合的催化剂。先前两岸社会的交流仅仅局限于经济和文化层面，主要基于经济利益和文化因素。同样两岸社会的相互融合也因为缺少了社会治理层面的合作而不够完整。经济方面的交流以利益为纽带，一旦利益不在，两岸这方面的融合也将消失。文化方面的交流主要基于同脉文化的"乡愁"，在某种程度上仅仅局限于精神层面的寄托，只有在多个领域持续交流融合，才能在根本上实现两岸社会的认同。海沧区在"社会治理"层面与台湾地区的合作，突破了两岸融合的局限，打开了两岸互融的新局面。最重要的是，社区共治理吸纳台胞参与到了社区治理中，在

很大程度上激发了台胞在大陆的主人翁意识，让台胞从根本上融入了大陆社会。

三是两岸同胞互动丰富了社会治理主体。管理和治理的一大区别在于参与。两岸同胞通过不断的交流互动，融为一体，台胞更多地融入了当地社会的方方面面，成了社会上不可小觑的一个群体，随着两岸融合的不断推进，台胞在社区治理中也逐渐占有了一定的话语权。台胞的融入丰富了社会融合治理的主体，提升了社会的治理能力和治理程度。同时，两岸同胞相互融合，打造了一系列社会组织，也为社会融合治理提供了便利，对于组织的治理往往比单个主体的治理方便得多，同时组织的自我管理也在一定程度上提升了社会治理程度。

四是互融共进是推动两岸多元融合的创新探索。海沧区海峡两岸的融合治理秉承"互融共进"的理念，推动了两岸社会的不断互动，相互融合，实现了两岸社会的共同进步。在此之前，两岸的互动仅仅停留在相互交流的层面，没有挖掘出一种共同进步、共同治理的机制。"互融共进"是对两岸多元融合的创新探索，不仅整合了两岸社会的资源，提升了两岸社会的服务能力，同时海峡两岸在此过程中，都得到了社会治理能力的提升。

第二节　同驻共建，促成自觉行动

治理互动平台的建立对于推进基层民主意义重大，尤其是对于外出务工人口较多、人口流动性较大的地区影响深远。社企同驻共建理事会作为社区治理互动平台，有利于在新时期推进基层民主，更有利于提升基层社会的治理和服务水平。中共中央、国务院出台《关于加强基层治理体系和治理能力现代化建设的意见》指出，要优化社区服务格局，鼓励通过社区服务机构与市场主体、社会力量合作，来提升社区服务质量。[①] 2013 年，海沧区在推进"美丽厦门·共同缔造"工作中，通过设立社企同驻共建理事会作为社区居委会的有效补充，不断完善企业参与机制，创新社区治理方式和提升社区服

---

① 参见《中共中央国务院关于加强基层治理体系和治理能力现代化建设的意见》，《人民日报》2021 年 7 日 12 日第 1 版。

务能力，在企业的诉求表达、共建共管方面都进行了积极的探索。

海沧区有很多外来人员，这些外来人员基本上都依附于企业而入住海沧，在社区治理的开展中，面临着如何将外来务工人员纳入居住社区的管理和服务体系中，如何协调社区与企业的关系等一系列难题。由此，海沧区在社区层面成立了社企同驻共建理事会，在居民议事中增添固定比例的企业代表，确保在社会治理中企业的声音表达。企业参与的核心要义是"同驻共建"，充分发挥企业的资源、人力和先进管理理念等优势，参与到社区治理之中。社区居民与企业的参与机制，以热心公益的社区居民和驻社区企业为主导力量，促进社区群众与企业员工共同参与社区治理，实现了企业与社区在治理层面的良性互动。当前，我国的城市建设正处于不断加快的过程中，城乡收入差距的不断扩大，以及城市对外来务工人员需求的增加，致使大量外来务工人员涌入城市。探索外来人口聚集社区的自治如何培育和发展，对于完善城市基层治理体系具有重要意义。

一 组织共建，有"权"办事

随着经济社会的快速发展，传统的管制型政府无法适应开放性和多元化的社会。面对群众日益多样、复杂的需求，政府作为管理服务的单一主体越来越力不从心。对基层干部来说，那些"问题总出现在能力之外"的无奈，暴露了"资源有限、责任无限"的瓶颈和利益多元、众口难调的困境，同时也在呼唤着服务主体的创新突破。这就需要拓展公共事务管理服务主体，把政府无力承担的公共事务转化为非政府公共事务，由民众、社会组织等来承担。公众参与管理服务可以有效分担政府的责任，而不只是分享政府的权力。因此，要实现任务型政府到服务型政府的转变，需明确政府的职能边界，做到有所为有所不为，合理、有效地发挥政府作用，理性地提升政府能力。同时，激活社会，充分发挥民众、企业和社会组织等作为社会治理主体的作用，让群众走出来，把企业拉过来，将组织引进来，变政府的单一治理为政府引导下的共同治理。

海沧区以共同缔造创新社会治理，构建新型社会治理体系，其最终归宿和最高目标就是培育多元的社会治理主体，提升社会管理服务的水平，实现政府和社会的良性互动。时任厦门市委书记的王蒙徽指出，以"美丽厦门·共同缔造"为重要载体，贯彻实施群众路线，充分发动群众，发挥群众的创造力，提高民主决策的水平，实现决策共谋、发展共建、建设共管、成果共享、效果共评，才能把为民惠民的实事办好办实。因此，在共同缔造行动中，海沧区着力培育多元化的服务主体，变政府的"一元主治"为政府和社会的"多元共治"，改进传统的服务方式，通过政社互动，建立社会治理的新模式。在坚持党委领导、政府主导的前提下，鼓励和支持民众、社会组织和企业等参与社会管理服务，实现政府治理和社会自我调节、居民自治良性互动。

厦门市建立以社区党组织为领导核心，社区居委会、社区工作站分工协助、交叉任职的社区治理结构。探索"居站分离"的有效形式，可以"一居一站"或"几居一站"，有效承接社区居委会依法协助政府履行的相关职责和委托事项，协助社区居委会发展社区公共事务和公益事业。构建出一套党组织、自治组织、社区工作站、社会组织以及"X组织""五位一体"的社区治理架构。按照"4+X"的模式，党组织、自治组织、社区工作站、社会组织是社区的常设组织，"X"根据各个社区的特色可设立不同的组织，对于"村改居"社区而言，可以是股份合作社或者资产管理机构；对于外来人员较多的社区而言，可以是共治共建理事会；出于群众评议、监督需要也可以设立监事会等。[1]

在街道和社区两个层面建立社区党建工作联席会和社区党建工作协调会，在社会层面建立街道商圈党总支、商务楼宇党支部、居民楼院党小组，使党组织社会面覆盖率达100%，最广泛地调动基层党组织和广大党员参与社区管理服务工作的积极性。[2]

二 财力共建，有"钱"办事

完善乡镇财政管理体制，建立健全现代财政制度，增强基层的财政自主权，才能为基层公共服务建设提供资金保障。[3]《中共中央国务院关于加强基层治理体系和治理能力现代化建设的意见》中指出，"保障基层治理投入。完

---

[1] 参见徐勇等《思明提升：共同缔造中的基层治理现代化》，中国社会科学出版社2015版，第385页。

[2] 参见徐勇等《海沧跨越：在共同缔造中提升社会治理》，中国社会科学出版社2014年版，第15页。

[3] 参见本书编写组《怎样选好当好乡镇干部》，党建读物出版社2018年版，第303页。

善乡镇（街道）经费保障机制"，以及"坚持因地制宜，分类指导、分层推进、分步实施，向基层放权赋能，减轻基层负担"①。对于基层治理来说，财力保障是基层治理得以持续推进的必要条件，是推进基层治理现代化的重要支撑。厦门作为国际化的大都市，社区公共服务需求缺口大，仅仅依靠上级财政扶持难以提供多样化的公共服务。为此，厦门探索出一条财力共建之法。

一是区财下放，加大基础支持。近年来，国家对社区基础设施建设投入不断增加，社区公共项目建设明显加快，但在建设过程中，政府通常采用大包大揽的运作模式，普遍存在群众难参与、项目难见效的治理难题。随着基层治理现代化的逐步推进，改革这一建设机制势在必行。对此，厦门市思明区区财政为每个试点社区安排试点工作专项资金100万元，提供财力保障。②建立"以奖代补"机制，对群众满意度高、工作成效好的项目优先予以财政支持。同时，加大对试点社区其他方面的财政倾斜力度，进一步改善社区基础服务设施。思明区确立将"以奖代补"机制作为改革突破口之后，通过采取制定严格政策、划分项目类型、设立多元奖励等多项措施和方法，达到了规范项目实施、满足群众需求、实现激励作用的效果，激发了全社会参与治理的积极性，破解了"政府主导、群众观望"的治理困局。

二是群众集资，扩宽资金来源。厦门市改变以往包揽式的社会建设模式，实行财力共建制度，对发展本社区公益事业所需的费用，经居民会议讨论决定，采取自愿原则向居民筹集；或经受益单位同意，向本社区受益单位筹集，及时公布收支账目，接受居民监督。这样既可以提高政府财政资金使用效益，又可以调动社会组织、商家企业、居民个人参与提供政府公共服务，构建起多元化的投入体系，激活社会资金参与公共服务。如在厦门海沧区的公共自行车系统建设过程中，机关干部、企业、社会团体、市民等积极响应，踊跃捐赠，各界认捐公共自行车达800辆，共建站点12个，合计186.4万元。③面向社会集资，为试点工作提供了扎实的财力保障。

---

① 《中共中央国务院关于加强基层治理体系和治理能力现代化建设的意见》，《人民日报》2021年7日12日第1版。

② 参见徐勇等《思明提升：共同缔造中的基层治理现代化》，中国社会科学出版社2015版，第296页。

③ 参见徐勇等《海沧跨越：在共同缔造中提升社会治理》，中国社会科学出版社2014年版，第39页。

三是以奖代补，实行事后补助。厦门市通过制定严格政策，规范项目实施。思明区颁布并印发《思明区"美丽厦门·共同缔造"试点工作"以奖代补"专项资金申报办法》（以下简称《办法》）。《办法》对项目的提出、认领和审批，项目实施和管理，项目验收和考评，资金拨付和使用，工作监督和检查等方方面面都作出了详细的规定。[①] 思明区在"以奖代补"项目实施过程中，坚持标准，严格遵守相关规定，以制定文件的形式明确"以奖代补"项目实施的六个步骤。"以奖代补"的项目划分包括建设类项目、活动类项目、服务类项目和社会组织类项目，这四大类项目基本涵盖了群众的全部公共生活，还涉及事关群众切身利益的公共事务，从而极大地激发了居民、社会组织和企业参与共同缔造的热情。

三 项目共建，有"人"办事

（一）组建临时性人才矩阵

首先，厦门市海沧区多方邀请行业精英共同参与，各界精英集思广益，海沧区组建了专家、民主党派、社会、媒体、网络、青年干部、台商、博士俱乐部等8个顾问团，通过召开座谈会等形式，广泛向社会各界"借脑""借智"。整合各行各业的参与力量，集中各行各业的聪明才智，吸纳各行各业的意见建议，接受各行各业的评价指导，积极发挥社会能人和行业精英的正面效应。

其次，厦门市思明区实行人力共建制度，在发挥社区党委引领、带头作用的同时，建立"顾问团、智囊团"，向社会取经引智。加强与高校及民办社工机构的合作，壮大专业社工队伍。弘扬城市义工精神，鼓励利用周末等空闲时间开展各种独具特色的志愿服务活动。制度实行一年来，共有3000人次参与志愿行动，城市义工已经成为建设"美丽厦门"的新载体，引领着思明城市生活新时尚。

最后，厦门市海沧区为了将台湾的治理经验"落地"，在开展项目合作的基础上也大力引进台湾本土专业技术人才，充实到海沧的社会治理改革当中，带动当地社会治理水平的持续提高。例如，海沧在组建网格理事会的过程中，专门聘请具有丰富管理经验的台胞作为常任理事，使得台胞也有机会

[①] 徐勇等：《思明提升：共同缔造中的基层治理现代化》，中国社会科学出版社2015版，第87页。

参与社区事务；再如，海沧大力开展与台商协会的合作，与其签订了《共同缔造·美丽厦门协议书》，将台胞中很大一部分力量纳入共同缔造的行动中来。此外，台商不仅为海沧发展出谋划策，还通过认捐和赞助公共设施等多种途径，积极参与共建活动。

（二）实现项目共建共管

厦门市通过实行项目共建制度，加强与辖区单位、居民群众的沟通，对一些有利于发展的、群众反映强烈的项目，实行群众自助实施或与辖区单位进行互助共建。曾厝垵社区在"五街十八巷"改造过程中，群众主动"让地让利"，为加快改造进度，商家主动暂停营业。宫庙理事会放弃高额租金，自觉拆除店面，尽其所能地为拥湖宫改造提供便利。社区个体户商家自行安装监控探头，连接社区警务室治安监控系统平台，建立了"文创村警务室"。

海沧区通过"你我出力，项目共建"实现基层有"人"办事。厦门市通过实行项目共建制度汇聚有才干的干部，调动乡贤参与公益事业发展的积极性，切实让群众受益。一是海沧街道为海虹社区纳凉点专案申请以奖代补项目，由海虹社区及城建集团等共同设计，实行专案专办。二是海虹社区的文艺骨干组织召集社区的文艺爱好者，共同商议集体事务，筹集资金投入纳凉点建设项目。此号召得到了广场舞队伍成员的积极响应，为纳凉点建设项目筹集资金数万元。三是社区居民自发筹集资金交给社区居委会，希望能为家园建设贡献自己的一份力量，充分体现了社区居民的主人翁意识。

第三节　分类并进，优化民生服务

习近平总书记多次强调："基层强则国家强，基层安则天下安，必须抓好基层治理现代化这项基础性工作。"[①] 2021 年中共中央、国务院印发《关于加强基层治理体系和治理能力现代化建设的意见》提出要推进基层治理创新，以市（地、州、盟）为单位开展基层治理示范工作，加强基层治理平

---

① 高秀木：《习近平春节前夕赴贵州看望慰问各族干部群众》，《人民日报》2021 年 2 月 6 日第 1 版。

台建设，鼓励基层治理改革创新。① 厦门作为全国首批经济特区和国家综合配套改革实验区，经济社会发展一直走在全国的前列。2010 年，厦门人均 GDP 已超过 10000 美元，在全国率先进入中等收入阶段，但是在经济社会双重转型的背景下，厦门的发展也存在不少问题和困难：社会建设滞后于经济建设，传统的管理模式失灵，居民的"社区归属感"缺失等。为化解进入中等收入阶段后"传统管治"带来的危机，厦门市政府结合党的十八届三中全会精神，以"美丽厦门·共同缔造"为举措，以海沧区和思明区为试点，对"创新社会治理体制"的要求进行了探索，在 2013 年正式开展对自然村和社区的分类评级工作，评选典范村（社区）、良好村（社区）、基础村（社区），规定"以奖代补"项目资金向典范村（社区）倾斜，以激发基层参与活力。厦门市对基层分类定级的探索实践，激发了群众的积极性和创先争优意识，形成了基层治理的良好氛围，有力地推动了经济社会发展，对全面推动社区治理体制创新具有引领意义和借鉴价值，为后来的基层治理改革提供了宝贵的经验。

一 社区分类，实行差异发展

自然村和社区作为人们生产生活的基本单元，一直以来备受关注，其以独有的社会性与认同感意涵，及在行政管理方面的基础地位，成为联结群众与政府的重要桥梁。而厦门市关于村（社区）分类定级的探索实践，对做实做细社区管理，打破社区治理瓶颈，共筑和谐发展新局面具有启示意义。通过海沧区和思明区两个试点区对基层分类评级机制的长期探索，厦门市实现了自身治理体系的一大跨越，形成了"互动共治"的社会治理新格局，为厦门市的长期稳定与繁荣发展奠定了基础。

（一）明确标准，严格遵循程序

一是制定分类标准。基础分类以自然村和社区（视社区范围大小，只有单个小区的社区，则以社区为单位，由多个小区组成的社区，则以小区为单位）为单位，以群众参与公共事务积极性、基层组织建设情况、社会组织培育及发挥作用情况、完整社区建设成效、社区平安创建程度、经济发展成效

---

① 参见《中共中央国务院关于加强基层治理体系和治理能力现代化建设的意见》，《人民日报》2021 年 7 月 12 日第 1 版。

等方面为依据，分别制定城市社区和农村不同的具体评定标准，并按好、中、差分为美丽厦门典范村（社区）、美丽厦门良好村（社区）和美丽厦门基础村（社区）三个等级。赋予每个社区不同的定位和目标，各有侧重、分类推进。

二是实施量化定级。将基础分类的标准分为"决策共谋、发展共建、建设共管、效果共评、成果共享"五大项，单项20分，总计100分。总评分数达80分以上的自然村、社区（小区）为美丽厦门典范村（社区），总评分数60—79分的为美丽厦门良好村（社区），总评分数在60分以下的为美丽厦门基础村（社区）。"五共"单项分数有一项低于12分的则不能被评为美丽厦门典范村（社区）和美丽厦门良好村（社区）。

三是遵循考评程序。在制定基本分类标准的基础上，实施主体自评、镇（街）助评、区审核、市核定的评审机制。首先，以村（居）委会为单位，组织人大代表、政协委员、村（社区）干部、自然村（小区）代表、老党员等开展综合自主评定；其次，由镇（街）召开领导班子会议，根据自然村、社区（小区）自评和社会助评的结果，综合评定自然村、社区（小区）的基础分类，评定结果在镇（街）和各村（居）公示7天，无异议后报区审核；最后，经区审核评定为美丽厦门典范村（社区）的，由区委、区政府按年度命名并颁授牌匾，经区审核评定为美丽厦门良好村（社区）的，由区委、区政府按年度命名通报。

（二）强调落实，进行动态管理

创新社会治理需要持久着力、久久为功，因此要给予社区更多的推进时间。每年年底进行年度考核，过程实行动态管理，结果进行及时公示。年度考核采取自然村、社区（小区）自评申报与上级审核评定相结合的办法。在考核过程中，群众参与程度下降的将降级，群众参与程度提高的、各项工作取得实质成效的将提级。

一方面，制定工作绩效考核机制，通过阶段性或者节点性的绩效评估来掌握整体推行力度。区缔造办定期组织开展督促检查，对相关部门推进试点行动开展的工作实行绩效考核；各级各相关部门对试点工作的进度、质量、效果全程跟踪检查，随时发现存在的问题，针对出现的新情况、新问题，及时研究部署，提出针对性的措施进行解决处理，确保工作有力推进；成立专门的考评小组，制定考评指标，实行量化评比，并将考评结果通过社区予以公示，作为以奖代补、政府补贴的衡量标准。对于考评结果不达标的，要采取相应的惩罚措施。

另一方面，开展逆向考核评估工作，及时了解基层推进过程中遇到的阶段性困难，针对性地给予指导。一是建立街道、社区评议各职能部门的测评机制。对职能部门工作在街道、社区的落实情况，赋予街道、社区评议权，评议情况作为政府职能部门考核的依据。二是建立民主评议社区工作制度。由社区居委会定期组织居民群众和服务对象对社区干部、社区工作进行测评，设立群众评议箱，把群众评价纳入社区考核体系，形成"你服务谁、谁评价你、你向谁负责"的社区群众评议机制。

（三）树立典范，强化激励机制

在社区分类定级的基础上，厦门市政府着力通过奖励优秀、树立模范等，调动村（社区）参与共同缔造的积极性，激发互动共治的活力，建立长效机制，确保共同缔造可持续、出成效。

一是将社区分类评级与"以奖代补"有机结合。由政府统筹确定"以奖代补"项目，编制项目简介和操作指南，向社会公布，让群众自行选择；给予综合考核得分较高的区域更多的"以奖代补"项目，规定"以奖代补"资金优先支持典范社区和良好社区；设立针对社区干部和其他共治主体的专项"以奖代补"和奖励资金，以居民、物业、社会组织等的发展成效为考核标准，作为基层干部工作绩效的一部分，并将这部分资金纳入政府财政预算，形成长期性的奖励机制。如海沧区的绿苑小区在进行"垃圾分类"试点过程中，通过社区申请"以奖代补"项目，每月评选出30户垃圾分类示范户，给予一些实用物品作为活动奖励，用"以奖代补"方式有效激发了居民参与的热情。

二是将社区分类评级与"评优评先"有机结合。一方面，建立"社会治理"导向的社区干部选拔任用机制。对在社会治理创新中表现突出的社区主干，今后在专项考录公务员或事业单位时给予优先推荐；同时建立激励型养老保险机制，将年度岗位责任制考核结果与社区干部养老待遇结合起来，体现"在职干得好，退休待遇高"的理念。另一方面，各个村（居）在区级道德模范评议机制、公益模范表彰机制、劳动模范表彰机制下细化奖励内容，设立评定共同缔造中"热心企业""热心组织""热心居民"等的评价体系，以制度完善"阳台绿化"评比、"美丽家庭"评选、"星级出租户"

评选等项目。此外，行政村（社区）内的自然村（小区）被评为美丽厦门典范村（社区）超过自然村（小区）总数50%的，区里也会进行通报表彰并予以奖励。

三是将社区分类评级与"宣传典范"有机结合。一方面，通过专题学习、政策宣讲等形式，提高各级工作人员对开展分类评级、完善社区自治的认识。同时，充分利用广播、电视、网络等媒体和宣传栏、宣传册、宣传单等方式，加大宣传力度，引导居民关注、参与、支持分类评级工作。另一方面，充分发挥典型的引领、示范效应，按照"边推进、边总结、边提升、边推广"的思路，本着"分类选树典型、全面辐射带动"的原则，及时发现工作中的特色做法，挖掘先进典型，总结成功经验。挖掘内涵，通过多层次、多角度的宣传，将典型工作做法进行全面推广，放大先进典型的"持久效应"，努力在全区营造"比学赶帮超"的良好氛围。

此外，海沧区还开创了"分类评定+以奖代补+宣传公示"的激励链条，按照自强型、自助型、基础型三类标准，每年考核社区内部社会组织的成效，进行分类评定等级。考核的主体是居委会与居民理事会，评上自强型和自助型的社区组织，将获得在"以奖代补"项目上优先保障的奖励。另外，分类评定下对社区组织"以奖代补"、财务收支等情况进行全年全过程公示，做到公平公正公开，保障和约束社区组织参与治理作用的发挥。

二 职责分类，推进放权赋能

《中共中央国务院关于加强基层治理体系和治理能力现代化建设的意见》指出：坚持因地制宜，分类指导、分层推进、分步实施，向基层放权赋能，减轻基层负担。[①] 2013年以前，由于行政组织和自治组织权责没有厘清、定位不够明晰，厦门市基层自治组织管理着许多"不该管也管不好"的事务，导致基层自治组织日趋行政化，社区俨然成为一级"小政府"，自治陷入空转状态。为了让行政资源更有效地服务基层，让社区更好地服务居民，厦门市紧紧围绕"决策共谋、发展共建、建设共管、效果共评、成果共享"的共同缔造方法，转变工作理念、推进工作提升、创新工作机制，改变

---

① 参见《中共中央国务院关于加强基层治理体系和治理能力现代化建设的意见》，《人民日报》2021年7月12日第1版。

原有的惯性思维模式和工作方式，向基层放权赋能，减轻基层负担。该政府做的事务由政府做，政府做不了的事务委托给社区做，贯彻"费随事转，权随责走"办事原则。经过一系列的有益探索和尝试，社区负担减轻了，服务效率提高了，群众办事方便了，社区减负放权推进社区共治提质成效显著。

为社区减负放权是推动试点社区体制机制改革的首要一步。随着厦门市社区承担的职能越来越多，权责定位不清，社区功能异化，处处可见"政府主导"，四处难觅"群众主体"。为了让行政资源有效服务基层，让社区更好服务居民，厦门从体制机制上做文章，明确社区定位，给社区减负放权。减负放权为进一步明晰社区职责、理顺社区关系、提高服务效率铺平了道路，不仅有效地促进了政府职能转变，还激活了社区基层自治组织自我管理的"细胞"。

（一）明确社区定位

一是明确社区功能角色。社区是地域性的社会生活共同体。随着经济社会的快速发展，政府承担的管理服务职能急剧膨胀，而习惯被视为政府"助手"的社区承担了大量政务性工作，导致社区功能发生异化。鉴于此，思明区以"强化服务、培育自治"为核心，对区、街道、社区的职能进行了重新定位。在新的治理体系中，街道以社会治理和社会服务为主，社区以社区服务和居民自治为主，网格、楼院等自治单元以居民自治为主，从制度上对社区的功能角色进行明确定位。

二是明确街居权责边界。思明区以中华街道和滨海街道为试点，列出了社区工作"依法履职行政事项清单"、"协助政府管理事项清单"、"承担自治事项清单"和"行政权力限制事项清单"等四份清单，对街道和社区的权责边界进行了明确划分。海沧区同样列出了"社区依法必须承担的行政事项"、"依法需要社区协助管理和服务的事项"和"社区自治组织承担的自治事项"三份清单，剥离社区行政事务，社区居委会回归自治，不再承担街道的行政工作。

三是明确居站职能分工。社区党组织、居委会和工作站是思明区社区层面的"三驾马车"。但在实际运行中，工作站和居委会的职责不清、关系不顺，给社区的工作带来了一些不利影响。为此，思明区积极探索"居站分离"的有效实现形式，采用"清单管理"模式，规定下沉到社区的行政事项由工作站承担，自治事项由居委会承担。同时，赋予社区居委会对社区工作站的监督权和考核权，提升社区的组织协调和服务能力。

（二）减轻社区负担

一是调整社区工作内容。思明区出台的《思明区进一步推进试点社区减负放权工作意见》，对社区现有的88项工作职能，减除12项，合并30项事务性工作，简化13项便民服务项目；同时也减除了20大类133小项的党建检查台账，切实减轻社区负担，提高服务效率。[1]

二是全面清理社区挂牌。社区办公场所对外只挂"社区党支部"（或党委、党总支），"社区居民委员会"和"社区工作站"三块牌子；社区内的实体性组织标牌悬挂于相应的服务地点，其他组织机构的标牌以集中列表的形式悬挂在办事大厅内，无实质性工作对象和任务的机构和牌子及时撤销和摘除。据此，思明区共清理社区办公场所牌匾4773项。

三是规范厘清社区事务。思明区主要从以下四个方面入手规范社区工作。第一，严格工作准入。区属部门单位涉及社区工作的必须向区社区办提交申请，经批准之后才能进入社区。第二，规范社区台账。坚决压缩无用台账、簿册等，由区委党建办牵头规范社区党建工作台账，由区社区办牵头规范社区居委会工作台账，合并会议记录本和各类工作簿册。第三，规范参会审批。最大程度精简需社区干部参加的会议，区直部门召开由全体社区干部参加的会议，须经区分管领导批准，重要会议精神的贯彻落实采取逐级召开会议的方式。第四，统一社区考核，除了国家部委和省级明确要求的考评外，各种考评由区社区办牵头，部门委托社区协作的工作，不得带有考评性质。海沧区厘清各部门、各层级的"职能清单"，强化社区的自治服务功能，对社区行政事项进行分类梳理，探索制定任务清单。

（三）下放社区职权

一是赋予社区资源整合权。思明区将公安、工商、消防、环保、城管、环卫、物业等相关单位纳入社区工作体系；职能部门设立社区片警、社区联络员等，直接负责职责工作在社区的落实；建立社区工作联席会议制度，定期召开联席会议，共同推进社区事务的解决。

二是扩大社区经费支配权。思明区将社区工作经费纳入街道财政预算体

---

[1] 参见徐勇等《思明提升：共同缔造中的基层治理现代化》，中国社会科学出版社2015年版，第437页。

系，为每个社区安排专项工作经费；要求各街道制定社区经费使用管理办法，简化社区工作经费使用审批手续，加强审计管理，确保专款专用；此外，对于职能部门下放社区或需社区协助的事务，必须"费随事转"，保障社区工作经费需求。

三是赋予社区监督评议权。思明区设立社区事务监督委员会，对社区居委会建立健全各项制度情况、居民（代表）会议精神落实情况、社区事务公开及财务收支情况等多方面内容进行监督。建立群众民主评议社区工作、民主评议社区干部制度，把群众评价纳入社区考核体系，形成"你服务谁、谁评价你、你向谁负责"的评议机制。

四是赋予社区管理服务权。为了让社区更好地服务居民，思明区将"三无"老人就餐送餐等13个与群众密切相关的政府职能管理权直接下放到社区，简化审批层级，提高便民服务效能；设立综合事务、民政事务等窗口，对进驻社区事务实行"一条龙优质服务、一站式办理完结"，提高便民服务效率。

（四）实行群众共治

一是探索新城区社区业主自治模式。在城市新开发的物业小区中，业主的双重身份决定了业主将在小区治理中发挥核心作用，决定了物业小区的自治格局。思明区积极探索物业小区的业主自治模式，不断理顺社区居委会、物业公司、业主委员会之间的关系，建立三方定期联席会议制度，形成居委会的社区管理、物业公司的专业管理、业主委员会的自主管理相结合的"三位一体"共治局面。

二是探索老城区社区邻里自治模式。思明区老旧社区较多，基础设施落后，居住环境差，大部分老旧社区是无物业小区。思明区以改善居住环境为切入点，以解决小区事务无人管为导向，探索建立居民共同参与的邻里自治模式。如小学社区140号无物业小区的退休老干部和老党员自发成立小区自治小组，制定《居民自治公约》，通过民主协商自筹资金设立小区电动门禁，聘请小区下岗失业人员担任管理员，通过"身边人管身边事"，实现了小区有序管理、居民自己"搭台唱戏"。

三是探索特殊社区开放自治模式。思明区拥有许多外来人口社区、外籍人口社区、历史文化街区以及商贸旅游街区等特殊社区，需要探索多元化的开放自治模式。针对辖区内外籍人士多的特点，思明区拓宽思路，成立"官任社区外籍人士理事会",让外籍人士参与社区自治;组建外籍夫人沙龙、外籍青年俱乐部等外籍人士学习组织和服务志愿者队伍,建立了一套具有自身特色的外籍人士服务与管理机制。同时,针对人文故居多的特点,仁安社区创新历史文化街巷居民自治管理模式,建立社区文化议事理事会,以自治组织为载体,弘扬传统美德,倡导价值回归,凝聚历史文化,满足广大居民的多元文化需求,实现风貌保护、文化延续、群众安居、旅游提升的有机统一,打造和美宜居的人文社区。

四是打造一核多元网格自治模式。海沧区在网格化的基础上,将居民小区与网格合二为一,建立网格的组织框架,提升网格的自治能力。第一,建立网格党支部作为网格自治的领导核心,发挥党员在网格自治中的模范带头作用;第二,建立网格自治理事会作为网格议事决事机构,发挥其议事决事功能,开展网格自治;第三,在小区网格,鼓励和引导小区居民建立业主委员会,发挥业委会在物业监督、利益保障、事务商量等方面的作用。

五是探索社区"微自治"民主参与模式。微自治为居民"个人"有效参与居民自治提供了可能性。海沧区立足"微心愿",设立"金点子"信箱,鼓励居民表达个人诉求和意见建议;关注"微事物",开展公共绿地认养,吸引居民参与公共事务的治理;创设"微组织",组建社会公益组织,促进居民互动共享;推行"微行动",采用"以奖代补"激励政策,支持居民参与共同缔造行动;创立"微机制",推行"阳台绿化"评比活动,维持居民自治的有效运行。微自治将自治内容嵌入居民日常生活,让社区自治、民主参与内化为居民的一种生活习惯,增强了自治开展的生命力。[①]

(五)提升服务质量

一是推动社区服务效能化、信息化。思明区在完善社区网格化服务的基础上,大力构筑社区信息化平台,实现信息共享、业务协同,提高工作效率,更好服务居民,让居民更满意。在此基础上前埔北社区开设社区公众服务微信平台,开设以易通卡作为载体的社区民生卡,提升社区活动智能化管理水平。海沧区整合全区各类资源,建立大数据平台,加快推进三网融合和区、街道、村(居)、居民的四级联网,探索网上审批、网上办证等功能的

[①] 参见徐勇等《海沧跨越:在共同缔造中提升社会治理》,中国社会科学出版社2014年版,第78页。

实现，加快形成实用高效、群众欢迎的信息化行政和服务能力。

二是推进政府购买服务专业化、特色化。思明区精心打造购买服务试点，采用政府购买专业社工机构服务的运作方式，搭建"社工+义工"服务平台，提升为民服务水平。同时选择前埔北社区等10个服务基础好、品牌特点突出的社区，探索购买特色服务项目。

三是促进公共服务体系化、网络化。为不断满足人民群众的个性化、多样化和专业化需求，思明区积极打造一站式的便民服务平台，建立全覆盖的社会救助体系，推出更全面的居家养老服务，开展全方位的社区教育服务，通过自助、救助、帮助、互助，提升群众生活在社区的幸福感。

三 组织分类，提供专业服务

社会组织是基层治理的重要主体，对于推动基层治理体系和治理能力现代化有着重要意义。《中共中央国务院关于加强基层治理体系和治理能力现代化建设的意见》指出：创新社区与社会组织、社会工作者、社区志愿者、社会慈善资源的联动机制；实施政府购买社区服务，鼓励社区服务机构与市场主义、社会力量合作。[①] 充分发挥社会组织在基层治理中的作用，推动基层治理体系和治理能力现代化。然而，社会组织作为社会力量，还存在数量多、种类复杂、管理不规范的问题，难以发挥应有的治理作用。基于此，厦门市在共同缔造理念的指导下，为促进社会组织参与社区治理，提升公共服务水平，推动基层治理的现代化发展，开始了社会组织管理新机制的积极探索。通过完善管理和监督机制、优化发展环境，促进社会组织的健康有序发展，以政府赋能的方式将社会组织引入公共服务领域，提升了公共服务的质量，促进了社区的良性治理。厦门市在社会组织管理机制上的探索，充分发挥了社会组织的价值，其优秀做法和相关经验值得借鉴。

厦门市深化管理体制改革，培育发展多样化社会组织。在推进基层治理体系和治理能力现代化的过程中，社会组织已成为参与社区治理的重要力量。在当前的发展过程中社会组织有着数量多，种类多样，规模大小不一的特点，为解决"管理难，发展难"的问题，厦门市推进社会组织管理体制

---

① 参见《中共中央国务院关于加强基层治理体系和治理能力现代化建设的意见》，《人民日报》2021年7月12日第1版。

的改革，降低社会组织的准入门槛，实行登记与备案并行的管理制度，规范社会组织运行。厦门市通过发展社会组织，扩大多元参与。"美丽厦门"是从不同的厦门人意识中提炼和概括出的社会最大公约数，需要建立多元化群体参与机制。只有依靠广泛的参与实践，才能真正实现"美丽厦门"的共同目标。厦门市思明区通过凝聚各方力量，促进建设共管。

一是发挥现有组织作用。将广大青年职工、老人、妇女、残疾人吸纳到工会、共青团、老年人协会、妇联、残联等群团组织中，鼓励和支持各个组织发挥各自优势，积极参与到社区管理和建设中来。厦门市还建立"三位一体"联合管理机制。在前埔北社区，不断理顺居委会、物业公司、业主委员会三方关系，建立定期联席会议制度、征询意见制度、信息传递制度和社情民意分析制度。该社区已初步形成了居民委员会的社区管理、物业公司的专业管理、业主委员会的自治管理相结合的局面。

二是培育新型社会组织，建立社区工作联席会议制度。根据社区实情，孵化各类志愿者协会、行业协会、义工组织、业主自律协会等，共同为建设"美丽厦门"出力。在试点社区设立城管、公安、消防、工商、环保等相关职能部门联络员，建立业务联动机制。通过开展定期通报，督促检查，共同协商解决群众反映的重点、难点问题，维护群众利益。此举进一步促使各相关部门履行职责，统一协作，形成合力，提升了社区建设整体水平。在镇海社区，针对无物业管理的楼幢，建立居民群众自助互助的"无物业楼栋服务社"，设置楼长、宣传员、卫生员、调解员等，推进楼幢自治建设。在前埔北社区，针对小区众多歌舞队经常因使用场地发生矛盾的问题，成立专门的文体活动自助管理小组，负责加强沟通协调，共同管理场地使用。在曾厝垵社区，发动居民参与城市义工队伍，利用周末时间开展文明旅游宣导，为游客提供切实所需的服务。

三是构建参与平台，实现多元主体共治。搭建进城务工人员和国（境）外人员等多元化群体参与社区管理的有效平台和引导机制，帮助外来人员发展社区社会关系、融入社区生活方式，实现社区多元主体共治。另外，厦门市海沧区立足对台合作交流先行区优势，整合长庚医院台湾义工团等资源，创新志愿组织服务模式，形成海沧独具"台味"的"台胞义工志愿行"志愿服务工作品牌。兴旺社区以"台胞义工志愿行"活动为载体，举办系列志愿活动，组织辖区 5 支义工队、100 多名义工发放倡议书，组织群众共同参与房前屋后洁净行动。海虹社区积极与台湾社区对接,学习社区义工、社工参与社区服务方面的经验,培养成熟专业的志愿者组织,组织居家养老义工队、助残义工队、关爱外来员工义工队等志愿服务队伍,关爱弱势群体,帮助他们解决各种生活难题,实现邻里互帮互助,使参与共同缔造的群体更为壮大。①

第四节 党带群建,落实群众路线

基层党组织是试点工作的执行主体,强有力的基层党组织是做好试点工作的前提。海沧区城市治理现代化的元治理模式即以坚持党委核心领导为前提,以坚持政府统筹主导为关键,以坚持群众参与主体为基础,打造协调各方、主导推动的社会治理格局。海沧区在试点过程中,大力开展"美丽厦门·党建保障"行动,建立党建引领机制,激发基层组织活力。海沧区将群众路线教育实践活动和城市治理现代化工作高度融合,以服务作为连接党群、党社的纽带,在全区村(居)推行党支部、居委会、业委会共商社区事务周例会、月民主听证会和周末接待日"三项制度",由村(居)党组织作为社区多元主体的组织者和号召人,就居民、群众关心的共性问题组织协商讨论,有效兼顾各方利益,突显基层党组织"元治理"主体作用。同时,建立"两代表一委员"工作室、党员干部挂钩联系群众制度等,在三个镇街及党代表比较集中的三个村居设立六个党代表工作室,方便群众零距离向党表达意见。此外,建立党委领导下的社区联席会、乡贤理事会、发展协会、行业协会等群众参与自治的平台,促进各种社会力量通过协商调整利益矛盾关系,构建互助共赢的治理格局。

一 三级联动,统筹资源配置

厦门市海沧区社区资源相对有限,整合各方资源的能力也不足。为此,市、区、镇(街)三级政府积极调动各方行政资源,从人、财、物等方面给予大力支持。一是夯实社区人才队伍基础。大力推行社区党组织和居委会

---

① 参见徐勇等《海沧跨越:在共同缔造中提升社会治理》,中国社会科学出版社2014年版,第317页。

班子成员通过招考和竞聘制度上岗,先后组织10次社区专职工作者考试,共招考社区专职工作者500名,文化程度均在大专及以上。目前全市社区班子成员大专及以上学历的人员占48.4%。二是夯实社区服务设施基础。将社区基础建设经费、社区办公经费、社区干部工资福利经费列入政府财政预算,每年全市社区活动经费达2000万元,平均每个社区活动经费在6万元以上。全市203个社区用房面积达到500平方米,占全市社区面积的63%。各区、街道(镇)普遍建立社区服务中心、文体活动中心等服务设施,普遍设立"一站式"服务大厅。三是夯实社区信息化工作基础。与电信公司签订战略合作协议,打造"2+N"项目体系,即加快信息化综合服务平台和电子政务综合服务平台建设,重点推进智能政府、城市管理、应急指挥等"智慧政务"项目以及"智慧社区"民生保障等"N"个项目,形成区、街、社区三级联动的动态管理机制。

海沧区以行政治理体系创新为切入,建立区统筹、街镇治理、社区服务三级联动体系。一是区级统筹为先导。发挥区级政府的统筹职能,厘清各部门、各层级的"职能清单";建立"人随事走,费随事转"一揽子动态调整机制,根据改革中区、街道、村(居)职能调整情况,及时研究解决"权、责、利"关系的相匹配问题。二是街镇治理为突破。在不改变现有机构编制、领导职数和人员身份的情况下,将街道原来的"五办三中心"整合成"一办两中心"(党政办、社会综合治理中心和社会事务服务中心),并将便民服务中心从街道下移到社区,将行政管理职能向上回流,将服务职能向下分流。海沧行政治理体系改革是政府扁平化管理趋势的体现,也是强区、弱街、实社区体制改革的大胆尝试。

二 联建共建,促进区域发展

厦门市通过党建联抓,引导辖区内党组织逐步由"要我共建"向"我要共建"转变,共建大党建工作格局,探索出驻区单位党组织、在职党员和社区党组织、居民党员双向互动、双向管理、双向服务的工作模式,形成社区全体党员共同参与、社区公共资源共享的区域化党建新格局。一是借助区级组织部门力量,以地缘关系为基础,建立区、街道、社区三级党建联席会议,突破原有组织建制的界限,将分散在各部门、互不隶属的党组织资源整合起来,形成联动的"响应链"。二是以社区党委为主导,推动"大党委"

建设，将机关党组织、"两新"党组织、流动党员与社区党组织共建互联，实现"大联通"。三是健全区域化工作机制，建立健全社区党建联席会议制度、联考联评制度，采取签订区域化党建协议的形式，明确社区党组织与驻社区单位工作职责，定期围绕区域性、社会性、群众性、公益性事务共商共议，形成沟通联系、互动共治的机制。

三 党员下沉，有效服务群众

厦门市通过党员下沉，实现有效服务群众。一是依托网格化，使体制内的党员、党组织和体制外的非公有制企业党组织和党员融合到网格里，参与社区建设和服务，探索建立网格党支部、协会党支部等，巩固社区执政基础，建立形成"网格化党建服务群"；二是依托镇街社区党组织和驻区机关、企事业单位党组织，通过强组织、带队伍、重服务、聚人心，不断提高基层党建水平，建立"同驻共建共同体"；三是依托区、镇街网格化社会服务平台，建立形成党建与社会治理"共治共享综合体"，最终实现党建和社会治理体系同频共振，打造新型城镇化的大党建治理格局。

小 结

"一个国家治理体系和治理能力的现代化水平很大程度上体现在基层。基础不牢，地动山摇。要不断夯实基层社会治理这个根基。"[①] 从治理体系来看，基层治理是整个国家治理的基层基础，"基础不牢，地动山摇"，基层治理现代化关系着国家治理体系与能力现代化。从治理主体来看，基层治理是与人民群众直接相关的治理形式。基层治理现代化直接关系到人民群众的直接的、现实的利益等，推动基层治理现代化是贯彻落实以人民为中心治理观的集中体现。从治理任务来看，基层治理是社会和谐稳定的基石。基层安则天下安。

回顾厦门市社区治理的探索经验，对比同一时期全国其他城市社区治理

[①]《"十三五"期间，我国加快构建共建共治共享的社会治理格局——社会治理 活力彰显》，《人民日报》2020年11月30日第1版。

的发展状况，不难看出，在"共同缔造"理论指导下，厦门市通过建构新型联结，促进发展共建。首先，厦门市通过社区营造，培育共同精神，形成共同缔造的思想共识，增强了当家人的主人翁意识，发展出包容开放的社区文化。其次，厦门市通过同驻共建，促成了自觉行动，厦门市通过组织、财力、项目共建，让社区有"权""钱""人"办事。再次，厦门市通过分类并进，优化了民生服务。厦门市通过社区、职责、组织分类，实现了差异发展，推进了放权赋能，提供了专业服务。最后，厦门市通过党带群建，落实了群众路线。厦门市通过三级联动、联建共建、党员下沉等方式，统筹了资源配置，促进了区域发展，有效服务群众。厦门市的社区治理能更好地满足居民，特别是社区居民对于治理的需求，厦门市通过凝聚民力共建基层治理共同体，发展共建重点是找准共建着力点，变"满盘沙"为"一盘棋"，以群众组织选择的房前屋后环境改善、基础设施配套等实事项目为载体，调动各方面力量共同参与建设，增强群众参与感并因此使其更加珍惜共建成果。厦门市通过"实施美好环境与和谐社会共同缔造"，在发展上实现共建，使"你、我"变成"我们"，发动群众投入，凝聚起"共画一张图，共下一盘棋"的干群齐心共同缔造合力。从厦门的经验来看，发展共建要借力于民，基层治理才能奏响"和谐音"。

实现城市社区治理现代化是实现基层治理现代化的题中应有之义，厦门市通过发展共建，促进基层治理现代化。围绕"发展共建"，厦门市厘清了城市社区治理现代化水平发展不充分不均衡的现实问题，不断提高政府促进基层治理现代化的能力。在厦门市"美好环境与和谐社会共同缔造"行动中，厦门市通过"决策共谋、发展共建、建设共管和成果共享"的"共同缔造工作法"调动群众的积极性与主动性，引导群众参与基层治理共同体的共建，将"你"和"我"变为"我们"，对于推进基层治理体系与能力现代化具有重要的意义。

第四章
明确主体责任，推动建设共管

城镇化的快速发展极大地改变了城乡社区的社会结构和管理方式：住房制度的改革、就业方式的变化、大量人口进城就业就学、大量商品化住宅小区开发建设等，使得我国长期形成的单位建、单位人住、单位管理服务，以单位行政机制为主的城市社区治理模式大大弱化，以业缘关系形成的低流动型的熟人社会已经解体，这些问题制约着城市治理能力和绩效的提升。作为国家与社会治理节点的基层治理，包括两个方面：一是管理，主要是维持公共秩序；二是服务，主要是满足社会多方面需求。

2021 年发布的《中共中央国务院关于加强基层治理体系和治理能力现代化建设的意见》明确了基层治理现代化的制度建设、能力建设和机制创新，为当前我国突破基层治理困境、推进基层治理现代化提供了路线指引。党的十九大报告提出"加强社区治理体系建设，推动社会治理重心向基层下移，发挥社会组织作用，实现政府治理和社会调节、居民自治良性互动"[1]。党的二十大报告指出，"发展全过程人民民主"，"健全共谋共建共管共评共享的社会治理制度，提升社会治理效能"，"建设人人有责、人人尽责、人人享有的社会治理共同体"[2]。城市治理体系和治理能力现代化建设是实现国家治理水平提升的重要内容，而治理行为必须坐落在一定的治理单元之

---

[1] 习近平：《决胜全面建成小康社会 夺取新时代中国特色社会主义伟大胜利——在中国共产党第十九次全国代表大会上的报告》，《人民日报》2017 年 10 月 28 日第 1 版。

[2] 习近平：《高举中国特色社会主义伟大旗帜 为全面建设社会主义现代化国家而团结奋斗——在中国共产党第二十次全国代表大会上的报告》，《人民日报》2022 年 10 月 26 日第 1 版。

上，即在一定的具有空间、人口、组织、设施等属性的内部展开。

我国城市社会治理的基层自治单元是以居民委员会的辖区范围划分的社区，推动城市社区治理的现代化是推进国家治理体系和治理能力现代化的基础性工程。厦门市城市社区治理的实践经验是建立"纵向到底、横向到边"的社会治理框架，纵向理顺"区级—街道—社区—单元"四个层级关系，明确主体责任，推动建设共管，提出优化城市基层治理的思路和措施，为新时代的社会治理工作指明方向。

第一节 区级：做好全域筹划

区级是社会治理体系的枢纽，是社会治理创新的指挥中心。厦门市通过因地制宜，规划主体功能区域整体布局；经营社区，充分发挥对台优势；通过科学政策规划和机制体制创新，引导各类资源在区域间合理均衡流动，加强社会力量培育，做好全域筹划，形成全区"一盘棋"。

一 因地制宜，规划主体功能区域

主体功能区划区别于一般的公共政策，其强调各项政策在区域空间的整合和协调。一般的公共政策侧重于对社会经济发展的管治，缺乏对空间维度的思考，从而导致人口、经济活动与资源环境的承载能力不相适应，以及整体空间结构无序等问题发生。主体功能区划通过对资源承载、开发强度及发展潜力的综合评估，划定具体的主体功能区，统一规划产业分布，职能下放转移，配置基层治理资源。主体功能区对应不同的政策导向，因地制宜，分类指导，根据区划方案，制定具体的区域政策，并构建差异化的评价指标体系，实现由社会经济发展管治向空间协调管治的转型，统筹区域协调发展。[①]

（一）综合评估资源承载、开发强度及发展潜力

厦门立足区域发展实际，着眼转型发展需要，根据不同主体功能区域的资源环境承载能力、现有开发密度、发展基础和发展潜力，统一规划产业分

---

① 参见卓越《共同缔造：城市治理现代化的探索和实践（厦门·海沧）》，中国社会科学出版社2015年版，第81页。

布,职能下放转移,配置基层治理资源。

一是厘清职能。以区为统筹,厘清各部门、各层级的"职能清单",加快职能的下放和转移。一是凡是社会能够承担的服务,通过招标、拍卖、政府购买等方式交给社会;二是凡是市场能承担的还给市场,对于专业性的服务采取市场化运作,引入市场竞争机制;三是对于审批、许可、登记、发证、收费等职能,能够下放的下放,不能下放的集中在街道、社区开设办理窗口;四是服务性的职能需要社区协助或者委托给社区的,按照"权随责走,费随事转"的原则予以支付。例如,思明区将全区 10 个街道划分为商贸中心区(鹭江、开元、筼筜、梧村、嘉莲),优化发展区(莲前、滨海)和历史保护及文化打造区(鼓浪屿、中华、厦港)。同时,对街道实行分类评价、差异化考核,根据主体功能类型,对"经济发展、民生改善、社会进步"指标设定不同比重。建立与主体功能相配套的区街税收分成体制和招商引资工作机制,出台与主体功能相适应的特色产业扶持政策和历史文化保护政策,激发街道差异化发展的积极性,优化城区发展布局。

二是配备资源。调配街道、社区治理所需的人、财、权、地等资源,增强基层自主权。例如,思明区结合政府机构改革和职能转变,最大限度地取消和下放区级行政审批事项、简化审批流程。首先,下放管理资源。下拨社区专项工作经费,将基础设施建设向老旧社区和"村改居"社区倾斜。加大基层干部提拔使用力度,并对在社会治理创新中表现突出的社区主干,优先推荐考录公务员或事业单位。其次,下放服务资源。设立"安康基金",启动"圆梦助学"计划,对辖区低保、低收入家庭及困难学子给予适当资助。打造街道级、社区级的家庭综合服务中心,在街道设立公益早教服务点和老人日托中心,建成 24 小时自助图书馆、社区健康自助监测站。在原有的 968180 社区服务网络平台基础上,建立"民生 110"平台联动协调工作机制,为群众提供优质、高效、便捷的民生服务。第三,下放空间资源。通过腾"商业资源"为"民生资源","挤地造园","腾地修园",推动"房前屋后"美化,增设老城区"透气孔"。启动多个"区级项目"及"十大健身步道"提升项目,着手规划社区慢行步道、社区生态公园,连接或打通一些片段化的步道,增设休闲桌椅、迷宫步道等,先后建成 167 个社区"微公园",274 个"社区园圃"。

(二) 根据基层社会情况和需求分类指导

区级主体要根据基层社会情况和需求分类指导，精准施策，调动基层和群众的积极性。厦门根据市域不同特点将社区分为不同类型，实行"加 X"考核标准，为社区居民提供服务是共同标准，对不同类型社区给予不同的定位和支持。

一是统筹规划引领。厦门以主体功能区建设为引领统筹产业、城区和社会转型。海沧区通过主体功能区规划，落实多规合一、生态红线保护、商事制度改革、自贸区建设等，统筹推进产业转型、城市转型、社会转型和对台先行工作，实现"让该干什么的地方干什么"。同时，推行差异化干部综合考评办法，建立新的区街（镇）财税分成体制，实现"能干什么的人干什么"。

二是设立工作专班。厦门各区设立区委社会治理工作委员会统筹社会建设和治理。区政府统筹社会建设和"美丽厦门·共同缔造"社会治理创新。首先，统筹各部门面向社区的资金、资源，强化顶层设计，通过绘制治理体系框架图厘清各层级关系，推进简政放权，转变政府职能，推动行政纵向到底。其次，处理好政府、企业和居民的关系，推进"以奖代补"项目实施、社会组织培育、政府购买服务等工作。最后，统筹主体功能区建设情况考评和群众满意度考评等工作。

三是实行"网格化"管理。厦门各区以三网融合统筹城乡协调发展。各区搭建"网格化"服务平台，以信息化为抓手，构建基础信息、指挥调度、事项处理、绩效考评"四位一体"的综合信息平台，实现区、街（镇）、村居三级平台联勤联动。区政府全面整合行政机关、党群部门、事业单位等41个部门、600多项行政审批、备案等职权，全部压缩至法定办理时限的35%以内，取消118个行政审批项目。厦门市以系统建设打破信息"孤岛"，推动国家信息消费示范城市的创建工作。

二 经营社区，充分发挥对台优势

厦门以全域筹划，纵深推动跨岛发展，推动新发展阶段实现高质量高速度发展。一是坚持开放发展，充分发挥对台优势。二是创新社会管理体系，促进两岸交流合作。三是深化社区近邻服务，激活主体作用。四是经营社区，推进五社联动，支持多方参与。

（一）坚持开放发展，探索两岸融合发展新路

厦门市海沧区以法治化、国际化、便利化为建设目标，加速推广"智慧政务"改革，深度融入"一带一路"建设，积极探索两岸融合发展新路径，推动对台交流合作不断走深走宽。首先，落实外商投资负面清单，深化市场准入负面清单试点。[①] 其次，厦门围绕建设高素质高颜值国际一流海湾城区总体目标，按照"岛外大发展"空间导向，统筹生产、生活、生态三大布局，推动产业和人口集聚发展，加快推动片区成片开发，加快产城人融合，进一步提升城区集聚力、承载力和辐射力，打造功能集聚、分工合理、协调发展、特色突出的"两湾三区"空间发展格局。其中，海沧区利用对台交流优势，将台湾义工文化融入共同缔造的工作中，打造出颇具台味的"台胞义工志愿行"品牌，在台胞义工的带动下，与专业社工机构合作，搭建起"义工之家"平台。

（二）创新社会管理体系，促进两岸交流合作

面对"中等收入社会难题"，厦门市在《厦门市深化两岸交流合作综合配套改革试验总体方案》指导下，在社会管理领域加大了改革力度，创新了矛盾纠纷"大调解"体系、实有人口管理服务体系、社会治安综合防控体系、对台交流交往服务保障体系、基层社会服务管理体系等五大体系，这些社会管理创新体系为建设和谐厦门、促进两岸交流合作筑牢基石。[②]

（三）构建志愿者平台，对台互帮互助

厦门完善以社区为平台、以社会组织为载体、以社会工作者为支撑、以社区志愿者为辅助、以社会慈善资源为补充的现代基层治理行动框架，探索对台发展模式，推动搭建志愿者平台。其中，兴旺社区以"台胞义工志愿行"活动为载体，举办系列志愿活动，组织辖区5支义工队、100多名义工发放倡议书，组织群众共同参与房前屋后洁净活动。海虹社区积极与台湾社区对接，学习社区义工参与社区服务方面的经验，培养成熟专业的志愿者组织，组织居家养老义工队、助残义工队、关爱外来员工义工队等志愿服务队

[①] 参见《厦门市海沧区国民经济和社会发展第十四个五年规划和二〇三五年远景目标纲要》，2021年。

[②] 参见徐勇等《海沧跨越：在共同缔造中提升社会治理》，中国社会科学出版社2014年版，第14页。

伍，关爱弱势群体，帮助他们解决各种生活难题，实现邻里互帮互助。

三 制度保障，加强社会力量培育

厦门市以县（市、区）为单位，统筹区域内的职权、资金和资源，确定制度机制创新的重点项目，从县级层面加强公共服务、组织运行、人员管理和融资集资层面的制度设计，统筹推进实施。

（一）公共服务层面的制度设计

公共服务层面的制度设计要规范化、常态化，包括联动机制、绩效考核机制、激励机制等，变宏观管理为微观管理。将问题化解在基层，及时应对突发事件，切实在社区公共事务和群众生活需求的层面上做到管理到位、服务到位，建立健全务实管用的长效机制，进一步提升社会治理的实效。

思明区围绕产业转型、城市转型、社会转型"三大转型"推进社会治理体系和治理能力现代化，形成社会治理创新实施方案，并配套形成一系列工作制度。如在产业转型方面，形成了以"1+6"为主导的产业发展路径，确立了主导产业链条，出台了《思明区引进和扶持重点产业人才暂行办法》。在城市转型方面，制定了《思明区区域发展工作意见》《街道领导班子综合考核实施办法》。在社会转型方面，建立健全了群众参与机制、社区减负放权制度、以奖代补激励制度、公共事物（务）认领制度、政府购买服务等系列制度，完善《推进区对街道简政放权工作意见》《"以奖代补"专项资金申报办法》等工作制度。建立社区工作联席会议制度。在社区层面，由社区党委书记牵头，定期召开旨在协调城管、公安、消防、工商、环保等职能部门业务的社区工作联席会议，定期研究、协调、解决群众反映的问题，推进社区范围内的公共事务管理提质增效。同时，思明区推广政府购买服务，推出以奖代补、同驻共建、认捐认管等一系列创新举措，致力发动机关、事业单位、社会团体、社区居民及市场等各方面共同参与，实现政府和社会、政府与市场的双向互动，解决长期以来社会管理体制下政府与社会失衡问题。

（二）组织运行层面的制度设计

厦门市通过组织运行层面的制度设计，推进基层组织建设，并依托"组织"这个纽带，提升基层组织动员、服务群众的能力，激活社会力量。一方面，推动党的基层组织体系纵向到底，资源服务平台下沉到街道、社区等基层单位，覆盖到城乡社区最小单元，推进城市社区综合配套改革，转变施政理念、转变政府职能、转变服务方式，提升统筹协调和管理服务能力。另一方面，加强对社会组织、社工人才、志愿服务人才和社工载体等社会力量的培育，完善培训示范机制、党建工作经费保障机制等以保障党政工作运行，健全政府购买社会工作服务机制。从社会治理各领域提升城市社区治理的专业化、精细化水平，加快构建人人有责、人人尽责、人人共享的社会治理共同体。其中，海沧区由"单一"到"多元"，培育多元社会组织，健全完善参与机制，丰富群众生活。积极探索社区社会组织登记与备案相结合的管理制度，采取"先发展、后规范，先备案、后登记"的办法，大力扶持和培育兴趣类、互助类、公益类、维权类、服务类等具有导向作用的社会组织，在这些社会组织的带动下，全区群众自发性活动蓬勃发展，仅广场舞一项，辖区内已有70多个固定的跳舞点，参与群众上万人。

思明区从组织培育、人才培养、载体建设等三方面入手，加强政策扶持和制度设计，激活社会力量。一是发展社会组织。发展壮大社会组织，把激发社会组织活力作为提升社会治理现代化的重要方式。出台《思明区关于规范社会组织管理、加快社会组织发展的实施意见》，推进登记管理体制改革，实行直接登记、简化备案程序、放宽登记限制；建设区、街、居三级社会组织服务中心，为社会组织提供机构指导、人员培训、项目对接等综合服务；开展"十佳民非企业""十佳社会团体""十佳社区社团"评选活动，鼓励社会组织发展壮大。二是培养社工人才。将社工人才培养纳入"英才计划"，研究制定《引进和培育社会工作专业人才暂行办法》，加大外地社工人才引进力度，加强现有社区社工人才培养力度，探索与高校合作培养社工人才路径，定期开展"优秀社工"评选活动，不断壮大社工队伍。三是挖掘志愿服务人才。出台《关于推进"三社联动"的实施意见》《建设"社工＋义工"联动体系的方案》，挖掘社区"达人""能人"，培育本土"社区规划师""社区辅导员"队伍，加强对志愿者的社会工作专业知识和技能培训，建立社工人才定期、定向联系志愿者制度，形成"社工指导志愿者开展服务、志愿者协助社工改善服务"的联动工作机制。四是建设社工载体。思明区编制《政府购买社会组织服务目录》，梳理出可转移给社会组织承担的业务共计84项，健全以项目为导向的服务购买机制，区和街道两级根据社区需求制定统一的购买服务名录。首批投入1000多万元，推出17个政府购买服务项目，涉及日常照料、居家养老、健身保健、文体培训等30类服务，吸引了9个专业社工机构和30多个社会组织入驻参与承接服务。

（三）人员管理和融资集资层面的制度设计

在人员管理和融资集资层面，首先，厦门市完善政府购买社会工作服务相关政策，改善公共资源网络的部署方式，提高公共资源应用效率，规范化建设街道社工站，深化"五社联动"，广泛联结社会志愿服务组织等资源，大力支持专业社工融入社区"近邻"服务及社会治理各领域。其次，厦门市建立多渠道筹措、多元化投入的各级党建工作经费保障制度，区级党委组织部门用留存党费给予支持，地方财政给予适当补助。再次，健全党组织领导下的区、街道、社区、小区四级联动机制，小区党组织、业主委员会和物业服务组织等多方联席会议机制，底商、物业服务组织等各方资源力量共建共享机制，用制度规范和保障小区发展治理。最后，厦门市以市、区委党校为主阵地，以培训干部、社区工作者为重点，分级开展专题培训。区委党校负责对区直部门项目活动辅导员、村（居）干部进行培训。创新培训方式，把课堂教学、现场观摩、自编教材等相结合，增强培训的针对性和实效性。

第二节　街道：突出治理职能

街道作为乡镇的派出机构，是社会治理体系的主干，是社会治理创新的主要载体。因此要从强化治理主体、明确治理任务、理顺治理关系入手，推进街道管理体制改革，增强社会治理和公共服务的能力。厦门主要从营造"服务企业"的经济环境，建立"简约高效"的管理体制和倡导"层次多元"的服务理念等三个方面突出治理职能。

一　营造"服务企业"的经济环境

厦门把基层治理纳入经济社会发展总体规划，持续优化营商经济环境，与经济、生态等工作同安排同部署；转变政府经济职能，强化服务发展意识，健全"街道吹哨、部门报到"机制，针对生态环境、房地产、金融等各个领域突出的社会问题，及时研究解决；加大购买服务力度，突出转换服务经济发展方式；充分发挥群团组织联系群众优势，统筹各类服务资源，营造"服务企业"的经济环境，合力助推基层社会治理现代化。

（一）持续优化营商经济环境

厦门市以打造更加市场化、法治化、国际化的一流营商环境为核心，强化政务信息基础设施支撑能力，聚焦便民利企，优化升级营商环境政务信息系统，全面实行服务承诺制和限时办结制，全面推进"网上办""一窗办""一件事一次办"，最大程度减环节、减材料、减时间、减成本，加快实现企业、群众办事"少跑腿""零跑动"。其中，海沧区大力推进国际一流海湾城区建设，产业转型升级步伐加快，城市建设与管理同步推进，各项社会事业不断进步，人民生活水平进一步提高。思明区在区级设立生产促进中心，统一协调和指导街道开展招商引资工作，逐步弱化对街道招商引资指标的考核，试行在鼓浪屿街道取消经济考核指标，将街道服务经济职能转向为企业营造良好的落地环境、经营环境、政策环境、政企互动环境，逐步变街道"招商引资"为"服务企业"。

（二）构建新型政商关系

首先，提高资源配置效率。厦门充分发挥政府和市场"两只手"的作用，综合运用财政预算、集体收益再分配等措施，建立健全多渠道、多形式的城市基层党建工作经费投入和稳定增长机制，有重点地加强基础设施建设，改善工作环境和条件，使城市基层能够更好地担负起治理一方、造福一方、稳定一方的责任。

其次，持续推进改革。厦门市海沧区持续深化"放管服"改革，完善政府权责清单动态管理机制，推动开办企业、办理施工许可、登记财产、纳税等各项营商环境考核指标排名有较大幅度的提升。厦门市积极转变政府职能，强化服务发展意识，切实构建亲清新型政商关系。同时，提升财税管理水平，树牢过紧日子思想，保持艰苦奋斗、勤俭节约的作风，健全和完善债务管理制度，切实防范和化解政府债务风险。[1]

（三）政府购买服务改革

政府购买服务是指政府部门提交最初由政府部门持有的服务项目，让有资质的社会组织来承接，并给予服务费用，更大程度地促进社会和经济发展以及满足百姓的日常生活。政府购买社会工作者的服务是从政府机构购买社

---

[1] 参见《厦门市海沧区国民经济和社会发展第十四个五年规划和二〇三五年远景目标纲要》，2021年。

会工作者的专业服务。① 2022年，财政部发布的《关于做好2022年政府购买服务改革重点工作的通知》中指出：充分认识实施政府购买服务改革的重要意义，尊重改革规律和客观实际，统筹群众需求和财力许可，坚持尽力而为、量力而行，采取有力措施深入推进重点领域政府购买服务改革，不断提升公共服务质量和效率，持续增进民生福祉，切实支持市场主体培育发展，有效加强和创新社会治理。② 社会工作服务机构的发展，需要政府通过购买服务的方式向社会工作服务机构提供有效支持。其中，思明区梳理政府购买服务目录，划定购买服务项目，投入1300万元，购买4个家庭综合服务中心项目及10个社区特色服务项目，其中在全省率先购买专门为外籍人士服务的One-World社工项目，通过开展丰富多彩的活动，促进外籍人士与本地文化、本地居民的融合。

（四）发展现代产业

厦门市发扬特区解放思想、改革创新精神，着力先行先试，以转变发展方式、理顺政府职能、创新社会治理、改善公共服务为重点，创新工作的理念思路、工作机制和手段举措。其中，思明区滨海街道设立文创旅游管理处提升相关职能部门的联动执法力度，配套出台民宿及商铺管理办法，实现"一盘棋"统筹安排，推进环岛路综合治理、"城中村"改造提升等工作。中华街道设立商圈服务中心探索推进"落地环境、经营环境、政策环境、政企互动环境"的"四个优化"，以服务的"口碑"和城区的"品质"吸引更多优质企业落地，实现以城市治理的现代化带动产业发展的现代化。

（五）统筹区域资源

厦门市各区统筹发挥群众主体作用与部门规划、协调、服务职能，整合并有效利用各种资源。第一，在广泛征求群众需求和意愿的基础上，逐步推进一批项目和群众性统筹项目活动。第二，把各级各部门专项资金集中安排、统筹使用，并吸引社会资本参与项目建设和经营管理，统筹资金资源。第三，发挥专家、职能部门、基层干部、社区群众作用，统筹人才资源。第

---

① 参见高永鸽《完善政府购买社会工作服务运转机制的思考》，《泰州职业技术学院学报》2020年第5期。

② 参见《财政部关于做好2022年政府购买服务改革重点工作的通知》，《中华人民共和国财政部文告》2022年第6期。

四、集中宣传、集中部署、集中培训、集中评议、集中发动群众等，统筹服务资源，营造"服务企业"的经济环境。

二 建立"简约高效"的管理体制

乡镇和街道作为我国最基层的政权组织，是我们党执政的基础层级。厦门市各区持续推进基层机构改革，精简街道行政事务、推动权力下放和强化社会治理职能，有效优化乡镇和街道机构设置、理顺工作机制，巩固基层政权，提高为民服务的能力和水平。

（一）机构改革

各街道通过机构改革，规范镇街的行政职能，弱化经济管理职能。海沧区在不改变现有机构编制、领导职数和人员身份的情况下，推行大部制改革，下设党政办、社会事务服务中心、社会综合治理中心，更好地整合资源和人力投入社区治理和服务。海沧区新阳街道梳理现有154项职能，其中归街道部门负责110项，协助15项，下放到社区22项，转社会购买7项。思明区保留街道"加强党的建设""统筹社区发展""组织公共服务""维护社会稳定"职能，增加"指导基层自治"和"动员社会参与"职能。在中华街道增设商圈管理服务中心，集中开展中山商圈发展、风貌保护、商圈自治工作；在滨海街道增设文创旅游管理处，集中开展环岛路沿线文创旅游产业的业态引导、市场监管和综合治理等工作。同时，思明区重新梳理社区承担的工作事项，按照"自治事项、协助政府管理事项、依法履职行政事项"划分3大类60多项。按照"减除、简化、合并"提出职能清理建议，减除社区协助政府管理事务10多项，简化、合并社区行政事务20多项。严格落实社区事务准入制度，凡是依法需要社区协助办理的事项，由政府实行"支付协助"，凡是未纳入社区职责清单的事项，由政府实行购买服务。厦门市通过推进街道机构改革、厘清街道职能，使职责分工更加合理，工作配合更加协同，街道管理服务更加高效，有效提高街道服务水平，切实提升基层治理水平和治理效能。[①]

（二）精简街道行政事务

镇街和社区作为基层社会治理主体，普遍存在职能定位不清的问题，承

[①] 参见王春光等《共同缔造与海沧社会治理》，社会科学文献出版社2017年版，第116页。

担了大量的行政事务，服务居民和凝聚群众的功能弱化。因此要推动简政放权，强化街道的社会管理职能，以实现社区职能回归为着力点，健全以社区为基本单元的便民利民工作架构。厦门曾经的做法就值得借鉴。首先，厦门各区域厘清不同层级部门、岗位之间的职责边界，建立健全责任清单，科学规范"属地管理"，防止责任层层向基层转嫁。其次，各街道适当增加社区工作者数量，针对社区专职网格员不足的现状，按每100户至300户配备1名网格员的要求配齐力量，着力提升城市基层治理实效。其中，思明区依托试点街道，重新梳理街道职能，列出一级清单（职能大类），二级清单（具体工作事项、考评检查任务、经费预算等）等，清理出87类200多项事务和16项检查考评事项。分析现有职能清单，按照"保留、回收、下沉、购买"四个方向提出行政职能清理建议近20项，精简街道行政事务。海沧区进一步明晰社区职责、理顺社区关系，减轻社区负担，让社区集中精力抓好公共服务，让群众在家门口就能办成事，真正实现基层有权管事、有人做事、有钱办事，不断激发基层活力，凝聚了各方共识。

（三）权力下放，强化社会治理职能

简政放权要求处理好政府、社会和群众三者的关系，通过社会组织，强化群众自治的指导精神，改变原来"政府配餐"的理念，建立"简约高效"的管理体制，下沉城乡社会治理重心，向镇街社区放权，向社会组织和自治组织放权。充实社区服务体系，强化社区服务功能，激发社会组织活力，凝聚政社合作的新共识。强化社会治理职能，突出公共服务与社会参与。一是向镇街社区放权，将部分基层需要且能够承担的社会管理和公共服务事项下放给镇街和社区。海沧区在充分征求社区群众意见建议的基础上，围绕百姓"房前屋后"小事、实事，继续下放行政事项；同时为镇街和社区配备相应的人员和资金，加强培训指导，确保下放的同时管理不松懈。二是向社会组织放权。社会组织是基层社会治理的重要主体，向社会组织放权，可以充分发挥社会化工具在基层治理中的有效性。湖里区通过"简政放权"，将原本属于街道、社区的权力应放尽放，将公共部门对决策、资源和任务的实质性控制权赋予小区内社会组织，发挥社会组织在接近广大小区群众，集合公共意愿，整合集体利益，引导、规范和约束小区居民的价值观念和个人行为方面的作用，减少居民越轨行为的发生，从而推动小区真正实现自我管理、自我服务。三是向自治组织放权。群众自治组织是社区治理的重要主体，向自治组织放权，提升社区治理水平，让居民的需求满足在社区、矛盾化解在社区、关系融洽在社区。厦门市海沧区坚持"激发群众参与、凝聚群众共识、塑造群众精神"的指导精神，大胆创新，在完成全区三级便民服务体系和网格化管理系统标准化建设后，将政府不该管或管不好的事情依托"网格化·微自治"的创新管理模式，移交给"四民家园"、"乡贤理事会"及"同心合议厅"等自治组织操办，通过事权下放激发群众参与共治热情。兴旺社区名仕阁无物管小区探索"自助家园"建设机制，放手让业委会管理小区事务，形成由小区业委会负责自治管理、社区公益组织实施公益服务和社区居委会提供"以奖代补"的"三元治理"机制，居民自我管理、自我服务的意识和能力增强，参与社区治理的活力被激发，为凝聚政社合作力量打开了局面。

三 倡导"层次多元"的服务理念

《中共中央国务院关于加强基层治理体系和治理能力现代化建设的意见》指出，"以改革创新和制度建设、能力建设为抓手，建立健全基层治理体制机制，推动政府治理同社会调节、居民自治良性互动，提高基层治理社会化、法治化、智能化、专业化水平"[①]。厦门以"层次多元"的服务理念为指导，即"多把服务资源给基层、多让社会组织覆盖群众、多让群众自我管理服务"，通过转变政府职能，整合服务资源，创新信息化服务，搭建层次多元的公共服务平台，引导多元主体参与公共服务，提升群众的满意度，推进社区服务的社会化、专业化、法治化、智能化建设。

(一) 服务社会化

厦门市各区通过进一步明晰职责、理顺街道—社区关系，集中精力抓好服务，把服务资源向基层下移，充分发挥社会组织力量，增强群众自我服务能力。

一是深化减负放权。厦门通过转变政府职能，改变以往政府"大包大揽"的思维定式，培育具有承接政府转移服务能力的非政府组织、社会组织，划清行政权力和自治权力之间的界限。梳理各级职能、明确工作职责、实行工作准入，提升工作效率、提升群众满意度。如思明区嘉莲街道设置

[①] 《中共中央国务院关于加强基层治理体系和治理能力现代化建设的意见》，《人民日报》2021年7月12日第1版。

"社会事务专用章"的做法，真正将办事权力下放社区，减少过路章，方便百姓办事。

二是发挥组织力量。社会组织是社区建设的核心力量，社会组织既能为社区提供优越的服务，还能整合潜在的资源，建立起多元主体的合作机制，拓宽居民享受的福利服务范围，形成公益及福利性的组织机制。厦门市引导社会组织参与社会治理和公共服务，搭建政府和群众的沟通桥梁，多让社会组织覆盖群众，多让群众自我管理服务。增强社会组织的自治功能和群众的自我服务功能，更好地实现街道治理职能和居民群众自治服务功能的有效衔接和良性互动。思明区城市义工协会定期开展志愿服务，形成城市文明风尚和市民文明风貌，其中率先在全国开展的"法庭义工"项目，在全市法院系统推广。

（二）服务专业化

厦门市各区通过整合公共服务资源、深化网格管理，为辖区居民提供专业化、精细化、便捷化的服务。

一是整合服务资源。思明区在莲前街道、鹭江街道、厦港街道、嘉莲街道、开元街道等建设"街道级家庭综合服务中心"，在服务内容上整合基本公共服务项目、社会公益服务项目，在服务对象上涵盖老、中、小和特殊群体，在服务力量上通过采用政府购买专业社工机构服务的方式运作，形成"社工＋义工"的联动服务模式。在服务力量上集传统服务、专业服务和智能服务等为一体，提高服务资源的集中度和利用率。厦门市还积极引导专业社工机构参与社区服务，通过从香港、广州、台湾等地引进社会组织和专业社工人才，启动本地"社工培力"计划，进一步提升社工队伍社会化、专业化水平。

二是深化网格管理。社区网格化管理是一项社会管理创新工作。社区通过健全网格，以数字赋能为居民提供精细化服务，既为社区工作减负，也让群众更加便捷，切实增强居民的幸福感与安全感。思明区将全区社区划分成网格，推广网格咨询、网格预约等便捷服务，真正将服务送到社区、送进网格、送至百姓家中，让群众就近或在家门口就能享受服务、办成事。

（三）服务法治化

厦门市将法治力量融入"共同缔造"中，一方面，通过建立自治章程，提升群众自我管理、自我服务水平。另一方面，通过健全公共服务购买制度，提升社区服务规范化水平。

一是建立自治章程。厦门各区通过建立有效的组织章程，推进服务的规范化管理与常态化运行，形成激发社区活力的重要保障。例如，西山社制定《寨后村西山社村规民约》《房前屋后环境卫生管理工作责任制》《"美丽西山星级家庭"评选办法》等自治方案，以持续激发村民自治管理热情。[①] 海沧街道在"强化法治、培育自治"的核心治理理念指导下，根据山后社"熟人社会、村落单元"的特点，在山后"美丽厦门·共同缔造"的工作基础上，推进治理机制的创新，出台了《山后社自治机制创新实施方案（试行）》。[②] 这些自治方案的制定、执行，既有效提升了居民的自治水平和法治意识，又节约了治理成本，提升了基层治理效能。

二是健全公共服务购买服务制度。厦门市健全了公共服务购买服务制度，编制政府向社会组织购买服务目录和社会组织目录，并制定实施办法。按照公平、公正、公开的原则，建立竞争择优机制和绩效评价机制，促进社会组织参与社会服务。如莲前街道采取政府购买服务的方式，建成并启用全省首个"家庭关爱中心"，提供"3＋N"专业社工服务，建立"长者之家"，设立青少年乐园，开设的哥"阳光驿站"等多项社工服务项目。[③] 厦门市以有效的制度支撑，保障社会服务内容规范化、服务流程规范化、服务监督考核规范化。

（四）服务智能化

厦门市创新开展信息化服务，搭建一站式、全方位、多层次的便民服务平台，打造智慧社区，为居民提供智能化、高水平的服务。

一是搭建信息服务平台。厦门打造了社会事务服务中心、调解中心、应急中心、求助中心及协商中心"五大中心"一体的"政务综合体"。同时通过建立区、镇（街）、村（社区）各级牵头协调机制，创造性地将区级网格化指挥中心与区级政务服务中心联合设置，将"五个中心"纳入其中，实现

[①] 参见徐勇等《海沧跨越：在共同缔造中提升社会治理》，中国社会科学出版社2014年版，第146页。

[②] 参见徐勇等《海沧跨越：在共同缔造中提升社会治理》，中国社会科学出版社2014年版，第180页。

[③] 参见徐勇等《思明提升：共同缔造中的基层治理现代化》，中国社会科学出版社2015年版，第70页。

全方位服务，及时响应百姓个性化、多样化需求，为落实基层服务搭建坚实的机构。其中，莲前、鹭江、厦港、嘉莲4个街道建设"家庭综合服务中心"，各投入200万元购买专业社工服务，构建起面向辖区老年人、青少年、特殊家庭、残障人士、困难群众等全方位的综合服务平台。在社区一级建设智慧社区、数字家庭。瑞景社区、前埔北社区在96个社区全面建成社区网格化服务管理信息平台，实现市、区、街、居四级信息互联互通、各条块系统信息共享和业务协同，并通过对接一站式惠民服务平台，方便群众就近办事。

二是打造智慧社区。2014年5月，思明区初步建成的三间数字家庭体验屋——点石体验屋、鸿山二期体验屋和莲花花园体验屋正式对外开放。数字家庭模式使居民享受到手机远程开锁、一键式家庭影院、远程实施花草喷灌、煤气泄漏报警并关闸、非法入侵即时报警等智能化的生活服务。同时，思明区还打造了"健康小屋"，让居民在家门口享受体检服务。滨海街道建立智能快递、智能安防、智能停车等智慧物业管理系统，为居民提供便利的物业服务。[①]

第三节　社区：实现服务全覆盖

城市社区是一个陌生人社会，其基本特征是社区区域大、人口聚集规模大，人员流动性强。近些年来，社区中人群异质化程度高、群众间连接程度低，以及社区居民自治参与不足的现象越发明显。过去内化在单位服务管理中的公共服务大量转为需要基层政府提供的社会需求，尤其是过去内化在单位管理服务中的项目，现在大量转化为货币化收费性的物业管理服务。由此，从社区层面看，社区中邻里关系冷漠，业主与物业管理矛盾增多，基层干群缺乏沟通，居民对社区公共服务滞后不满，有积怨成祸的态势。鉴于此，习近平总书记在党的二十大报告中指出，"增强城乡社区群众自我管理、自我服务、自我教育、自我监督的实效"[②]。为有效应对社区治理存在的共

---

① 参见徐勇等《思明提升：共同缔造中的基层治理现代化》，中国社会科学出版社2015年版，第143页。

② 习近平：《高举中国特色社会主义伟大旗帜 为全面建设社会主义现代化国家而团结奋斗——在中国共产党第二十次全国代表大会上的报告》，《人民日报》2022年10月26日第1版。

性问题和短板痛点，厦门市从用活土地、增设公共空间，嵌入网格、改进公共服务，强化激励、开展社区评比三个方面着手，提升社区基层治理现代化水平。

一 用活土地，增设公共空间

针对城市社区公共活动空间有限、公共活动平台不足等问题引发的人际关系冷淡等"城市病"现象，厦门通过加强空间规划和平台设计，将区域内空闲和利用不当的土地重新规划，增设文化、休闲和康养等公共空间，为居民提供了活动场所，推进"熟人社区"建设。

（一）文化空间

厦门市思明区在充分征求群众意见的基础上，启动了"十大健身步道"提升项目，有机串联起金榜山、大厝山等20余处自然山体，打造链接鸿山寺、南普陀等30余处文化历史建筑的健身休闲步道网络；充分挖掘、利用"房前屋后"的有限空间，新建、修缮了20座区级街心公园，增设了328处社区凉亭、休闲桌椅、健身器材等便民设施，使其成为居民茶余饭后聚会休闲好去处。另外，根据群众需求，对前埔健身公园进行改造提升，增设了慢行步道、儿童活动区、老人活动区，对外开放公厕，公园成为附近居民群众休闲健身的最佳选择。海沧区打造社区公共交流活动空间，开展各类活动。先后推进了兴旺广场、海沧湾公园、山边湿地公园、西山风水塘、洪塘榕树公园、新厦门人服务综合体文体馆等公共空间建设和57个纳凉点建设，在建设过程中，群众彼此熟悉了解，增进互信；在使用过程中，群众在共评共享中持续互动，加快融合，"生人社区"变为了"熟人社会"。

（二）修养、康养空间

思明区把有限的公房资源、土地资源优先用于居民活动休闲场所改造，如厦港街道收回主要路段的"黄金店面"，不搞经营，腾出空间建设老人活动中心，提供免费日间照料及休闲娱乐服务，深受辖区居民好评。[①] 海沧积极引导民间自治组织的发展，在城市社区探索社区同驻共建理事会、社企同驻共建理事会等自治组织，让群众成为自治的主体。兴旺社区的同驻共建

[①] 参见徐勇等《思明提升：共同缔造中的基层治理现代化》，中国社会科学出版社2015年版，第3页。

事会成立后，居民积极参与，定期商讨议题，充分调动了居民的主动性。在理事会的推动下，通过充分征求居民意见，原广场污水横流景观水池现已改造为社区下沉式广场，成为居民休闲娱乐的场所。

二 嵌入网格，改进公共服务

社区的服务对象是社区居民，工作目标是改善社区生活。推进基层社会治理，应强化社区职能作用，提高社区工作活力。厦门市各区下辖街镇将社区居委会的行政职能剥离，社区居委会主要从事自治和协调服务各网格职能。政府部门下放的服务职能交由社区工作室、网格员等承担，让居民办事不出社区。

党的二十大报告指出："在社会基层坚持和发展新时代'枫桥经验'，完善正确处理新形势下人民内部矛盾机制，加强和改进人民信访工作，畅通和规范群众诉求表达、利益协调、权益保障通道，完善网格化管理、精细化服务、信息化支撑的基层治理平台，健全城乡社区治理体系，及时把矛盾纠纷化解在基层、化解在萌芽状态。"[1] 厦门市在社区治理实践中，通过搭建网络政府服务平台，利用数字手段，完善网格化管理，提供精细化服务，改善社区服务模式，推动社区"服务下沉"。这些创新性的实践探索，都是抓住了当前社区的社会治理格局构建的关键点。

（一）网格化管理建设

厦门市把积极探索社区网格化管理作为社会管理创新的重要工作，推进城市社区网格化管理建设，管理组织的重构、管理流程的再造、信息资源的共享是厦门社区网格化管理的新尝试。

一是实现精细化管理。社区健全网格化平台，以社区综合党委为领导核心，依托"党内民主共治平台、社区自治协商平台、社区自助互助平台、社情民意诉求平台、社区矛盾调处平台"五大平台，形成多元主体协商共治的模式。依靠社区网格平台，全面整合社区党员实际数量和工作精力，采取"就近、效率、精准"的原则构建立体化的网格，做实网格化管理。通过社区支部分散化和社区分组等形式，实现城市基层社区治理的精细化管理。一

---

[1] 习近平：《高举中国特色社会主义伟大旗帜 为全面建设社会主义现代化国家而团结奋斗——在中国共产党第二十次全国代表大会上的报告》，《人民日报》2022年10月26日第1版。

方面，加大教育、医疗、助老等方面的投入，为群众提供菜单式个性化服务，满足群众多元化需求。另一方面，加快推进智慧社区建设，将社区大数据、政务管理、安防、配套服务等内容整合到统一的可兼容的平台，把数据采集、存储、分析联动起来，提升效率，让智能化、便捷化、数字化的服务真正融入百姓生活。以海沧区海虹社区为例，遵循"街巷定界、规模适度、动态调整"的原则，海虹社区以街巷、小区、楼栋为基础，按照每个网格管辖300—400户的标准划分网格单元。每个网格中配备一名社区网格管理员和若干名网格助理员，网格管理员由社区干部担任，网格助理员由老党员、居民小组长、居民代表、楼长、物业管理人员等担任。同时，每4个网格配备一名民警，每个网格配备一名协警，负责收集信息和处理问题。网格管理员作为网格内事务的发现、受理、协调、处置的第一人，实行"一岗多责"，实现计生、综治、卫生、文明督导等多项事务全方位管理服务。网格员每月需要巡查走访入户，重点到空巢老人、残疾人、低保户、未就业人员、重点帮教对象、计划生育对象等家中帮助解决困难。网格管理员负责网格内综合性管理工作，同时确保彼此之间的工作独立性、协同性和连续性，在一定程度上解决了基层政府在社区管理过程中的工作缺位、职能交叉、权责不清、条块分割等问题。通过社区网格化管理的联动机制协调条块关系，实现无缝隙的全面覆盖整体化管理，实现"纵向到底"。

二是网格资源整合与共享。社区实行网格化管理的重要创新是实现网格资源整合与共享。社区采取单独组建、行业联建、区域统建、楼宇共建、挂靠管理"四建一管"方式抓好社区党组织的建设，有效地实现社区党组织联合联动。例如，海沧的新阳街道率先在全省建立起街道层面的网格化联动服务中心，实施"1+3+6+N"的"全联动"模式，即在1个网格化社会服务管理指挥中心的引领下，建立发现、处置、评价等3个机制，发挥信息综合共享、人员综合调度、民生综合服务、社会综合管理、绩效综合考评、三级网格综合推进等6大职能，响应百姓个性化、多样化需求，创新N个服务管理品牌项目，构建社会服务管理"全街联动、全员联动、全面联动"的"全联动"模式。新阳街道网格化社会服务管理指挥中心是整个街道社会服务管理的"中枢神经"。网格员通过手机客户端与网格指挥中心联动，可以及时反映居民的问题。同时中心与政府各部门相联动，可以及时处理解决居民反映的问题，并及时反馈。

(二) 改进公共服务

一是社区服务管理"下沉"。首先,服务向下延伸。思明区在98个社区全面设立事务服务大厅,逐步实现所有行政审批事项的"一窗办、一网办、一次办"。其次,实行网格化管理。全面推行"网格化"管理,将全区96个社区划分成994个网格,配备4117名网格员,规范社区"1人1格或2人1格"的基本工作模式。以鸿山社区居委会为"服务下沉"试点,设立社区服务中心,将社区行政职能与服务职能剥离,引进专业社工机构参与社区服务,搭建了"1+3",即社区党委领导,社区居委会、社区工作站、社区服务中心"三驾马车"并行的新型社区运行架构。①

二是社区服务效率"提升"。首先,厦门市各区全面推动智慧社区建设,全覆盖建设社区网格化服务管理信息平台,实现市、区、街、居四级信息互联互通、各条块系统信息共享和业务协同,建成"一站式"惠民服务线上平台。其次,开通社区公众服务微信账号、网格微信群、网格QQ群等新媒体平台,加强社区、社区干部、网格员与居民群众之间的互动联络。同时,开设以易通卡作为载体的社区民生卡,可以智能化采集、统计居民参与社区活动情况,有效提高社区服务效率。

三是数字服务平台"交流"。城市社区建设与规划,应该适应数字技术全面融入社会交往和日常生活的新趋势,根据"十四五"规划的要求加强顶层设计,通过以政府为主导的多元主体投入,积极吸收企业和社会捐资,切实推进信息网络基础设施建设,做到每一个社区建好一个网站,构建社区居民交流和公共服务的网络平台。厦门持续推进城市社区数字网络服务平台建设,积极畅通交流渠道。2013年,厦门市海沧区把区级"五个中心"功能向镇街一级延伸,形成区、镇街两级"要办事找服务中心、要参与找协商中心、有困难找求助中心、有矛盾找调解中心、有急事找应急中心"的群众参与平台。通过各级协商中心的平台,坚持问政于民、问计于民、问需于民,实现政府与群众的无缝对接,畅通各个群体的利益诉求渠道,为基层民众广泛、直接地参与社会公共事务决策和管理提供了有效的对话与沟通平

---

① 参见卓越《共同缔造:城市治理现代化的探索和实践(厦门·海沧)》,中国社会科学出版社2015年版,第116页。

台。① 利用数字手段改善社区服务模式，应该推进公共服务的智能化和便捷化，加快互联网与社区治理体系的深度融合，推进信息收集和协商议事的网络化，并通过整合社区居民信息和服务资源信息，依托社区数字化平台和线下社区服务机构，建设便民惠民的智慧服务圈，为居民提供便捷化和智能化的公共服务，在城市社区打造智慧共享、和睦共治的新型数字生活。

(三) 近邻服务模式

厦门市现辖6个区、45个镇（街）、545个村（居）民委员会，共有10000多名社区工作者。厦门市以"近邻"模式作为基层社会治理的重要抓手，统筹推进城乡社区一体化发展。目前，近邻服务模式已被推广到全国。厦门市党建引领近邻服务模式，充分发挥居民在邻里互助中的主体作用，以"敬老、医疗、扶幼、济困、助残、文化、育德、关爱"服务为重点，完善拓展近邻服务功能和内容，全方位提升居民生活的便利性、多样性、可及性、安全性和持续性，积极打造和谐文明温馨的幸福社区。其中，同安区部分市民采取线上线下互动方式，自发共建共享"近邻药箱"。志愿者队伍也行动起来，为偏远农村老人送去"防疫暖心包"。这些创新实践是"健全共谋共建共管共评共享的社会治理制度，提升社会治理效能"在厦门市基层的生动体现。

深田社区针对辖区内老旧小区多、自建住宅多、老年人口多、困难群众多、外来人员多的问题，以近邻党建为引领，以居民需求为导向，创新实践"千百万"群众工作法，并通过共谋共建共管共评共享，探索深田完整社区建设，致力打造"一刻钟近邻生活服务圈"深田样本，形成了更贴近实际、更富有效率、更具有人情味的新型基层治理方式。随着完整社区建设加速推进，深田社区打通联系服务群众"最后一米"，打造了近邻小广场、近邻小工坊、近邻小食堂等"近邻"空间。同时，物业公司积极探索以"先尝后买"的方式为居民提供物业服务，让居民的幸福感在家门口升级。推动社区党委建立网格党支部，构筑完善"网格+党小组+楼道长"的组织架构，并与各个单位党组织探索挂钩联系共建模式，构建基层党建工作"全覆盖、无缝隙、立体化"的组织网络。用好各类近邻资源为居民排忧解难，首创"共享物业"模式及"两先两后共缔造"老旧小区改造模式，推动社区燃气

---

① 参见陈振明等《厦门综改区社会管理创新的实践及其特色》，《东南学术》2013年第4期。

管道"户户通"。

三 强化激励，开展社区评比

现阶段的基层治理中，要让基层和群众持续不断地行动起来，需要相应的激励机制。厦门市城市社区基层治理实践通过以奖代补机制、分类评定机制、积分激励机制等强化激励，并开展社区评比，激励社区共同参与。

（一）以奖代补

厦门在推进共同缔造中，实行以奖代补、公益积分等方式。过往的政府补贴是普惠型，成为人人都享有的一种"福利"。2013 年，厦门市实行以奖代补，基层通过参与和行动获得政府补贴。人们参与基层公益事业，可以获得一定的积分，在物质和精神上得到奖励。海沧区率先制定了"以奖代补"的机制，规范"以奖代补"项目的操作办法和资金管理，作为互动共治激励机制的基础。同时确立"典型示范"机制，评选典范村（社区）、良好村（社区）、基础村（社区），规定"以奖代补"项目资金向典范村（社区）倾斜。

（二）社区分类评定

社会组织是社会治理的重要主体。社会组织的成长能够有效促进社会治理能力的提升。因此，社区治理中要注重社区组织的建立与发展，建立相应的激励机制。

一方面，社区治理分类评定。2014 年，海沧区以"分类评定"为基础，建立了社区治理分类评定机制，开创了"分类评定＋以奖代补＋宣传公示"的激励链条，按照自强型、自助型、基础型三类标准，每年对社区内的社会组织进行分类评定等级。例如兴旺社区在区级分类评定机制引导下，完善了社区治理分类评定内容，制定出台了《关于社区社会组织建设发展情况宣传公示制度》，以自强型、自助型、基础型三类标准，每年考核社区内部社会组织的成效。考核的主体是居委会与居民理事会，评上自强型和自助型的社区组织，将获得在"以奖代补"项目上优先保障的奖励。另外，分类评定下对社区组织"以奖代补"、财务收支等情况进行全年全过程公示，做到公平公正公开，保障和约束社区组织参与微治理作用的发挥。

另一方面，开展星级社区评比。通过区分老城区社区（社区辖区内有物业管理的住宅户≤50％的）、新城区社区（社区辖区内有物业管理的住宅户超过50%的）及"村改居"社区三种类型，按照"决策共谋、发展共建、建设共管、效果共评、成果共享"五大项，分别设定认定标准，发动群众参与评定，评选出"一星级社区"（基础社区）、"二星级社区"（良好社区）、"三星级社区"（典范社区），并给予授牌表彰，从而激励社区共同参与。

（三）积分激励

厦门市以"积分奖励"的方法强化激励措施，鼓励更多的群众和组织参与到认领的活动项目中，激发各类主体共同参与社区治理的活力。其中，海沧区使用"积分"的方式，记录和激励广大居民在社区治理上的贡献。在绿地认领、空间认管、公共设施维护等方面，制定了《认领管理办法》，出台了认领"爱心积分机制"，以积分评比奖励的形式，激励群众、企业、社会组织参与到认领的相关项目中。各个镇街、社区，都根据区级的认领办法，进一步完善本区域的认领积分机制，尤其是社区一级，根据本社区的实际情况，明确规定了认领积分机制适用的范围，如社区内的公共设施、绿地、树木等的认领活动。认领、认管活动是社区突显"微自治"建设的重要方面。

与之类似，思明区也出台相关文件，按照"自愿、公益、公开、长效"的原则，广泛开展公共设施、公共绿化、公共活动等公共事物（务）的认捐认管活动，鼓励以捐资助建、投工投劳等形式，负责社区设施的建设或者日常管理养护。同时，配套制定系列社区"认捐认管"活动实施和激励细则，广泛开展"社区公益行动状元""社区优秀志愿者""社区杰出小主人"评选活动和居民认领计分兑换活动，鼓励居民个人、家庭、企事业单位、社会团体等认领主体参与，有效调动了居民参与社区管理的热情。

第四节 单元：发挥规模自治效能

人民当家作主是社会主义民主政治的本质和核心，基层群众自治是人民当家作主的最直接形式。自治单元是社会治理体系的细胞，是基层群众自治最基本的单元，是个人参与公共生活最直接和最现实的场域，是所有的公共政策和治理实践的具体形式。在基层治理中，按照"地域相近、利益相关、文化相连、规模适度、群众自愿"的原则，探索最合适的自治单元，可以街巷、片区、小区、楼栋、自然村或网格为单元，也可推动项目自治、协会自治、商家自治等，根据不同的自治单元，探索多层级、多类型的自治模式。把自治单元下沉作为提升自治的切入点，在社区内以正式或非正式组织将群众凝聚起来，以制度化、契约化的方式重塑基层治理秩序，破解"自治失效"难题。关于如何有效发挥单元的治理效能，厦门从微小的事务、规则、会议、网格等着手，取得了一定的治理成效。

一 微事务，群众"因利"自治

基层自治单元微事务，即解决好近期利益，办好群众身边的小事，才能在实现长远利益上获得群众的支持。厦门市从群众身边事入手，从小事做起，从微自治切入，方便群众参与，让参与不再成为一句空话。在自治单位中，组建党员先锋队、"党员和事佬"、老党员义务巡逻队等，由其率先开展矛盾纠纷调解、困难群众帮扶、社区治安维护等活动，聚焦道路设施、停车管理、环境改善等民生小事发力，群众"因利"自治。

（一）关注群众切身微生活

首先，海沧区从群众的真实需求出发，通过入户座谈、信息平台等方式征集群众的"微心愿"，创新设立微梦圆愿小屋、爱心储蓄银行、贴吧交友，让居民在社区表达并且实现微愿望。其次，开展特色活动，营造社区"微环境"，增强居民的认同感、归属感。广泛征集群众对社区的"微心愿"，落实解决和满足群众心愿，形成互助互爱的氛围。针对辖区内外来员工多的情况，开展新阳鹊桥会帮助青年员工解决婚恋问题、成立"四点钟学校"帮助外来员工解决孩子放学后家长下班前的无人管问题，从民生关怀角度解群众之困，让群众切实感受到政府、社区的关心，从而增强居民的归属感和认同感，拉近政府与群众之间的距离，变"你""我"为"我们"。[①]

（二）建立群众所需微项目

在立足百姓身边事、小事，广泛征求群众意见、扩大群众参与基础上，海沧共梳理出公共自行车系统、绿道与慢行系统等12大类160余个项目，用老百姓看得见、摸得着的实事、好事赢得群众认可。海沧湾公园改造开展现场调研和问卷调查时，群众提出"路不平、灯不亮、电不通、没音响"

---

① 参见王春光等《共同缔造与海沧社会治理》，社会科学文献出版社2017年版，第173页。

等几十个问题。针对这些问题，海沧区发动群众一起出主意、想办法，共同解决了这些具体的小事，现在每天晚上公园里都有十几支队伍近千人在跳舞，场面很是热闹。针对当前物业公司服务单一化、机械化问题，厦门通过了解群众需求、政府加强引导，推动物业服务市场的调整。如，镇海社区多力物业服务公司，推出针对老旧小区的"菜单式"物业服务，根据小区特点及住户需求，提供个性化的小区保安、保洁等服务项目。

（三）落实群众实践微行动

厦门市海沧区创新空间认管、项目认领、轮值等方式，让群众参与到公共事务的管理中来。兴旺社区居民何阿姨自发照顾社区"鸡蛋花"的故事激发了社区绿地认养的灵感，并形成机制在全区推广。在东孚镇西山社，群众主动认捐房前屋后的土地，自主选择种花或蔬菜，并承诺自家的房前屋后包卫生、包秩序、包绿化，西山村容发生巨大改变。思明区开展"社区园圃"行动，发动群众共同寻找空地、共同商议品种、共同栽种幼苗，由群众认养认管，由群众自我评选"最美园圃""最美庭院""最美街巷"等，既美化了居住环境，又促进了群众参与。

二 微规约，群众"用法"自治

"用法"自治要突出党组织在社区治理中的领导作用，明确社区居委会的法律地位和社会功能，理顺基层治理运行机制，在法治框架下不断完善基层自治单元"微公约"，让"微公约"深植人心、化为行动、能用管用，达到群众"用法"自治的效果。

（一）开展法治宣传教育

在基层自治单元治理中，要增强民主和法治的理念，加强民主和法治建设。坚持众人的事情由众人商议，努力寻求社会意愿和需求的最大公约数，增强社区居民的信任感和凝聚力，特别是善于用法治思维破解社会治理难题，引导居民培养在法治轨道上行使权利和化解矛盾的习惯。深入开展法治宣传教育和法律进小区活动，建立小区党员定期学法用法普法制度，网格员、小区党员可以作为兼职法制宣传员，引导群众理性合法表达利益诉求。

（二）组织规范化管理

在参与过程中，基层自治单元要遵循民主法治的途径。群众在规则框架内采取理性的集体行为维护秩序，以互动协商方式依法治理小区，强化公共意识、利他意识和自治意识，进而培育小区公共精神。在群众参与方面，厦门市各社区以自治章程规范居民自治，建立社区居民理事会、"四民家园"等组织章程。在社会组织参与方面，通过出台《志愿者管理办法》《社区发展协会章程》等制度激发社区组织活力。在企业参与方面，通过在社区建立社企理事会，吸收企业代表参与居民议事，谋划和实施"四点钟学校"等双方关注的项目，让企业参与基层自治。在实践中，海沧区创新了绿地认养、空间认管、轮值等居民参与机制，并通过村规民约、小区自治公约等规范了居民参与的方式，通过社企同驻共建理事会、"四民家园"等新方式完善了企业和社会组织的参与机制。

（三）制定完善居民规约

厦门充分调动社会主体参与基层治理的积极性、主动性，通过基层"微治理"推进市域社会的"大治理"，市区两级先后制定了130多部（项）社区治理相关政策法规，出台村级事务规范化管理办法十八条，促进"村改居"社区转型相关配套政策，为基层组织单元"用法"自治提供法律支撑。

思明区围绕提升服务和强化自治两大主题，制定了《老旧无物业小区自治管理流程》《物业小区直选共治民主治理办法》《公共议事理事会议事规则》等一系列制度，建立《文体队伍自律公约》《社区活动场所使用公约》《文创村卫生文明公约》《商铺诚信经营自律公约》等一系列自治公约，切实提升了社区的公共管理服务水平，增强了居民的自治管理能力。针对"村改居"社区基础硬件差、综合治理难、发展同质化问题，以曾厝垵社区为样板，成立文创协会、业主协会、社区公共议事会等组织，制定"村规民约"，实现共治共管。

（四）健全群众监督机制

在基层自治单元治理中，"用法"自治不能忽视基层群众监督的重要性。要在保障居民知情权、参与权、表达权和监督权相关机制的完善过程中，增强程序性和实体性，强化小区居民获取治理相关信息的能力，赋予居民更多的知情权、选择权，提升居民的话语能力、参与能力，保障居民权利。

厦门市各区形成覆盖小区党支部、业委会、物业公司、小区居民等多主体的小区治理综合监督与评估机制，实现对各主体开展规范化的程序监督、灵活的群众监督和面向小区全体的公开监督，督促各主体履行义务和承诺，既保障居民对小区治理的主导权，又使小区治理的每一个决策都能落到实处、执行顺畅，进而理顺小区治理的秩序。例如，针对有物业小区业主、业委会、物业公司、社区居委会权责不清的问题，创新业主代表大会及监督小组制度，探索由业委会授权社区居委会对物业公司进行监管，形成群众监督共同治理的格局。

三 微会议，群众"聚贤"自治

社会治理关键是人，既是为了人，也要依靠人，只有把人动员起来，只有把群众充分组织起来，才能形成建设共管的治理局面。一方面，可以为带动基层民众积极参与单元自治树立典型示范形象；另一方面，通过动员能力，增加基层单位公共资源的供给。在城市社区治理工作中吸纳"贤人"参与，有利于形成"共建共治共管"的社会治理新局面。厦门市各社区主要通过吸纳社会多方力量、完善居民议事制、下放议事权，以及开展多方联席会议，推进群众"聚贤"自治。

（一）吸纳多方力量

城市基层自治单元中的"贤人"有闲暇时间、有公益热心、有政治参与热情、有知识储备等，主要为社区退休的老人、党员和楼道组长、专家教授等。例如小区律师和小区调解员的形成，承接了原本司法部门的司法援助和纠纷化解等职能，帮助小区建立科学的规章制度体系，将小区居民间的矛盾纠纷化解在小区内部，营造和谐的共同体氛围。此外，社区通过吸纳驻区单位、共建单位、小区党支部、业主委员会、物业服务企业等多方力量共同参与，凝聚基层治理共识。如园山公寓小区的"党员服务超市"，在社区党委的牵头下，小区能人纷纷站出来，先后组建护安先锋队、邻里智囊团、老人调解队等自治组织，为小区居民服务，代收快递、接送小孩、买米买菜等，邻里和睦小区和谐，基层自治焕发出新活力。

（二）完善居民议事制

各社区建立群众"聚贤"自治平台，逐步完善居民议事厅、警民恳谈会等社区现有的居民议事制度，同时大力创设新的居民议事制度，设立社区"居民议事厅""议事圆桌会""贤达议事咨询委员会""居务听证会"等平台，定期讨论重大事务及发展计划、重点工作，将关系群众切身利益的事务交由居民自己决策。例如，针对业主大会召开难、业委会作用缺失这一关键问题，创新设立业主代表大会制度，制定业主代表大会议事规则，畅通诉求表达渠道，形成社区党委领导、业主代表大会决策监督、业主委员会执行、物业市场服务的四方共治机制。

（三）下放议事权

微会议要下放议事权，让群众"聚贤"自治。一方面，以小区居民福祉为目标，推进民主决策。以党支部、业委会、物业企业和小区社会组织等为重要成员，成立小区共建理事会，多方联动。小区采取民情协商工作法，群众"聚贤"自治，密切了决策主体间的关系，优化了治理主体结构，推动了小区事务的依法决策、民主决策。另一方面，以机制和组织促参与。例如，海虹社区绿苑小区着力破解东屿拆迁安置户居民的融入融合问题时，居民要求在小区里建祠堂让社区很是苦恼，共同缔造期间，居民推选成立了东屿协调小组，开展自治活动，居民们的参与热情一下子被调动起来，不仅自己组织讨论，决定放弃建祠堂的主张，还自筹二十余万元修起了凉亭、石桌椅等公共设施。在此基础上，协调小组的成员被选为社区发展协会和社区居民大学的负责人，进一步参与到整个社区的自治活动中来，"割裂群体"变为了"融合整体"，由此可见，群众"聚贤"自治民主且高效。

（四）开展多方联席会议

各社区积极培育社区领袖，壮大志愿者队伍，开展多方联席会议。选择一些在经济、法律、教育等行业有较高声望和组织能力的人物参与基层治理，"聚贤"自治发挥社会精英的带头效应，改善志愿者群体的结构，在发展青少年志愿者队伍的同时，适当吸收离退休人员加入志愿者的行列，扩大志愿者服务的范围，为有需要的居民提供经济、教育、健康等方面的社会支援和社区服务，为社区的弱势群体排忧解难。

四 微网格，群众"连片"自治

网格是社会治理的"细胞"，厦门市探索"党支部＋居委会＋物业＋住户＋社会组织"的小区自治管理新模式，对于构成异质性较大的社区，可以以群体划分片区自治。群众"连片"自治，群策群力解决各类民生诉求。同时，支持多方参与，完善以"网格党支部"为领导核心，以居委会牵头，以住户需求为导向，以网格员队伍为补充，以社会组织为补充的现代基层治理行动框架，探索基层自治单元自治发展模式，提升城市治理的专业化、精细化水平,加快构建人人有责、人人尽责、人人共享的社会治理共同体。

(一)以"网格党支部"为领导核心

各社区在网格内建立以"网格党支部"为领导核心,以"五共"为工作机制的网格自治模式,充分运用"综治中心+网格化+信息化"手段,以中心平台为载体,建立小区负责人、网格长、网格员、楼栋长、居民信息员、志愿者联动的模式,实现"人在网中走,事在格中办",群众"连片"自治真正打通为民服务"最后一公里"。例如,湖里区将基层治理的前沿阵地下探到小区,通过组织建设,以党建引领小区各项治理工作,破除了基层党建虚置困局,发挥了支部的引领作用,推动了治理资源的下沉,重塑了多元主体共治的小区治理架构。借助制度形塑,营造了良好的小区治理场域,激发居民参与治理的自主性,推动了共谋共建共管共评共享格局的形成。[1]

(二)居委会牵头推进居民自助互助

居委会牵头,积极培育志愿性、互助性小区服务团队,深入开展"结对帮扶""捐资助学"各类活动,广泛动员和支持各方力量关心帮扶小区特殊困难群体,推动小区互帮互助、邻里和睦。例如,针对小区居民关系淡漠的问题,社区发动各业委会自行开展小区文化活动,牵引社区居民互动互助,变"生人社区"为"熟人社区";针对无物业小区"无人管、无钱管、无监管"的问题,建立由居委会牵头、居民群众自助互助的"无物业小区自治小组",形成"楼栋自治、楼院共管"的社区治理模式,实现居民自我管理、自我教育、自我服务;针对旧城区居民社区归属感消失的问题,发动居民自行举办各种街巷文化活动,营造有人情味的"老街坊";针对新厦门人、境外人士集中居住小区、社区中,特殊人群参与性不强、融合度不高的问题,探索建立特色参与模式、开展特色服务活动、营造特色文化氛围。在境外人士聚居的单元中,试行建设"境外人士之家",聘请境外人士担任社区主任助理,引导境外人士参与社区建设;在"新厦门人"聚集的单元中,开展特色服务项目,增强其认同感。

(三)以网格建设延伸基本公共服务

各社区加强网格员队伍建设,在基层自治单元内加大对网格内社会组

---

[1] 参见樊山峰、朱仁显《组织、制度与工具:城市基层社会治理创新的三重路径——以厦门市湖里区小区治理创新为例》,《社会主义研究》2022年第5期。

织、理事会、业委会、业主大会、物业服务企业的指导和监督力度。依托网格化管理服务，探索把收集社情民意、采集相关信息、化解矛盾纠纷、社区服务事项等公共管理和服务力量下沉小区，着力增强小区党组织的服务资源和力量，从而达到延伸基本公共服务的效果。另外各网格内尝试推行台胞、外籍人士等参与网格（自然村）选举和民主自治的多种方式和途径。

（四）以社会组织引领小区共同体建设

社区充分调动小区社会组织的公共服务和利益协调功能。社会组织对在小区共同体中发展出"半熟人社会"和"半陌生人社会"的某些特征有聚合作用，能推进小区共同体建设。发挥社会组织强大的组织活力和动员能力，发挥社会组织对小区居民的价值观念和个人行为的规范、引导和约束作用，将居民个体利益整合到有共同目标的组织中来，培养居民的合作精神。例如，"红色业委会"、共建理事会的成立，把居民分散的利益诉求以集中的、制度化的、理性的、和平的方式反馈给社区、街道以及政府职能部门，同时利用"协商议事平台"在小区各主体之间架起沟通的桥梁，有效协调主体间利益关系，合理解决居民诉求。

小　结

厦门市立足新形势下转型发展实际，总结"共同缔造"经验，探索在社会治理创新中的运用，建立"纵向到底、横向到边"的城市现代化社会治理框架，创新打造"统筹增效、协商共治"的城市中心城区社会治理新模式，推动建设共管，创新管理理念，从服务对象和自身入手，变革"只管不治"为"共谋共建共管共评共享"。围绕加强基层治理体系和治理能力现代化，聚焦城市社区居民的操心事、烦心事、揪心事，坚持党建引领，整合社会资源，强化社区为民、便民、安民功能，积极探索"共谋共建共管共评共享"的城市现代化治理新路径。

其中，推动建设共管，需要从纵向理顺四个层级关系，即区统筹、镇（街）治理、社区服务、单元自治。区级层面，做好全域筹划。通过因地制宜，规划主体功能区域；经营社区，充分发挥对台优势；以制度保障，加强社会力量培育。街道层面，突出治理职能，营造"服务企业"的经济环境，建立"简约高效"的管理体制，倡导"层次多元"的服务理念。社区层面，实现服务全覆盖。用活土地，增设公共空间；嵌入网格，改进公共服务；强化激励，开展社区评比。单元层面，发挥规模自治效能，"因利"自治处理微事务，完善微规约"用法"自治，通过微会议"聚贤"自治，微网格实现群众"连片"自治。此外，通过党组织、基层政府，群团组织、自治组织、社会组织和市场企业等六类主体形成"横向到边"共治，以加强基层党的建设为主线，以增强社区服务功能为主要内容，以构建社区治理体系、推进社区议事协商规范化建设为着力点，确立"建设—管理—服务—精神"的工作路径，纵向管理到底，横向服务到边，不断夯实社区治理基础，有效地提升了社区治理水平。

2023年是全面贯彻落实党的二十大精神的开局之年，站在新起点上，厦门各级部门将深入推进城市治理能力和治理体系现代化，健全完善城市社会治理"共谋共建共管共评共享"机制，进一步激发人民当家作主的积极性、主动性和创造性，奋力谱写独具厦门特色的城市"管、治、服"新篇章，全面推动党的二十大精神在构建治理体系现代化进程中落地生根、开花结果。未来，基层治理的形式仍会不断变化，基层是国家基层政权组织的最低层级，也是与人民群众直接联系的部位。只有牢固树立以人民为中心的治理理念，明确主体责任，坚持组织建设、制度形塑与工具创新相结合，将政治优势、体制优势转化为社区治理优势，推动"区—街道—社区—单元"四级建设共管，发挥党的引领作用和群众的自主性，推进政务服务下沉，把群众充分组织起来，才能始终保持基层公共事务的有效治理和基层社会的可持续发展，提升城市基层治理现代化效能。

第五章
强化监督考核，坚持效果共评

随着社会政治、经济和文化等方面的繁荣发展，基层工作任务繁多，群众对乡镇政府的期待越来越高，社会对社区干部的监督力度也越来越大。因此，社区干部需要适应目前社会大环境的发展，不断提高自身工作能力，积极投入为人民服务的基层工作中，而监督考核是督促社区干部提高工作积极性的一个重要举措。《中共中央国务院关于加强基层治理体系和治理能力现代化建设的意见》强调，改进基层考核评价，完善考核评价体系和激励办法，加强对乡镇（街道）、村（社区）的综合考核，严格控制考核总量和频次。[①] 在"美丽厦门·共同缔造"行动中，厦门市在广东云浮新农村建设"共谋、共建、共管、共享"经验的基础上，首次提出了"共评"理念，并将其纳入厦门市"共同缔造"探索实践的"五共"体系之中。所谓"共评"，就是人民群众遵循一定准则自主对所在村（居）事务进行评议、评判和评选，推动基层治理水平的提升，增强群众满意度。厦门市大胆突破创新，把共评作为撬动基层治理的切入点和突破口。"共评"是完善考核评价体系和激励方法，改进基层考核评价，加强基层治理工作评估的治理体制机制建设的体现，有效解决了"谁来考核""考核谁""如何考核""考核后如何"等问题，扩大了评议主体，创新了评议方式，拓展了评议范围，健全了评议机制，倾听民声民意，将民主的理念注入社会共评，让社会参与共评成为创新社会治理的新常态，深化社会治理，推动基层治理体系和治理能力

---

① 参见《中共中央国务院关于加强基层治理体系和治理能力现代化建设的意见》，《人民日报》2021年7月12日第1版。

现代化建设，更好地实现社会参与国家、社会补充国家、社会影响国家。①

第一节　评工作：居民监督评议社区工作

2022年7月13日，习近平总书记来到乌鲁木齐市天山区固原巷社区，指出："社区很重要，上面千条线，底下一根针，很多工作都要靠社区去完成。"② 当下我国的社区正在成为公民生活的主要空间、社会服务的首属场域、社会治理的主要阵地。在常规社区工作中，除了社区工作者之外，专业社会组织乃至广大居民和志愿者都应该成为社区大合唱的众声组成，只有这样才能奏出宏伟的社区交响曲。③ 居民作为社区的主体，社区工作做得好不好，到不到位，居民最有发言权。遵循"你服务谁，谁评议你"的原则，居民监督评议社区工作，可以发挥社区居民的积极性、主动性、创造性，保证居民依法实行民主监督，拓宽居民有序参与基层治理的渠道，保障居民依法管理基层公共事务和公益事业，推动基层治理体系和治理能力现代化的进程。

一　兼顾标准与差异

当前，计划经济体制下"全能政府"的组织惯性在我国尚未完全消失，政府对社会生活大包大揽的倾向依然存在。各级政府设置名目繁多的审批事项，牢牢抓住手中的权力，在社会管理中既是"运动员"，又是"裁判员"，把人民群众排除在社会政治领域的范围之外，包办代替人民群众的利益表达的同时对社会生活实行"单方评议"，"全能主义政治"色彩浓厚。这一点，在已经进入"中等收入社会"的厦门市和海沧区表现明显。然而，一方面，厦门市政府大包大揽，职能庞杂，公共资源的配置效率并不高；另一方面，政府单方评议的标准不具体，程序不规范，政府单方评议存在随意性，采取监督评议一刀切的做法，评议"非优即良"。这严重损害了评议结果的真实性和可参考性，影响了政府后期服务的落实，降低了政府的公信力和认同

---

① 参见徐勇《现代化进程的节点与政治转型》，《探索与争鸣》2013年第3期。
② 《习近平：我很重视社区工作》，《社会与公益》2022年第8期。
③ 参见王瑞鸿《社区工作：谁之社区？何种工作？》，《中国社会工作》2022年第19期。

度，无法赢得人民群众真心的理解、拥护与支持。

厦门市为了解决评议标准不具体，社区工作监督评议存在的一刀切的问题，进一步推进基层治理体系和治理能力的现代化建设，一方面，居民监督评议社区工作兼顾标准，依法治理；另一方面，依据评价标准的不同结果，因地制宜，实行差异化、个性化治理。基于城市社区和农村社区自治发展实际的分类，相应地制定不同的居民监督评议社区工作标准。通过为居民监督评议社区建章立制，一方面使居民民主监督评议社区工作有章可循，另一方面通过监督评议标准来规范居民民主监督评议社区工作的全过程。

1. 立足社区实际，灵活设置标准

社区是城市基层治理的"最后一公里"，社区工作连着千家万户，是推进基层治理现代化中不可忽视的重要组成部分。因此，为保证社区工作"不掉链子"，必须将社区工作纳入群众的监督之中来，将社区工作的大事小事都放到"阳光"下"晒一晒"。然而，受种种因素的影响，我国的一些城市社区工作常常被群众"束之高阁"，且社区工作"重管理，轻服务"的倾向严重，究其原因，一方面是基层群众监督评议社区工作的意识不强，另一方面，基层群众缺乏监督评议社区工作的途径。因此，若要确保广大群众能够充分监督评议社区工作，就必须立足社区实际，因地制宜地设置监督评议标准，既要保证评议标准符合不同社区工作的实际，又要确保群众能够正确行使其对社区工作的监督权。基于此，厦门市海沧区以自然村和社区（视社区范围大小，只有单个小区的社区，则以社区为单位，由多个小区组成的社区，则以小区为单位）为单位，依据群众参与公共事务积极性、基层组织建设情况、社会组织培育及发挥作用情况、完整社区建设成效、社区平安创建程度、经济发展成效等方面，根据城市社区和农村社区自治发展的不同状况进行基础分类，分别制定城市社区和农村不同的具体评定标准。同样，厦门市思明区以群众参与公共事务积极性、基层组织建设情况、社会组织培育及发挥作用情况、完整社区建设成效、社区平安创建程度、经济发展成效等方面为依据，通过组织人大代表、政协委员、社区干部、居民代表等开展综合评定，以小区、片区为单位，分为典范社区、良好社区和基础社区三个等级，赋予每个社区不同的定位和目标，通过年终考评，实现滚动管理。

2. 尊重社区差异，实行分类治理

受社区规模大小、地域属性、居民结构等的影响和限制，不同社区呈现出不同的形态和特点。因此，上级监管部门在监督评议社区工作的过程中，必须基于不同社区的现实情况制定梯度化的评价标准，采取"因地制宜"的差异化治理模式，进行分类治理，以提升社区治理的效能。社区分类治理的分类依据是社区的核心治理需求，可能是社区融合、安定有序、和谐共生、发展振兴、安全便捷等。不同的治理需求，配置的治理要素各不相同，从而形成不同的社区治理模式。此外，社区分类治理是一个动态的过程，当社区核心治理需求发生变化时，社区治理要素随之发生改变，对应的社区治理模式也会有所不同。分类不是终点，而是在分类的基础上，不断创新治理方式和治理工具，探索能够与社区本体特征相适应的治理模式。社区分类治理以提升社区治理效能为目标，以社区核心治理需求为分类依据，以差异化的社区治理结构为表现形式。在社区分类治理中，厦门市首先以村（居）委会为单位，组织人大代表、政协委员、村（社区）干部，自然村（小区）代表、老党员等开展综合评定，参评人员无记名填写"基础分类自评表"，村（居）委会将自评情况综合汇总到"基础分类自评汇总表"报镇（街）党（工）委。进而由镇（街）领导班子小组会议进行等级评定，各自然村、社区（小区）的基础分类评定结果在镇（街）和各村（居）公示7天，无异议后报区审核。这些都是对传统的行政化社区管理机制的突破和超越，因地制宜地创造社区需要的治理模式，为社区注入新的活力，切实改善社区治理质量和效率。

总的来说，厦门市在监督评议社区工作的过程中，充分考虑到不同社区的实际情况，并基于不同社区的特点制定不同的社区监督评议标准，重视标准化的同时兼顾差异化，有利于提高社区评议工作的准确性和科学性，形成对社区工作较为全面的认知，进而达到居民监督社区工作的目的和效果。

二 兼顾过程与结果

评议方式决定着评议的开展和成效。通过什么样的方式和途径让群众参与评议，是评议工作的关键。传统的评议机制是单向的、封闭的，政府和社区主导评议工作，各评议主体之间缺乏互动反馈，评议结果难以有效运用，容易使评议流于形式。厦门市积极健全评议机制，通过群众与社区、政府与社区的双向评议以及包括物业服务在内的多方评议，形成了"你服务谁，谁评价你，你向谁负责"的评议新机制，把群众评议转变为社会治理的新工具、社会善治的新增长点。

1. 开展过程评议，引导居民参与

传统的"唯 GDP 论"的政绩观，就是只看结果、不论过程的典型写照，最终往往造成一些基层干部本末倒置，"不为里子，只为面子"，只追求政绩好看，忽视政绩实效。事物的发展是一个动态的、循序渐进的过程，用静止的眼光看待问题，往往不能全面地认识事物，更难以深刻把握事物的本质特征。因此，考评过程不仅要兼顾考评的结果，更要重视考评的过程。要想全方位、多角度地评议干部工作，就要吸纳多元考核主体，丰富评议的方式方法。一是吸纳群众参与。基层工作与群众联系最为密切，基层干部直接服务基层群众，基层干部工作做得好不好，基层群众最有发言权。厦门市转变传统评议模式，搭建各种平台，拓展多种渠道鼓励、引导居民参与评议基层工作，一方面保障了群众的知情权，另一方面有利于基层干部改善工作中的不足之处。二是完善体制机制。体制机制为基层工作"走什么样的路"和"怎么走"指明了方向，基层工作要想做得好，健全完善体制机制必不可少。在推进社区自治工作中，厦门市引导各社区、各自治组织通过制定居民公约，实现自治的制度化、规范化，增强对居民的行为约束、规范和引导。如前浦北社区制定的《"美丽厦门·共同缔造"委员会议事规则》等，曾厝垵社区设立《文创村公共议事理事会议事规则》等。[①] 此外，厦门市建立居民意见征集机制确保在物业公司和业委会缺席时居民也随时能找到反映意见的平台，使得居民作为社区主体的权利得到有效发挥，进而提升居民的社区责任感，有助于社区自治的长期发展。三是实行过程评议。不能只看结果，过程同样重要。厦门市通过实施过程性评价的方法，将对社区工作人员的监督渗透到具体工作中，更深层次地保障了社区居民的合法权益，为社区居民自治提供了经验和范本。

2. 深化效果共评，确保成果共享

在共同缔造活动中，"共评"是为了检验"共谋、共建、共管"的成果能否满足基层群众的期待和需求，"共享"则更多的是确保"共谋、共建、共管"的成果惠及更多的基层群众。共同缔造的重要成果是通过共同缔造活动，在一个分化分散的社会基础上重建"共同体"，人们在共同缔造中建立对自己美好家园的认同感和归属感。厦门市在开展"美丽厦门·共同缔造"

---

① 参见徐勇等《思明提升：共同缔造中的基层治理现代化》，中国社会科学出版社 2015 年版，第 136 页。

的过程中，采取各种措施积极深化效果共评，取得了不错的效果。第一，将"效果共评"作为评判工作好坏的重要方式。相比传统的考核评价方式，多元主体参与下产生的考核评价更具科学性和准确性，考核评价结果更具有真实性和可信度，将"效果共评"作为评判社区工作好坏的重要方式有助于提升社区工作的质量和效益，补齐社区工作的不足与短板，改善社区居民的生活环境，确保社区工作成果更多惠及全体居民。为提升鼓浪屿社区居民的生活环境，鼓浪屿社区居委会和居民开展社区园圃评比活动，市民通过关注"鼓浪之声"微信平台，浏览每块社区园圃实景图，给出自己的评分，然后综合顾问团评分、市民网络评分、居民商家自评、居民商家互评四项评分计算最终得分，选出"最美园圃"。除了社区园圃评比，"鼓浪之声"还同时发布"最美阳台""最美居民庭院""最美家庭旅馆庭院"等三项评比，评比活动取得了很好的效果，极大地提升了社区改造的质量和水平。[①] 此外，社区居民的认捐认管行为，经社区共同缔造小组评定，可以获得"社区公益行动状元""社区优秀志愿者""社区杰出小主人"等荣誉称号。第二，将"效果共评"作为社区干部升降的重要标准。一是绩效考核与"以奖代补"项目相挂钩。将街道、社区、小区工作绩效考核与区级"以奖代补"制度有机结合，"以奖代补"资金优先支持典范社区和良好社区。二是将职责表现与社区干部选拔任用机制相关联。对在社会治理创新中表现突出的社区主干，今后在专项考录公务员或事业单位时给予优先推荐。同时建立激励型养老保险机制，将年度岗位责任制考核结果与社区干部养老待遇结合起来，体现"在职干得好，退休待遇高"的理念。三是建立非户籍人员社区参与机制。根据一定的居住年限并征得户籍居民的同意，授予某些非户籍居民居委会成员选举权与被选举权，列席社区参与议事与发言的权利，获取社区居务信息的权利。

总的来说，厦门市通过创新完善体制机制，引导居民积极参与"效果共评"，一是提高了社区居民的政治参与意识，二是拓宽了社区居民的政治参与途径，三是促进了社区共治长足发展，四是为基层群众自治注入了新鲜元素。事实证明，厦门市居民监督评议社区工作的有关方法，取得了不错的成效，为共同缔造和基层治理现代化提供了一批可复制可推广的经验和做法。

[①] 参见徐勇等《思明提升：共同缔造中的基层治理现代化》，中国社会科学出版社 2015 年版，第 81 页。

三　兼顾效率与公平

"上面千条线，底下一根针"是对社区工作的形象描述。由于我国长期实行计划经济和高度管控的社会治理体制，"政府独大、政府主导"的固有思维在基层治理中仍然存在，这使得社会转型大背景下人民群众对于美好生活的需求不能得到很好的满足，损害了社会的公平正义。同时社区承担的职能越来越多，俨然成为一级"小政府"，管理着许多"不该管也管不好"的事务，加之社区居委会人员缺乏、行政资源少，权责不清，社区工作者常常忙得焦头烂额，疲于奔命的同时还要面对纷繁复杂的审批环节，大大地降低了工作效率，最后工作任务也不能得到很好完成。这在一定程度上影响了职能部门的工作积极性，不利于基层自治功能的有效发挥。现代城市的发展呼唤一种"有限、高效"的政府管理模式。建设服务型政府必须转变行政理念，变"政府本位"为"群众本位"。在"美丽厦门·共同缔造"行动中，居民监督评议社区工作时，效率与公平是重要标准。

1. 转变工作方式，提升服务效率

思明区在民主评议社区工作制度的基础上，改变原来由社区居委会组织居民群众对社区干部、社区工作进行测评的单向评议制度，创新性地建立了社区居委会评议居民群众和自治组织的制度，形成群众评议社区、社区评议群众的双向评议机制。莲花五村社区把一部分社区评价权交给群众，充分调动群众的参与热情，以群众的满意率来衡量社区工作成效，制定了群众参与考核网格长（员）、评价社区工作的实施办法。通过群众调查问卷、抽查民情日记、年终述职报告、居民代表测评、"掌上五村"APP互动平台等方式，实现群众对社区及网格长（员）的办事效率、服务态度、应急解决问题能力的考核权。在镇海社区，居民群众可以通过梯长、楼长、楼院党小组和居民互助小组等反映意见建议，对社区的工作和项目实施情况等进行监督和评议。[1] 社区在建立了网格化管理人员系统和社区居委会建设信息化一站式网格服务大厅后，通过信息化管理和流程再造，变以往"一事多人"为"多事一人"，社区居民办事更加方便。同时，社区居委会和政府职能

---

[1] 参见徐勇等《思明提升：共同缔造中的基层治理现代化》，中国社会科学出版社2015年版，第349页。

部门定期对楼院党小组、居民互助小组等带领各家各户参与共同缔造的情况进行评议，评议结果与"以奖代补"项目申请、评优评先等奖励相挂钩，从而有效地调动居民参与共同缔造的积极性。

2. 注重统筹安排，促进考核公平

在居民监督评议社区工作过程中，上级领导要注重统筹安排，居民在监督评议社区工作时，坚持公平公正原则，所获取的考核数据必须真实有效。同时，考核评价的责任部门和工作人员要增强责任意识，及时、准确采集、汇总、上报数据，确保收集的数据完整，并客观、公正评价街道领导班子。厦门市思明区根据各街道主体功能定位，把美丽厦门战略规划和建设幸福思明的目标和要求转化为考核指标，实行分类评价、差异化考核，充分发挥考核的导向、激励和约束作用，促进领导班子和干部创造经得起历史、实践和群众检验的政绩。一是成立区考核评价工作领导小组。综合考核评价工作在区委的领导下，由区考核评价工作领导小组承担考核评价的组织实施、综合协调、管理指导工作。区考核评价工作领导小组成员单位按照职责分工协同配合，做好相关工作。二是实行综合考核评价工作责任制。考核评价的责任部门和工作人员要增强责任意识，及时统筹数据，并客观、公正评价街道领导班子，不可夸大事实，坚持实事求是原则。三是建立健全公开举报制度。在基层治理全过程，任何个人或组织都可举报考核评价工作中的不公平、不公正和弄虚作假行为，在法律范围内处罚违法行为，保护人民群众的知情权、参与权和表达权。[①]

总的来说，厦门市在着眼于解决社区工作效率不高，致力于促进社区各项工作客观公正中的做法成效显著，成功转变了以往"政府本位"的工作惯性，将"群众本位"贯彻到了实处。厦门市在兼顾效率与公平方面所做的有益尝试，为今后厦门市社区基层治理的长远发展打下了坚实基础，提供了有效的体制机制保障。

第二节　评服务：多方监督评议物业服务

随着城镇化推进和经济社会发展，城市社区作为社会治理现代化的"神

---

① 参见《思明区街道领导班子综合考核实施办法（试行）》，2014年9月12日。

经末梢",在促进经济社会发展和和谐社会建设中的地位尤为重要。党的十八大首次把城乡社区治理写入党的纲领性文件。党的十八届三中全会指出推进国家治理体系和治理能力现代化,创新社会治理体制。党的二十大报告指出要建立完善社会治理体系,健全共建共治共享的社会治理制度,提升社会治理效能。健全城乡社区治理体系,及时把矛盾纠纷化解在基层、化解在萌芽状态。随着社会治理重心向基层下移,社区成为基层社会治理的主阵地,社区对物业管理服务提出了新目标、新要求。因此,物业管理服务需要快速适应新形势需要,增加多元化的物业服务以提升社区治理效能和群众居住品质。但是,当前基层社会治理体系建设不完善,物业管理行业法规政策和市场机制不健全等原因,导致物业公司无法提供社区居民所需的公共服务和消费服务,无法补齐居住社区服务短板、健全社区管理和满足群众多样化居住需求。[①] 为了解决当前的问题,提高物业服务水平和社区治理效能,为社区居民提供更加完善、优良的物业服务,厦门市在"美丽厦门·共同缔造"的行动中,探索出了提升物业服务的新路径。通过核实物业公司信誉资质,严格物业公司准入,组建物业评议小组,监督物业服务,制定物业监督评议细则,保障对物业服务的监督评议工作,实现多方共评物业服务,提升物业服务质量,从小处、实处落实"美丽厦门·共同缔造"的规划建设。

一 严准入,核实物业公司信誉资质

近年来,随着我国城镇化的不断推进,社区治理成为社会各界热议的高频词之一。物业公司作为社区治理的主体之一,在提供居住小区物业服务,解决居住小区物业纠纷,提升城市社区治理水平和推进治理能力现代化,维护城市基层治理稳定运转方面发挥着重要的作用。但是,物业管理行业的快速发展和物业服务水平的不平衡,引发了一系列的问题,严重影响了物业服务水平,不利于居住小区的健康发展。2017年12月15日,住房城乡建设部发布《住房城乡建设部办公厅关于做好取消物业服务企业资质核定相关工作的通知》提出加快推进物业服务行业信用体系建设,建立信用信息共享平台,定期向社会公布物业服务企业信用情况,建立守信联合激励和失信联合

[①] 参见张琳汩《社区治理背景下物业管理服务发展研究》,《住宅产业》2022年第7期。

惩戒机制，构建以信用为基础的物业服务市场监管体制。① 2020年12月25日印发的《关于加强和改进住宅物业管理工作的通知》进一步要求，要"建立物业服务企业信用管理制度，根据合同履行、投诉处理、日常检查和街道意见等情况，采集相关信用信息，实施信用综合评价，并且依据企业信用状况，由城市住房和城乡建设部门授予信用星级标识，实行信用分级分类监管，强化信用信息在前期物业管理招标投标、业主大会选聘物业服务企业、政府采购等方面的应用"②。由此可见，企业信用资质将成为物业服务企业进入市场的有效凭证，因此，依法加强和改进物业服务企业信用资质管理，整顿物业行业市场秩序成为当前的一项重要任务。③ 基于我国物业管理行业和物业服务水平有待提高的背景，在"美丽厦门·共同缔造"的行动中，厦门市为了更好地监督评议物业服务，约束物业管理企业的行为，提高社区物业服务水平，建立健全物业服务企业信用管理制度，实施信用综合评价，严格落实以信誉资质为依据的市场准入原则。

1. 搭平台，技术赋能信用管理

良好的社会信用是经济社会健康发展的前提，是每个企业、事业单位和社会成员立足于社会的必要条件，有利于规范市场和社会秩序，最大限度地增加社会和谐因素。然而，随着物业服务企业市场规模的不断壮大，物业服务行业的发展缺乏信用信息的支撑。从现实来看，一方面，尽管各地区都建立有一套自身使用的信用信息系统，但是内容、体系、标准方面往往是重复或者矛盾的，并且对于有关企业信息的采集方式、采集范围等方面也标准不一，各地统一完善的信息管理系统并未建立起来；另一方面，由于企业间、企业和住户之间的信息不透明、不对称，已有信息系统往往是流于形式，其为居民群众提供的服务作用也难以发挥。④ 因此，建设统一完善的信用管理平台，完善物业企业的信用信息，推进信息共享，对于改善物业服务、构建

---

① 参见《住房城乡建设部办公厅关于做好取消物业服务企业资质核定相关工作的通知》，住房城乡建设部网站，https://www.gov.cn/xinwen/2017-12/22/content_5249410.htm，2017年12月22日。

② 《住房和城乡建设部等部门关于加强和改进住宅物业管理工作的通知》，住房城乡建设部网站，https://www.gov.cn/zhengce/zhengceku/2021-01/05/content_5577326.htm，2020年12月25日。

③ 参见王寒笑等《物业管理企业资质评价体系研究——资质评价指标量化方法》，《市场论坛》2005年第11期。

④ 参见李小博《城市社区物业服务信用体系的建设与完善》，《征信》2022年第3期。

幸福美满的家园至关重要。基于此，厦门市在推进"美丽厦门·共同缔造"的实践中，努力建设好"一库一网"（信用信息公共数据库和信用信息公共查询网站），规范统一企业信息采集、管理的标准，加强物业服务企业信用信息的记录、整合和应用，建立健全覆盖全市物业服务企业的信用信息档案，同时，利用信息技术，推进信息共享，加强企业信用信息的公开透明度，着力推进行业信用建设。[①]

2. 建制度，严格规范物业服务

物业服务企业是城乡社区服务供给的重要主体，其服务水平直接影响居民生活的幸福指数。在现代化建设背景下，随着经济的高质量发展，物业服务行业也应在快速发展的同时，为居民提供更高质量的服务。然而，物业服务行业市场规模不断发展壮大的同时，也涌现出了许多诚信经营的问题，例如，物业公司出尔反尔，未按照签订的合同为住户提供相应服务，物业收费标准不清晰，挪用住房建设资金等，致使住户群众对于物业公司产生极度不满的情绪，极易与物业公司之间发生矛盾冲突。足以可见，诚信经营对于行业健康发展的重要性。因此，信用是市场健康发展的根本，构建信用评价制度对于物业服务企业服务水平的提高、依法依规正确履行合同以及适应优胜劣汰的市场环境具有重要意义。[②] 为此，在厦门的基层治理探索中，物业公司作为重要的服务供给主体，为保证其服务供给质量，思明区在"共同缔造"行动中，推动形成种类齐全、功能互补、依法经营、有市场公信力的信用评价服务体系，建立守信激励和失信惩戒的信用评价服务机制。各地建设局也会对群众不满意的物业公司给出红黄牌警告，并且将其与物业公司的信誉资质升级挂钩。

3. 严把关，动态监管物业信誉

物业服务企业作为城市社区服务供给的重要主体，在推进基层治理现代化、构建共建共治共享格局的过程中，要有效推动其融入基层社会治理体系，调动其治理力量，形成基层治理合力。因此，及时准确核实物业服务企业的信誉资质对于社区建设与治理至关重要。厦门市在基层治理现代化的探索实践中，重视物业服务企业的信誉评价，对于有物业小区，重点核实各物

[①] 参见徐勇等《思明提升：共同缔造中的基层治理现代化》，中国社会科学出版社2015年版，第320页。

[②] 参见李小博《城市社区物业服务信用体系的建设与完善》，《征信》2022年第3期。

业服务企业的信誉资质，并且实行动态监管。一方面，利用社区综合管理服务平台，畅通群众意见的反馈渠道，及时了解物业管理中出现的问题，提升化解矛盾的能力；另一方面，组建业主委员会，负责监督物业服务企业的项目开展、结果验收以及信息公开，根据其服务供给能力、项目建设能力，以及居民群众意见及时给予信用等级评价，并向社会及时公布，帮助居民群众严格选择物业企业提供有效物业服务。

总的来说，厦门市针对物业服务中存在的问题，通过搭建有关平台，将全市物业公司信用信息透明化；通过建立配套制度，将物业公司服务规范化；通过优化监管机制，将物业信誉资质监管动态化。厦门市的一系列举措，在制度层面和体制机制方面对物业公司的管理做了有益的探索和有效的补充，有利于提高物业公司的准入门槛和服务质量。

二 看服务，组建"物业评议小组"

"民生无小事，枝叶总关情。"物业服务作为现代服务的重要组成部分，与人们的生活息息相关，关系着每一位居民的生活质量。小区卫生怎么样，安全怎么样，环境怎么样，都直接与物业服务紧密相连。然而，随着物业服务的市场化、社会化，由物业服务所引发的社会管理问题也日益突显。从现实来看，物业服务行业市场准入缺乏严格的管控标准，市场上的物业服务质量也参差不齐，物业服务企业不信守合约的行为时有发生，常常导致与居民群众之间的矛盾冲突。此外，尽管政府是城市社区网格化治理的主导者，但缺乏对物业服务企业的统一管理，由此使得物业服务在城市社区网格化治理中存在多头管理现象，多头管理进一步导致对物业服务企业的监督与指导效率低下。[1] 为此，2017年，中共中央、国务院印发《关于加强和完善城乡社区治理的意见》，指明社区物业服务是城乡社区的服务短板，明确要求"补齐短板，改进社区物业服务管理"[2]。这一文件首次明确了社区党组织和居委会对于社区物业企业的指导和监督职责，为物业服务融入基层治理体系提

---

[1] 参见黄黎平等《街区制物业服务融入城市网格化治理问题探究》，《重庆科技学院学报》（社会科学版）2017年第8期。

[2] 《中共中央国务院关于加强和完善城乡社区治理的意见》，《人民日报》2017年6月13日第1版。

供了可行性路径。[1] 2021 年，住房和城乡建设部又进一步明确要求"构建物业管理新格局，化解物业与居民之间的矛盾，推动物业服务高质量发展，解决好服务百姓'最后一公里'的问题，促进社区和谐发展"[2]。这进一步为改善城乡社区的物业服务水平指明了方向。因此，厦门市在推进物业服务融入基层社会治理的过程中，为提高物业管理服务水平，构建共建共治共享格局，组建社区自治组织"物业评议小组"，统一管理、监督、评议小区物业服务，提供处理好物业服务和居民委员会、业主委员会之间关系的有效平台，这是加强社区建设、推进基层治理融合的重要举措。

1. 多元主体合作评议

物业服务直接关系群众的生活质量。由于物业服务企业与居民委员会、业主委员会三者之间存在利益差别，其所追求的利益目标也不同，因此三者之间存在着种种矛盾，影响物业服务质量和效率。为此，在开展共同缔造的行动过程中，为构建物业管理新格局，思明区通过政社互动，把物业服务纳入群众评议范围，建立了物业服务多方评议机制。试点社区以社区作为主体，成立片警、居民代表、业主委员会、街道社区代表等多元主体组成的"物业评议小组"，根据每月物业管理报告对物业公司进行打分，评定结果与物业公司的续约直接挂钩。同时，区建设局也会根据评议结果对物业公司的服务、管理等进行评级，对群众不满意的物业公司给出红黄牌警告，并且将其与物业公司的资质升级挂钩。[3] 例如，前埔北社区设立由居民、物业公司代表、社区工作人员组成的议事监督委员会，制定居委会、业委会、议事监督委员会评议物业公司的管理办法，年终开展相互考核评价，形成多方评议物业服务的格局。物业评议小组联合街区管理组织，社区自治组织对物业服务实施多元主体监督评议，实现政府力量和社会力量的结合，减少评议的单方性所带来的不足，避免业委会对物业服务的评议被其签约物业公司所主

---

[1] 参见张曙光、王晓娜《党建引领：物业纳入社区治理体系的逻辑和路径——基于北京实践的分析》，《中共福建省委党校（福建行政学院）学报》2022 年第 2 期。

[2] 王优玲：《构建物业管理新格局 促进社区和谐发展——住房和城乡建设部相关部门负责人谈推动物业管理高质量发展》，新华社，http://m.news.cn/2021-10/10/c-1127943145.htm，2021 年 10 月 10 日。

[3] 参见徐勇等《思明提升：共同缔造中的基层治理现代化》，中国社会科学出版社 2015 年版，第 326 页。

导的局面，增强了评议结果的客观性和公正性。

２．多种评价方式综合运用

完善物业服务企业多元评价方式，是保证物业服务企业评议结果客观公正的重要举措。然而，从现实来看，物业服务企业的评价审核方式单一、指标宏观，大多是从企业基本信息、规模、资本、承担业务量等方面，为物业服务企业评定资质等级，由此就会导致大企业本身在评价体系中占过多比重，使得小型物业企业在资质评价过程中处于不利地位，影响评价结果的客观性，进而使得居民群众不能有效选择真正能够满足其需求的物业服务企业。为此，厦门市在改进物业管理服务的过程中，组建物业评议小组，从微观出发，依托物业公司提供的实际服务，采取定性与定量相结合的办法，在审核企业基本信息的同时，听取企业工作报告，查阅项目资料，加强现场检查，以监督评议物业服务。并且，物业评议小组每月通过听取物业管理报告，查阅物业服务记录以及现场检查对物业服务进行量化打分，打分结果交由业主委员会，由其决定是否与该物业公司续约。同时，该评议结果和物业企业的信誉资质核实相关联，为物业企业资质判定提供依据。宏观与微观、定性与定量相结合的办法，不仅有效保证了客观科学的企业资质评价结果，而且有效改善了物业服务企业的管理服务水平，提升了服务质量。

３．多方面评价物业服务

物业服务涉及社区居民的方方面面，与社区内居民群众的生活质量息息相关。并且，随着社会经济的快速发展，居民群众的生活水平不断提高，其对于社区服务的需求也更加多元化、品质化，在基本需求得到满足的基础上，其需求更多体现在休闲娱乐、生态康养、文化产品等服务供给方面，因此，为回应居民群众日益增长的美好生活需要，物业评议小组评价物业服务不能仅仅从单方面出发，必须综合考虑多种类、高品质的物业需求。并且，物业公司不仅要提供满足居民需求的基本生活服务，其还在推进基层社区减负的工作中承担着重要的角色，需要配合街区管理组织——居委会，完成社区工作，推动社会政策的落实。因此，思明区改变政府单方评议物业服务的传统办法，依据"你服务谁、谁评价你、你向谁负责"的评议制度机制，组建"物业评议小组"这一自治组织，最大程度地调动社区居民参与"共同缔造"的热情，带领群众从食品安全、公共安全、市容管理、环境保护、文娱、休闲、康养等基本服务方面，以及对社区工作配合度、业主满意度等方面每月对物业服务进行打分评定。由此可见，监督评议物业服务的全面性不仅能够考察物业服务质量，而且有利于促进物业服务企业针对接受物业服务的各类主体，从不同的方面回应居民群众和社区工作的多元需求。

总的来说，厦门市通过组建"物业评议小组"，极大地丰富了评价主体、评价方式和评价对象。"物业评议小组"通过多角度、多方位、多层次地审视物业服务，对物业服务进行客观、公正、立体的评价，这一方面对物业公司的服务提出了更高的要求，另一方面，为社区居民舒适的居住环境提供了保障。

三 强保障，制定物业监督评议细则

城乡社区作为居民群众生活的基本空间，服务供给的质量水平关系到居民生活的幸福感和满足感，而物业服务企业作为社区中重要的服务供给主体，其服务质量的改善提高离不开有效的监督管理手段。然而，目前，物业服务行业的监管常常是"有心无力"。首先，缺乏对于物业服务企业有效的监管办法。随着"放管服"改革的深入推进，为顺应市场经济的快速发展，最大限度地释放市场活力，住房城乡建设部于2017年废止了物业服务企业资质和从业人员资格的管理办法，决定不再受理物业服务企业资质审核和变更工作，这是深化改革的重要举措，极大地推动了物业服务行业监管方式由事前向事中、事后转变，但从现实来看，管理部门对物业服务企业监管弱化，新的监管手段仍在探索实践中。[①] 其次，对物业服务企业不履行或违反合同约定缺乏有效的制约办法。尽管城乡社区积极探索成立社区物业自治小组，制定相关规程办法以约束物业企业行为，然而作为社会性规范的管理规约，在实践中并无强制力，由此缺乏对于物业服务企业市场行为的有效约束。这就要求基层政府公开公示物业服务企业服务信息，优化监督评议标准，实行分级分类监管，将严重违法违规的物业服务企业依法清出市场。这为进一步改善物业服务企业的监督管理工作指明了方向。因此，厦门市在基层治理现代化的探索过程中，为保障物业服务质量，创新社会治理格局，积极推进制定物业服务企业监督评议细则，通过落实对于物业服务的事中、事后监管以保障和改善民生。

---

① 参见张曙光、王晓娜《党建引领：物业纳入社区治理体系的逻辑和路径——基于北京实践的分析》，《中共福建省委党校（福建行政学院）学报》2022年第2期。

1. 科学设置评议指标体系

科学有效的评议指标是监督评价物业服务的关键，关系到评议细则的有效实施，影响监督评议物业服务工作的有序推进。然而，从目前来看，对于物业服务企业的监督管理工作还在积极的探索过程中，监督评议体系更多的是依托传统物业管理办法，对于物业服务的评价标准统一固定，大多遵循保洁、安保、绿化的基本要求来评价，但是，随着社会经济的快速发展，物业服务的经营和运行模式也在不断地发生改变，那么物业服务监督评议指标的确立也应具有动态性和时代性。① 此外，大多物业服务体现为无形服务，因而居民群众对于物业服务的评价在很大程度上会受到主观感受的影响，影响评价结果的客观性和准确性。因而，为推进物业服务监督评议的科学性和有效性，切实改善物业管理服务，就要确立科学精细的评价指标，完善监督评价体系。因此，厦门市思明区为全面贯彻落实"美丽厦门·共同缔造"行动的相关部署，以建设"美丽社区"为行动落脚点，将中华街道镇海社区、筼筜街道振兴社区、嘉莲街道莲花五村社区、莲前街道前埔北社区、滨海街道曾厝垵社区共五个社区列为区级试点，希望把原来脏乱差的开放居民区建设成为一个"幼有人带，老有人管，难有人帮，整洁优美，充满温馨，充满生活阳光"的"金色梦想"小区。为此，前埔北社区积极推进物业服务融入基层社会治理体系，要求充分调动物业公司的积极性，在社区公共空间、社区服务设施、社区公共文化、社区管理体制、社区物业自治能力等五个方面将其列为主要的责任主体，建立有效的考核机制，以实现社区优化提升，把社区真正打造成为群众之家。

2. 严格落实服务信息公开

物业服务信息的公开公示是物业服务事中、事后监督的重要管理办法。伴随房地产市场的迅速发展，物业服务行业市场规模不断扩大，但是由于监管体系的不完善，物业收费不明晰、服务项目不公开、费用使用不清楚等问题经常出现，使得居民群众与物业公司之间的矛盾纠纷层出不穷，已成为基层社会治理的重要难题。然而，事实上，根据我国《民法典》规定，物业服务企业负有定期向业主委员会或业主大会公示和报告物业费用收支明细、

---

① 参见梁浩等《老旧小区改造促进传统住宅物业管理转型升级》，《城市发展研究》2021年第8期。

使用情况等义务。① 因此，在厦门市共同缔造行动中，思明区为推进现代物业服务发展，在建设过程中，组建社区业主委员会，负责物业自治管理，设立物业服务信息监督公示栏，监督物业服务管理项目建设资金，如实公布项目基本信息、服务内容和标准、收费项目和标准。并且，在定期召开业委会大会时，邀请社区居委会、居民代表们到现场进行评议，并将逐笔开支公开公示，有争议的事项由居民代表会议协商。由此可见，思明区充分发挥业主委员会的作用，不仅强化服务信息的公开公示，规范资金的使用和管理，而且推进基层社会矛盾的有效解决。

3. 充分尊重基层群众意见

尊重群众意见，切实满足居民群众的需求，是监督评议物业服务的根本原则，也是衡量物业服务质量的根本标准。在国家现代化建设的背景下，居民群众日益突显对美好生活的需求，追求个性化、品质化的公共服务，然而，从现实来看，物业服务供需不平衡导致基层社会矛盾频发，已成为影响基层社会有序和谐的重要因素。因此，街道属地落实管理物业服务责任时，应明确以尊重群众意见为监督评议的根本原则，以推动物业服务的高质量发展。自"美丽厦门·共同缔造"试点工作开展以来，海虹社区物业公司在推进小区拆迁户融入城市社区的过程中，充分践行"共同缔造"这一解题思路，采用"共谋、共建、共管、共评、共享"的"解题公式"。小区改造工程的过程，拆迁户全程参与，修建纳凉亭时，有居民提出要保留绿地原来的乔木，在林间插空建两个亭子供居民泡茶谈天；在修建摩托车车棚时，拆迁户住户提出雨棚用材应为噪声较低的材质。这些"指导意见"一一被小区物业公司所采纳。在项目总结时，社区居委会、居民代表就以采纳群众意见作为评议物业服务的根本原则，物业服务等级评议为优秀。这一过程不仅有效保障了物业服务质量，而且增强了小区居民主人翁意识和社区认同感。

总的来说，厦门市在尊重基层群众意见的基础之上，制定规范的物业监督评议细则，系统构建监督评议的指标体系，严格履行物业公司服务信息公示公开制度，将提高物业服务质量以保障社区居民的有关权益放在了突出位置，倒逼物业公司提升自身服务水平，将服务社区居民落到实处。

---

① 参见郑峥《物业服务合同纠纷的诉源治理：现实需求及实施路径》，《中州学刊》2021年第11期。

第三节　评干部：全面监督评议干部履职

《中共中央国务院关于加强基层治理体系和治理能力现代化建设的意见》强调，要"改进基层考核评价"，"完善考核评价体系和激励办法"。① 2021年发布的《中共中央关于加强对"一把手"和领导班子监督的意见》同样指出，加强对主要领导干部和领导班子的监督，是新时代坚持和加强党的全面领导，提高党的建设质量，推动全面从严治党向纵深发展的必然要求。② 领导干部是否能够履职尽责，是否具有担当精神，是检验每一个领导干部先进性和纯洁性的重要方面。增强基层干部履职能力，全面监督评议基层干部履职，是我国实现基层治理体系和治理能力现代化的内在要求。干部履职能力不仅仅是技术层面的问题，更与体制机制建设息息相关。因此，必须健全完善干部履职的监督评议体制机制，坚决杜绝基层干部懒政怠政，将腐蚀基层干部积极性和创造性的"不出事逻辑"连根拔起。厦门市认识到全面监督评议干部履职的重要性，以"美丽厦门·共同缔造"为契机，在探索实践中因地制宜引入量化考评指标，建立"官评"与"民评"相结合的考评标准，并实行干部积分管理，为我国基层治理现代化建设积累了宝贵的经验。

一　引入量化考评指标

2020年，中共中央办公厅印发的《党政领导干部考核工作条例》指出，建立健全可量化、能定责、可追责的领导班子和领导干部工作目标以及岗位职责规范，作为确定考核内容的重要依据。③ 我国基层治理现代化建设的不断深入发展，对我国基层治理体系和治理能力提出了更高的要求，单一的定性考评指标已经不能满足基层干部实绩考核的需要，必须进一步调整完善，将定性考评与定量考评相结合。此外，在总体规划上，必须充分发挥干部考

---

① 《中共中央国务院关于加强基层治理体系和治理能力现代化建设的意见》，《人民日报》2021年7月12日第1版。
② 参见《中共中央关于加强对"一把手"和领导班子监督的意见》，《人民日报》2021年6月2日第1版。
③ 参见《党政领导干部考核工作条例》，《人民日报》2019年4月22日第5版。

核指标"指挥棒""红绿灯"的作用，突出考核的导向性。在具体实践中，基层干部政绩考核指标的设置必须与当时当地的具体实际相结合，必须与基层干部的具体工作内容相协调，必须与我国提高基层治理能力现代化建设的总体目标相一致。因此，在对量化指标的具体设置和量化指标体系的整体设计上，要"坚持效果导向，把'出思想、出经验、出做法'作为评价绩效的价值所在"①。厦门市在引入量化考评指标的过程中，综合考虑各方面因素，坚持"能量化则量化"的原则，将基层干部考核评价的主要环节进行量化，取得了不错的效果。

1. 职责量化，厘清职权范围

基层领导班子和领导干部担负着地区经济和社会发展的重要责任，他们是党和国家战略方针和政策的具体执行者，其绩效直接决定着基层政府对国家战略方针和政策的执行结果和工作效率。② 基层事务纷繁芜杂，一件小小的事情都有可能牵动多个部门，长此以往，必然会形成部门之间的推诿、扯皮，造成基层工作效率低下，群众的问题得不到妥善解决。因此，基层政府有必要根据国家有关法律法规，合理划分基层职能部门的职权范围。对于需要联合执法的，可以根据部门功能划分担责比例；对于较难划定的，可以根据时间、区域等其他标准来划分职权范围，确保基层工作"事事有回应，件件有着落"。在干部考评过程中，则按照划分标准来综合评价不同部门、不同干部的工作实绩，根据实际情况合理打分，确保考核结果的公平公正。厦门市思明区坚持定性考核与定量考核相结合的原则，按照职权范围将基层部门的职责量化，彻底扫除了基层政府部门间的"责任盲区"，杜绝了基层干部在工作过程中相互推卸责任的情况，提高了基层政府的工作效率和为民服务能力。

2. 指标量化，明晰工作主次

习近平总书记指出，要改进考核方法手段，既看发展又看基础，既看显绩又看潜绩，把民生改善、社会进步、生态效益等指标和实绩作为重要考核内容，再也不能简单以国内生产总值增长率来论英雄了。③ 长期以来，我国

---

① 梁星华：《试论公务员考核量化指标体系的构建》，《南京社会科学》2006年第7期。
② 参见王丛漫、王丽辉、李建峰《构建科学的县级领导班子和领导干部绩效考核指标体系——以邢台市为例》，《河北经贸大学学报》2010年第2期。
③ 参见习近平《在全国组织工作会议上的讲话》，载中共中央文献研究室编《十八大以来重要文献编选》（上），中央文献出版社2014年版，第342—343页。

行政人员绩效量化考核指标的设计却难以彰显政府绩效管理的价值预设，在强化实绩导向的同时，难以兼顾群众认同和德才兼备要求，造成了考核评估中价值层面与工具层面的偏差问题。① 一方面，基层干部考核指标的设定不能突出基层政府的工作重点，由此或形成"唯 GDP 论"的政绩观，或造成各项工作浮于表面，无法兼顾；另一方面，考核指标量化不够科学合理，由此可能无法很好地体现基层干部的工作实绩，打击基层干部的积极性和主动性。基于此，厦门市思明区指定考评指标，实行量化评比，厦门市海沧区也同样明确考核评价指标体系，量化指标、分类评级，提高考核指标的科学性和考核过程的可操作性。

3. 奖惩量化，激励干部作为

基层干部考核结果不仅是基层干部阶段性工作实绩的体现，更发挥着激励鞭策基层干部的重要作用。强化对考核结果的运用，不仅可以最大限度地调动广大基层干部的积极性、主动性和创造性，还有利于在基层干部中树立讲担当、重担当、改革创新、干事创业的鲜明导向。因此，必须加强考核结果反馈，强化考核结果分析运用，并将其作为干部选拔任用、评先奖优、问责追责的重要依据，使政治坚定、奋发有为的干部得到褒奖和鼓励，使慢作为、不作为、乱作为的干部受到警醒和惩戒，引导干部发扬成绩、改进不足，更好忠于职守、担当奉献。为此，厦门市思明区和海沧区成立专门的考评小组，坚持量化考核，并将考评结果通过社区予以公示，做到公开透明。此外，厦门市还以评价和考核结果为基础，完善配套的政策调整机制和奖惩机制，将考核结果作为以奖代补、政府补贴的衡量标准，对于考评结果不达标的，则要采取相应的惩罚措施。这样一来，不仅可以引导干部牢固树立正确政绩观，防止基层干部在设定目标时好高骛远、眼高手低，还可以切实解决表态多调门高、行动少落实差等突出问题，力戒形式主义、官僚主义等不良风气，并进一步提高基层干部的基层治理能力。

总的来说，厦门市在基层治理中引入量化考评指标，将量化指标与基层干部职能划分、基层干部考核指标设置和基层干部考核结果充分结合起来，是对基层干部考核评价体制机制的一大创新和完善，是符合基层治理现代化建设要

---

① 参见赵静杰、邵德福《行政人员绩效考核指标量化设计的目标偏差及矫正策略》，《社会科学战线》2018 年第 8 期。

求的合理举措,极大地丰富了我国在推进基层治理体系和治理能力现代化建设中的实践经验,为我国基层治理现代化建设发挥了良好的示范表率作用。

二 "官评"+"民评"标准

习近平总书记指出,要"建立健全改革举措实施效果评价体系","让人民群众有更多获得感"①。"美丽厦门·共同缔造"的总体要求是实现决策共谋,发展共建,建设共管,效果共评,成果共享。所谓"共",首先就是要体现在多元主体共同参与之中。厦门市基层治理改革的核心,就是发动群众参与,找到转变机制的"桥"和"路",着力在"共谋、共建、共管、共评"四个环节探索建立务实管用的长效机制。② 在传统的单向管理思维下,政府对社区工作的评议考核是一种不均衡、不完善的监督,不利于发现政府管理和服务的不足,实现政府和社区的良性互动。③ 吸纳基层群众作为基层干部考核评价的主体之一,一方面可以发现基层政府在工作和服务中的不足之处,另一方面可以监督基层干部公共权力的实施,提高基层干部为民服务的意识。为此,厦门市在基层干部考核中引入多元主体,建立了"官评"与"民评"相结合的干部考评标准,充分发动群众参与到基层干部的考核评价过程中来。

1. 政府评议社区,激励多元主体参与

城乡社区治理事关党和国家大政方针贯彻落实,事关居民群众切身利益,事关城乡基层和谐稳定。④ 社区作为基层自治单元,其工作内容更多是妥善解决基层群众在生活中遇到的困难,回应基层群众的合理诉求。政府评议社区,一方面可以了解社区工作内容,熟悉基层民情民意,指出社区工作中的不足之处;另一方面,政府在必要时可以为社区提供更多资金、政策等方面的支持。与此同时,政府可以通过"以奖代补"等机制,激励群众共同参与到基层事务中来,将多元主体参与真正落到实处。因此,基层政府要

---

① 《习近平谈治国理政》第2卷,外文出版社2017年版,第102页。
② 参见徐勇等《思明提升:共同缔造中的基层治理现代化》,中国社会科学出版社2015年版,第29页。
③ 参见徐勇等《思明提升:共同缔造中的基层治理现代化》,中国社会科学出版社2015年版,第81页。
④ 参见《中共中央国务院关于加强和完善城乡社区治理的意见》,《人民日报》2017年6月13日第1版。

切实履行城乡社区治理主导职责，加强对城乡社区治理的政策支持、财力物力保障和能力建设指导，加强对基层群众性自治组织建设的指导规范，不断提高依法指导城乡社区治理的能力和水平。[①] 厦门市海沧区和思明区充分发挥基层政府对于城乡社区的主导职责，一方面，积极推动街道和社区减负放权，减轻城乡社区的工作量，提高城乡社区的工作自主性；另一方面，依托不同社区的特点和优势，实行差异化发展。

2. 社区评议政府，建立逆向考评机制

社区评议政府，即基层群众通过自下而上的评议，实现对基层干部服务能力、工作效能的评价和监督。面对我国由"乡土中国"向"城乡中国"迈进所带来的压力，执政者必须摒弃以往的理念，主动调适自己的行政理念，从传统"动员型政治"向现代"回应型政治"转变。[②] 社区评议政府，一方面有助于发现基层政府在工作中存在的问题，督促基层政府加以改进；另一方面有利于监督基层政府工作的实施，防止基层干部懒政怠政。为此，厦门市思明区主动求变，在政府评议社区工作的基础上，创新逆向考核评估机制，建立社区评议街道、评议职能部门的机制，赋予社区对政府职能部门的监督评议权，实行双向互评。思明区通过出台相应的社区评议政府职能部门工作的实施意见，规定采取一年一次综合评议、重点工作专项评议和日常民主监督等形式，由社区居委会、居民代表、辖区单位等对政府职能部门工作在社区的落实情况进行监督评议，评议结果作为政府职能部门绩效考核和干部考核的依据。对于社会服务，思明区建立政府、居民、社区和第三方评议的多方评估机制，通过实行社区窗口服务的满意度即时评价，服务项目的居民满意度测评，特定服务人群的满意度调查等，将政府直接服务与购买的服务一同纳入居民服务评价体系，并适时引进第三方的服务评估。通过双向互评，调动了政府部门和社区双方的积极性，为共同缔造注入持久的活力。[③] 同时，厦门市海沧区坚持"核心在共同，基础在社区"的指导理念，推动居民群众参与社会评议政府工作，特别是在执行惠民项目的缔造推动上，并

[①] 参见《中共中央国务院关于加强和完善城乡社区治理的意见》，《人民日报》2017年6月13日第1版。

[②] 参见徐勇《现代化进程的节点与政治转型》，《探索与争鸣》2013年第3期。

[③] 参见徐勇等《思明提升：共同缔造中的基层治理现代化》，中国社会科学出版社2015年版，第81页。

且衍生出居民参与社区治理评议，激发社区自治精神。①

总的来说，厦门市改变了原有的基层干部考核评价机制，在政府自上而下地评议社区的基础上，创造性地融入社区评议政府的体制机制，广泛发动基层群众参与政府与社会之间的双向互动，一方面有利于政府回应群众期盼，另一方面有利于群众监督政府履职。

三 实行干部积分管理

2018年5月20日，中共中央办公厅印发的《关于进一步激励广大干部新时代新担当新作为的意见》指出，要"大力教育引导干部担当作为、干事创业"。2020年7月27日，中央农村工作领导小组办公室、农业农村部出台的《关于在乡村治理中推广运用积分制有关工作的通知》强调，积分制可以有针对性地解决乡村治理中的重点难点问题，符合农村社会实际，具有很强的实用性、操作性，是推进乡村治理体系和治理能力现代化的有益探索。② 从严管理干部是党和国家工作的重中之重，事关党和国家在群众中的形象好坏，事关基层治理现代化建设能否实现，因此，必须建立健全基层干部日常管理的体制机制，认真落实基层干部管理的各项工作，努力建设一支符合基层治理现代化建设要求的高素质干部队伍。积分制具有灵活性和机动性的特征，其指标设计和考核积分都可以随适用场景的变化进行调整。作为量化绩效管理的一种模式，积分制能有效激励并引导组织成员完成组织管理的既定目标，并在很多领域得到广泛运用。③ 厦门市在对基层干部的管理中推行积分制，是激励基层干部担当作为的重要举措，有利于在基层干部队伍中形成"你追我赶"的工作氛围，激发基层干部干事创业的工作热情，培养基层干部为群众办实事、解难题的优良工作作风，打造"服务型政府"。

1. 小积分，大激励

基层治理积分制具有正反双向激励的特点，必须保持激励和约束的有机

---

① 参见徐勇等《海沧跨越：在共同缔造中提升社会治理》，中国社会科学出版社2014年版，第90页。

② 参见《关于在乡村治理中推广运用积分制有关工作的通知》，农业农村部网站：https://www.gov.cn/zhengce/zhengceku/2020-07/29/content_5530981.htm，2020年7月27日。

③ 参见刘文婧、左停《公众参与和福利激励：乡村治理积分制的运行逻辑与优化路径——基于和平村的个案调查》，《地方治理研究》2022年第2期。

统一。① 充分发挥积分制的正向激励作用，一方面，可以提高基层干部在工作中的积极性和创造性，有利于激励基层干部化"被动"为"主动"，变"管理"为"服务"，形成"干多干少不一样"的工作氛围；另一方面，可以通过设置党性修养、业务能力等指标，激励基层干部强化自身党性修养，提高自身工作能力，变党建和政务"两张皮"为"深融合"，形成"干好干坏不一样"的工作氛围。为强化对基层干部工作效能的管理和监督，厦门市根据"美好厦门·共同缔造"的总体目标要求，引入基层干部积分管理机制作为基层干部工作的常态化监督激励机制，补齐了除基层干部考核评价之外，基层干部日常工作监管缺位的情况，让做得好的基层干部"有干头""有想头""有奔头"，让不思进取的基层干部守住"底线"、不越"红线"、树牢"天线"。②

2. 小积分，强约束

积分制的效用，不仅仅在于它显著的引导激励效果，更在于它强大的约束规范能力。所谓积分制的反向激励机制，就是通过建立内在的道德自觉与外在的规范约束的行为细则来纠正个体的不正当行为，引导个体的欲望和动机符合伦理道德的规范。③ 与通过预设目标的正向激励机制有所不同，反向激励机制则是通过提前告知"红线"的方式来倒逼干部提高自身工作效率和为民服务本领。作为和群众打交道的一线政府工作人员，基层干部的工作作风是党风政风最直接的体现和最现实的反映，是衡量党风政风好坏的温度计、晴雨表。目前，许多基层干部把基层当作政府管理的"死角"，在具体工作过程中，部分基层干部思想认识不到位、责任意识不够强、制度执行不严格、督察问责不精准，极大地影响了基层政府工作的效率和效能，影响了基层干群关系的和谐与亲疏，影响了党和国家的基层治理现代化建设。为此，厦门市充分发挥基层干部积分管理制度的反向激励机制和约束作用，通过积分指标的设置明确干部日常工作的"底线"和"红线"，引导干部自觉提升自身党性修养，自觉强化自身责任意识，严格规范自身行为，不断提高基层政府的整体工作效能，不断增强基层政府为民服务的本领。

---

① 参见刘文婧、左停《公众参与和福利激励：乡村治理积分制的运行逻辑与优化路径——基于和平村的个案调查》，《地方治理研究》2022年第2期。
② 参见劳骥《"底线""红线""天线"》，《前线》2013年第8期。
③ 参见刘文婧、左停《公众参与和福利激励：乡村治理积分制的运行逻辑与优化路径——基于和平村的个案调查》，《地方治理研究》2022年第2期。

3. 小积分，共治理

积分制度不仅可以用来强化对基层干部的管理，也可以用来激励和引导广大基层群众积极广泛参与到基层治理中，推动政府治理同社会调节、居民自治良性互动。作为一种正向激励机制，不论是物质激励还是精神激励，对于调动广大基层群众的积极性、主动性和创造性都能起到积极作用。不仅如此，由福利激励衍生出的平等、理性、多元的现代社会价值，对规范村民的日常行为、塑造文明乡风、密切干群关系等能起到正向的引导作用。[①] 这样一来，积分制就像一根线，通过其内在的激励机制将基层社区中的各个单元和不同群体有机地串联在了一起，不仅增强了基层群众参与公共事务的主动性、获得感以及对社区的归属感，还有利于减轻基层政府和社区的工作负担，强化对基层政府履职情况的监督，形成多元主体协同共治的大好局面。厦门市积极发动社区居民参与志愿活动，鼓励和引导辖区企业、单位、社会团体以资金、物资等方式支持社区建设，搭建社会资助型活动平台。为了解决随迁子女入学问题，厦门市根据《厦门市进城务工人员随迁子女小学积分入学办法指导意见（暂行）》，采用积分入学的方式，赋予外来人口子女同等的就学机会，充分挖掘了积分制的潜能，发挥了积分制在推进基层治理现代化建设中的独特作用。

总的来说，厦门市结合不同社区的特点和实际，创新完善了积分制的实现形式，充分发挥了基层干部积分管理制度的正向激励作用和反向约束作用，并通过积分制将基层群众联系在了一起，迸发出了强大的制度活力。厦门市的这一尝试，是强化基层干部管理，调动基层干部工作积极性的有益尝试，为基层社区共治体制机制建设提供了强大的推动力，为基层治理现代化建设提供了弥足珍贵的经验。

小 结

2013 年以前，虽然厦门市乘改革开放之东风，在经济层面取得了长足的发展，但在政治层面，厦门市仍然面临着政府社会管理方式传统单一、群

[①] 参见刘文婧、左停《公众参与和福利激励：乡村治理积分制的运行逻辑与优化路径——基于和平村的个案调查》，《地方治理研究》2022 年第 2 期。

众参与社会治理热情不高等困扰。为此，厦门市以"美好厦门·共同缔造"为依托，加快推进基层治理效果共评，完善监督和考核评价机制，强化对基层干部的监督考核。经过不懈努力，厦门市摆脱了原有的社区履职方式单一、物业服务水平不高、干部考核机制不完善等问题，在基层治理现代化建设中大获成功。综合来看，厦门市的成功经验主要可以归结为以下几点。

一是转变思路，提高考评整体效能。社区工作直接服务于广大社区群众，这就决定了基层社区工作长期存在着差异性、复杂性和公平性等问题。为妥善解决社区工作中存在的这些方面的问题，厦门市转变思路、对症下药，在考评的方式方法上做文章。其一，受社区历史因素、居民群体差别等的影响，不同社区之间在社区结构、居民生活习惯等方面存在着巨大不同，对此，厦门市基层政府在评议社区工作时摒弃"一刀切"的做法，充分考虑到社区差异，坚持因地制宜，分类施策。其二，传统的社区工作考核往往是"只看结果，不管过程"，这不仅会导致评价主体在不能了解社区工作内容的前提下打分常常有失公允，还容易造成社区工作人员为了取得最终结果"慌不择路"。因此，厦门市在评议社区工作的过程中兼顾过程与结果，提高社区工作评议的真实性和可信度，杜绝社区工作人员"乱作为"。其三，社区工作服务对象众多、工作事务繁杂，在考评过程中往往不能平衡效率与公平的问题。为此，厦门市通过转变社区工作方式、成立考核领导小组、健全有关体制机制等做法，使社区工作中的效率与公平问题得以妥善解决，进一步提高了社区工作人员的积极性和社区的工作效率。

二是多方联动，严格把控准入门槛。不同于农村基层治理格局，物业公司是城市社区治理过程中的重要一环，社区居民几乎每天都要与小区物业打交道，因此，物业公司信誉资质的优劣、服务水平的高低等直接影响着社区居民的日常生活。厦门市意识到这一问题的重要性之后，积极发动多方主体，对所在小区物业公司的信誉、服务等进行了监督评议。其一，通过互联网、大数据等搭建有关平台，重点核查物业公司的信誉资质，坚决将信誉较低的物业公司拒之门外。其二，组建"物业评议小组"，对物业公司的服务定期开展评议，确保物业公司提供的服务长期不变质、不变味。其三，通过制定物业监督评议有关细则，加强多元主体参与的制度保障，坚决取缔损害社区居民权益、服务水平不达标的物业公司。这样一来，厦门市对小区物业公司形成了多方联动、全方位监督的局面，极大地提高了物业的服务水平，保障了社区居民的有关权益。

三是考核量化，优化监督评议机制。过去，厦门市自上而下的单一政府管理方式存在着政府无人监督的明显缺陷，导致厦门市基层政府效率低下，基层干部工作热情不高。为了适应自身发展的需要，厦门市不断探索创新基层治理的体制机制，为自身发展修"路"架"桥"。其一，引入量化指标。指标量化，有利于增强干部考核的科学性和准确性。厦门市为提高干部考核的精准性，从而考出基层干部的工作实绩，在基层干部考核中融入了量化考核制度。其二，创新积分制度。不同于以往的积分制度，厦门市将积分制与不同社区的特点相结合，并将积分制度运用在干部管理之中，赋予了积分制新的强大生命力。

从厦门市的工作成效上来看，厦门市鼓励引导多元主体参与"效果共评"的有关做法，进一步提升了广大社区居民的生活水平，极大祛除了物业服务体制机制缺位的顽疾，提升了基层政府和基层干部的工作效能，在推动基层治理体系和治理能力现代化中迸发出强大的能量和活力，取得了一大批厦门特色突出、工作成效显著又可复制可推广的经验做法。"老厦门"在"走新路"的过程中，借"美丽厦门·共同缔造"之东风，引导社区、物业和干部把社区群众的"操心事、烦心事、揪心事"当作自己的"分内事"，鼓励社区、物业和干部通过提升社区群众的"获得感、幸福感、安全感"来增强自己的"存在感"。

第六章
优化服务格局，实现成果共享

实现基层治理体系和治理能力现代化，要进一步统筹资源配置，促进公共服务资源向基层覆盖，健全基本公共服务体系，进而优化基层服务格局，提升公共服务水平，使民众共享治理效能。《中共中央国务院关于加强基层治理体系和治理能力现代化建设的意见》指出，优化村（社区）服务格局，市、县级政府要规范村（社区）公共服务事项和代办政务服务事项，由基层党组织主导整合资源为群众提供服务。同时，要推进城乡社区综合服务设施建设，依托其开展就业、养老、医疗、托幼等服务，提升服务质量，进而推进社区服务标准化。[1] 2023年1月2日，《中共中央国务院关于做好2023年全面推进乡村振兴重点工作的意见》再次强调，应提升基本公共服务能力，推动基本公共服务资源下沉，着力加强薄弱环节。[2] 这进一步为优化基本公共服务格局，推进实现基层治理的现代化指明了方向。2013年，伴随着经济的快速发展，厦门市的基层社会治理面临着难题：社会管理对象不断扩大，原有的社会管理功能难以承载；基层社会矛盾日益增多，过去的社会管理手段难以奏效；群众的社会诉求不断升级，传统的社会管理方式难以实施。因此，传统的社会治理模式亟须转型，需要进一步加强基层治理体系和治理能力的现代化，为此，厦门市开展"美丽厦门·共同缔造"试点工作，

---

[1] 参见《中共中央国务院关于加强基层治理体系和治理能力现代化建设的意见》，《人民日报》2021年7月12日第1版。

[2] 参见《中共中央国务院关于做好2023年全面推进乡村振兴重点工作的意见》，《人民日报》2023年2月14日第1版。

遵循"以人为本、回归社区、共建共享"的发展理念，通过引导参与、凝聚力量、整合资源、强化监督和改善服务等多种有效手段，完善基本公共服务格局，努力打造生态、和谐、温馨的幸福家园，使群众共享"共同缔造"的发展成果。

第一节 优化市场，共享集体收益

当前，我国正处在历史大变革的时期，经济现代化带来了财富的大量聚集、经济的迅猛发展，经济建设成效显著。但经济与社会双重转轨时期，一些地方在谋发展时过于强调经济建设，强调社会管理而忽视社会治理，导致"经济建设腿长，社会建设腿短，社会治理无序"[1]。社会治理面临两大挑战：一是多元整合的难题；二是供需结构的难题。党的十八届三中全会吹响了"全面深化改革"的号角，明确提出"推进国家治理体系和治理能力现代化""创新社会治理体制"的要求，为基层治理现代化指明了方向。为此，在全面深化改革的背景下，党的二十大报告提出，"深化简政放权、放管结合、优化服务改革"，"完善产权保护、市场准入、公平竞争、社会信用等市场经济基础制度，优化营商环境"[2]。随着"放管服"改革的不断深入，各地不断优化市场环境，激发市场主体的活力，引导市场主体为基层社会治理贡献力量。

一 转变经济发展方式，夯实集体利益基础

转变经济发展方式，提升经济质量是我国经济工作的重要内容，也是推进现代化进程的重要举措。发展理念创新是顺应时代发展的必然选择，与经济社会双重转型的发展形势相适应，党的十八大提出"创新、协调、绿色、开放、共享"的新发展理念，2019年住房和城乡建设部印发《关于在城乡

---

[1] 徐勇等：《思明提升：共同缔造中的基层治理现代化》，中国社会科学出版社2015年版，第302页。

[2] 习近平：《高举中国特色社会主义伟大旗帜 为全面建设社会主义现代化国家而团结奋斗——在中国共产党第二十次全国代表大会上的报告》，《人民日报》2022年10月26日第1版。

人居环境建设和整治中开展美好环境与幸福生活共同缔造活动的指导意见》指导各地开展共同缔造活动等。发展理念创新持续推动我国经济社会健康发展。然而，从现实来看，虽然经济发展已经取得显著成效，但是我国的经济发展方式仍然存在诸多局限：一方面政府过度管理使得市场经济缺乏活力；另一方面以牺牲环境为代价发展经济，使得人与自然的发展极不协调，资源利用效率低。为此，要推进经济和社会的持续健康发展，就要不断地深化改革，转变经济发展方式，构建发展新格局。从厦门的基层治理探索来看，发展社会事业、增进群众福祉是转变经济发展方式的内在要求。①

1. 优化营商环境，提升服务效能

厦门作为我国五个经济特区之一，是改革开放的前沿阵地。特区建设带来了厦门的经济起飞，使其领先全国其他地区率先迈入中等收入社会。但社会流动性大、人口构成复杂、利益需求多元、历史遗留问题多、群众民主意识较强、社会建设滞后于经济建设，使得厦门出现"中等收入社会裂痕"，面临"中等收入社会难题"。② 修补裂痕，解决难题，需要强化公共服务供给的可持续发展。厦门市于2013年率先提出"美丽厦门·共同缔造"的改革思路，深化基层治理创新，积极培育社会企业，打造合格的市场主体，从而优化服务供给。社会企业的经营盈余用于扶助弱势群众、促进小区发展及社会企业本身的投资。一方面，社会企业为家庭及小区提供个人和家居服务，例如陪月、陪诊、长者个人护理等。另一方面，社会企业可以为弱势群体创造就业机会。由此，不仅优化了基层公共服务供给，也激发了基层社会市场发展活力。

2. 走绿色发展道路，实现公共资源持续配给

经济发展不是以牺牲生态环境为代价的野蛮增长，而是绿色、环保、可持续的"有发展的增长"；不是能源资源消耗型的粗放增长，而是以创新为驱动力的质的提升。厦门地理条件独特，分为岛内和岛外两部分。岛内面积仅有130平方公里，常住人口超过200万人，加上平均每天近10万游客，

---

① 参见高云才《李克强在部分省区"十二五"规划编制工作座谈会上强调 加快转变经济发展方式 促进经济社会又好又快发展》，《人民日报》2010年10月30日第1版。

② 参见徐勇等《思明提升：共同缔造中的基层治理现代化》，中国社会科学出版社2015年版，第2页。

发展空间不足、环境压力剧增,生态承载力趋于饱和,可持续发展面临困境。① 因此,为了推动城市转型发展,厦门市提出"美丽厦门"战略规划,这为转变经济发展方式,提高可持续发展能力指明了方向。西山社是东孚镇寨后村的一个自然村,前有厦成高速,背靠天竺山,生态资源丰富,当地抓住建设"美丽厦门"这一机遇,创造性地提出"生态旅游度假村"规划愿景,规划建设慢行绿道系统,把西山社与天竺山、东孚商业街等旅游资源串联起来,打造生态宜居、和谐文明的旅游村。"美丽西山"改造提升后,山泉水穿村而过,房前屋后百花争艳,家家户户开门见绿、推窗成景。规划建设的慢行系统和绿道,将西山社与天竺山、青龙寨等资源集聚起来,可以搞活农家乐,发展生态旅游,促进村民增收,使西山社村民真正成为"美丽厦门"战略规划的最大受惠者。

3. 推动传统产业转型升级,完善公共服务供给

产业发展是推动城市经济发展的关键力量,在现代化的建设背景下,要主动利用信息化技术转变产业发展方式,实现产业转型升级。为贯彻落实市委、市政府"5(产业)+3(抓手)+10(产业链)"的产业发展要求,思明区坚持"高、新、特"发展思路,走质量型、内涵式发展道路,以旅游产业转型升级为目标,推进文化与旅游和科技融合,借助智能化手段高效整合旅游资源,盘活旅游存量,加快推动鼓浪屿—鹭江道沿线旅游市场综合整治和绿化美化提升工程。② 完善公共服务设施,推动旅游公共服务,不断促进旅游产业转型升级,重点发展滨海休闲旅游、商务会展旅游、宗教文化旅游等产品体系,力争到2020年实现旅游总收入每年递增20%,努力打造成国内一流、国际知名旅游目的地城区。

二 实现产学研一体化,培育多元主体

自主创新能力的增强是推动区域经济快速发展的根本动力。产学研一体化就是有效增强自主创新力的重要途径。通过企业、高校和科研院所的合

---

① 参见王蒙徽《新常态下转型发展新路径——厦门市推进转型发展的调查与思考》,《光明日报》2014年10月28日第11版。

② 参见徐勇等《思明提升:共同缔造中的基层治理现代化》,中国社会科学出版社2015年版,第448页。

作，集成科技创新资源，推进资源共享，充分实现高新技术研究人才的培养、科技的创新和市场潜力的挖掘，促进科技成果充分向现实生产力转化，因此，产学研合作模式不仅影响着企业、高校和科研院所，而且对区域的发展，特别是对区域经济的发展具有重要影响。① 2020 年 11 月 3 日，中共中央发布的《中共中央关于制定国民经济和社会发展第十四个五年规划和二〇三五年远景目标的建议》指出："提升企业技术创新能力。强化企业创新主体地位，促进各类创新要素向企业集聚。推进产学研深度融合，支持企业牵头组建创新联合体，承担国家重大科技项目。发挥企业家在技术创新中的重要作用，鼓励企业加大研发投入，对企业投入基础研究实行税收优惠。发挥大企业引领支撑作用，支持创新型中小微企业成长为创新重要发源地，加强共性技术平台建设，推动产业链上中下游、大中小企业融通创新。"② 然而，从治理实践来看，国家在自主创新、自主研发和自主知识产权方面的规范体系还不够完善，产学研合作模式需要得到更多的关注与支持，让更多的科研工作者、专家学者参与到与企业的合作创新中，从而推动科技创新真正地面向市场、面向现代化。

1. 营造科技创新环境

增强自主创新能力，发挥科技、教育、人才、资本的协同作用，就要营造良好的科技创新环境。首要的是构建与完善创新体系，聚合社会资源，提升科技创新能力，释放经济发展活力。从厦门治理现代化探索来看，科技创新是实现现代化发展的重要动力。厦门作为经济特区，经历了高速发展期，2014 年人均 GDP 已达 1.3 万美元。③ 但随着经济的发展，以外来企业为主、加工环节为主的经济受到冲击，实现产业转型、增长方式转轨成为当务之急。为寻求可持续增长动力，厦门坚持培育扎根本土、自主发展的现代企业，着力构建现代产业支撑体系，一大批高新项目相继落地生根。时任福建省委常委、厦门市委书记王蒙徽说："建设美丽厦门，核心是加快发展的转型升级，其中产业转型是根本支撑。厦门正以抓龙头项目、打造园区载体、

---

① 参见余孟辉《产学研合作与区域经济发展互动理论研究》，《中国高校科技》2014 年第 12 期。
② 《中共中央关于制定国民经济和社会发展第十四个五年规划和二〇三五年远景目标的建议》，《人民日报》2020 年 11 月 4 日第 1 版。
③ 转引自徐勇等《思明提升：共同缔造中的基层治理现代化》，中国社会科学出版社 2015 年版，第 546 页。

营造创新环境为抓手，打造海峡西岸先进制造业基地和具有竞争力的现代服务业集聚区。"[①] 2013 年以来，一大批创新型企业汇聚厦门，释放科技、人才、资本活力，促进厦门经济实现跨越式发展。

2. 深入挖掘地区优势

产学研合作模式依托高度的科技创新能力。厦门市依托特区建设，经济高速发展，高校、科研院所建设发展迅速，人才资源汇集。产学研模式构建的初衷就是汇集各方资源，形成地区经济发展的核心竞争力。因此，应充分考虑该地区的科技、人才、经济的发展现状，依托地域内高校、科研院所的智力资源，构建适应该区域发展的产学研模式，才能实现与区域经济发展的良性互动，更好地为区域经济发展服务。就如曾厝垵创新探索专家、居民、商家、游客多元深度参与的一种工作模式——"共同缔造工作坊"。工作坊邀请香港理工大学、中山大学、厦门大学的规划团队作为技术支持，发动居民、商户、游客共同参与，从环境整治、场所营造、制度保障、组织建设等 4 个方面进行深入探讨，共同制定曾厝垵可持续发展愿景规划方案。[②] 如前埔南社区"关爱中心"项目在运作过程中，积极探索政府、社区、社会组织、高校和居民五方携手的参与模式。厦门大学等高校通过提供社会工作专业导师、实习生，为项目提供督导服务及人才保障。

3. 建立科技创新成果承接机制

完善的体制机制建设是推进产学研合作模式的重要保证。厦门市海沧区在 2014 年出台产业升级三年行动计划，提出"建立科技创新成果承接机制，重点吸引一批国家级科研院所的产业化项目成果落地"的重要发展任务和目标。首先要征集年度技术需求和科研院所技术成果项目；其次要组织海沧区企业参加 6·18 中国海峡项目成果交易会，做好企业技术需求发展、对接工作，并且，分行业组织企业与国内知名高校合作对接活动，实现高校助力发展；最后要通过组织企业参加国家组织的科技成果转化、项目对接、产学研合作等活动，实现科技成果转化。

[①] 王蒙徽：《新常态下转型发展新路径——厦门市推进转型发展的调查与思考》，《光明日报》2014 年 10 月 28 日第 11 版。

[②] 参见徐勇等《思明提升：共同缔造中的基层治理现代化》，中国社会科学出版社 2015 年版，第 102 页。

三 健全职工维权制度，建全利益表达机制

随着经济的快速发展和产业的转型升级，劳动力规模持续增大和新业态劳动者不断增加，但与其相适应的劳动者权益保障制度却未能适时改进和完善。党的二十大报告明确指出，要完善劳动者权益保障制度，加强灵活就业和新就业形态劳动者权益保障，切实解决好职工群众的困难问题。[①] 中华全国总工会作为职工利益的代表，高度关注职工权益保障问题。为此，中华全国总工会第十七届执行委员会第七次全体会议明确强调，要"旗帜鲜明维护和发展职工合法权益。积极参与涉及职工切身利益的法律法规政策的制定修改，推动健全劳动法律法规体系，落实规范用工标准，推动完善工资平等协商机制、正常增长机制、支付保障机制，在促进共同富裕中更好发挥工会作用"[②]。

1. 建立平台汇集职工维权资源

维护职工权益和解决劳工问题需要搭建良好的调解渠道。因此，在厦门探索中，为及时解决职工劳动问题，海沧区创造性地建设社会事务调解中心和求助中心。首先，调解中心整合综治、信访、劳动仲裁、消费维权、医患纠纷、交通事故调解等资源，创新人民调解、行政调解、司法调解联动工作机制，提供各类职工矛盾纠纷解决平台，构建多元主体的调解机制和"大调解"工作格局，成为海沧开展"职工服务"试点的具体载体，市、区领导定期在调解中心开展接访。[③] 其次，求助中心整合社会救济、台商求助、劳动维权、妇女维权、法律援助、工会帮扶、失学救助、残疾救助、红十字救助等各类非紧急事务救助资源，结合社区网格化治理与志愿服务力量，为职工维权提供系统、全面的救助服务。这一举措通过资源整合、流程再造，构建职工维权的沟通解决平台，使职工能够第一时间反映问题、获取救助，把劳动问题解决在源头，取得良好治理效果。

---

① 参见习近平《高举中国特色社会主义伟大旗帜 为全面建设社会主义现代化国家而团结奋斗——在中国共产党第二十次全国代表大会上的报告》，《人民日报》2022年10月26日第1版。

② 《中华全国总工会关于全面贯彻落实党的二十大精神 组织动员亿万职工为全面建设社会主义现代化国家团结奋斗的决议》，《工人日报》2023年2月27日第1版。

③ 参见海沧区"美丽厦门·共同缔造"办公室《"美丽厦门·共同缔造"海沧区试点工作案例汇编》，2013年12月。

2. 推动企业与职工共商劳动标准

《中华人民共和国劳动合同法》第四条明确规定："用人单位在制定、修改或者决定有关劳动报酬、工作时间、休息休假、劳动安全卫生、保险福利、职工培训、劳动纪律以及劳动定额管理等直接涉及劳动者切身利益的规章制度或者重大事项时，应当经职工代表大会或者全体职工讨论，提出方案和意见，与工会或者职工代表平等协商确定。"这一目标的实现需要相关职能部门的积极引导。厦门市在治理现代化的探索过程中，将每年3月确定为全市工资集体协商"要约行动月"。海沧也以共同缔造精神为引领，积极引导各类企业普遍建立工资集体协商谈判制度，为企业和职工共同参与工资的集体协商提供制度保障。与此同时，着力培养"敢谈会谈"的工资协商指导员和企业工资协商代表队伍，引进专业人员、社会化工会工作者担任专兼职集体协商指导员，实施分类指导，对"要约行动"给予机制保障。2013年，海沧区城镇居民人均可支配收入38600元，相比去年增长12%。[1] 对区域性、行业性企业开展的以共商为核心的工资协商机制，畅通了职工表达合理诉求的渠道，在共同参与中确保工作报酬稳定增长，为职员取得合理的工资性收入给予有效的保护。

第二节 优化土地，共享公共空间

社区公共空间是群众日常生活的重要载体，关系到居民群众切身利益的实现。2017年印发的《中共中央国务院关于加强和完善城乡社区治理的意见》提出要"提高社区公共服务供给能力，加快城乡社区公共服务体系建设。探索建立社区公共空间综合利用机制，合理规划建设文化、体育、商业、物流等自主服务设施"[2]。然而，目前来看，城乡社区治理过程中，仍然存在着社区公共空间服务功能不强，活动内容和载体单一，公共空间品质不高的问题，难以满足居民群众的多元化需求。因而，在基层治理现代化的实

---

[1] 参见徐勇等《海沧跨越：在共同缔造中提升社会治理》，中国社会科学出版社2014年版，第129页。

[2] 《中共中央国务院关于加强和完善城乡社区治理的意见》，《人民日报》2017年6月13日第1版。

践过程中，要加强对社区公共空间的利用，探索建立社区公共空间综合利用机制。通过分类、提质、增效以优化社区公共空间的利用，因地制宜建设社区绿地空间、文娱空间、康养空间以及民俗空间，从而丰富群众的日常生活。

一　建设绿地空间，搭建公共服务平台

公共空间的绿地、绿植的养护一直是困扰社区的一大难题。长期以来，社区公共空间的绿地建设都是外包给物业承担，但是由于监管维护的缺失，社区的绿地常常存在脏、乱、差的问题，严重影响了居民的生活质量。为此，2022年，《住房和城乡建设部办公厅 民政部办公厅关于开展完整社区建设试点工作的通知》明确"打造宜居生活环境……顺应居民对美好环境的需要，建设公共活动场地和公共绿地，推进社区适老化、适儿化改造，营造全龄友好、安全健康的生活环境"①。因此，社区公共空间的建设应秉承以人为本的理念，规划公共绿地建设，改善人居环境。

1. 合理规划绿地建设空间

公共空间的建设与治理需要整合社区各种闲置、废弃的空间资源，因地制宜制定规划，才能发挥社区公共空间的最大价值。绿地空间是社区居民群众对其居住环境的基本需求，社区公共空间的规划应以满足居民群众的基本需求为导向。从厦门实践来看，海虹社区绿地空间处于社区中心区域，植被过于繁茂，影响道路通行；此外，个别居民群众环保意识较差，随意乱丢垃圾，导致社区道路死角处和房前屋后环境卫生堪忧，引发小区居民的投诉与不满。面对这一状况，海虹社区首先建立民声反映机制，一方面，向社区共同缔造小组、小区居民议事监督小组等微型自治组织征集房前屋后可以进行绿地建设的区域；另一方面，搭建议事平台，设立"居民议事厅""议事圆桌会"，让基层党组织、功能性自治互助小组、驻区单位、物业公司等代表共同参与社区公共绿地规划建设的分析讨论，就绿地空间规划建设建言献策。② 由此，不仅提升了社区的绿化水平，也改善了居民的生活环境。

---

① 《住房和城乡建设部办公厅 民政部办公厅关于开展完整社区建设试点工作的通知》，住房和城乡建设部网站，https://www.gov.cn/zhengce/zhengceku/2022-11/01/content_5723231.htm，2022年10月9日。

② 参见海沧区"美丽厦门·共同缔造"办公室《"美丽厦门·共同缔造"海沧区试点工作案例汇编》，2013年12月。

2. 发动群众认养认管绿地

从房前屋后到公共空间的绿地建设，社区居民都是绿地养护的主体。社区公共空间的绿地建设，如果是由社区承担，成本高且效果难以保证；如果是由群众自己主动参与，那么既能改善环境，还能让群众自身满意。[①] 厦门市思明区通过推行社区居民"绿地认养"项目，发动社区群众对社区绿地、绿植进行认养，负责为其浇水、除草等，群众积极参与绿地建设活动，既推进了社区的绿地建设，又强化了社区居民的责任感、参与感。例如，镇海社区结合"美丽厦门·共同缔造"工作，成立绿色科普协会，在九竹巷和石泉路等处开辟了科普菜园，设立科普宣传栏，通过举办绿地认养等活动把菜园变成孩子们的科普基地、居民们的怡情场所；通过学生带动家长，更广泛地发动群众参与到认养绿地、绿植中来，同时也有效地科普绿色健康知识，培育孩子们的责任心。此外，前埔北社区居民通过参与绿地建设活动，积分达到一定额度后，居民凭着积分卡还可以到"爱心商家联盟"享受优惠服务及爱心礼包。由此，这一认养过程便大大提升了居民的认同感和满足感。

3. 加强监督维护绿地空间

尽管大多数社区在建设初期都会规划社区的绿地建设空间，以期满足居民的服务需求，但是随着社区发展，由于社区绿地空间疏于管理，破坏、侵占绿地的行为时有发生，使得小区绿化品质不断下降，破坏了小区环境，降低了社区居民的居住质量。针对这一问题，思明区积极吸纳社区自治小组参与监督"绿地建设"项目。强化公共空间认管、公共绿地认养等项目，通过吸纳社区各类自治小组参与绿地监督认领来保障认领效果。同时，"认捐认管"涉及资金使用，关系到认捐者和社区居民的切身利益，由多元社会主体监督相关资金使用，可以进一步保障绿地空间的建设。

二 发展文娱空间，强化公共文化服务供给

一直以来，政府主导社区公共空间治理，为社区公共空间治理提供了必要的资源保障和政策支持，但也使得社区治理的行政化程度加强，社区干部

[①] 参见徐勇等《思明提升：共同缔造中的基层治理现代化》，中国社会科学出版社2015年版，第99页。

忙于应付上级行政任务而忽略了社区居民的主体性与自治需求，也使得社区居民游离在社区事务的治理之外。① 因而，社区治理实践中面临公共空间闲置与活力不足的困境。一方面，社区公共空间的治理标准不清，缺乏满足居民精神文化需求的社区文娱空间的规划、建设、运营与维护，且各个环节之间缺乏联系；另一方面，社区居民的参与意识与能力不足。尽管居民非常关心居住环境以及服务设施状况，但是政府主导社区治理，使得居民没有足够的空间与能力参与社区治理。因此，发展社区文娱空间，要尊重居民的精神文化需求，加快公共文化基础设施建设，开展群众喜闻乐见的文体活动，丰富群众的精神生活。

1. 尊重群众精神文化需求

随着社会经济的快速发展，群众的利益诉求也发生了重大的变化。一方面，是社会诉求繁杂。随着城市的快速发展，大量的"单位人"、"个体人"、"农村人"和"境外人"生活在同一区域，都成为城市的"社会人"，而不同的人群有不同的社会需求，给社会管理增加了难度。另一方面，是高品质生活导致需求层次提高。进入中等收入社会以后，群众对社会管理的要求已不仅仅是改善民生、保障权益、环境保护、食品安全等物质需求层面，而且上升到休闲娱乐、完善服务等更高层次的精神文化需求层面。② 这些量大、繁杂、高层次的社会诉求难以在短期内得以解决，从而难以让群众获得满足。因此，在此背景下，基层政府应该倾听群众的诉求，把更多的资源、服务下沉到社区，为群众提供精准化的服务。在厦门探索中，海沧区依托三级网格化平台，以网格小区为单位，充分发挥社区、业委会与居民间的联动作用。网格员积极进村入户，通过问卷、调查、访谈等手段，充分调动集体的智慧，定期搜集群众意见建议，倾听群众心声，了解群众需求，推进"自下而上"意见征集工作，有效推动了社区空间的合理利用。例如，兴旺社区的"水池景观改造"项目，根据社区居民需求，将社区一个无人问津的死角变成社区最具活力、最欢乐的下沉广场。下沉广场的建成，为社区居民和孩子提供户外活动空间，社区合唱队可以借用广场的台阶练队形排合唱，社区广场

---

① 参见高聪颖《城市社区公共空间治理的反思与调适》，《湖北行政学院学报》2022 年第 5 期。
② 参见徐勇等《思明提升：共同缔造中的基层治理现代化》，中国社会科学出版社 2015 年版，第 294 页。

舞队可以在广场上翩翩起舞，孩子们可以在广场上遛直排轮嬉戏打闹。[1]

2. 加快公共文化基础设施建设

对于已建成的文娱活动场所要加强维护和运营，制定相应的活动规范，加快形成文化设施使用的标准、特殊文娱空间的运营标准等，从而有规可循，和谐有序，确保其功能得以有效发挥。厦门市思明区出台《思明区公共文化设施服务规范》，加强街道文化站、社区文化室等公共文化设施免费开放管理与监督，充分发挥其展览展示和社会服务功能，提高场所使用效益。同时，积极挖掘社区可利用空间建设公共文化服务设施。厦门市思明区关注居民的休闲娱乐需求，变社区"烦心亭"为"知心亭"。翻新扩大原来破旧杂乱、无人整治的亭子，不仅给小区居民提供聊天休闲的好去处，也成为小区的别致景观，美化了社区环境，居民通过在这里泡茶、聊天、谈心事，邻里矛盾显著减少，社区事务得到商议，居民生活也更加其乐融融。

3. 开展群众喜闻乐见的文体活动

随着居民生活品质的提高，其精神文化需求日益突显。因此，要引导文艺工作者坚持党建引领，创作人民群众喜闻乐见的高质量作品，更好满足居民群众精神文化需求。"美丽厦门·共同缔造"活动开展后，东孚镇洪塘村组建"温馨夕阳"文艺队，文艺队多次采纳村民提供的编词编曲建议，通过自编自唱，宣传党和国家的方针政策，宣传"美丽厦门·共同缔造"，引导群众共同参与建设美丽洪塘；在党的十八大召开之际唱"党的十八大暖人心"，在重阳敬老节唱"老人晚年多幸福"，在"美丽厦门·共同缔造"试点中唱"美丽洪塘共谋共建"，在好媳妇评选活动中唱"家和万事兴"，让歌声与改革主题融汇在一起，既丰富了居民的精神文化生活，也加强了居民的思想道德修养，引导居民树立正确观念，提升其治理能力。[2]

三 增设康养空间，提升养老服务供给

"康养空间"是一种集休闲、养生、康复等功能于一体的场所。随着人

---

[1] 参见海沧区"美丽厦门·共同缔造"办公室《"美丽厦门·共同缔造"海沧区试点工作案例汇编》，2013年12月。

[2] 参见海沧区"美丽厦门·共同缔造"办公室《"美丽厦门·共同缔造"海沧区试点工作案例汇编》，2013年12月。

口老龄化程度的不断加深，社区居民的康养需求也在不断提升，稳妥解决人口老龄化带来的社会问题事关地区发展全局与人民福祉。[①] 民政部和财政部为应对全国人口老龄化的趋势，积极牵引各省、各地区推进居家和社区养老服务，提升项目组织实施，探索可复制推广的居家社区养老服务模式，完善社区养老服务体系。此外，随着经济现代化，人们生活水平和行为方式的改变，心脑血管疾病、糖尿病、癌症等慢性非传染性疾病已经成为威胁我国居民健康与生命的主要疾病。因此，在社区空间的规划与发展的过程中，要关注居民群众的康养需求，改进提升卫生服务，建设生态宜居社区，为社区居民提供高质量的康养空间。

1. 建设生态宜居社区

现在城乡社区公共空间虽然满足了居民的基本需求，更偏向于"家门口的服务"，但精准性不足，难以满足居民差异化的需求，尤其是老人小孩的康养需求，空间建设的需求导向较差。由此，在社区公共空间的规划发展过程中，要关注居民群众的康养需求，整合社区资源，因地制宜增设康养空间。在"美丽厦门·共同缔造"的行动中，思明区本着以人为本、生态优先、因地制宜的原则，充分利用辖区山峦叠翠、山海相融的自然景观优势，全面梳理全区现有健身步道及山体资源，坚持自然生态保护与全民健身运动相结合，在居民房前屋后，打造功能更完善、衔接更有序，连通更便捷、效益更惠民的健身步道系统，满足居民日益增长的亲近自然、休闲游憩、康体健身的生活需求，进一步提升居民生活质量。[②] 并且，通过充分吸纳公众意见，合理配置辖区空间资源，不断完善互连互通的健身步道，有机串联辖区自然山体、历史遗存和城区空间，将自然生态景观与居民休闲康养合二为一，让健身步道更人性化、更实用化。这一举措不仅优化了社区的空间资源配置，也满足了居民的日常康养需求，提高了社区公共空间的服务性。

2. 改进社区卫生服务

中共中央、国务院出台的《关于加强和完善城乡社区治理的意见》指

[①] 参见李波《适老化更新下城市社区康养空间公共设施研究》，《中外建筑》2021年第11期。
[②] 参见海沧区"美丽厦门·共同缔造"办公室《"美丽厦门·共同缔造"海沧区试点工作案例汇编》，2013年12月。

出,要提升城乡社区医疗卫生服务能力和水平,更好满足居民群众的基本医疗卫生服务需求。① 因此,城乡社区要积极探索"医疗服务+养老养生+健康管理"的发展模式,满足居民的医疗卫生需求。例如,厦门市思明区为深化社区卫生服务改革,实现"小病进社区,大病进医院,康复在社区"的卫生工作目标,在社区建设"健康小屋"。"健康小屋"主要有两部分功能:第一部分,通过提供自助仪器设备,让居民自测血压、身高、体重,同时通过多媒体触控查询一体机内置的精神压力分析软件、中医辨识系统、慢病自测软件等功能,让居民了解和掌握自身的基本健康数据,提高自我健康管理水平;第二部分,通过小屋内的宣传海报、展示板、宣传册、膳食宝塔模型等开展针对高血压、糖尿病等相关疾病的知识宣传,同时多媒体触控查询一体机还可为社区居民提供结核病、艾滋病、计划免疫、精神卫生等疾病的就诊、就医指南和相应知识。② 不仅改善了社区的卫生服务,提高了社区的医疗卫生服务供给能力,也提高了社区居民对于慢性疾病的早期发现和预防能力,满足居民群众的健康管理需求。

四 保护民俗空间,满足公共文化服务需求

城乡社区的民俗活动空间是该地传统文化继承与发展的载体,彰显着地方的文化精神,是居民群众的精神寄托,对地方文明的发展以及增进群众关系都具有重要意义。然而,随着城镇化的快速发展,部分基层政府忽视了地方民俗活动空间的保护,使得不少民俗建筑被摧毁,破坏了地方的民俗活动空间;并且,民俗活动与城乡社区内的公共活动空间之间缺乏联系,群众的民俗文化服务需求难以得到满足。因此,在城乡社区的民俗空间的发展过程中,要强化民俗文化的保护,提升民俗空间品质,完善民俗文化服务供给。

1. 传承优秀民俗文化

《中共中央国务院关于加强和完善城乡社区治理的意见》指出,"加强城乡社区公共文化服务体系建设,提升公共文化服务水平,因地制宜设置

---

① 参见《中共中央国务院关于加强和完善城乡社区治理的意见》,《人民日报》2017年6月13日第1版。

② 参见《思明区卫生局关于印发思明区健康自助监测站设置工作方案的通知》,2013年9月4日。

村史陈列、非物质文化遗产等特色文化展示设施，突出乡土特色、民族特色"①。因此，在完善社区公共文化服务体系时，应因地制宜弘扬民俗文化，加强优秀民俗文化维护，使之融入居民公约、村规民约，内化为居民群众的道德约束，增强居民群众的社区认同感、归属感、责任感和荣誉感。"美丽厦门·共同缔造"活动开展后，厦门市东孚镇洪塘村围绕老有所学、老有所乐、老有所为的传统孝文化，引导和扶持"温馨夕阳"文艺队开展丰富多彩的文化艺术活动，进一步在村庄营造敬老、爱老、养老的浓厚氛围，建设"温馨夕阳"品牌村，使"温馨夕阳"文艺队成为老人们增强体质、增长才干、活跃身心的精神家园。②由此可见，"温馨夕阳"文艺队的创建传承了传统孝文化，以孝文化推动社区建设，潜移默化中提升洪塘淳朴的民风，使人与人之间的关系更加融洽，有效地培育洪塘自强、包容、向上的精神。

2. 开展民俗交往活动

民俗空间是传承与记载民俗文化活动的重要场所。我国著名的民俗学家乌丙安学者曾强调，要加强对承载民俗文化的物质载体的保护，尤其是对民俗空间的维护，因为它是居民与传统民俗文化之间的联系，是群众的精神寄托。③近年来，国家加强对非物质文化遗产的保护，出台相关的法律和文件，我国传统的民俗活动空间也得到了一定的保护与重视，但是要更好满足居民群众的精神文化需求，还需要进一步挖掘和保护民俗文化载体。闽南农村山边村是一个有着浓厚的本土文化气息的村庄，有一棵百年榕树，有一座古庙，有一个古老的戏台。在"美丽山边共同缔造"之初，为传承传统民俗文化，山边村在广泛征求村民意见的基础上，因地制宜地提出打造"民俗文化园"：一是依托百年榕树，建立榕树保护点，完善榕树周围环境建设，增设石凳石桌，打造群众纳凉点，群众休闲处；二是翻新庙宇，保护支持村民的宗教信仰，增强山边宗族凝聚力；三是重建戏台，传承戏剧文化。通过提供民俗交往空间，满足群众的精神文化需要，推动民俗文化的广泛交流。

---

① 《中共中央国务院关于加强和完善城乡社区治理的意见》，《人民日报》2017年6月13日第1版。

② 参见海沧区"美丽厦门·共同缔造"办公室《"美丽厦门·共同缔造"海沧区试点工作案例汇编》，2013年12月。

③ 参见乌丙安《民俗文化空间：中国非物质文化遗产保护的重中之重》，《民间文化论坛》2007年第1期。

第三节 优化设施，共享便民服务

基层社会的服务建设是提升基层治理水平，实现有效治理的重要抓手。2021年4月发布的《中共中央国务院关于加强基层治理体系和治理能力现代化建设的意见》明确提出，要"增强乡镇（街道）为民服务能力，市、县级政府要规范乡镇（街道）政务服务、公共服务、公共安全等事项，将直接面向群众、乡镇（街道）能够承接的服务事项依法下放"[①]。这进一步给基层政府提升服务能力，为群众提供便捷服务指明了方向。然而，从现实来看，随着群众多样化服务需求的增加，城乡社区的公共服务存在着供给体系混乱、碎片化、内容和品质有待提升等问题，因此，推进基层治理体系和治理能力的现代化，要从现实矛盾出发，不断提升基层政府的服务供给能力，坚持完善社区公共服务设施，满足居民群众的多样化需求。

一　一站办事，提供便捷式服务

近年来，为改善政务服务水平，提升政务服务质量和效率，各地政府纷纷实践"一站式办事""一条龙服务""一个窗口对外"的优化措施，通过集成政府的各个职能部门，简化居民办事程序，规范政府行政行为，切实方便群众办事，提高行政效率。[②] 2017年发布的《中共中央国务院关于加强和完善城乡社区治理的意见》提出要"加快社区综合服务设施建设，将城乡社区综合服务设施建设纳入当地国民经济和社会发展规划、城乡规划、土地利用规划等，按照每百户居民拥有综合服务设施面积不低于30平方米的标准，以新建、改造、购买、项目配套和整合共享等形式，逐步实现城乡社区综合服务设施全覆盖"[③]。因此，面对传统的行政审批程序存在的透明度不

[①]《中共中央国务院关于加强基层治理体系和治理能力现代化建设的意见》，《人民日报》2021年7月11日。

[②] 参见赵秀玲《城市文化核心竞争力与一站式办公制度》，《河南大学学报》（社会科学版）2007年第4期。

[③]《中共中央国务院关于加强和完善城乡社区治理的意见》，《人民日报》2017年6月13日第1版。

足和效率低下的问题，可以通过创新城乡社区服务，设立综合服务中心来为民众办事提供便捷服务，改善居民的服务状况。

1. 提供便捷服务，实现一站式办公

社区服务与居民的生活联系密切，坚持群众需求导向对于建构社区服务体系与促进社区服务体制机制创新提出了更高的要求。厦门市构建市—区—街道社区的垂直指导体系，各级职能部门的资源和服务下沉到社区层面，使得社区服务呈现条块分割的局面，因此，提供社区服务的过程必然是"去条线化"和整合社区服务资源的过程。① 基层治理要强化社区服务供给的体系机制，提升社区公共服务设施的建设能力，解决好社区服务"最后一公里"。海沧区政府携手构建三级组织体系，着力打造社会服务中心、调解中心、应急中心、求助中心及协商中心"五大中心"一体的"政务综合体"；同时通过建立区、镇（街）、村（社区）各级牵头协调机制，搭建区级网格化指挥中心与区级政务服务中心联动格局，将"五个中心"纳入其中，实现全方位、及时性地响应百姓个性化、多样化的服务需求，为落实基层服务搭建坚实的机构载体。②

2. 突出群众主体，满足群众的多元服务需求

推进基层治理现代化要求改变政府的思维惯性，变"管制"为"服务"。传统的社会管理思维是"出了问题才管"，缺乏管理的主动性和服务性，往往会造成始料未及的严重后果。因此，基层政府应当转变这种消极待命的社会管理思维，突出群众主体，明确服务在社会治理中的重要地位，广泛征集群众意见，了解群众的多元需求，实现源头治理。厦门市思明区通过拓展服务内容，突出群众主体，开展形式多样的群众性互动活动和文体活动，营造邻里和睦、居民和乐的温馨环境。如前埔北社区通过与专业社工机构、社区幼儿园和志愿者等合作，把社区原办公楼、居民之家改造成集图书阅览、网吧、早教、智慧墙、万能机床工作室、机器人创意坊、陶艺吧、心理咨询室等多功能于一体的综合服务中心，满足社区居民的多元化服务需

---

① 参见张海《基层治理视域下城市社区服务发展的历史思考——以上海市为例》，《中国特色社会主义研究》2018 年第 4 期。

② 参见徐勇等《海沧跨越：在共同缔造中提升社会治理》，中国社会科学出版社 2014 年版，第 316 页。

求，为社区居民提供多样化服务。

二 联网互通，提供智能化服务

伴随着信息化时代的到来，大数据、云计算、物联网等数字技术快速发展，不断涌入人们的日常生活，极大地改变了人们的生产生活方式，传统的管理模式已经无法适应现代化的发展，基层治理出现困境。但同时，数字化、信息化的到来也为基层治理体系和能力现代化带来了机遇。在此背景下，国家高度重视基层治理的信息化建设，《中共中央国务院关于加强基层治理体系和治理能力现代化建设的意见》明确提出要"加强基层智慧治理能力建设"，通过统筹规划信息化建设，整合数据资源，拓宽应用场景，推进智慧城市、智慧社区建设，全面提升基层治理的信息化、数字化水平。[①]因此，在现代化转型的过程中，基层政府应充分应用数字技术，为基层治理现代化赋能增效，同时为居民群众提供更加便捷的智能化服务。

1. 搭建智能化公共服务网络

网络化、数字化、信息化深刻改变了社会结构和民众的生活方式、关系网络，只有充分利用数字技术，建立信息化平台，整合基层社会公共服务资源，才能发挥其赋能驱动作用，为民众提供足不出户的智能化服务。"民生110"是思明区打造的信息化公共服务平台之一，是思明区推进民生保障一体化的新举措。思明区整合32个民生保障服务部门的资源，以"968180民生服务平台"为载体，以热线、网站和窗口为依托，建立联动机制，不断丰富内涵。"民生110"设立政务咨询、养老、婚姻、慈善、家政等服务项目，通过接听、接转、反馈、跟踪、评估，力争让群众足不出户就可享受到优质、高效、便捷的民生服务。此外，海沧区建优三级信息平台，实现了区、镇（街）、村（居）三级综合信息平台联网对接、联勤联动，做到基础数据"全息化"、指挥调度"可视化"、事项处理"智能化"、绩效考评"科学化"。[②] 这极大地提升了基层治理的信息化程度，也提高了基层社会的整体服务水平。

[①] 参见《中共中央国务院关于加强基层治理体系和治理能力现代化建设的意见》，《人民日报》2021年7月11日。

[②] 参见海沧区"美丽厦门·共同缔造"办公室《"美丽厦门·共同缔造"海沧区试点工作案例汇编》，2013年12月。

2. 建立数字监督评议体系

基层社会信息化服务的供给需要智能化、高效化的数字基础设施支撑,大数据、物联网、云计算等数字技术不仅是基层治理数字化的基础,也是推进基层治理现代化的关键。因此,必须建立健全数字基础设施,筑牢数字治理根基,切实增强治理的时效性和价值性。[1] 思明区为了保证治理效能,率先完成涵盖区行政服务中心、镇(街)便民服务中心、部分村(居)便民服务代办点及外围一些服务窗口的电子监察系统建设。将电子监察系统与网上审批系统对接,跟踪办件进程并用红黄牌对异常情况进行标注,实现对行政权力网上运行的全程监督。在区行政服务中心设立电子监察中心,建立区、镇(街)、村(居)三级投诉网络,实现投诉回应与群众的零距离接触。

3. 健全信息化民意反映渠道

在数字化发展的背景下,居民群众掌握着大量的数字资源和数字工具,使基层治理面临着更多的风险性和不确定性。因此,在现代化转型的过程中,要关注数字化平台中潜在的不稳定因素,发挥数字化工具的培育功能,利用数字化平台,系统推进多元主体协同参与基层社会治理,加快构建基层治理共同体。海沧湾公园"微志愿"青年行动通过在"青春在线"、微博、微信、QQ 群等信息平台发布相关招募信息,不到一周时间,就有 160 多名团员青年主动报名参加了海沧湾"微志愿"青年行动。此外,海沧湾公园的改造项目也通过互联网广泛征求群众意见,累计发放征集意见表 3.2 万余份,微博、微信、论坛、QQ 群等网络平台参与人数 5 万余人,有 400 余人参加网上问卷调查,收到邮件 21 封,共征集到有效意见建议 220 条,其中有价值意见建议 94 条,极大推动了公园的改造工作。[2]

三 引进人才,提供专门化服务

基层治理现代化的关键在于基层治理人才培养,城乡社会工作人才是解决基层社会问题、完善城乡治理、实现基层治理现代化的关键力量。《中共中央国务院关于加强基层治理体系和治理能力现代化建设的意见》明确指出

---

[1] 参见张兴佳《乡村振兴战略背景下数字赋能治理路径选择》,《智慧农业导刊》2023 年第 3 期。
[2] 参见海沧区"美丽厦门·共同缔造"办公室《"美丽厦门·共同缔造"海沧区试点工作案例汇编》,2013 年 12 月。

要"加强基层治理队伍建设,研究制定加强城乡社区工作者队伍建设政策措施,市、县级政府要综合考虑服务居民数量等因素制定社区工作者配备标准,加强城乡社区服务人才队伍建设,引导高校毕业生等从事社区工作"[①]。这进一步为城乡社区治理的人才队伍建设指明了方向。然而,从现实来看,在基层治理实践中,社区服务人才严重匮乏,基层社会治理问题主要是由基层政府包揽,基层社会的治理力量单一。而基层治理不能仅靠基层干部,需要各种专业人才的加入,发挥多元参与主体的作用,为居民群众提供专业化服务。

1. 建立健全人才保障机制

专业人才在厦门基层治理现代化的探索中发挥了重要作用。厦门市东孚工业区为满足青年人的需求,团区委以"美丽厦门·我们同创业共发展"为主题,通过完善相关机制,吸引人才加入,开展创业辅导、创业交流等活动,培育创业青年。一是举办青年创业大讲堂。在前期创业青年调查的基础上,汇总山边村创业青年比较关注的问题以及遇到的困难等内容,有针对性地邀请创业讲师,为居民提供创业前期准备、创业项目分析、风险评估、资金管理等方面的指导;课后,安排现场"面对面"创业辅导和咨询,切实帮助农村创业青年解决难题。二是组建青年创业导师团。一方面,吸引山边村辖区台企、民企及东孚镇商会等青年企业家,加入青年创业导师团;另一方面,团市委组织协调,聘请厦门青年创业指导中心及YBC专业导师为创业导师团成员,与山边村创业青年建立"一对一"指导关系,长期指导创业项目。三是建立新老创业青年交流机制。山边村较早创业的青年、处于创业初期的青年及有创业意愿的青年"聚起来",召开新老创业青年交流座谈会,分享创业经验,互相鼓励、共同进步,逐步搭建"共享信息、思想碰撞、互帮互助"青年创业交流平台,保障青年人才不外流,很好地整合了村里优秀的青年创业代表、辖区青年企业家、YBC创业讲师等资源,充分体现"共同缔造"理念,实现山边村青年"共创业同发展"的愿望,为打造"美丽山边村"提供了一份有力保障。[②]

2. 培育和发展专业化的社会组织

社会组织为人才队伍建设提供平台。受广东省云浮市的启发,兴旺社区

---

① 《中共中央国务院关于加强基层治理体系和治理能力现代化建设的意见》,《人民日报》2021年7月11日。

② 参见海沧区"美丽厦门·共同缔造"办公室《"美丽厦门·共同缔造"海沧区试点工作案例汇编》,2013年12月。

结合自身情况，探索成立具有兴旺特色的"同驻共建理事会"，通过这个平台吸引专业人员加入，组建专业人才工作组，由社区居民及企业员工共同组成，涉及的专业包含法律、财税、环保、安全、质量认证、规划设计、项目投资等，该工作组属于社区居民及企业的智囊团，负责出谋划策，解决社区疑难杂症。[①] 理事会获悉辖区小企业联邦光电公司发生股东纠纷时，便指派专业人才工作组的会计师江碧真、法务人员吴文飙深入该公司，梳理财务报表，从会计、法务上会诊，提出解决方案，获得股东一致认可，矛盾由此缓和。此外，海虹社区也通过构建志愿者平台，学习社区义工、社工参与社区服务方面的经验，培养成熟专业的志愿者组织，组织居家养老义工队、助残义工队、关爱外来员工义工队等志愿服务队伍，关爱弱势群体，帮助他们解决各种生活难题。由此可见，社会组织平台不仅提供了人才队伍建设和发展的渠道，也切实满足了社会公共服务需求，推进美丽厦门建设。

四 成立中心，提供社会化服务

在治理现代化的背景下，统治、管理的"底色"不断减弱，治理的色彩逐渐鲜明，日益强调政府的公共服务职责，与此同时，以市场与社会主体参与为标志的公共服务市场化和社会化属性日益增强。[②] 服务的社会化意味着公共服务供给主体、方式和渠道的多样化。因此，社会化服务是推动民众与基层治理有效衔接的途径，基层治理现代化的实现离不开社会化服务。[③] 2022年中央经济工作会议也提出："要强化基本公共服务，坚持基本民生底线，支持引导社会力量增加多元供给，持续增进民生福祉。"[④] 服务的社会化程度标志着治理的现代化程度，因而，在基层治理现代化的实践探索中，要引导多元主体参与，推进公共服务的社会化。

1. 创新模式改进社会化服务

在厦门实践中，基层治理积极引入社会组织的参与，创新城乡社区的治

[①] 参见海沧区"美丽厦门·共同缔造"办公室《"美丽厦门·共同缔造"海沧区试点工作案例汇编》，2013年12月。

[②] 参见毛铖《乡村治理现代化与农村服务体系社会化的耦合》，《中南民族大学学报》（人文社会科学版）2021年第8期。

[③] 参见许钰莎等《农业大省农业社会化服务、农业现代化评价及耦合协调度分析——以四川省为例》，《农村经济》2022年第11期。

[④] 《中央经济工作会议在北京举行》，《人民日报》2022年12月17日第1版。

理模式。鹭江街道小学社区联合思明区城市义工协会、沁心泉社工等社会组织，开展"身边好邻居"行动，建立"舒心园"心灵养护中心，为居民提供心理疏导等人文关怀，营造出邻里守望相助的良好氛围。此外，从厦门城乡社区的治理来看，海沧区行政服务中心架设全省行政服务中心首个移动4G网络，实行免费开放，方便办事群众网上查询政府信息；设置休闲茶座式的办事群众等候休息区，配备应急药品、针线包等便民服务箱，咨询台、等候区、休息小花园、ATM机、复印机等一应俱全，为办事群众提供不同种类不同层次的细微关怀和服务。由此，不仅为群众提供了多层次和多样化的社会化服务，也创新了基层治理模式。①

2. 以问题为导向提供民生保障服务

从厦门探索来看，在基层治理的实践过程中，面对居民群众的民生保障需求，应积极引导社会力量为民众提供民生保障服务。厦港是老城区，常住人口35000多人，其中四分之一是老年人、残疾人、精神障碍患者。面对这样特殊的人群构成，2013年12月8日，首家干群共建的厦港街道老人服务中心在此正式挂牌开业，该中心开设的服务项目多达14个，涵盖居家智能监控、生活服务、休闲娱乐、健康保健、日间休息等多个领域，还贴心设置了按摩康复、修剪头发、衣服缝补、钟表修理、衣被洗涤等颇受老年人欢迎的服务。② 在这里，老年朋友可以下棋聊天、读书看报，辖区内的低保、"三无老人"（无劳动能力、无亲属、无经济来源）还可免费享受爱心老人餐。因子女上班无人照料的老年朋友，白天也可以到老人服务中心休闲，晚上再回家共享天伦，解决了不少家庭的后顾之忧。此外，面对辖区内残疾人身体缺陷、文化水平不高的社会现实，厦港街道创新管理模式，走出去、引进来相结合，引导辖区内外企业及社会公众为中心残疾人提供手工串珠、包装檀香、编织中国结、蛋糕手拎袋等力所能及的手工技能培训及加工机会。2013年3月，厦港街道残疾人职业援助中心正式运作，内设庇护工场、综合技能训练室、康复理疗室、文体活动室等，为残疾人提供职业技能训练、社

---

① 参见海沧区"美丽厦门·共同缔造"办公室《"美丽厦门·共同缔造"海沧区试点工作案例汇编》，2013年12月。

② 参见吴晓菁、危婧璟《厦门市首家政民共建老人服务中心开业》，《厦门日报》2013年12月9日第A02版。

会适应训练、体能康复训练、心理辅导等综合性援助服务。一年多来，援助中心已成功开展灯串包装、毛线钩织等 10 多项加工项目，学员自信心普遍增强，技能水平日益提高，为日后自主就业奠定了良好基础。①

第四节　优化参与，共享治理效能

《中共中央国务院关于加强基层治理体系和治理能力现代化建设的意见》提出"力争用五年左右时间，建立起党组织统一领导、政府依法履责、各类组织积极协同、群众广泛参与，自治、法治、德治相结合的基层治理体系，健全常态化管理的基层治理机制，构建网格化管理、精细化服务、开放共享的基层管理服务平台"②。这进一步为城乡社区的基层治理现代化指明了方向。城乡社区作为基层治理的基本单元，在优化服务格局的过程中，在坚持党的领导的基础上要优化群众参与，听取民意、集中民智，提升城乡社区的治理能力，有效保障社区的治理效能。

一　党建引领，统筹全局

党的领导是基层治理的关键，贯穿于基层治理的全过程、各方面。近年来，党建引领基层治理在全国普遍推行，各个地方经过实践也取得了一定的成效。《中共中央国务院出台关于加强和完善城乡社区治理的意见》也强调"要加强党对城乡社区治理工作的领导，推进城乡社区基层党组织建设，切实发挥基层党组织领导核心作用，带领群众坚定不移贯彻党的理论和路线方针政策，确保城乡社区治理始终保持正确政治方向"③。然而，随着市场经济的发展、城市化进程的加快，社会流动性加强、个体自主意识增长强烈，而党建引领的价值共识还没有完全建立起来，体制机制也不够完善，进而导

---

① 参见徐勇等《思明提升：共同缔造中的基层治理现代化》，中国社会科学出版社 2015 年版，第 445 页。

② 《中共中央国务院关于加强基层治理体系和治理能力现代化建设的意见》，《人民日报》2021 年 7 月 12 日第 1 版。

③ 《中共中央国务院关于加强和完善城乡社区治理的意见》，《人民日报》2017 年 6 月 13 日第 1 版。

致基层治理中党建引领的悬浮化。① 因此，在城乡社区治理的过程中，要加强党的组织建设，巩固党的执政基础，强化基层党建对于基层社会的治理，使党建融入基层治理的实践中，充分发挥党的领导核心作用。

1. 强化党组织建设

充分发挥党的领导的制度优势，在基层治理实践中，既能加强党的组织力和领导力，也能提升基层治理效能。② 而有效的组织结构是发挥党建引领效能的前提。因此，在党建引领的实践过程中，要推进组织体系建设，建设有效的组织结构。一方面，要加强组织力建设，构建良好的组织和制度体系，实现党政协同互促的同时，也是政党力量的不竭源泉；另一方面，要加强先进性建设，坚决"同一切弱化先进性，损害纯洁性的问题做斗争"③。"美丽厦门·共同缔造"探索以来，兴旺社区针对原来社区党支部规模较小、周边企业较多的实际，与周边企业联合推进基层党组织建设，建立社区大党委，设立网格党支部、楼栋党支部、新厦门人综合服务中心党小组，强化党的组织力，坚持党对社区事务的全面领导，构建党建保障体系。④ 与此同时，深入开展"党员承诺制""设岗定责""党员志愿先锋行动"等活动，加强党的先进性建设。社区党组织、网格党支部、网格管理员、志愿者等结合实际进行岗位承诺和实事承诺，因需设置岗位职责，亮明个人身份和承诺事项，公开履诺践诺情况，开展先锋党支部、优秀共产党员、社区服务先锋、志愿服务先锋等评选表彰活动，激发党群共同参与社区服务的热情。

2. 发挥党员模范带头作用

党员的模范引领作用在基层治理中发挥着不可或缺的作用。思明区在深入开展党的群众路线教育实践活动中，充分发挥党员的先锋模范作用。要求各级党员领导干部率先垂范，以普通党员的身份积极参与活动，带头进社区

---

① 参见陈亮、李元《去"悬浮化"与有效治理：新时期党建引领基层社会治理的创新逻辑与类型学分析》，《探索》2018年第6期。

② 参见石东伟、肖立辉《助推式耦合：党建引领基层治理的效能互促——基于C市Y区"党建联合体"的分析》，《中共天津市委党校学报》2023年第1期。

③ 杨正喜：《党建引领乡村治理的制度优势与实践路径》，《湖湘论坛》2023年第1期。

④ 参见海沧区"美丽厦门·共同缔造"办公室《"美丽厦门·共同缔造"海沧区试点工作案例汇编》，2013年12月。

报到，带头认领服务项目，带头参加社区管理服务，积极支持社区党组织履行对在职党员的协同管理职能和对党员领导干部社区生活的监督职能，带领本单位广大在职党员充分发挥先锋模范作用，为社区建设作出贡献，并以自身的模范行为影响和带动其他无职党员参与。

3. 建立健全服务引领机制

"服务引领制"强调执政党更多地以服务为核心，以满足基层社会公共服务需求为出发点，在服务中引领基层社会健康发展，提升基层社会治理绩效。[①] 思明区把开展在职党员到社区报到为群众服务活动列入重要议事日程，强调在职党员要紧扣群众需求，以服务为引领，拓展服务内容，运用多种形式和手段服务群众。可以充分利用社区活动场所及服务设施，设立在职党员工作站、党员群众接谈室和党代表工作室等，组织在职党员轮流值班，定期开放，及时反馈和解决群众诉求，为群众提供服务。

二 激活社会，发展自治

伴随着经济水平的提高，社会矛盾问题逐渐突显。在基层治理的过程中，要转变政府观念，激活群众和社会的力量，与政府形成合力，让自治运转起来，为基层社会探索一条持续稳定的发展路径。

1. 推进政府事权下放

一直以来，政府习惯于对基层社会的管控，而减少了基层群众、社会组织参与基层社会共治的机会。因此，厦门市海沧社区在"美丽厦门·共同缔造"试点开展以来，认真贯彻落实时任市委书记王蒙徽"核心是共同、基础在社区"的指示精神，下移城乡社会治理重心，通过了解群众心声，听取群众意见，将部分基层需要且能够承担的社会治理服务事项下放镇街和村居，让群众在家门口就能办成事，真正实现基层社区有权管事、有人做事、有钱办事，进一步激发基层的发展活力，改进社会治理模式，助推"美丽厦门·共同缔造"。

2. 引导群众共同参与

《中共中央国务院出台关于加强和完善城乡社区治理的意见》强调"要坚持以人为本，服务居民的原则，坚持依靠居民、依法有序组织居民群众参

---

① 刘伟：《从"嵌入吸纳制"到"服务引领制"：中国共产党基层社会治理的体制转型与路径选择》，《行政论坛》2017年第5期。

与社区治理，实现人人参与、人人尽力、人人共享"①。因此，在推进基层治理的现代化的过程中，随着居民公民意识的不断提升，政府要转变观念，积极引导居民群众主动参与社区治理的工作。在厦门探索中，试点工作启动以来，思明区创新宣传形式，通过快板、芗曲说唱等闽南曲艺形式将"美丽厦门·共同缔造"的理念编排成节目，以最贴近居民群众的方式将其传达给每一个思明人。另外，发动来自各行各业的专家学者、城市义工代表、退休干部等组成宣讲团，走进10个街道96个社区，开展106场专场宣讲活动，让"美丽厦门"入脑入心，并现场征求居民群众关于建设美丽厦门的意见。② 不仅如此，思明区还通过政府网站、微博、微信、QQ群等信息化平台，邀请民众建言献策，搜索"金点子"。因此，思明区从社区的实际出发，从居民群众的愿望出发，全方位调动群众的积极性，激发居民群众积极参与的热情与活力，让群众成为主体，营造支持、参与、推动"美丽厦门·共同缔造"试点社区工作的良好氛围。

3. 培育微自治组织

推进基层治理的现代化的基础在社区，根本在于居民群众和社会力量的广泛参与。《中共中央国务院关于加强和完善城乡社区治理的意见》指出："大力发展在城乡社区开展纠纷调解、健康养老、教育培训、公益慈善、防灾减灾、文体娱乐、邻里互助、居民融入及农村生产技术服务等活动的社区社会组织和其他社会组织。推进社区、社会组织、社会工作'三社联动'，完善社区组织发现居民需求、统筹设计服务项目、支持社会组织承接、引导专业社会工作团队参与的工作体系。"③ 这进一步强调在推进城乡社区治理中，统筹发挥社会力量的协同作用。然而，目前大多数城乡社区的社会组织发展还不成熟，群众参与社区治理的平台还不健全。居民参与的主动性有待增强，参与的范围与内容有待拓展。与此同时，政府应该激励社会力量、凝聚社会资本，进一步建立健全社会组织的有效参与机制和长效保障机制。厦

---

① 《中共中央国务院关于加强和完善城乡社区治理的意见》，《人民日报》2017年6月13日第1版。

② 参见徐勇等《思明提升：共同缔造中的基层治理现代化》，中国社会科学出版社2015年版，第295页。

③ 《中共中央国务院关于加强和完善城乡社区治理的意见》，《人民日报》2017年6月13日第1版。

门市思明区曾结合群众路线教育实践活动和"美丽厦门·共同缔造"试点，推进社区率先建立"四民家园"（民生倾听室、民情调查队、民智议事厅、民心服务站），社区同驻共建理事会，社企同驻共建理事会，5个网格同驻共建理事会，10个"特色之家"（广场舞之家、合唱之家等）等社区"微组织"，搭建社区居民参与社区公共事务的平台。试点以来，社区"微组织"共开展自治议事活动17场，议事35项，推动解决27项；组织开展"特色之家"活动39场次，参与群众5600多人次，激发了社区居民和辖区企业参与社区自治的积极性，建构了社区事务居民治理的共治格局，社区"四民家园"也被形象地称为自治"孵化器"。[1] 因此，培育社区微组织，能有效统筹城乡社区治理中的社会力量，为社会力量参与提供平台，有利于完善基层治理体系。

三 选树典范，用好德治

德治是传统中国儒家学说的代表性治国理论，是以伦理道德作为重要原则的治国方略。党的十八大以来，习近平总书记多次强调，治国理政要从中华优秀传统文化中汲取经验，并提出以德治国和依法治国相结合的重要方针。2021年，《中共中央国务院关于加强基层治理体系和治理能力现代化建设的意见》也强调，推进基层治理德治建设，要"加强思想道德建设，培育践行社会主义核心价值观，推动习近平新时代中国特色社会主义思想进社区、进农村、进家庭。同时，健全村（社区）道德评议机制，开展道德模范评选表彰活动，注重发挥家庭家教家风在基层治理中的重要作用"[2]。然而，在基层治理实践中，居民的道德建设跟不上经济发展，部分居民群众思想道德水平低下，影响社区的治理成效。因此，针对这一问题，厦门市在推进基层治理现代化的进程中，通过引领群众积极参与社区公共事务治理，加强对居民群众的道德教化、价值引领，重视发挥德治在基层治理中的重要作用。

---

　　[1] 参见海沧区"美丽厦门·共同缔造"办公室《"美丽厦门·共同缔造"海沧区试点工作案例汇编》，2013年12月。

　　[2]《中共中央国务院关于加强基层治理体系和治理能力现代化建设的意见》，《人民日报》2021年7月11日。

1. 评议道德模范，强化模范引领

城乡社区治理中的德治同传统中国的德治文明一样，不仅指向居民个体的思想层面，而且指向居民群体的思想价值共识和集体行动认同。为了充分发挥德治在城乡社区治理中的重要作用，要健全城乡社区的道德评议机制，充分挖掘道德模范的引领示范作用，使居民群众在学习榜样的过程中凝聚共识，主动成为推进社区德治实践的引领者和实施者。① 在厦门基层治理现代化的探索实践中，洪塘村道德评议会在广泛征求群众意见的基础上，发动大家一起寻找身边的"好媳妇"，挖掘她们在生活、家庭、情感上能够体现洪塘孝贤精神的感人事迹，通过道德评议方式弘扬孝贤文化，许多妇女为"好媳妇"这个荣誉，争先比优，变着法子孝敬公婆，对村里的大事小事都热心参与，在洪塘村，姐妹、妯娌比孝敬老人、比邻里和睦、比美化家园已成为一种时尚，媳妇主动孝敬公婆的比比皆是。洪塘村成为"家家相亲相爱，户户和谐相处"的和谐示范村。②

2. 弘扬优秀道德传统，夯实德治基础

中华优秀传统文化中蕴含着丰富的德治因素，是现代德治文明的重要底蕴。传统文化植根于人们内心深处，因此，在新的时代条件下，推进基层治理的现代化，要充分挖掘传统文化中的德治智慧，并通过创造性转化和创新性发展，使之与当下的基层治理相融合，从而为新时代基层治理的德治实践探索提供不竭源泉。③ 厦门市洪塘村就以传统的孝贤文化为底蕴，通过强调孝文化使村庄的社会生活井井有条。一方面，村里尊老爱幼氛围浓厚，老人在家中地位提升，老人会在村庄更具威信、更受尊重；另一方面村里争当"好媳妇"的人多了，大家不仅关注自己"小家"的事，也积极配合村里、镇里"大家"的事。老人会德高望重、"好媳妇"热心村务，村里大事小事都有序推进。④ 由此可见，传统文化的弘扬和继承不仅增强了村民群众的认

---

① 参见张莹、丁胜《城市社区治理中的德治实践与经验启示——基于贵阳市白云区的考察》，《贵州民族研究》2021年第6期。

② 参见海沧区"美丽厦门·共同缔造"办公室《"美丽厦门·共同缔造"海沧区试点工作案例汇编》，2013年12月。

③ 参见吉丽丽《论德治在城乡基层治理中的作用》，《乡村论丛》2022年第2期。

④ 参见海沧区"美丽厦门·共同缔造"办公室《"美丽厦门·共同缔造"海沧区试点工作案例汇编》，2013年12月。

同感、责任感和荣誉感，也使得公序良俗深入群众内心，外化为行动自觉。

3. 推进文明实践，保障德治治理成效

为提升城乡社区治理水平，在加强道德引领和约束的同时，要积极推进文明实践，践行德治思想，保障德治治理成效。从厦门市的基层治理实践来看，海沧区在各个试点社区内建立一系列"微组织"，兴旺社区建设"民智议事厅"，凝聚社区居民、辖区企业力量，广泛集中民智；山边村、西山村和洪塘村成立的"乡贤理事会"，海虹"同心合议厅"，通过召开多次议事会，广泛凝聚民众共识，不断推进探索新型德治实践。在海沧推行公园广场洁净行动中，一直以来公园活跃着 13 支文艺队伍，各自为政，时常发生争抢场地的现象。开展"共同缔造"活动后，海虹社区把这些队伍的领头人请到同心合议厅，让他们共同协商划分活动区域，不仅达成了大家满意的结果，同时以"我们使用，我们负责"的理念引导他们参与广场、公厕的保洁管理，并由城建园林公司定期对保洁情况进行评比，将结果公布在公园的"共建宣传栏"上，有效推进了文明实践。①

四 有序参与，践行法治

近年来，在依法治国的背景下，基层治理的法治化成为推进基层治理现代化的重要制度保证。基层治理现代化的重要体现就是形成基层的规则之治，不仅是以法律为标志的现代治理规则体系深入基层公共事务，而且是深入人心，使得法律法规成为民众在日常生活中的行为准则。②《中共中央国务院关于加强基层治理体系和治理能力现代化建设的意见》强调："完善基层治理的法律法规，适时修订《中华人民共和国城市居民委员会组织法》《中华人民共和国村民委员会组织法》（以下简称《村民委员会组织法》），研究制定社区服务条例。"③《中共中央国务院关于加强和完善城乡社区治理的意见》也强调："推进法治社区建设，发挥警官、法官、检察官、律师、

---

① 参见海沧区"美丽厦门·共同缔造"办公室《"美丽厦门·共同缔造"海沧区试点工作案例汇编》，2013 年 12 月。

② 参见夏柱智《"条块互嵌"和基层治理法治化——县域治理创新的角度》，《天津行政学院学报》2019 年第 5 期。

③ 《中共中央国务院关于加强基层治理体系和治理能力现代化建设的意见》，《人民日报》2021 年 7 月 12 日第 1 版。

公证员、基层法律服务工作者作用,深入开展法治宣传教育和法律进社区活动,推进覆盖城乡居民的公共法律服务体系建设。"① 因此,基层要实现治理体系和治理能力的现代化,必然要推进基层治理的法治化。然而,长期以来,基层干部的法治意识不强,忽视对民众的法律规范教育,使得日常生活中的违法违规行为时有发生,扰乱了基层社会秩序。这表示,基层治理的法治建设任重而道远,不仅需要法治思维深入人心,而且需要持续完善基层治理的相关法律法规。从厦门基层治理现代化的实践探索中就不难看出,法治建设在基层治理过程中发挥的有效作用。

1. 推进基层干部依法用权

监督问责机制是促进基层干部进行依法有效治理的内在机制。监督机制具有过程性导向,可以及时纠正基层干部的违法违规行为,问责机制往往是对其行为结果的事后处置,二者对于基层干部的行为规范缺一不可。从现实来看,基层干部处于国家行政管理体系的末梢,往往直接面对民众的需求,是基层公共服务的直接提供者,其执行力建设是推进基层治理现代化过程中面临的一个重大理论和实践问题。② 因而,为了促使基层干部依法用权,监督和问责必然要相辅相成。"美丽厦门·共同缔造"试点开展以来,海沧区在推进"事权下放"项目的过程中,一方面,区效能办、区法制科通过定期、不定期检查、抽查等方法,加强督查力度,加强对下放事权的监督检查,建立健全相关工作制度和体制机制,明确监督检查的具体办法和程序,在监督过程中发现的违法违规行为,依法予以纠正;另一方面,对不作为、乱作为的人员、单位及时给予曝光,并根据《海沧区机关效能建设责任追究暂行办法》严格实行问责,以最大的决心确保事权下放。③ 由此,不仅促使了"事权下放"的有序推进,也使基层干部严格依法依规用权办事。

2. 规范社会组织依法运行

社会组织是让社会参与有序运转的"发动机"。缺乏组织的治理体系,

---

① 《中共中央国务院关于加强和完善城乡社区治理的意见》,《人民日报》2017年6月13日第1版。

② 参见康媛璐《责任强约束下乡镇干部执行力建设的机制问题研究》,《领导科学》2021年第6期。

③ 参见海沧区"美丽厦门·共同缔造"办公室《"美丽厦门·共同缔造"海沧区试点工作案例汇编》,2013年12月。

社会参与往往以群体事件或维权上访等非理性方式进行。厦门市海沧区通过组织建设，搭建社会参与平台，建立社会合法参与新秩序。首先，规范社会组织成立程序。海沧社会组织的成立，不仅需要得到相关部门的登记许可，而且要经过严格的孵化程序。在专门的社会组织孵化场地中，完成孵化培训；再由孵化基地运营机构及专家团队等组成评估小组，进行绩效评估；最终，评估结果为"孵化成功"的组织方可成立，"孵化不成功"则予以清退。① 其次，健全社会组织依法参与程序。制定《社区组织自治条例》《社区共建理事会章程》等制度，规范自治组织运行，健全依法参与程序。一是确定议题。在征集社情民意基础上，由自治组织负责人商讨确定居民关注度较高的议题，并提前三天公示。二是召集会议。理事会每季度定期召开议事会议，并邀请社区居民代表、街道相关职能部门到会，由参会各方对议题进行充分讨论。三是形成决策。对于会议成员通过的议题，能够解决的马上解决；解决不了的向上级部门反映。四是跟踪反馈。对社区自治组织通过的议题及议题结果，向全体居民进行公示，并对后续办理情况进行跟踪反馈。

3. 引导群众合法参与

合法参与是构建有序社会的重要途径。海沧区通过畅通多元参与途径，促进社会群众合法参与。一是找代表，对话式参与。依托人大代表、政协委员的走访接访制度，发表对经济和社会发展、民生保障方面的政策意见和建议。二是找组织，自主式参与。建立"四民家园""同心合议厅""社区同驻共建理事会"等多种议事决事的组织平台，拓展民意表达、议事决事等参与渠道。三是找专家，咨询式参与。自 2014 年 3 月起，海沧区每月周一和周三设立"主题咨询日"，对民生保障、法律咨询、社会救助、安全生产、投资环境优化、企业发展扶持等征集意见，如在 5 月开展的"促进就业、保障民生"的主题咨询日当天，接待群众超过 200 人次。② 由此可见，通过合法参与渠道，不仅可以关注到群众需求，而且利于解决群众身边事，有效保

---

① 参见海沧区"美丽厦门·共同缔造"办公室《"美丽厦门·共同缔造"海沧区试点工作案例汇编》，2013 年 12 月。

② 参见海沧区"美丽厦门·共同缔造"办公室《"美丽厦门·共同缔造"海沧区试点工作案例汇编》，2013 年 12 月。

障社会的有序运行。

小　结

当前，我国正处在向全面建成社会主义现代化强国第二个百年奋斗目标迈进的重要历史时刻，基层治理作为国家治理的基石，治理体系和治理能力现代化也需要稳步推进。为此，《中共中央国务院关于加强基层治理体系和治理能力现代化建设的意见》要求"打造人人参与、人人尽责、人人共享的社会治理共同体"，以统筹推进乡镇和城乡社区治理现代化。[①] 厦门作为我国五个经济特区之一，是改革开放的前沿阵地，经济社会取得了快速发展，但同时也出现了一些社会矛盾和问题，面临着社会多元整合和供需结构失衡两大难题。厦门市率先提出"美丽厦门·共同缔造"的改革思路，深化社会领域的改革，探索决策共谋、发展共建、建设共管、效果共评、成果共享的方法和机制，推进基层治理现代化。因而，"共谋、共建、共管、共评、共享"是一套完整的工作方法体系，贯穿于共同缔造的始终。"共享"就是通过共谋、共建、共管、共评，使广大群众更好共享"共同缔造"成果。"美丽厦门·共同缔造"实施以来，厦门市基层治理现代化探索一直秉持着"以人为本、回归社区、共建共享"的发展理念，通过引导参与、凝聚力量、整合资源、强化监督和改善服务等多种有效手段，践行共同缔造理念，努力打造生态、和谐、温馨的幸福家园，使得"共谋、共建、共管、共评"之后，群众切身感受到惠民生的成果。

共同缔造的"核心在共同，基础在社区，关键在服务"。社区是城市最基本的单元，是社会治理的原点，也是当前社会架构中最薄弱的环节。当前大量的社会问题产生在基层，大量的社会矛盾发生在基层，大量的社会需求来源于基层，只有通过创新社区治理机制，提升基层社会治理水平，才能从源头上、根本上推进社会治理能力的现代化建设。厦门市以"共同缔造"为抓手，在建设美丽厦门的过程中，通过创新群众参与机制、激发社会组织

---

① 参见《中共中央国务院关于加强基层治理体系和治理能力现代化建设的意见》，《人民日报》2021年7月11日。

活力等一系列措施，将社会组织、企事业单位和居民群众领进来，实现了从"单向管理"到"共同治理"的提升。并且，秉持以人为本、因地制宜、分类指导的原则，努力健全覆盖全区的公共服务体系和网络，完善适合各类社区、各类人群的服务平台，提升居民的生活幸福感和满意度。

第七章
总结与思考：基层治理现代化的厦门探索

习近平总书记指出："基层强则国家强，基层安则天下安，必须抓好基层治理现代化这项基础性工作。"① 我国基层治理现代化是有明确的指导思想、工作原则和主要目标的系统性工程。要推进我国基层治理现代化，必须不断地创新基层社会治理，寻找合适的途径、方式、载体和机制。美好环境与幸福生活共同缔造，是推动基层治理现代化的重要抓手。2021年4月，《中共中央国务院关于加强基层治理体系和治理能力现代化建设的意见》指出，要"以坚持党对基层治理的全面领导为工作原则，把党的领导贯穿基层治理全过程、各方面。坚持共建共治共享，建设人人有责、人人尽责、人人享有的基层治理共同体"②。"共同缔造"作为一种理念，一种方法，其核心和实质是最大限度凝聚人心，凝聚力量，共同实现美好生活的目标。它将中央的原则精神转化为人们的实际行动和成效。作为城市治理的模范生，厦门自2012年起坚持以群众参与为核心，以培育精神为根本，以奖励优秀为动力，以项目活动为载体，以分类统筹为手段，不断深化试点工作，通过共同缔造积极破解"中等收入陷阱"所带来的各类社会难题，让社会治理的触角真正延伸到社区的"最后一公里"，构建起"纵向到底、横向到边、互动共治"的社会治理新体系，为城市社区治理现代化贡献了丰富的经验。

---

① 《习近平春节前夕赴贵州看望慰问各族干部群众 向全国各族人民致以美好的新春祝福 祝各族人民幸福吉祥祝伟大祖国繁荣富强》，《人民日报》2021年2月6日第1版。
② 《中共中央国务院关于加强基层治理体系和治理能力现代化建设的意见》，《人民日报》2021年7月12日第1版。

第一节　积极治理：厦门基层治理现代化的基本理念

治理是满足人们需求，解决社会矛盾的政治活动。治理要解决问题，有两种方式。一种是，有什么问题解决什么问题，就事论事，属于消极被动型。问题不断出现，防不胜防，治标不治本，比如"群众上访，干部截访"。另一种是，追溯问题产生的根源，既解决具体问题又注重解决产生具体问题的原因，避免问题反复发生，治标又治本，属于积极主动型，即通过积极主动的行动改变已有的治理状况，达到新的目的，属于积极治理。共同缔造作为一种积极治理的样式，抓住了基层治理中的突出问题，同时又构造了一种新的治理形态，通过共同行动取得满足人民生活需要的实际成效，是问题意识、目标意识、操作方法、成效意识四位一体的产物。

从问题意识看，共同缔造作为一种施政理念，是在基层社会治理创新过程中产生的。改革开放以来，我国经济社会迅速发展，但也产生一系列新情况、新矛盾和新问题，原有的单一的政府治理体系难以解决问题，难以满足人民日益增长和多样化的需求。厦门市经济社会的快速发展导致城市器物现代化与人的现代化和治理现代化的脱节，城市治理现代化比其他地方更为紧迫，并要求率先实现治理类型的转换。具体表现在两个方面：一是许多问题仅依靠政府的力量难以解决，居委会、物业、业主三方的矛盾突出，难以提供优质的社区服务；二是政府解决了大量问题，但由于受到原有观念和体制的支配，只是单向的政府行为，得不到群众回应，表现为"干部干，群众看"，"吃力不讨好，做了事找骂"，干部群众两张皮，群众之间多条心。"美丽厦门·共同缔造"活动正是对这一城市治理问题的积极回应。

从目标导向看，共同缔造在解决问题的同时，力图分析产生问题的原因，寻找问题产生的规律性原因，找到解决问题的方法，设立新的目标，进行积极治理。共同缔造作为解决问题的方式，强调"共同性"，共同解决问题。共同是指一起，意味着配合、联合、协同、合作，是相对于单一、单独、独自而言的。美国学者罗伯特·帕特南的《独自打保龄：美国社区的衰落与复兴》一书，揭示了人们对公共生活的冷漠。共同缔造注重在差异中寻找"共同点"，在分化中寻求"最大公约数"。美好环境与幸福生活是"最大公约数"。作为一种高层次的治理理念，共同缔造将社会和群众作为治理主体，建构政府、社会与群众"共建共治共享"体系。王蒙徽同志在厦门时就提出：共同缔造核心在共同，基础在社区，关键在激发群众参与、凝聚群众共识、塑造群众精神，根本在让群众满意、让群众幸福。共同缔造是基层社会治理创新的产物。它虽然是从整治人居环境入手，但不是简单地解决美好环境的具体问题，而是要改变原有的社会治理，改变社会治理的体制机制，改变体制机制背后的"人的观念"。从厦门的经验看，共同缔造是有目的、有规划、有方式、有成效的系统性治理创新工程。

从操作方法看，共同缔造是一项改变社会状况的社会工程，体现了中央顶层设计、地方施策和基层实施的融合，设计师、工程师、施工员三位一体，特别注重可操作性。其一，过程性与成效性结合，注重操作流程。"决策共谋、发展共建、建设共管、效果共评、成果共享"是一个由不同环节构成的流程。整个流程从先到后，形成一个有机的链条，缺乏任何一个环节都会发生问题。共同缔造在云浮只有"四共"，到厦门后增加"共评"，没有群众参与评价，只会出现政府表扬和自我表扬。私人物品可以通过消费者的购买行为表达自己的意志，公共物品体现享受者的意志，需要引进评价机制，由此出现由"五共"构成的共同缔造工作法。其二，普遍性与特殊性结合，找到切入点和着力点。开展共同缔造要分类施策，根据不同地方、不同部门、不同人群找准活动的切入点和着力点，满足不同人群的不同需求。其三，实质性与量化性结合，有明确的衡量指标。共同缔造是一项改善社会状况的社会工程，需要通过一系列指标加以具体化，可感知、可量化、可比较，更要将人民群众的安全感、获得感、幸福感用行动和成效体现出来。

从效果导向看，方向决定道路，道路决定命运。共同缔造是打基础、管长远的固本之策和长远之计，需要通过行动一步步加以实施。没有理念的行动是盲目的，没有行动的理念是空洞的。共同缔造的特殊价值在于将先进的治理理念与具体的治理行动结合起来，找到构建新的治理格局的切入点和着力点。共同缔造的核心是共同。主张在社会差异中凝聚社会共识，在社会分化中寻找社会的"最大公约数"，将"你、我、他"的个体变为复数的"我们"，以实现共同目标。共同缔造的要义是缔造。强调党和政府与人民群众一起创造美好环境与幸福生活。幸福生活不是"等、靠、要"来的，而是人民自己动手创造出来的。共同缔造的基础在社区。通过共同缔造将"陌生人"变为相互帮助和相互关爱的熟人和亲人,让社区成为一个有温情的生活共同体,在每个社区居民的参与下,建构人人有责、人人尽责、人人享有的社会治理共同体。共同缔造的关键在发动群众。激发群众参与、凝聚群众共识、塑造群众精神,让群众在共同缔造活动中建构主体意识、自主意识,充分发挥群众的主动性、积极性和创造性。共同缔造的根本在于让群众满意。从群众身边的小事做起,从群众最关心的事情做起,从做得到的事情做起,通过一个个项目、一件件事情让人民群众有更多的安全感、获得感和幸福感。

总的来看,基层治理具有复杂性、挑战性、差异性的特点,地方各类基层治理实践证明:体制改革是基层治理有效性的原动力,机制创新是基层治理高质量的效能保障。[①] 共同缔造是厦门基层治理创新的重要抓手,它具有明确的问题导向、目的导向、成效导向,并形成一套科学可行的操作方法,既发挥政府治理的优势,又抓住了基层治理的薄弱环节,将政府治理与社会调节、居民自治有机衔接起来,形成了新的治理格局,是厦门城市社区治理得以现代化的认识论和方法论,具有可学习、可复制和可推广的普遍性价值。

第二节 完整社区:厦门基层治理现代化的主要途径

社区是城市居民生活和城市治理的基本单元,是党和政府联系、服务人民群众的"最后一公里",是惠民生、暖民心的关键环节。习近平总书记指出,"基层治理和民生保障事关人民群众切身利益,是促进共同富裕、打造高品质生活的基础性工程",要求"健全城乡社区治理体系,为人民群众提供家门口的优质服务和精细管理"。[②] 社区虽小,却连着千家万户。2010年,吴良镛院士在上海世博会闭幕大会演讲中提出:"社区是人最基本的生活场

[①] 参见姜晓萍《加强基层治理体系和治理能力现代化建设》,《光明日报》2021年8月17日第6版。

[②] 参见习近平《牢牢把握高质量发展这个首要任务》,《人民日报》2023年3月6日第1版。

所，社区规划与建设的出发点是基层居民的切身利益。不仅包括住房问题，还包括服务、治安、卫生、教育、对内对外交通、娱乐、文化公园等多方面因素，既包括硬件又包括软件，内涵非常丰富，应是一个'完整社区'的概念。"[1] 所谓"完整社区"，是指在居民适宜步行范围内有完善的基本公共服务设施、健全的便民商业服务设施、完备的市政配套基础设施、充足的公共活动空间、全覆盖的物业管理和健全的社区管理机制，且居民归属感、认同感较强的居住社区。[2]

2022 年，《住房和城乡建设部办公厅 民政部办公厅关于开展完整社区建设试点工作的通知》，从完善社区服务设施、打造宜居生活环境、推进智能化服务、健全社区治理机制四个方面，对完整社区的建设任务进行了全面的阐述。事实上，早在 2012 年厦门市开展"美丽厦门·共同缔造"试点行动时，就开始着力推动完整社区建设，形成"六有、五达标、三完善"的完整社区指标体系，探索出创新基层社会治理的方法和路径，改善了社区环境和服务质量，以共同缔造为重要抓手，在地方实践中将"完整社区"理念付诸行动，其经验如下。

一 党政统筹，建构体系

虽然厦门市经济社会发展迅速，但是并没有从根本上改变政府的传统管理方式，社会治理面临的挑战依然十分突出。究其原因，以往的改革多是各个部门的零星探索、孤立实验，没有统一的领导机构，没有先进的指导理念，更没有科学的顶层设计和健全的制度保障。鉴于此，厦门市以强化执行力为核心，主要领导挂帅抓决策，成立缔造办抓落实，制定全方位的实施方案，建立联动协作的工作制度，从而确保改革举措能落实到位，确保居民群众能参与共治，使试点工作取得显著成绩。

首先，成立综合性领导机构。为了确保试点工作的有序、高效推进，厦门海沧区成立综合性的领导机构，负责试点的总体设计、统筹协调、整体推进、督促落实。一是成立试点工作领导小组。以共同缔造创新社会治理是一项系统工程，涉及面广、综合性强，需要强化领导、整合资源、形成合力。

---

[1] 吴良镛：《住房·完整社区·和谐社会》，《住区》2011 年第 2 期。
[2] 参见邹翔《让完整社区成为幸福生活的港湾》，《人民日报》2022 年 11 月 25 日第 5 版。

为全面贯彻厦门市委市政府的相关部署，成立了以区委书记为组长、区四套班子领导及区直各部门、各街道主要领导为成员的试点工作领导小组，全面领导试点工作。领导小组下设 10 个工作组，分别指派一名区领导为组长，对接全市美丽厦门十大行动，有针对性地牵头开展各项工作。各部门、各试点街道也成立专门的领导小组，定期召开会议，统筹协调共同缔造工作。二是实行主要领导挂帅制度。由党委（党工委、党总支）书记，部门主管担当"第一责任人"，形成主要领导亲自抓，一级抓一级，层层抓落实的工作格局。三是组建协调联络综合机构。成立区缔造办，作为落实具体工作的综合性协调联络机构，由区党工委副书记任主任，缔造办设在区委办公室，下设项目、保障、宣传、协商、督查、综合 6 个组，领衔"作战"的是区四套班子和各部门的相关领导。同时，从组织部、宣传部、财政局等部门抽调 8 名专职同志集中办公、充实力量，以"美丽厦门·共同缔造"为统领，全面推进各项工作。四是建立三级缔造工作体系。为了做好上下联动，提高工作效率，保证试点工作有序推进，厦门市海沧区各试点镇（街）、村（居）在第一时间成立缔造办，与区缔造办对接，负责各项具体工作的协调、督促和落实，从而建立起一支"纵向到底、横向到边"覆盖全区的战斗队伍，形成了区统筹、镇（街）组织、村（居）主体的三级缔造工作体系。

其次，制定全方位实施方案。创新社会治理的整体性、系统性和协同性要求必须搞好顶层设计，确保试点工作有章可循、有据可依。一是规划设计方案。规划是建设美丽厦门的行动指南和总体部署，"美丽厦门战略规划"确定了美丽厦门建设的定位、目标、行动、方法和步骤等方向性问题，提出了通过全面深化改革，开展共同缔造行动，发挥群众的积极性、主动性和创造性，实现治理体系和治理能力的现代化，实现城市发展的转型升级，让人民群众更多更公平地共享发展成果。二是充分听取民意。为了使实施方案更加合乎实际，更好满足群众的切身利益，调动各方参与共同缔造的积极性，厦门市通过多种形式广泛听取民意，完善试点实施方案。通过倾听群众意见建议，不仅完善了试点实施方案，而且实现了通过倾听民意转变群众观念、凝聚各方共识的目标。三是多方征求意见。通过多方征求意见建议，提升方案的内涵和质量。试点工作实施方案草案出来后，向上获取指导意见，向下获取实施建议，为方案的实施争取保障和支持。时任厦门市委书记的王蒙徽关于"着力办一批群众最关注、需求最迫切的实事、小事，要从群众最需要的房前屋后小事做起,让群众参与进来,看见成效,形成大家共同建设美丽厦门的良好氛围"的指导,让习惯了"大投入、大项目"的基层干部对共同缔造有了全新的感悟,制定实施方案的方向也更加明晰。

最后,建立上下联动协作机制。在试点工作领导小组的指导下,海沧区健全缔造办内部运行机制,实行领导挂钩联系试点制度和干部挂钩联系网格工作制度,通过联动协作、密切配合,确保领导班子行动有力、工作有效。一是健全缔造办内部运行机制。作为试点工作的日常领导协调机构,缔造办能否充分发挥作用,关系到整个试点工作的成效。海沧区首先建立缔造办内部运行机制,确保了缔造办有序、高效运转。明确区缔造办6个工作小组及10大行动小组各自的职责和分工,做到分工明确、责任清晰。同时建立每周一会、每月一评的沟通协调机制,以程序化的机制确保工作运作有序顺畅。二是实行领导挂钩联系试点机制。为了强化落实,确保试点工作分工到位、组织到位、推进到位,海沧区实行"1+2+1"领导挂钩联系试点制度,即1名区领导及2名区缔造办工作人员专门挂钩联系1个试点社区,公安、消防、城管、工商、环保、环卫等相关单位派专人驻点试点社区,建立片区联络员制度,提供咨询指导服务,及时协调解决问题。在此基础上,建立意见逐级反馈处理机制,按照"社区第一时间解决处理,处理不了逐级上报协调解决"的方式进行反馈处理,切实推动群众意见建议协调解决,确保试点项目有序推进。三是建立干部挂钩联系网格机制。为了充分发挥各部门中对共同缔造工作学习、领会比较深入、透彻的兼职缔造业务骨干的作用,海沧区建立干部挂钩联系网格制度。由各机关单位党组织牵头联系挂钩村(居)单位,明确本单位党员干部深入挂钩村(居)网格的具体人员安排,确保每个网格至少有一名以上党员干部;同时,加强与挂钩村(居)的对接联系,做好工作方案,商讨确定工作布置、任务分配、阶段目标等,做好工作记录,及时反馈总结。通过了解群众心声,及时解决群众反映的问题,带动更多的群众参与到共同缔造中。

二 转变观念,凝聚共识

长期以来,政府的大包大揽减少了群众参与治理的机会,形成了"政府唱戏,群众看戏"的局面,导致群众政治参与意识淡漠、群众诉求无法得到及时回应和满足,造成干群关系紧张,政府施政权威下降的局面,降低了社会治理效能。为了破解治理乏力的困境，厦门市以共同缔造为核心，首先进行思想观念的转变，推动政府"以管制为主"向"以服务为主"的职能转变，提升治理能力和服务水平，扩大社会多元主体参与基层治理，做到问需于民、问计于民、问效于民，凝聚群众共识，汇集群众智慧，形成政府与社会良性互动的治理新局面。

首先，以放权增能凝聚政社合作共识。权力下放是转变政府职能的突破口，通过下放权力，增强基层服务能力，促进政府高效协调运转，激发社会活力，使群众切实享受社会治理带来的成果。一是向镇街社区放权。厦门市推动简政放权，强化街道的社会管理职能，并且以实现社区职能回归为着力点，健全以社区为基本单元的便民利民工作架构，将部分基层需要且能够承担的社会管理和公共服务事项下放给镇街和社区，并配备相应的人员和资金资源，加强培训指导，确保下放的同时不松懈管理。二是向社会组织放权。社会组织是基层社会治理的重要主体，厦门市通过出台相关制度，创新社会组织培育机制，向社会组织放权，积极探索社区社会组织登记与备案相结合的管理制度，采取"先发展、后规范，先备案、后登记"的办法，大力扶持和培育兴趣类、互助类、公益类、维权类及服务类等具有导向作用的社会组织。推进社会组织去行政化和去垄断化改革，推行"一业多会"。同时，加大对社会组织的扶持力度，提供办公场地、办公设备、网络及资金补助等支持，助社会组织发力。三是向自治组织放权。群众自治组织是社区治理的重要主体，可以弥补居（村）委会管理和服务上的不足，提升社区治理水平，让居民的需求满足在社区、矛盾化解在社区、关系融洽在社区。厦门市以"激发群众参与、凝聚群众共识、塑造群众精神"为指导，大胆实行基层治理创新，将政府不该管或管不好的事情依托"网格化·微自治"的创新管理模式，移交给"四民家园"、"乡贤理事会"及"同心合议厅"等自治组织操办，通过事权下放激发群众参与共治热情，增强居民自我管理、自我服务的意识和能力，激活社区治理的活力。

其次，以同驻共建构建社企合作理念。企业是社会治理的主体之一，在充分认识到企业和商家重要作用的基础上，厦门市以同驻共建为指引，注重激发企业的社区认同感和社会责任感，建构社企合作新理念，让企业参与社会治理，共同缔造美丽家园。一是以宣传发动培育社企同驻共建理念。通过开展多样化的宣传活动，培育企业参与精神，构建社企合作的新理念，增强企业的责任意识和合作理念。通过多种形式培育企业同驻共建共识，激发企业参与共同缔造的热情。二是以平台共建深化社企同驻共建理念。企业和商家参与社会服务和社区治理需要平台，为此厦门市积极探索，引导企业参与平台共建，不仅为企业参与社会治理搭桥铺路，也在共建过程中深化社企合作理念。同驻共建的平台不仅拉近社区与居民的距离，更重要的是增加了社区与企业之间的联系，增加了企业的社区认同感，极大地调动了企业参与社区治理的热情。通过引导企业参与平台搭建，强化企业参与共同缔造的意识，让社企合作的理念深入企业之中。三是以参与共治提升社企同驻共建理念。厦门市鼓励企业捐资出力，在参与共治中激发企业的认同感和责任感，提升社企合作的理念。通过引导企业参与共同缔造行动，增进居民对企业的认同，也让企业在活动中体现了自身价值，使社企合作成为普遍共识。

最后，以借脑引智形成政学协作观念。为了进一步转变观念，凝聚共识，厦门市积极借智引脑，邀请专家学者进行指导，派考察团走出去学习先进经验，邀请专家学者驻点参与观察，参与共同缔造，形成了政学协作共商共进的新观念。一是专家指导，助力共同缔造。厦门市先后邀请了一大批专家学者对试点工作进行指导，让专家学者通过指导也参与到"美丽厦门·共同缔造"中。通过专家会诊，总结经验、发现不足、明确方向。政学协作、共商共进成为海沧推进工作的基本观念。二是学习观摩，借力共同缔造。厦门市海沧区十分注重学习各个地区创新社会治理的先进经验。按照"缺什么学什么""学为我用"的原则，对先进经验做法进行分门别类，采取"点对点""结对子"等学习方式，真正做到学深、学透、学到位。通过对比发达地区的优秀经验做法，结合本地发展实际，创新社会治理体制和治理模式，为共同缔造工作的进一步开展指明了方向。三是驻点观察，深化共同缔造。除了引入专家学者调研讲学、指导考察外，海沧区还积极邀请专家学者全程参与观察，指导、帮助开展试点工作。2013年9月，海沧区与华中师范大学中国农村研究院签订合作协议，为创新社会治理寻找理论指导和智力支持。中国农村研究院课题组先后派出3批博士、硕士研究生，开展了5个多月的驻点观察。驻点课题组成员在充分了解全区情况的基础上，参与试点方案、政策的制定讨论，深入试点街道和社区，进行参与式观察，指出社区存在的困境，指导社区深化和推广群众参与，为全面铺开共同缔造行动打开了局面。

三　建章立制，提供保障

国无法不治，民无法不立。制度的完善是治理能力建设的前提保障，大多数基层治理创新都经历过这样的命运：因无法真正制度化而被搁置，进而被遗忘。因此，制度是社会治理创新的长效性保证，任何一项改革的成功，都离不开全面的保障措施。创新社会治理的复杂性、系统性和整体性需要健全的制度保障，来保持它的常态化运作。厦门市通过建章立制，打造高效、专业的缔造干部队伍，邀请行业精英共同参与，构建多元投入体系，建立党建引领机制，激发基层组织活力，为推进共同缔造行动提供资源保障、考核激励和监督检查体制。

首先，完善资源保障制度。一是建立人力保障。坚实的人力保障是事业成功的前提和保证。为了确保试点工作快速、高效开展，海沧区加强对干部队伍的培训力度，定期举办业务培训班，组织试点干部外出学习考察，全面提升干部队伍的整体素质，着力打造一支素质高、能力强、效率高的缔造干部队伍。厦门市邀请专家为各级领导宣讲授课，同时对村居干部、网格员、社工义工、志愿者骨干开展培训。二是推行财力保障。共同缔造离不开扎实的财力保障。为了保证试点工作顺利启动，厦门市改变以往大包大揽的社会建设模式，实行财力共建制度，构建起多元投入体系，为试点工作提供扎实的财力保障。实行"以奖代补"制度，对于各种成效显著的社区建设类项目、公共活动类项目以及公共服务类项目，以"以奖代补"的形式给予资金补助，从而极大地激发了居民、社会组织和企业参与共同缔造的热情。三是健全组织保障。基层党组织是试点工作的执行主体，强有力的基层党组织是做好试点工作的前提。厦门市通过党建引领机制，激发基层组织活力。以设立街道大工委、社区大党委的形式，整合各方力量，为共同缔造工作的开展提供引领、带动作用。

其次，创新考核评价机制。考核评价机制是一根指挥棒，具有导向作用、鞭策作用和激励作用。厦门市创新考核评价机制，科学设置了区、镇（街）、村（居）三级工作考核评价体系，并将"美丽厦门·共同缔造"行动纳入区一级的考核评估范围，督促各单位将美丽厦门战略部署及试点任务分解落实到本单位的指标体系中，协同区委、区政府相关部门制定考评办法，通过考核指标的导向作用，确保工作落到实处、干部履职到位。此外，为了充分发挥社区在共同缔造中的基础作用，厦门市还将试点社区及干部、网格员等推动试点工作的情况纳入考核范围，成立由上级部门、群众代表、社区社会组织代表等组成的考评小组，采取灵活多样的方式，定期对社区推动试点情况进行考评。同时，把考评结果与行政问责、评先评优、奖励惩戒等有机结合起来，鼓励先进、勉励后进，给职能部门、社区增加压力和动力，调动工作的积极性和主动性，为共同缔造注入活力。

最后，健全监督检查体制。做好监督检查工作，既是保证试点工作落到实处的有力举措，也是确保试点工作取得成效的重要途径。厦门市着力完善督查检查机制，创新监督检查方式方法，监督关口前移、全程跟进，确保试点工作持续快速推进。由区纪委牵头，区"两办"、区委组织部成立联合督查小组，加强对共同缔造工作部署的贯彻落实情况进行督促检查，对各镇（街）的试点工作的质量进行巡回督查，运用测评排队机制把落后干部"逼"出来，及时对试点工作开展不力的单位进行通报批评，并督促改进。同时，通过创新监督检查的工作方法，注重把监督检查与推进试点工作相结合，把监督检查的过程变成推进试点工作的过程。此外，通过推行"现场工作法"，采取直接深入项目建设一线、掌握一手资料的方式开展督查督办，对工作进度滞后的项目进行调研督查，协助解决问题，确保重大项目按照序时进度推进，确保试点工作有力开展。

总体来说，厦门通过共同缔造的方式，较早践行了"完整社区"理念，在改善社区服务设施、打造宜居生活环境、推进智能化服务、健全社区治理机制四个方面取得突出成效。其成功经验在于：首先通过强化党组织的领导能力，建构起全面实施的顶层体系，明确各方主体责任，确保了"共同缔造"工作的有序开展；其次，通过转变政府观念，提升政府服务水平，从而激励社会多元主体参与到社会治理当中，在实践中促成共建共治共享，为"共同缔造"的开展培育了先进的共识理念；最后，通过完善制度保障，为"共同缔造"的实施提供了规范化保证，增强基层治理效能。

第三节 治理创新：厦门基层治理现代化的借鉴意义

社会工程的目的是要改变原有状况，建设新的建筑。这一建筑由各个部分构成，形塑出新的格局。《中共中央国务院关于加强基层治理体系和治理能力现代化建设的意见》明确指出，要建立起党组织统一领导、政府依法履责、各类组织积极协同、群众广泛参与，自治、法治、德治相结合的基层治理体系。[①] 党的二十大报告进一步指出，坚持人民城市人民建、人民城市为人民，提高城市规划、建设、治理水平，加快转变超大特大城市发展方式，实施城市更新行动，加强城市基础设施建设，打造宜居、韧性、智慧城市。[②] 为我国加快推动城市社区治理指明方向。厦门市以问题为导向开展共同缔造活动，并通过体制机制创新巩固治理成果，建构"纵向到底、横向到边、共建共治共享"的城乡基层治理体系，以新代旧，着眼长远，兼顾整体，增强能力，为基层治理创新建设稳固的基础，形成可学习、可复制、可推广的成果。

一　基层治理创新是共同缔造走深走实的必然要求

厦门共同缔造由活动进入体制机制创新阶段，要通过体制机制创新使共同缔造走深走实，这是今后基层治理现代化需要努力的方向。一是"走深"：以建构社会治理体系为目标，着力于体制机制创新，将活动中的"我们"变为常态化和常效化的"我们"。二是"走实"：通过扎扎实实的制度创新，取得一批可复制可推广的制度成果。这是一种更高层次的治理活动，其特点表现为以下三点。

第一，优化功能的创新。以共同缔造推动基层治理创新是不断夯实基层社会治理根基的切入点。基层治理创新是通过体制机制变革，创造一种新形态、新样式和新体系。一是结构性改变。如城市单位制的解体。二是功能性优化。基本架构不变，重在完善结构，优化功能，健全体系。我国现行基层治理的"四梁八柱"的基本架构已搭建起来，主要任务是进一步完善结构，补足薄弱环节，将制度优势转换为治理效能，形成组织体系和工作体系。以共同缔造推动基层治理创新，重在建构治理体系。

[①] 参见《中共中央国务院关于加强基层治理体系和治理能力现代化建设的意见》，《人民日报》2021年7月12日第1版。

[②] 参见习近平《高举中国特色社会主义伟大旗帜　为全面建设社会主义现代化国家而团结奋斗——在中国共产党第二十次全国代表大会上的报告》，《人民日报》2022年10月26日第1版。

第二，夯实基层基础的创新。随着现代化建设推进，基层治理形态发生重大变化。2006年农业税费改革，进行以"减人减事减支"为导向的乡镇配套改革，取得了成效也存在不足，表现为"乡镇动一动，十年不安宁"。以共同缔造推动基层治理创新是增量创新，着力于重心下移，夯实基层基础。包括以下几个方面的内容。

首先，加强基层组织建设，夯实组织基础。基层社会治理要让群众成为参与者而不是旁观者，必须将群众组织起来，获得强大的组织基础。无组织的个体是软弱的，也是危险的。古人云"天下之患在于土崩"。基层治理的"土崩"正是由无组织的个体汇聚起来的无序力量造成的。社会组织化是基层社会治理的基础，如何组织社会则是治理难题。要以城乡社区为基础，形成"纵向到底，横向到边"的基层组织和治理体系架构。"纵向到底"指政府的管理和服务自上而下经由街道、社区、小区、楼栋一直延伸到家庭和个人。"横向到边"是指基层社会通过各种功能性组织联结起来，自我管理、自我服务和自我教育。"美丽厦门·共同缔造"中的农民自己动手拆除猪圈，重要机制是居民理事会的自我管理功能。

其次，加强基层资源配置，夯实物质基础。我国社会治理体系布局中的"政府主导"，在于政府是资源的权威分配者。资源在相当程度上决定了基层社会治理的绩效。长期以来，我国基层治理处于权力小、资源少但责任大的紧约束状态。为满足人民日益增长的美好生活需要，基层治理的重点是为民服务，但为民服务需要相应的资源。厦门的共同缔造重视将资源配置到最接近人民群众的地方，权力与责任对等，责任与资源相配。一是放权赋能。基层社会治理主要是处理和解决基层人民群众所需要解决的事务。治理的重心和相应的资源分配以事为主。权随事走，费随事转。二是分类分配。政府是资源的权威分配者。任何资源都是有限的。政府要将有限的资源分配到最需要的地方，必须对分配对象加以分类。分类分配、保底运行是基层社会治理的重要举措。三是以奖代补。政府不仅要善于分配，更要善于通过分配激发社会活力，让人民群众不仅成为享有者，更要成为创造者。改变过往的无差别的资源分配方式，推行"以奖代补"，根据基层社会治理的成效分配资源，充分调动和激发基层和人民群众的积极性。

最后，加强基层群众工作，夯实社会基础。基层社会治理的对象和主体是"人"。人是有意识、有目的的活动者。中国之治的一个重要优势就是

"以文化人"，即以文化感化人，使人学会做人，学会在社会上做人、做好人、做守规矩的人，"从心所欲不逾矩"，基层社会治理获得牢固的基础。自治要在"自我治理"，自我治理首在治心。共同缔造的重要成果是通过共同缔造活动，在一个分化分散的社会基础上重建"共同体"，人们在共同缔造中建立对自己美好家园的认同感和归属感；在共同缔造中大家熟悉起来，成为利益相关、生活互助、情感相通的新型"熟人"。厦门的共同缔造以"微自治"推动"微公益"，以"微公益"培育"人人为我，我为人人"的公益精神。只有当每个人有公益精神，"天下为公"才有牢固基础。

第三，体现"大治理观"的创新。"大治理观"强调国家对社会治理的主导性、社会参与的基础性。以共同缔造推动基层治理创新，强调群众主体，一是目标是让群众满意，二是群众直接参与治理，一切为了群众，一切依靠群众的群众路线是中国共产党的三大法宝之一，也是基层社会治理的重要法宝。但在一段时间内，基层治理群众意识淡漠，群众被丢掉了。谁丢掉群众，谁就会被群众丢掉。共同缔造以共同为核心，将群众找了回来。群众不仅不是包袱，而且是资源和动力。在"美丽厦门·共同缔造"行动中，一个村修建广场，群众自己动手拆除猪圈。如果政府直接动手，群众可能会对政府"动手"。共同缔造从群众小事做起，但小事不小。通过群众最关心的点滴小事，将群众凝聚起来。

体制机制创新是共同缔造的目标，推动共同缔造走实走深需要实现四个目标。一是基层治理单元进一步优化。基层群众自治是中国特色社会主义的基本政治制度。但此制度在相当程度上还停留在文本上，未能进入社会生活之中，属于制度"空转"。其重要原因是缺乏相应的行动载体。共同缔造通过一定的活动和载体，激活已有制度，让制度运转起来，让群众行动起来。厦门实行"微自治"，通过花木认养等微不足道的小事实现群众"自我管理、自我教育、自我服务"的大目标。二是群众参与活力进一步激发。共同缔造是共同行动。在共同行动中有发动者、领导者、参与者，相关事项的所有人都应行动起来，各尽所能。厦门社区建设中实行"共驻共建"，同一社区中的所有机构和人员都是参与者，有钱出钱，有力出力，有点子出点子。三是党的组织优势进一步发挥。党组织在共同缔造行动中的作用体现在三方面。首先是统筹。统筹将各个部分作为一个整体，都不可或缺，最重要的是补短板，即所谓"木桶原理"。在基层治理体系中，政府主导是优势，群众主体作用有限。共同缔造要补足这一短板。其次是整合。整合是通过一定方式将不同部分合为有机的整体。过往单一治理"整而不合",是一种机械整合。共同缔造通过群众参与实现有机整合。最后是融合。单一治理下,干群关系犹如水和油。通过共同缔造,干群关系水乳交融。四是基层治理和治理能力现代化水平进一步提高。基层社会治理不是应急之行,更不是应景之作,而要通过制度建设,使社会获得持续不断的有序性,构建稳固的制度基础。组织化以制度化为前提。制度指以规则或运作模式规范个体行动的一种社会结构,使人们的行为有规可循,成为可持续的行为模式。

二 建构多层次的基层治理单元体系

共同缔造的难题是发动群众难,群众参与难,为什么难?重要原因是基层治理单元的不足,人们缺乏参与的载体和动因。中国是以中央领导地方的单一制国家。政权建设是自上而下的路径。从国家对基层社会的治理看,乡镇(街道)是基层政权单位,乡镇(街道)以下的村民委员会和社区居民委员会是基层治理的基本单元,通常被称为国家法律规定的建制村或者建制社区。我国的基层治理体制是在"公社制"和"单位制"基础上演变而来。农村在原公社层级建立乡镇政府,在生产大队层级设立村民委员会,其重要原因是生产大队设有党支部。公社体制废除后,大队改为村,"支部设在村上"。村支部是乡镇党委的下级,保障分散的农村在统一的国家领导之下。在城市,人们除在"单位"中工作,主要生活在社区,社区建立有党的组织,受街道党委领导。从法律上看,村民委员会和社区居民委员会都属于群众自治组织。将村(社区)作为基层治理的基本单元,在于其处于国家与社会的结合部位。其主要功能,一是将自上而下的政府管理落实到社会最底部;二是广大人民群众通过村(社区)进行自我管理,自己创造自己的幸福生活。由此形成了以建制村(社区)为重心的基层治理体系架构。

然而,随着城市化快速发展,人员的流动性加强,居民需求呈现多样复杂的特点,既有的基层治理单元体系暴露出以下不足。一是组织体系不健全。党组织和自治组织主要限于社区层面,社区之下"缺胳膊短腿",难以将党的领导和政府治理延伸到社会最底部,存在着国家治理难以有效覆盖的"缝隙"。二是自治功能难以发挥。社区作为国家建制单位,承担了大量自上而下的政府事务,其主要功能是完成政府任务。建制社区因此演变为"行政社区"。建制社区原是由村民小组或小区构成,但为了减少干部职数,实行合村并组,造成

"社区实小区虚"。社区规模太大,居民自治困难,基层群众自治虚化,相关法律制度挂在墙上,没有落在地下。基层治理的结构性缺陷显现出来。

要组织群众、发动群众、引领群众,党组织必须沉下去。共同缔造的核心是群众参与,必须寻找合适的载体。优化基层治理单元问题由此提了出来。其破解的路径有三:一是做优社区,做优政府治理与群众自治的结合点;二是做实小区,做实网格化管理和精细化服务的承载点;三是做活微小单元,建成邻里守望、共建家园的连心点。进一步追问,如何做实和做活便于群众参与的治理单元呢?从影响群众参与的三要素看,一是组织,参与是有组织的参与;二是组织规模,规模太大,无法直接参与;三是利益联结,没有利益就没有动力。因此,群众参与需要组织化、规模适宜、利益激励。从影响参与单元确定的四因素看,一是地域边界:将此地与彼地区别开来。二是社会边界:根据历史和产权取得社会成员资格。三是心理边界:形成认同感和归属感的"我们"和"他们"。四是行动边界:共同交往和共同行动,区分参与者与不参与者。

由此,结合厦门城市社区治理的经验,以共同缔造推动基层治理现代化需要实现四个有效,分别是党的领导有效落实,群众基本需求有效满足,矛盾纠纷有效化解,基层群众自治有效开展。强化"有效",要着力构建多层次的基层治理单元体系。在城市社区积极探索社区—小区—门栋的多层次治理单元体系,有序组织多元主体例如网格员、小区业主委员会、物业公司参与小区建设,发挥门栋党小组和党员中心户在楼栋自治的作用。多层次的治理单元共同构成基层治理基础。不同层次单元的功能有所不同,相互间是补充关系而非替代关系。以共同缔造推动基层治理创新的重要内容是在做优村(社区)治理单元的基础上,重点做实基础单元和微小单元,补齐基层治理单元体系的"短板",构建"完整社区"和"完整治理"。

三　建构纵向到底的组织和服务体系

习近平总书记指出:"一个国家治理体系和治理能力的现代化水平很大程度上体现在基层。基础不牢,地动山摇。要不断夯实基层社会治理这个根基。"[①] 构建纵向到底的组织和服务体系,能有效实现国家意志的下沉,使得

---

① 《"十三五"期间,我国加快构建共建共治共享的社会治理格局——社会治理 活力彰显》,《人民日报》2020年11月30日第1版。

国家对基层社会的治理达到上下协调一致的效果。从基层治理的角度看,"纵向到底"指国家通过不同层级的组织自上而下将对基层社会的治理一直延伸到最底部的个人,治理主体是国家。国家通过政权组织将自己的意志传达到基层社会,通过职能的履行回应社会诉求,并依靠能力建设提升社会治理效能。

我国是大规模、多层级的单一制国家,由中央自上而下领导和管理地方。在历史上,国家治理重心长期在上而不在下。国家治理层级愈往上,机构、人员、权力和资源愈多;愈往下愈少,表现为倒"金字塔"状。秦汉实行郡县、乡里、什伍制度。十家为什,五家为伍,什有什长,伍有伍长。什长伍长负责闾里治安,一旦发现形迹可疑者要及时上报,使"奔亡者无所匿,迁徙者无所容"①,这一制度被称为"治民之基"②。宋代直到民国实行保甲制度。以户为单位,设户长;十户为甲,设甲长;十甲为保,设保长。主要功能是收税、兵役、治安,以控制为主。中华人民共和国成立后,国家性质发生了根本变化。但在计划经济时代,中央自上而下对社会进行管理,机构、权力、资源由上而下分配。纵向到底主要是任务到底。我国在一个具有亿万分散的个体小农的基础上开始现代化进程,个体小农的特点是无法自我组织规模较大的政治组织,只能依靠外部性组织。我国在乡镇(街道)设立政权组织,但与群众有距离,也不可能将政权机构设置在社会最底部。

改革开放以来,我国社会结构发生了重大变化,个体化倾向日益突出。无组织的个体是软弱的,也是危险的。如何将一个相对独立和活跃的个体化社会组织起来进行有效治理,成为新的问题。中国共产党最大的优势便是"组织性"。只有党组织不受地域层级的限制,只要有党员的地方都可以设立党组织,没有党员的地方可以发展党员设立党组织。国家治理纵向到底,首先是党组织和工作延伸到人民群众之中。厦门市在社区治理中,建立起社区党委—网格党支部—楼栋党小组的"三级党建体系",不仅在街道、社区、小区、中心户设立党的组织,而且在新经济组织、新社会组织和新就业群众中设立相应的党组织。由此实现党的组织和党的工作对基层社会的有形覆盖。

然而,党的组织和党的工作对基层社会的覆盖最重要的是有效覆盖,即发挥党组织组织群众、团结群众、带领群众的带头引领作用。从"纵向到

---

① 管仲:《管子精华》,辽宁人民出版社2018年版,第190页。
② 郝时晋、梁光玉、萧祥剑主编:《群书治要续编》,团结出版社2021年版,第410页。

底"的治理向度看，国家对基层社会治理的特点和趋势表现为三个方面。一是国家通过基层政权和基层组织将每个人置于自己的组织和管理之下，实行有组织的治理。二是国家对基层社会的治理愈来愈依靠为社会提供物质条件和优质服务，获得社会认可和合作，提高治理效能。三是依靠国家基础性权力，"悬浮式"国家政权得以穿越基层"板结社会"，改变原生的在地性权力的权威基础，进入社会最底部，实现"纵向到底"。通过提升居民的获得感和幸福感，让人民群众在实际生活中感受到党组织不可或缺的作用，由党建引领共同缔造，除发挥党的政治功能、组织功能以外，还要强化党组织的服务功能，将党组织政治功能和组织功能寓于服务功能中。

四 建构横向到边的自我组织和服务体系

"横向到边"是指基层社会通过各种功能性组织联结起来，自我管理、自我服务和自我教育。通过国家与社会的共同作用，将所有人置于治理体系之中。现代社会的"横向到边"包括政府主导和社会自治两个层面。在政府主导层面，实际上是对自上而下"纵向到底"的政府治理的横向扩展，通过政府职能转变和机构改革，将所有社会成员都置于政府治理体系之下，从而实现政府治理"横向到边"。在社会自治层面，按照功能标准细化基层治理单元，实行网格化治理，并动员社会成员根据自我需要进行社会联结，形成各种自我参与的自治组织，建立和谐有序的社会共同体，从而实现基层社会自我治理的"横向到边"。

《中共中央国务院关于加强基层治理体系和治理能力现代化建设的意见》指出，要积极培育扶持基层公益性、服务性、互助性社会组织，支持党组织健全、管理规范的社会组织优先承接政府转移职能和服务项目，鼓励社区服务机构与市场主体、社会力量合作，推动社区服务标准化建设。[①] 厦门市把激发社会组织活力作为提升社会治理现代化的重要方式。通过深化社会组织登记管理体制改革，完善区、街、社三级社会组织孵化基地等措施，解决了社会组织"登记难""成长难"的问题，打造了一批面向全国、面向全省、面向全市、面向全区的社会组织典型，着力培育了一大批社会组织，在

---

① 参见《中共中央国务院关于加强基层治理体系和治理能力现代化建设的意见》，《人民日报》2021年7月12日第1版。

基层公共事务和公益事业中广泛实行群众自我管理、自我服务、自我教育、自我监督，改变了一直以来只有政府主导，没有群众主体，只见政府主治，没有群众自治的治理困境，让居民自治制度"落地生根"。

由此可知，基层社会治理要让群众成为参与者而不是旁观者，必须将群众组织起来，获得强大的组织基础。随着群众需求的异质化，单一化的政府管理和服务无法满足群众的多元需求，需要社会成员根据自我需要进行社会联结，构建以党组织为引领的自治组织和社会组织，形成"一核多元"的基层治理格局。构建横向到边的自我治理体系，要以党组织为核心，以群团组织为纽带，以经济组织为支撑，以居民自治组织为基础，以社会组织为配合，相互联系，相互配合，让每一个人都生活在组织之中。

五 建构共建共治共享的治理体系

基层是国家与社会的结合部位，基层治理是国家治理与社会自我治理的结合。为了实现有机结合和有效结合，党的十九届四中全会提出："必须加强和创新社会治理，完善党委领导、政府负责、民主协商、社会协同、公众参与、法治保障、科技支撑的社会治理体系，建设人人有责、人人尽责、人人享有的社会治理共同体。"[①] 事实上，实现政府、社会与群众共建共治共享，目的是使基层治理体系自我运转，通过决策共谋、发展共建、建设共管、效果共评、成果共享，实现政府治理与社会参与的有机结合和有效结合，并不断增大治理效能。

一方面，建构共建共治共享的治理体系需理顺政府治理与社会治理的关系。要改变以往政府"大包大揽"的行政逻辑，推进简政放权改革。厦门市依托"共同缔造"行动，开展"刀刃向内"的简政放权改革，一是向社区减负放权，促进社区向自治功能回归，减轻其行政事务，助其全力做好社区服务，引导居民开展自治。二是向社会组织放权，通过改革社会组织登记制度，放宽准入门槛，对符合登记条件的社会组织实行直接登记，建立社会组织直接登记制度，促使社会组织在参与公共服务、发展先进文化等方面精准发力。同时要看到，群众是社会发展的最终受益者，社会发展的方向也应

---

① 《中共中央关于坚持和完善中国特色社会主义制度 推进国家治理体系和治理能力现代化若干重大问题的决定》，《人民日报》2019年11月6日第1版。

充分发挥群众的主体作用，社会治理的过程就是要充分听取群众的建议，让群众成为治理的主体，主导治理方向。厦门市的"共同缔造"行动坚持问题和目标导向，以扩大群众参与为实施路径，关注民生，以民众需求为工作出发点和落脚点，在治理过程中，充分尊重民情民意，建立干群沟通机制，广集民智，促进政府决策的科学化和民主化。通过各级协商中心的平台建设，实现了政府与群众的无缝对接，畅通各个群体的利益诉求渠道，为基层民众广泛、直接地参与社会公共事务决策和管理提供了有效的对话与沟通平台。此外，厦门还立足于信息化平台的建设和全区网格化全覆盖的优势，实现纵向到底的社会管理，将触角伸及社区"最后一公里"，促使"共同缔造"成果最大限度地惠及广大基层民众。

另一方面，构建共建共治共享的治理体系需完善体制机制。首先是民意表达和回应机制。政府治理纵向到底就近就便提供公共服务，社会自我治理横向到边自我管理和自我服务，首先要问需于民、问计于民，围绕群众急难愁盼的"事"展开。通过"议事厅""两代表一委员"联系群众等民意征集形式，让群众将意见表达出来，并获得积极回应。其次是群众参与和协商机制。民意表达将"事"提出来，重在集聚民意。办什么事，如何办事，如何将事办好，重在协商。在群众参与的基础上，政府与群众、群众与群众、涉事相关方共同协商，议事决事管事。协商议事包括建立理事会、评议会、议事会等平台，利益和事务相关方的沟通交流机制。如城市小区的社区、物业管理、业主三方协商议事。再次是人人尽责的动力机制。共建共治共享是建构人人有责、人人尽责、人人享有的基层治理共同体。要使政府尽责，需要群众参与评价，由群众给政府办事打分。要使社会尽责，需要由政府和群众给予评价。要使群众尽责，需要政府和基层组织给予激励。例如共同缔造实行"积分制"。最后是资源分配与整合机制。治理体系与治理能力建立在相应的治理资源基础上。从政府治理看，需将更多的治理资源配置到基层。从社会治理看，需充分挖掘和利用内生的资源。如城市社区与单位的"共驻共建"。随着治理主体和治理资源的增多，需要通过党组织加以整合，协调关系。如城市物业和业主有不同的利益诉求，但可以通过社区党委将物业和业主党组织联结起来，协调利益关系，化解利益矛盾。

总的来看，共同缔造最鲜明的特点是实践。缔造指创立、创造、营造，是以旧变新。这一过程特别注意方法，是一项改变人们状况的社会工程。

"共同缔造"行动的核心在共同，在于以党组织为引领的多元主体共同参与社会治理，形成政府与民众、国家与社会的融合互动，促使政府在服务民众中提升治理水平，让民众在参与治理中享受发展成果，形成党委领导、政府负责、民主协商、社会协同、公众参与、法治保障、科技支撑的社会治理体系，建设人人有责、人人尽责、人人享有的社会治理共同体，确保人民安居乐业、社会安定有序，建设更高水平的善治中国。

中 编

厦门探索的案例报告

如何撬动群众参与社区建设

——基于厦门市思明区"以奖代补"政策的调查与思考

《中共中央国务院关于加强基层治理体系和治理能力现代化建设的意见》明确指出,各地市、县级政府要优化村(社区)服务格局,包括完善支持社区服务业发展政策,采取项目示范等方式,实施政府购买社区服务,鼓励社区服务机构与市场主体、社会力量合作。[①] 创新体制机制以撬动群众参与是实现基层治理现代化的关键所在。当前,湖北省开展"美好环境与幸福生活共同缔造"活动试点工作,主要任务是健全群众参与的体制机制,以城乡社区公共服务项目建设为引领,发动群众决策共谋、发展共建、建设共管、效果共评、成果共享。而早在2013年,为破解群众难参与、项目难见效的治理难题与"政府主导、群众观望"的治理困境,福建省厦门市思明区坚持以群众参与为核心,以"以奖代补"机制为载体,通过积极引导社区组织及居民申报各类民意项目、兑现项目建设奖励,深入开展群众性、互动性活动,着力实现政府治理与社会自我调节、居民自治良性互动,凝聚了全社会参与共同缔造的正能量。因此,其独特而丰富的改革创新经验为当前各地撬动群众参与基层治理、推进基层治理现代化提供了一种可行的路径。

一 厦门市思明区"以奖代补"的主要做法

撬动群众参与的关键点在于,政府要了解"群众在想什么、需要政府帮他做什么",群众要知道"政府现在在做什么、想让百姓参与什么"。基于

---

① 参见《中共中央国务院关于加强基层治理体系和治理能力现代化建设的意见》,《人民日报》2021年7月12日第1版。

此，思明区通过创立民意项目、成立专款专组、设立多元奖励，促成"以奖代补"政策有效推行、高效施行、长效运行。

(一) 创立民意项目，确保有效推行

思明区找准切入点，通过听取民众需求、征集民众意见的方式，围绕社区居民"房前屋后"的实事小事，编制民意项目名单，制定项目操作办法，使得"以奖代补"项目基于民众需求、建在民众心坎。

1. 编制民意项目名单

首先，思明区借助传统媒体、都市媒体以及新兴媒体的优势，宣传"以奖代补"政策和征集民意建设项目。其次，思明区组织区街干部、义工代表等走进辖区10个街道、96个社区，以最贴近群众的方式征集民众意见，实现了"入户宣传、征集意见、听取建议"的有效结合。[①] 最后，由区缔造办项目组牵头、区财政局配合，把与群众日常生活息息相关、可操作性较强、可以发动群众参与、群众受惠明显的项目名单进行编制与公示。

2. 制定项目操作办法

为进一步强化项目支撑、发动群众参与、促进项目落实，思明区制定并印发了"以奖代补"项目操作实施办法，并以社会公示的形式，引导全区社会组织及居民结合自身实际情况自主选择民意建设项目。操作办法对"以奖代补"项目的申报要求、审批标准、实施过程以及验收标准等进行了详细的解释说明，同时还要求辖区内各街区统筹确定至少一名熟悉业务的同志作为项目辅导员，协助实施"以奖代补"项目建设。

(二) 成立专款专组，促进高效施行

思明区注重培育群众自治意识，提升社会自治能力，调动群众的主动性、积极性和创造性。为此，设立专项资金、培育社区组织，保证专款专用、专事专办，"以奖代补"政策得以高效施行。

1. 设立项目专项资金

为了推进"以奖代补"政策落地、促进社区居民自治，同时为项目的开展提供扎实的财力保障，思明区创新机制，由街道和社区设立专项资金，通过"以奖代补"的形式作为前期的部分管理费用补贴社区各类自治组织

[①] 参见徐勇等《思明提升：共同缔造中的基层治理现代化》，中国社会科学出版社2015年版，第84页。

及居民。除此之外,还将街道、社区的工作绩效考核与"以奖代补"制度有机结合,奖补资金优先支持典范街道和小区。与此同时,还加强对专项资金的监管,确保专款专用,以满足社区居民共同需求为目的的自治项目。

2. 培育社区自治组织

思明区依托"以奖代补"建设项目,鼓励开放式、无物业管理的小区居民组建居民自治小组或成立业委会,围绕"以奖代补"实施自治管理,同时对实现居民自治管理成效突出的自治小组或业委会予以适当奖励。社区自治组织向社区居委会提出项目申请,按要求附上申请表,明确建设内容、申报时间及预计完成时间。根据思明区的政策规定,无物业小区成立自治小组,发动群众安装视频监控、维护防盗门窗等做法都能得到奖补,奖补比例占总经费的百分之六十。[1]

(三) 设立多元奖励,实现长效运行

"以奖代补"是政府在推进社区公共建设项目中采取以奖励代替补贴的财政激励机制,属于事后补助。思明区通过设立项目奖励、绩效奖励、荣誉奖励等多元奖励的办法,以奖励促进参与,进而形成长期稳定的契约治理机制。

1. 项目奖励

思明区财政局根据区"美丽厦门·共同缔造"行动试点工作领导小组会议意见,对项目资金使用情况进行核算,按照研究决定的比例,扣除事先下达的启动资金,拨付"以奖代补"专项资金。这样就将以前零散分布在交通、农业、水利等部门的专项补贴及市、区各级的配套资金集中起来,由专门机构组织有关部门、社会各界代表以及项目服务对象,对"以奖代补"项目进行验收考核。同时,对验收合格的项目予以资金奖励;对群众参与积极性不高,没有自筹资金、验收不合格的项目不予奖励。在鼓浪屿街道,居民于2014年5月举办的"最美庭院""最美阳台"主题评选活动就获得了街道"以奖代补"政策的项目资金奖励。[2]

---

[1] 参见徐勇等《思明提升:共同缔造中的基层治理现代化》,中国社会科学出版社2015年版,第118页。

[2] 参见徐勇等《思明提升:共同缔造中的基层治理现代化》,中国社会科学出版社2015年版,第356页。

2. 绩效奖励

在以社区单位为申领主体的项目中，思明区把"以奖代补"项目建设工作作为该社区相关工作人员履职考核的重要内容。在推进"以奖代补"实践中，思明区通过引入绩效评估机制，遵循公开、客观、公正、多层次、多渠道、全方位、制度化的原则，将社区单位申领的项目验收情况结合绩效考核体系，对全区参与"以奖代补"项目的推进情况进行评估，并从组织管理、工作推进、治理能力、培育发展社会组织等 11 个方面实施量化考核。而对一些无法完全量化考核的社区单位进行相对客观全面的定性描述，分档次赋予一定分值，实现与量化考核的衔接。通过定性与定量评价的结合，对全区社区单位参与"以奖代补"作出较为全面的综合评价。

3. 荣誉奖励

思明区通过政府表彰、社会评议、媒体宣传等形式，以"给荣誉"的方式奖励项目实施，以激发全社会参与的积极性。首先，思明区多次专门召开"共同缔造"的总结表彰会，对积极参与申领"以奖代补"项目的社区单位、社会组织和群众个人等进行授牌表彰，充分肯定社会多元主体积极响应、踊跃参与"以奖代补"项目。其次，思明区针对不同项目类别推出区级建设类项目模范表彰机制、服务类项目模范表彰机制、活动类项目模范表彰机制，通过宣传报道各类典型项目，营造参与"以奖代补"的浓厚氛围，能够起到更好的激励作用，充分激发全社会的"共建"热情。

二 厦门市思明区"以奖代补"的主要成效

思明区创新实施的"以奖代补"建设机制，凝聚了社会合力，实现了政府引导建设与社区主导建设的有效衔接与良性互动。它相较于以往的政府包揽建设，发挥出更好的效益，显示出较高的优越性。

（一）促进了社区建设，改善了人居环境

思明区通过以供水设施改造、绿色环保行动、房前屋后环境美化、文化休闲设施等民生工程建设为主要内容的"以奖代补"项目，改善了社区环境，促进了社区建设。同时，"以奖代补"立足于"奖优罚劣"，由街道社区设立"以奖代补"专项基金，并建立相应的管理小组，根据考评结果，给个人、社会团体或组织发放奖励经费，实现了"以奖代补"机制的规范化，进一步完善了社区的制度建设。思明区针对居民反映强烈、共同关注的

问题，以共同缔造的方法，启动了前埔健身公园改造、曾厝垵文创村"五街十八巷"改造、镇海社区打造九竹巷"金色梦想小区"等一批区级以奖代补试点项目①，整体改善了社区人居环境。

(二) 满足了群众需求，激发了群众参与

思明区的"以奖代补"着力于群众关心的"实事小事"，群众的积极性和主动性被充分调动起来，开始由"从旁观望"转变为"主动参与"，成为社区公共建设项目的决策者、建设者，打破了政府包揽建设、群众意见难被尊重的困局，形成了"政府奖励建设与群众主动参与建设"的社区治理格局。思明区小学社区 137 号小区居民看到 140 号改造提升后的良好效果，不再需要政府和社区工作人员上门做动员工作，他们自己就去社区申请"以奖代补"项目，希望借此改造自己的小区，改善生活环境。

(三) 整合了社会资源，促成了共谋共建

在"以奖代补"政策的引导下，思明区的各类公共建设项目都是社区组织及居民自愿筹资、自己动手，利用各种社会资源，建设管理自己的家园。思明区仙阁社区侨建花园 13—16 号的 120 多户居民多年来一直被楼下的化粪池所困扰。每逢下雨天，化粪池就会出现满溢的情况，恶臭难闻，夏天时居民们也都不敢开窗。"以奖代补"实施办法出台以后，13—16 号居民达成共识，用居民缴交的卫生费修缮化粪池，然后申请"以奖代补"的资金扶持。居民们认为，政府的项目奖励是对他们参与社区建设的肯定和鼓励，他们会继续把钱投入社区的完善和建设中，让自己居住的家园更美丽。②

(四) 转变了工作方式，形成了民事民办

以前政府包揽代办，群众觉得"政府的工程，与己无关"，项目建设面临着工程监管难、资金筹集难、利益协调难等"三难"局面。而"以奖代补"使得"三难"局面迎刃而解：由于是群众自己的决策、自己的建设，征地困难降低了，捐资、让地、投劳的多了；由于是群众自我的监督，资金截留挪用的少了。"以奖代补"政策促使思明区政府的工作方式实现了由

---

① 参见徐勇等《思明提升：共同缔造中的基层治理现代化》，中国社会科学出版社 2015 年版，第 85 页。

② 参见徐勇等《思明提升：共同缔造中的基层治理现代化》，中国社会科学出版社 2015 年版，第 88 页。

"民事公办"向"民事民办"的转变。思明区某位负责人感慨道:"以前政府补助 10 万进行建设,落实到项目的可能还不到 5 万;现今,政府投资 10 万,交由社区居民,最后还能带动建设投资 30 万。"

三 厦门市思明区"以奖代补"的实施启示

思明区通过"以奖代补"机制,充分激活了群众参与社区建设的主体性,促成了政府职能定位的转变以及政府与社会之间的有效互动,形成了"共建共治共享"的新格局,对于推进基层治理现代化具有重要的启发意义。

(一)"以奖代补"创新社区治理的体制机制

思明区通过创新治理机制,以"以奖代补"机制为载体,加快建立政府引导、群众响应、市场运作、社会参与的财政投资激励机制,吸引社会资本参与社会公共治理,进而实现了党委领导、政府主导、社会协同、公众参与的社会治理模式,促进了政府治理与社会自我调节、居民自治良性互动。

(二)"以奖代补"激发群众参与的主体地位

思明区在"以奖代补"项目实施过程中,坚持群众主体地位,由社区居民决定该建什么、怎样建,尊重了民意,反映了居民需求,使项目做到"共谋、共建、共管、共享",避免政府"形象工程"的出现。同时,项目申请的多项选择为居民表达意见、参与社区建设提供了一个有效渠道,保障了社区居民的知情权、表达权、参与权与监督权。

(三)"以奖代补"调动多元主体的治理参与

思明区坚持以群众参与为核心,以所辖街道和社区(小区)为基本单位,以"以奖代补"项目为载体,分类统筹城市社区建设,鼓励社区居民、社区居民小组、企业、社会组织等多元社会主体参与,进一步激发群众参与热情,实现政府治理与社会自我调节、居民自治良性互动,凝聚群众共识,塑造群众精神,迸发发展活力,为全面深化改革、建设"美丽厦门"注入了强大动力。

(四)"以奖代补"发挥政府资源的"杠杆"作用

传统的社区公共建设,政府大包大揽,公共建设成为政府的"独角戏",往往造成资源有限、事倍功半,政府吃力不讨好的现象。思明区的"以奖代补"项目建立了多元激励的长效机制,变"给资金"为"奖资金",变"唱戏"为"搭台"。这一转变调动了社区各类资源,激发了群众参与社区治理的积极性，带动了其他主体力量的投资热情，使政府以较少的投入就带动了大量的社会资源的投入与使用，并收到事半功倍、省力惠民的效果。

（五）"以奖代补"促进政府与社会的分工合作

思明区通过"以奖代补"引导社会其他力量参与"共谋共建"，让社区居民、社区居民小组、企业、社会组织等成为社区建设的主体。这一主体转换，有效改变了传统社区公共建设中政府"管理者"的角色，使政府从"民事的组织者与建设者"回归为"民事的引导者与监督者"，让民事回归民办，让社会力量回归为社区建设的主体，从而实现政府与社会的良性互动，有效促成政府与社会的分工与合作。

如何延伸行政服务最后一公里

——基于厦门市海沧区行政服务中心改革的调查与思考

建设服务型政府、提升基层政府服务能力，是推进基层治理体系和治理能力现代化的重要内容。《中共中央国务院关于加强基层治理体系和治理能力现代化建设的意见》指出，"增强乡镇（街道）为民服务能力。市、县级政府要规范乡镇（街道）政务服务、公共服务、公共安全等事项，将直接面向群众、乡镇（街道）能够承接的服务事项依法下放"，"优化乡镇（街道）政务服务流程"，"加快全国一体化政务服务平台建设"。[①] 做好优化服务是实现政府职能转变、建设现代化服务中心的应有之义。现有的行政服务中心长期存在着定位模糊、相关职责不明确，行政服务大厅建设不全面，工作规范性不足以及行政服务理念滞后的问题。厦门市海沧区于2013年推进行政服务中心改革，通过健全服务体系，规范服务机制，实现了"要办事找服务中心、要参与找协商中心、有困难找求助中心、有矛盾找调解中心、有急事找应急中心"的便民利民目标。其做法和经验值得借鉴。

一 厦门市海沧区行政服务中心改革的具体措施

（一）整合资源，改进服务机制

1. 搭建服务平台

厦门市海沧区通过整合多方资源，建立服务中心、协商中心、求助中心、调解中心和应急中心，搭建功能齐全的服务体系。在服务方面，海沧区

[①] 参见《中共中央国务院关于加强基层治理体系和治理能力现代化建设的意见》，《人民日报》2021年7月12日，第1版。

整合行政审批业务，打造了综合性的社会事务服务中心，简化办理流程，集中办理，提供便民服务。在维稳方面，调解中心整合综治、信访、劳动仲裁、消费维权、医患纠纷、交通事故调解等资源；求助中心整合社会救济、台商求助、劳动、维权、妇女维权、法律援助、工会帮扶、失学救助、残疾救助、红十字救助等各类非紧急事务救助资源；应急中心整合突发事件应急中心、应急视频会商系统、区委区政府总值班室、110社会联动办公室，整合应急管理职能，协调配置各方资源，实现应急预案制定、应急值守、应急信息平台建设与维护、突发事件处置及应急演练等的一体联动，从而建立了"快速响应、联动处置、一呼百应"的应急处置机制。

2. 服务向下延伸

海沧区通过整合分散的服务部门，把更多资源、更优服务向下延伸，打通基层服务堵点，为群众提供精准化、精细化服务保障。在服务方面，服务中心将场地从区扩散延伸到村级组织，推进各个乡镇的行政服务平台标准化建设。区政府的社会服务也可以委托给街道社会服务中心或者在街道开设窗口，推动服务"便捷化"，方便群众"就近化"。在沟通与协调方面，协商中心建立健全公示、听证、对话、协商等制度机制，注重突出"抓重点（区委区政府的工作重点）、抓热点（人民群众关心关注的热点）、抓难点（社会治理过程中遇到的难点）"，"姿态向下"，在主动掌握情况、主动推动协商和主动规范协商上发挥作用。引导民众参与到城区建设、社区建设等与民生息息相关的项目中，推进沟通群众常态化。在维稳方面，区综治办、区司法局健全区、街镇、社区三级调解组织，积极推动行业性、专业性调委会建设，深化无讼创建，完善矛盾纠纷排查调处机制和多元调解衔接机制。区信访局完善区、街镇、社区三级信访群众工作网络。区维稳办健全区、街镇、社区三级网格维稳防控机制。

3. 推进管理规范化

一是规范场所建设。按照"行政区划+平台名称"的统一命名原则，分别成立厦门市海沧区行政服务中心、镇（街）便民服务中心、村（居）便民服务代办点。区人社、卫生监督等办事大厅在行政服务上接受区行政服务中心的统一管理，统一命名为"厦门市海沧区行政服务中心××分中心"。二是规范项目进驻。凡与企业、群众密切相关的行政管理事项，包括行政许可、非行政许可审批、转变管理方式事项和公共服务事项，都要做到应进必进。积极推动公共企事业单位与企业、群众密切相关的事项进入行政服务中心办理。三是规范人员进驻。进驻单位应选派政治素质高、业务能力强、敬业精神好、能满足岗位要求的在编工作人员进驻行政服务中心,其中负责办理行政执法行为事项的工作人员应具备行政执法资格。四是规范服务设施。加强信息化建设,把行政服务中心信息化建设纳入电子政务建设总体规划,建立政务审批服务平台和电子监察系统。

(二)精准服务,完善运行机制

1. 成立专门管理机构

海沧区行政服务中心须设立管理机构,命名为"厦门市海沧区行政服务中心管理委员会",以加强对行政服务中心工作的组织领导。其主要职责为:负责行政服务中心的日常管理;负责对进驻单位、进驻事项办理的组织协调、监督管理和指导服务,对进驻窗口工作人员的管理、培训和考核;负责对进入行政服务中心的各项便民服务活动的监督管理;负责对下级行政服务中心、部门分中心的业务指导、监督、检查和考核;承担本级政府赋予的其他职责。镇(街)便民服务中心明确镇(街)分管领导和具体管理部门,村(居)便民服务代办点由村(居)委员会主任负责日常管理和监督。

2. 加强人才队伍管理

进驻人员必须严格遵守行政服务中心的各项规章制度,接受区行政服务中心管理委员会与进驻单位的双重管理。区行政服务中心管理委员会定期对服务窗口及其工作人员进行检查评比,推行流动红旗(星级)窗口、先进个人和优秀首席代表等评选制度,制定具体奖惩措施和办法。进驻单位应认可并充分运用区行政服务中心管理委员会的检查评比和考核表彰结果。年度考核优秀等次名额以及党建、文明创建等先进名额由各相关部门单独划拨给行政服务中心,不占进驻单位指标,其中年度考核优秀等次名额按进驻行政服务中心在编人员总数25%的比例划拨。负责具体审批业务的窗口工作人员在行政服务中心工作的经历视为基层工作经历。区行政服务中心管理委员会负责对进驻单位窗口工作情况进行绩效评估,评估情况纳入本级政府的绩效评估。

3. 优化办事流程

一是强化部门授权。各进驻单位首先确保行政服务中心办事窗口人员、职能、授权、监管到位。二是优化服务流程。实行"一个窗口受理、一站式审批、一条龙服务、一个窗口收费"的运行模式。三是规范办理时限。行政服务中心组织各进驻单位通过推进服务流程改革，对审批和服务事项进行全面清理，进一步规范办事流程，实现程序最简、环节最少、时间最短、效率最高，承诺办结时限统一控制在法定时限的35%以内。四是健全办理机制。建立跨部门事项联合办理的协调机制，按要求规范进驻项目办理方式。五是健全制度体系。行政服务中心建立健全岗位职责、首问负责、一次性告知、限时办结、办事公开、否定报备、服务承诺、同岗替代、责任追究等制度，形成行政服务制度体系，做到按制度管权、管事、管人。

（三）加强监督，提供办事保障

1. 加强服务满意度测评

采取电子评价器、网络投票栏、评议信箱、大厅意见簿、问卷调查、电话回访、短信评价等方式，对窗口服务和行政服务中心管理进行满意度评价。对被评为不满意的窗口和事项，行政服务中心管理机构要认真调查核实，督促窗口或有关单位及时整改，并对相关责任人进行问责。

2. 强化服务监督检查

区效能投诉中心进驻区行政服务中心。行政服务中心在显要位置公布监察机关、效能建设工作机构、行政服务中心投诉监督电话，在《服务指南》《一次性告知单》上注明投诉监督电话，及时受理对窗口及其工作人员的投诉举报。同时，聘请监督员，加强对审批服务事项办理情况的现场巡查、定期抽查和电子监察，对超时办理、不予办理等异常办件，加强跟踪督查。

3. 持续改进服务质量

区政府办、区监察局会根据日常巡查、服务对象评议、监督检查、效能投诉的情况，定期或不定期提出窗口服务和行政服务中心管理持续改进的内容、方法和目标，制定具体方案，落实责任人和时间进度，并跟踪检查改进的效果。对不符合实际的标准事项，要认真研究、查找原因，进行有效性论证和评估，及时对标准内容进行变更、补充和完善。

二 厦门市行政服务中心改革所取得的成效

厦门市海沧区通过建立五大服务中心，健全服务体系，服务能力不断增强，服务水平显著提升。

（一）完善办事窗口，服务审批提效

过去，厦门市各相关部门的办事窗口比较分散。服务中心通过搭建一站式服务平台，为群众提供高效、便捷、全面的服务。市民办理行政审批服务事项再也不用在多部门之间奔波，凡与企业和群众密切相关的行政审批服务事项可以在这里一站式办齐。社会事务服务中心囊括大量社会服务事项，办事窗口完善。前台受理、后台审批的方式大大提高服务审批效率。以环保审批为例，环评审批登记表、报告表、报告书原来分别需要15、30、45个工作日，现在分别缩短到3、7、10个工作日。截至2013年10月31日，中心共受理审批、服务事项67530项，其中即来即办事项共48621件，占比约为72%。

（二）协调各方利益，赢得群众支持

协商中心在主动掌握民意的基础上，充分考虑各主体利益，进行规范协商，赢得群众的理解与支持。自协商中心挂牌运作以来，协商中心已就城区绿化、公交线路调整、环境保护、公共自行车慢行系统建设等问题开展25次专题协商，听取多方意见、协调各方利益，取得了较好的社会效果。如海沧区旭日海湾小区内曾发生摊贩和住家、店铺业者之间的摩擦，协商中心介入进行调解。包括杨妙华在内的50多户摊贩在旭日海湾小区内临时摆摊，销售蔬菜、水果。临时摊点的噪声影响业主休息，影响小区卫生及小区店面生意，不时引发摊贩、住家、店铺业者"三不和"的矛盾。海沧区协商中心介入后，多次协调相关单位与摊贩、住家、店铺业者代表召开见面会，经过多方协商，最终确定了"定时、定点、定规模"划线经营的解决办法，摊贩、住家、店铺业者"皆大欢喜"。矛盾化解之后，8名摊点经营者代表还专程到海沧区社会事务协商中心赠送锦旗、感谢信，对政府关心群众表达由衷的谢意。旭日海湾小区临时摊点管理员杨妙华表示："感谢政府把老百姓的事情放在第一位，我们不用再与城管人员'躲猫猫'了！"

（三）调解社会矛盾，维护社会稳定

"大调解"网络充分发挥调解纠纷功能，努力将矛盾化解在基层，促进和谐社会的构建。自调解中心成立以来，海沧的纠纷数量、上访人次、刑事报警数量等大幅下降。在2013年厦门综治考评中，海沧实现历史性突破，首次排名全市第一，并且是全市唯一一个全省平安区。许永年老人曾因不满政府征用村庄附近海域的一处滩涂而多次进京上访，然而8个月的上访并没有得到满意的答复。区调解中心了解到情况后，组织相关部门工作人员来到许永年家中，就征地问题进行一站式的高效处理，许永年心头的"疙瘩"终于解开。后来，政府出资为许永年老人所在的社区进行自来水网管改造，老人也积极组织居民配合政府开展征地工作。许永年老人所上访问题的解决成为海沧"大调解"网络成功调解矛盾纠纷的一个缩影。

（四）及时处置危机，保障群众利益

一方面，海沧区求助中心成立以来，先后为6259人追讨工资近50000万元；受理劳动争议752件，为劳动者挽回经济损失近1800万元；提供法律援助近200件，挽回受援人经济损失近300万元；帮扶困难群众提供资金近200万元；提供失学救助资金近120万元。"有困难找求助中心"成为海沧社会的一大共识。另一方面，应急中心数字化、信息化程度不断提高。截至2013年12月，中心已完成全区油库、加油站、翔鹭石化等26家危化品生产经营单位和61家人员密集场所消防安全重点单位基础信息录入、视频监控系统建设工作。同时，随着海沧区"数字消防"管理系统的成功接入，中心实现了对社区单位、出租屋消防安全的动态化、信息化管理。在2013年7次台风防御中，应急中心积极发挥作用，取得了"无人员伤亡、财产损失最小"的成效。

三 厦门市海沧区行政服务中心改革的启示

厦门市海沧区加快推进政务服务平台建设，推动政务服务平台向乡镇（街道）延伸，建设开发智慧社区信息系统和简便应用软件，提高基层治理数字化智能化水平，提升政策宣传、民情沟通、便民服务效能，让"数据多跑路、群众少跑腿"，其行政服务中心改革具有很大的启发意义。

（一）行政服务中心改革应着眼于群众需求

全心全意为人民服务是政府的工作宗旨。人民群众的要求和心声需要政府耐心倾听，以行动回应，政府服务能力的不断增强是回应人民对美好生活向往的春风。行政服务中心改革应坚持人民本位的价值取向，新时代的行政中心应着眼于群众需求，充分考虑群众的利益，积极听取群众意见，为群众提供"便捷式、就近化、高效率"的服务。坚持服务为了人民，充分调动人民，坚持共建共谋共享，加大群众对于行政服务中心管理和运行的监督，提高群众参与度。不断强化行政服务中心服务质量，充分发挥其为人服务的工作实效。

（二）行政服务中心改革应完善机制

行政服务中心改革需要完善机制，通过充分调动资源，搭建全方位、宽领域的社会管理与服务体系，健全相关工作机制，让优质服务能够延伸到社会治理末梢。首先，要加强公共服务体系建设。健全市、镇、村三级服务体系，推进便民服务向基层下沉。其次，要完善服务运行机制。重新组合不同服务的信息资源、人力资源、运作程序、业务内容等要素，打造现代化一站式服务体系。最后，要加强完善服务后端的监督考核机制，以及建立健全沟通群众机制，及时吸收、反馈、回应群众诉求。

（三）行政服务中心改革应增质提效

现代行政服务中心应该兼顾人民本位的价值取向与高效率的工作思路，实现分工与协同有机结合。首先就服务内容而言，行政服务中心改革需要进一步简化审批程序，并联审批业务，通过梳理行政中心的服务审批业务，制定合理规范的工作标准体系，并逐步建立完善线上服务平台。同时，就执行者角度而言，需要进一步提升服务人员专业素质和服务意识，建立工作人员礼仪标准、服务质量评价标准。另外，需要建立相应的激励机制，带动部门负责人和一线服务工作人员积极履职。

（四）行政服务中心改革应加强联动

时代在进步，人民群众的需求也在不断增加，这就需要政府用系统性、整体性的科学指导方法，通过统筹规划各类服务项目，系统集成各类资源要素，完善全方位的服务体系，建立系统规范的工作流程来提供多样化、高质量的公共服务。行政服务中心建设是一项系统性的工程，需要统筹谋划行政服务改革的各个方面、层次及要素，加强部门之间的合作与联动；需要在各部门间强化整体系统的观念，建立整体性的推进、协调机制，搭建整体性的组织框架。

如何激发志愿服务活力

——基于厦门市海沧区志愿服务机制

《中共中央国务院关于加强基层治理体系和治理能力现代化建设的意见》提出：完善社会力量参与基层治理激励政策，创新社区与社会组织、社会工作者、社区志愿者、社会慈善资源的联动机制。2022年10月，党的二十大报告强调：要完善社会治理体系，健全共建共治共享的社会治理制度。志愿服务是社会文明进步的重要标志，在国家治理体系中发挥着协调作用。然而，建立完善的志愿服务体系面临着诸多困难，志愿服务管理不够精准、保障机制不够到位、志愿服务有效供给不足、供需错位等问题严重制约着志愿服务机制的治理效能。鉴于此，厦门市海沧区立足台商投资区的对台优势，积极借鉴台湾经验，以群众需求为导向，强化志愿服务的多元参与机制、承载机制和保障机制，有效促进海沧区志愿服务朝制度化、体系化、专业化、全民化、社区化和多元化方向发展，并为我国基层治理实践中建立符合自身特色的志愿服务机制提供诸多经验。

一　构建志愿服务机制的举措

海沧区通过加强志愿组织建设、建立多元参与机制、提高志愿组织服务能力，健全志愿服务体系，推动志愿服务事业的稳步与可持续发展，强化志愿服务机制的社会治理效能。

（一）实现志愿联动，建立多元参与机制

一是强化志愿服务队伍建设。海沧区依托各级党组织成立党员学雷锋志愿服务队，依托各级文明单位成立学雷锋志愿服务队，依托物业公司成立社区学雷锋志愿服务队，支持帮助各类社会志愿组织开展活动。大力开展"台胞义工志愿行"活动，创造性地推行"台胞志工＋社工＋义工"模式发展服务组织，让社区拥有志愿服务组织的孵化基地，持续培育和壮大志愿服务队伍。

二是建立党员志愿者引领机制。一方面，建立党员承诺制。海沧区党员幸福义工实行承诺履职，有针对性地确定、公开承诺内容，通过与幸福义工站签订《承诺书》，公开志愿服务时间、地点、项目，自觉接受群众监督，确保为群众提供有效的志愿服务。另一方面，完善党员教育管理机制。海沧区强化辖区内党员的思想教育与政策引导，全面推进在职党员进社区服务活动，将支部建在网格上，鼓励辖区无职党员积极参加志愿服务活动，并进一步引领党员在志愿服务中发挥模范带头作用。

三是完善多元互动参与机制。海沧区将志愿精神根植于社会治理之中，一方面，强化政社互动。海沧区通过政府购买志愿服务，调动志愿服务组织参与社区建设的积极性，发挥各种资源的聚合性优势，弥补志愿服务组织资源不足缺陷，不断提升志愿服务水平，推动志愿服务效能最大化。另一方面，强化志愿服务管理。海沧区加强志愿服务组织管理与志愿者队伍建设等工作，从志愿服务"源头"优化提升志愿服务内容与水平，逐步实现志愿服务制度化、系统化。

（二）以群众需求为导向，强化承载机制

一是搭建"新厦门人"融入平台。搭建志愿服务载体，满足"新厦门人"的志愿服务需求，引导组建"新厦门人"义工队、志愿服务组织，进一步深化"新厦门人"志愿服务活动，组织"新厦门人"志愿者参与社区巡防活动，自觉维护社会稳定，发挥"新厦门人"志愿者队伍促进群防群治的群众优势和机制优势。

二是完善"弱势群体"帮扶机制。一方面，针对弱势群体、外来人员、环卫工人、公交司机等四大群体，海沧区调动志愿服务组织，着力建立起"四个关爱"长效机制，鼓励志愿服务组织从这四大群体的需求出发，提供志愿服务，改善其工作和生活条件，并使其在参与融入中共享发展成果。另一方面，以生活困难群众、残疾人、空巢老人等弱势群体为重点，结合"台胞义工志愿行"活动，推进"1＋1"帮扶、"冬日送暖"义捐义卖志愿活动、"爱心超市"、"爱心微心愿"等志愿服务。

三是创新志愿服务模式。一方面依靠义工组织的发展，依托"台胞义工志愿行"的品牌活动,加强与海沧长庚医院志工队交流合作,建立与长庚医院合作的义工实践基地,作为相对固定场所形成了"聚合地"。另一方面大力发展专业社工,向社会组织"希望社工"公司购买服务,成立"社工服务中心",通过搭建义工服务平台招募义工,开展义工培训,策划志愿服务项目。

(三) 完善志愿服务管理,建立保障机制

一是建立志愿联动常态化服务机制。2011年厦门市率先推出志愿服务对接平台,在全市所有文明单位成立志愿者服务支队,在市一级成立志愿者服务总队,这些志愿者队伍分别与全市主要交通路口及公园、广场、医院等数十处公共场所实现服务平台对接,鼓励社区居民和驻区单位、各类社会团体等就近参与以社区自助互助为主的社区志愿服务活动,增强社区自我管理和服务功能,共同构建"和睦相处、邻里相帮、出入相友、守望相助"的幸福和谐社区,基本形成志愿服务常态化供给机制。

二是健全志愿服务管理制度。厦门市为推进志愿服务的制度化建设,制定完善了十一项志愿服务管理制度。这十一项制度对志愿者的规范管理、志愿服务的效能监督、志愿服务供需双向互动以及为服务对象提供针对性的服务等相关的管理制度做出详细规定,建立起完善的志愿服务规范机制、培训机制、激励机制以及关爱机制,建立完善的志愿服务保障机制。

(四) 促进组织创新,完善志愿服务体系

一是搭建网络信息平台,完善志愿服务管理体系。海沧设立面向全社会的志愿者联合网,及时发布志愿服务相关信息并设置志愿者招募注册系统和志愿者档案盒服务数据库。通过打造信息化网络平台,进一步方便群众了解志愿服务的信息,畅通志愿者参与服务的渠道。

二是探索志愿服务激励机制,发挥典型示范作用。海沧建立物质、荣誉、人文关怀三位一体的激励机制,促进义工精神培育,并每两年举行一次全市志愿服务工作表彰大会,通过表彰优秀志愿者和志愿者组织,发挥典型示范作用,激励民众积极参与志愿服务。

三是延伸志愿服务触角,拓宽社会参与渠道。一方面,整合社会资源,成立志愿服务工作协调小组,以志愿服务小组的方式对全市志愿服务工作进行组织与管理;另一方面,借助"厦门志愿服务基金",为海沧志愿服务拓宽社会资金支持来源,让社会各界通过不同的渠道、方式参与到志愿服务中。

四是拓展志愿服务领域，扩大社会参与范围。鼓励志愿组织不断拓展志愿服务领域，及时调整服务内容，扩大服务覆盖面，逐步建立起服务项目体系。全面推进"110外语志愿者"、"文明小博客志愿者"、"社区科普大学"、"未成年人心理健康志愿服务队"、助残志愿者等特色专业团队服务建设，拓宽志愿服务领域。

二 构建志愿服务机制的成效

（一）建立了专业队伍，满足社区志愿服务需求

海沧区结合本地特色构建了"政府引导、队伍落实、群众参与"的多主体协同推进社区志愿服务体系机制，以专业队伍有效回应社区多样化的志愿服务需求。

首先，有效发挥政府引导作用。海沧区行政服务中心与区文明办合作，吸纳窗口部门、公共企事业单位、物业公司等30余家单位的60多名志愿者，组成区行政服务中心志愿者服务队。另外，开通志愿服务招募热线，轮值台同时接受热心市民现场报名参与，为市民参与服务提供渠道。志愿者为前来办理业务的群众和企业提供文明引导、业务咨询等便民利民服务，同时协助工作人员维护现场秩序，劝导民众的不文明行为，让办事群众切实地感受到真诚、便捷、温暖。其次，结合区域特色组建了专业的志愿服务队伍。海沧区立足社区实际，创设出"台胞志工+社工+义工"志愿服务模式，以专业化义工团队带动志愿服务，以志愿服务完善社区服务，进一步推动社区微事务解决。如兴旺社区建立的"水木调解工作室"，原本是一位具有法律知识的居民，主动为居民提供诉讼帮助，后来在社区居委会、居民理事会的建议下而建构组织，处理居民矛盾微事务，先后成功调解矛盾纠纷40余件，调解成功率达96.2%。此外志愿服务工作室为社区志愿服务注入了专业化元素，并且依托社区网格化服务，推动无讼社区的创建。最后，借助信息技术拓宽了群众参与渠道。如海发社区借助打造"智慧城市"这一契机，结合社区居民文化水平较高的特点，推动"智慧养老"服务，提供了更加便捷的社区养老服务。

（二）关注弱势群体，有效促进社会融合

海沧区在建立志愿服务机制时始终坚持为没有话语权的弱势群体代言，

以党员带动、多元参与的形式为弱势群体提供精细化的志愿服务，有效增强了公众，特别是弱势群体的主体意识，持续推动社会融合。其中，兴旺社区吸纳辖区非公企业党支部成立的社区大党委，持续开展"两访三个一"活动——干部公开接访社区群众、深入走访社区家庭；党员每年作出一项服务承诺、参加一次志愿活动、帮扶一户困难家庭。截至2013年底，党员带队入户走访居民1138人次，收到各类意见建议870余条；组织开展各类志愿服务18次，参加党员215人次，累计3000多人次受益。同时，海沧以厦门"6·7"公交纵火案为警示，针对弱势群体、外来人员、环卫工人、公交司机等四大群体，着力建立起"四个关爱"长效机制。如：面向公交司机，开展"关爱公交司机志愿服务行动"20余场次，为761名公交司机免费供应药品、毛巾、凉茶等防暑降温应急物品。在外来人员较多的社区，海沧通过设立"新厦门人服务综合体"，鼓励外来公共人员成立各类社会组织，发挥"两岸义工"的示范效应，不断培育居民的志愿服务精神，引导辖区内的居民自觉加入志愿服务组织，鼓励群众通过自助和互助满足自身的志愿服务需求。

（三）以服务引领提高治理效能，增强社会活力

海沧区始终鼓励台胞义工共同参与社区志愿服务，借助招募义工、开展培训、策划志愿服务项目，以义工精神作为凝聚群众的聚合力，让群众自发组成的队伍开展志愿活动。在活动中将台湾志工文化精神和"奉献、友爱、互助、进步"的志愿服务精神相融合，并凝聚公共价值，培育共同体意识，增强群众参与社会治理的内生动力。截至2014年，培训基地已集中开展志愿者培训25场次，开展志愿宣传、服务活动65场次，组织"和谐邻里节""新厦门人文化节"等文娱活动16场次，参与台胞800余人次，参与义工6700余人次，服务群众36900余人次，弘扬了"自觉自愿、不计报酬、帮助别人、快乐自己"的义工精神，促进了两岸同胞的精神融合。2010年初，为进一步动员各方力量，整合社会资源，厦门市志愿服务工作协调小组成立，协调小组主要由市一级相关工作的现任领导组成，加强了对全市志愿工作的组织与管理。运用网络平台实现志愿服务数字化管理，从注册到志愿服务招募再到最后工时的鉴定都可以在网上进行操作。信息化、规范化的流程也为公众参与志愿服务提供更加便捷的渠道。借助服务引领，海沧区不断培育群众的公民意识，增强群众参与治理的主体意识，持续提高基层治理

效能。

三 构建志愿服务机制的启示

（一）加强顶层设计，建设统一服务体系

建立完善的志愿服务机制应做好顶层设计，建设统一志愿服务体系，打破各区激励机制的"壁垒"，避免志愿服务功利化。各地当前志愿服务的参与人数、活动频次、参与类型越来越多，为了实现对于志愿服务组织的规范管理，应结合各市特色，从省、市级层面做好顶层设计，建立一套较为完整的集志愿者权益维护、服务时间、服务评价、嘉奖反馈于一体的体系，通过制度化建设理顺参与门槛，便捷参与途径，激发更多人参与志愿服务的积极性，提升全市文明水平。例如可以建立全市统一的志愿服务总网站，统筹志愿者和服务对象的信息，实现志愿服务的信息平台化、服务及时化，同时也可大量孵化志愿服务类组织。

（二）鼓励多方联动，提高社会服务水平

为尽可能开发和满足居民的服务需求，应搭建社区志愿者与各类民间组织、慈善机构和非营利性社会团体交流合作平台，拓宽社区志愿服务渠道。培育发展社区志愿者组织，推行"社工+志愿者"模式，建立社工、志愿者联动机制。推广爱心小屋、美丽工坊、爱心超市等爱心品牌项目。广泛发动居住生活在辖区的党员、人大代表、政协委员、公职人员、企业家和社会各界人士联系社区和参与社区志愿服务。

（三）加强组织孵化，探索志愿组织发展模式

志愿组织孵化基地建设能够为志愿服务搭建沟通对接平台，便于志愿服务组织共商志愿服务设想，共同打造志愿服务品牌项目，使志愿服务品牌发挥示范带动作用。因此，各地应结合本地区特色大力培育发展社区志愿者组织，壮大志愿者队伍，加强志愿服务品牌建设。通过志愿服务孵化基地这一平台，汇聚各方力量，共同推进新时代志愿服务工作迈向新台阶。

（四）建立公益创投制度，促进多方共同参与

志愿服务公益创投制度，是探索更有效的志愿服务供给模式，完善志愿服务专业化运行模式，推动志愿服务发展创新的新制度。要及时梳理出居民需要的公益项目并向社会公示，通过公益服务项目洽谈会，引导企业和社会

慈善力量参与，实现政府需求、市场需求与社区社会组织发展的契合，优化志愿服务供给结构。同时，进一步夯实志愿服务网络，建设志愿服务组织支持体系，引导社会多方参与到志愿组织建设之中，进一步优化志愿服务发展环境。

如何加强社会组织管理与服务

——基于厦门市社会组织管理的调查与思考

社会组织是基层治理的重要主体，对于推动基层治理体系和治理能力现代化有着重要意义。《中共中央国务院关于加强基层治理体系和治理能力现代化建设的意见》指出：创新社区与社会组织、社会工作者、社区志愿者、社会慈善资源的联动机制；实施政府购买社区服务，鼓励社区服务机构与市场主体、社会力量合作。充分发挥社会组织在基层治理中的作用，推动基层治理体系和治理能力现代化。然而，社会组织作为社会力量，数量多、种类复杂、管理不规范，难以发挥应有的治理作用。基于此，厦门市在共同缔造理念的指导下，积极探索社会组织管理的新机制，提升公共服务水平。通过完善管理和监督机制、优化发展环境，促进社会组织的健康有序发展，以政府赋能的方式将社会组织引入公共服务领域，提升了公共服务的质量，促进了社区的良性治理。厦门市在社会组织管理机制上的探索，充分地发挥了社会组织的价值，其经验值得借鉴。

一 社会组织管理的主要做法

当前在基层治理中，社会组织已成为提供公共服务的重要主体，也是居民参与社区治理和社区建设的有效渠道。为充分调动居民的活力，发挥社会组织的作用，厦门市进一步完善社会组织的管理机制，营造良好的发展环境，以提升社会组织的服务能力，打造高质量的社会组织发展体系。

（一）深化管理体制改革，培育多样化社会组织

在推进基层治理体系和治理能力现代化的过程中，社会组织已成为参与社区治理的重要力量。在当前的发展过程中社会组织有着数量多，种类多

样，规模大小不一的特点，为解决"管理难，发展难"的问题，厦门市推进社会组织管理体制的改革，降低社会组织的准入门槛，实行登记与备案并行的管理制度，规范社会组织运行。

1. 放宽社会组织登记限制

厦门市为促进社会组织的发展，在资金、会员数量、办公场所、主管单位、筹备程序五个方面放宽登记限制，丰富组织的种类和数量。同时，厦门市对不同类型的社会组织进行分类管理，对政治类、宗教类和社科类的社会组织进行严格的控制，对群众急需的公益类、服务类和精神文化类的社会组织以及能够促进经济发展的社会组织采取积极引导、扶持和放开登记的政策，不断丰富社会组织形式，满足群众多样化需求。

2. 实行登记与备案并行的管理制度

厦门市为规范对社会组织的管理，实行直接登记与备案并行的双轨制管理办法。一是对符合登记条件的社会组织实行直接登记，除依据法律法规需前置行政审批及政治法律类、宗教类、社科类的社会组织外，其他社会组织的申请人均可直接向登记管理机关申请登记。二是对不具备登记条件的社会组织实行备案管理制度，如在社区内正常开展活动，但不符合登记要求的社会组织可通过在民政局备案的方式，先自行发展，待符合条件后再进行登记。厦门市"先发展、后规范，先备案、后登记"的管理办法，促进不同规模的社会组织得到有序发展。

（二）优化发展环境，扶持社会组织成长

社会组织在创建初期面临规模小、资金少、场地缺乏等问题，为给社会组织的发展壮大创造良好的发展环境，厦门市从组织保障、基地建设和政策扶持等多方面，扶持社会组织成长。

1. 优化组织保障

厦门市在市、区两级成立了社会组织建设与管理工作领导小组，定期研究解决社会组织建设与管理过程中遇到的问题；同时，领导小组负责统筹规划，完善相关政策法规体系，有效优化社会组织发展的外部环境。

2. 建设培育基地

厦门市在区、街道、社区三级建立社会组织孵化培育基地，解决社会组织成长难的问题。依托培育基地，为处于萌芽期、群众需求急、发展潜力大的社会组织提供孵化服务，提供办公场所、资金补贴以及培训等支持，协助承接政府和社会项目，从多方面保障社会组织的发展，当孵化结束后通过基地考核方可"出壳"自行发展。同时，孵化基地会给辖区内的社会组织提供咨询服务、信息交流等支持，有力地扶持了社会组织的发展壮大。

3. 出台配套扶持政策

厦门市为扶持社会组织发展，从资金、人才等多方面出台相关的扶持政策。一是设立社会组织发展扶持专项资金，用于资助社会组织孵化基地建设和补贴社会组织的经费，维持基地和社会组织的正常运转。二是建立"以奖代补"制度，对受群众欢迎、积极参与社区治理的社会组织给予一定的资金奖励，激发社会组织参与社区治理的热情。三是出台人才引进政策，引进高层次社会组织的人才，为其提供创业机会，发展高水平社会组织。

（三）提升服务能力，发挥社会组织作用

提供公共服务，参与社区治理是社会组织发挥作用的重要途径。为充分发挥社会组织的作用，厦门市以政府购买服务为平台，增强队伍力量为手段，提升社会组织的服务能力，推进社区的良性治理。

1. 引入社会组织

厦门市以群众需求为出发点，以提升服务品质为落脚点，通过政府购买服务的方式，引导社会组织提供公共服务和参与社区治理。在各区人民政府的领导下，由区财政局牵头成立联席会议，根据社区的需求，确定每年需要购买的服务项目，通过公开竞争的市场机制选择优质的社会组织为社区提供公共服务，使社区服务专业化、品质化。

2. 增强专业队伍力量

厦门市从设岗位、育人才两方面下功夫，全面提升服务能力。一是探索"三社联动"机制，鼓励各社区和社会组织设置专门的社工岗位吸纳专业的社会工作人才，进行专业的社会工作指导，形成社区、社会组织和社工的联动效应，提升社区的服务水平。二是组织相关业务培训，厦门市积极开展社会组织的培训工作，邀请专家对社会组织工作的专业知识进行授课，加强社会组织工作队伍的能力建设，提高专业化和职业化水平。

（四）完善监督机制，规范社会组织发展

健全的监督评估机制是社会组织可持续建设的关键，没有监督和评估机制社会组织发展难以长久持续。为此，厦门市利用信用体系，引入社会评价机制，完善内外监督机制，以奖优罚劣的方式促进社会组织的持续性发展。

1. 建设社会组织信用体系

2018年厦门市颁布《厦门市社会组织信用信息管理实施办法》，对社会组织信用信息的内容、社会组织信用的奖惩方法进行了明确的规定。对社会信用良好的社会组织给予奖励，其可优先承接政府项目，获得资金资助等。社会信用不良的社会组织将列入活动异常名录或严重违法失信名单，受到相关惩戒。通过建设社会信用体系，以达到奖优罚劣的目的，推动社会组织健康有序发展。

2. 推进社会组织评估工作

根据民政部《社会组织评估管理办法》（中华人民共和国民政部令第39号）的精神，厦门市于2012年8月，出台了《厦门市人民政府办公厅转发市民政局关于开展社会组织评估工作实施意见的通知》，对社会组织进行评估，共划定1A—5A五个等级，将3A级及以上的社会组织，优先作为政府部门委托职能和购买服务的对象。此外，厦门市还积极落实民政部关于探索建立社会组织第三方评估机制的倡议，聘请第三方评估机构开展评估，邀请公众参与评估，提高等级评估的公正性和真实性，确保优质机构能优先承接服务。

3. 完善多方监督机制

厦门市为保障社会组织的健康发展，从内部和外部两方面对社会组织的运行进行监督：一是完善内部监督机制，由民政局组织年检工作，对社会组织一年的工作进行检查和监督管理，此外民政局还会组织双随机的抽查工作，随机抽取5%的市级社会组织进行检查，并且随机抽取执法人员开展检查工作，保证检查监督的公正性；二是完善外部监督机制，对社会组织信息、涉及公众利益的事务和社会组织的财务状况等进行公开公示，接受社会大众的监督，监督社会组织的良性运转。

二 社会组织管理的主要成效

（一）促进了社会组织发展

厦门市通过改革社会组织的管理体制，建设孵化培育机制，为社会组织的发展创造了良好的环境，有利于社会组织的培育与发展。截至2019年年底，全市社会组织总数达6159个，社会组织的数量和类型得到了丰富。此外，截至2017年年底，已有135家市级社会组织有资质成为购买政府服务的主体，进一步推动社会组织参与社区治理，提升了社会组织的服务能力。厦门市的实践，从数量、类型和能力等多方面促进了社会组织的发展。

（二）推动了群众的有序参与

厦门市对社会组织进行分类管理，以群众的兴趣为导向，大力引导和发展群众急需的各类社会组织，引导群众有序参与社区治理。例如思明区曾厝垵社区成立了文创会等社会组织，在组建"工作坊"时就被请上"圆桌"，向规划师当面直言曾厝垵改造提升的意见。社会组织一方面能为社区居民提供丰富多彩的社会活动，丰富了社区群众的日常生活；另一方面有利于提升群众的组织化程度，引导群众有序参与社区治理。

（三）提升了社区的服务质量

为满足群众多样化的服务需求，厦门市通过政府购买服务的方式将部分公共服务事项交由社会组织提供，服务质量得到明显改善。例如，湖里区每年用于购买服务的资金超过1500万元，服务的对象涵盖单亲妈妈、残疾人、外来员工、空巢老人、孤儿等特殊群体，全方位、多层次满足各类人群的需求，全方面提升了社区服务质量。

（四）推进了政府的职能转变

厦门市政府将部分公共服务外包转移，赋能社会组织，积极引导社会组织参与到社会治理中。政府变为"掌舵者"和"监管者"，将精力集中于政策的制定和工作监督方面，提高了政府的服务能力，有利于更好地建设人民满意的服务型政府。

三 社会组织管理的主要启示

厦门市在社会组织的管理制度、发展环境建设、服务能力提升和监督评估机制等方面进行了创新性的探索，对激发社会组织活力，提升公共服务能力具有重要的意义。

（一）社会组织管理要健全制度

社会组织形式多样、活跃度高、服务能力强，灵活管理有利于激发社会组织活力。厦门市以"先发展、后规范，先备案、后登记"为原则，对不同发展规模的社会组织进行灵活登记和备案，让社会组织在数量和形式上释放活力。多种类型的社会组织丰富了群众生活、提供了服务，为群众参与社区治理提供了平台，有利于建设和谐社区。因此，社会组织要注重灵活管理，激发社会组织活力。

（二）社会组织服务要着眼于群众需求

社会组织是提供公共服务的重要主体，群众是享受公共服务的主体。社会组织要提供让群众满意的服务，就需满足群众的多样化需求。从厦门市的实践来看，在社会组织的培育发展上，重点扶持和发展群众急需的社会组织；在政府购买服务上，准确把握群众需求，在养老服务、未成年保护、社会工作等群众需求大的领域购买服务，提升公共服务水平，有利于改善民生。因此，社会组织的培育和发展要从群众需求出发，做到服务让群众满意。

（三）社会组织建设要注重专业化

社会组织现已成为社区治理的一支重要力量，发挥社会组织的作用，就要加强社会组织的能力建设。从厦门的做法来看，在社会组织的管理和社区治理中，引入社会工作的理念和方法，进行社会工作专业知识的培训，一方面引进专业的社工人才，另一方面在社会组织内部自我培养社会工作人才，使社会组织更加专业化，以提供更加专业的公共服务，更好地参与到社区治理中。由此可见，社会组织要走专业化、职业化的发展道路，增强自身能力，积极参与社区治理。

如何简政放权赋能基层治理

——基于厦门市街道改革的调查与思考

《中共中央国务院关于加强基层治理体系和治理能力现代化建设的意见》强调"坚持因地制宜，分类指导、分层推进、分步实施，向基层放权赋能，减轻基层负担。坚持共建共治共享，建设人人有责、人人尽责、人人享有的基层治理共同体。构建党委领导、党政统筹、简约高效的乡镇（街道）管理体制。深化基层机构改革，统筹党政机构设置、职能配置和编制资源，设置综合性内设机构"[①]。简政放权改革的本质是重新调整政府和市场以及不同层级政府部门之间的关系。然而，长期以来不同层级政府之间的权力关系不能理顺，街道职责梳理不清、负担过重，便民服务程序烦琐等问题依旧存在，作为我国行政体系的末梢，街道和区（县）之间的权力下放承接问题成为焦点。基于此，2014年前后厦门市通过简政放权，政府收回伸得过长的手，让"该干什么的干什么"，使治理充分运转起来，厦门市的简政放权机制既是增强政府治理能力、建设现代政府的内在要求，也是提升政府公信力、执行力和权威性，更好服务人民群众的有效保障，厦门市的做法与经验值得借鉴。

一 厦门市街道简政放权改革做法

（一）调整街道机构设置

第一，厦门市海沧区在不改变街道现有机构编制、领导职数和人员身份

---

① 《中共中央国务院关于加强基层治理体系和治理能力现代化建设的意见》，《人民日报》2021年7月12日第1版。

的情况下，将街道机构整合成"四办"（党政办、经济服务办、社区发展办、综治办）。党政办负责党工委和办事处的上传下达、综合协调、监督落实等日常管理服务工作。经济服务办负责街道财政预算决算、经济发展规划及工业区内企业的服务等工作，下设园区工作站，与社区工作站相对应，负责企业的行政服务。社区发展办负责社区建设、社会组织培育、引导群众自治、计划生育管理等工作，下设社区工作站，承接行政事务。综治办负责社会治安、纠纷调处、安全生产等工作。在"美丽厦门·共同缔造"行动中，厦门市思明区通过简政放权推动街镇职能向服务基层转变，将原有的"五办一中心"（党政办、街政办、综治办、计生办、财经办，社会事务服务中心）进行职能调整和定位，精简办事机构，统筹基层行政资源，减少中间流转环节，方便群众办事。进一步梳理和下放更多的事权到社区，结合数字家庭和信息化建设，推动三级网格化联动服务中心功能升级，完善双向交流、群众互动模块，实现"社区这个网络把政府能做的都做了，让老百姓足不出户就能审批"。

第二，厦门市思明区根据主体功能区发展需求，调配街道、社区治理所需的人、财、权、地等资源，增强基层自主权。一是下放管理资源，结合政府机构改革和职能转变，最大限度地取消和下放区级行政审批事项，简化审批流程；下拨4800万元社区专项工作经费，将基础设施建设向老旧社区和"村改居"社区倾斜；加大基层干部提拔使用力度，并对在社会治理创新中表现突出的社区主干，优先推荐考录公务员或事业单位。二是下放服务资源，设立"安康基金"，启动"圆梦助学"计划，对辖区低保、低收入家庭及困难学子给予适当资助；打造4个街道级、3个社区级的家庭综合服务中心，在10个街道设立公益早教服务点和老人日托中心，建成30座24小时自助图书馆、27座社区健康自助监测站；在原有的968180社区服务网络平台基础上，建立"民生110"平台联动协调工作机制，为群众提供优质、高效、便捷的民生服务。三是下放空间资源，通过腾"商业资源"为"民生资源"，"挤地造园""腾地修园"，推动"房前屋后"美化，增设老城区"透气孔"；启动14个"区级项目""十大健身步道"提升项目，着手规划社区慢行步道、社区生态公园，连接或打通一些片段化的步道，增设休闲桌椅、迷宫步道等，先后建成167个社区"微公园"，274个"社区园圃"。

（二）创新行政服务模式

第一，规划打造干群一体的"一站式"便民服务中心，流程方面，前台一站式受理，后台分流处理，完善"马上就办"窗口服务，实现"一件事一站式"办理。硬件方面，开放街道1—3楼空间作为公共服务场所，增设健康体验屋、充值充电缴费、爱心借阅等服务设施；通过政府购买的方式，与社会组织合作行动，开设亲子阅读馆，与同心慈善会合作，开放夏季露天电影，举办影评分享会等。软件方面，打造社会管理指挥平台，主要通过整合治安，交通，辖区内企事业单位，行业系统（电信、移动、广电线路）和数字城管等监控资源，构建治安防控、防汛减灾、应急突发、民生保障四个平台以及视频实时监控、电子地图显示、电话呼叫传输三个系统，实现社会管理大事小事快速预警、快速决策、快速指挥、快速处置、快速恢复。开通网络预约服务，实现政务服务"私人定制"。

第二，厦门市海沧区依托网格化、信息化管理覆盖全区的优势，积极推进便民服务中心和便民服务代办点建设，目前已完成全区所有镇（街）便民服务中心和村（居）便民服务代办点标准化建设，构筑起区、镇（街）、村（居）三级便民服务管理体系。与此同时，围绕"简政放权"这一核心，依托三级便民服务管理体系，下移城乡社会管理重心，健全以社区为基本单元的便民利民工作架构，将一些直接面向群众、基层能够承担的社会管理和公共服务事项下放给镇街和社区，并配备相应的资源，进一步规范运作。

（三）厘清街道和社区权责边界

第一，厦门市通过理顺区—街—社区关系，厘清各部门、各层级的"职能清单"，推动简政放权，提出优化策略。重点做好街道职能定位，明确街道"守土有责"的责任范围。完善网格化管理服务体系，提升服务水平，方便居民办事。制定政府购买、市场化运作等配套办法。推进社区减负放权，完善街道、社区工作准入机制，落实"权随责走，费随事转"。强化社区的自治服务功能，对社区行政事项进行分类梳理，探索制定了《社区组织协助政府工作目录》和《社区组织依法履行职责事项》等任务清单。

第二，厦门市通过列出社区工作"依法履职行政事项清单""协助政府管理事项清单""承担自治事项清单""行政权力限制事项清单"四份清单，严格落实社区事务准入制度，行政事项主要由社区工作站承担，自治事项由社区居委会承担，凡是依法需要社区协助办理的事项，政府予以"支付协助"，凡是未纳入两个目录的事项，政府实行"购买服务"。按照"权随责走、费随事转"的原则，对街道需要协助的事项，在平等协商的基础上，改签委托管理和购买服务协议书，明确项目内容、工作要求、任务目标及经费支付等事项。社区对行政越界擅入事项亮出"红牌"，形成行政管理、民主自治、市场运作相结合的社区工作运行机制，激活社区基层自治细胞，打造街道"共同缔造"治理模式。理顺街道和社区的关系，社区居委会回归自治，不再承担街道的行政工作。社区工作站的职能街道承担，由社区发展办直接管理，街道所有面向群众的行政事项全部下放到社区工作站，最大限度方便群众，让群众在家门口就能办成事。工作站站长由街道社区发展办干部直接担任。原便民服务中心人员全部下沉到社区工作站办公，直接服务群众，加强服务力量。

二 厦门市街道简政放权改革的成效

简政放权是转变政府职能的切入口，是把错安在政府身上的职能转交给社会，把该放的权放掉。经过实践，厦门市通过推动街道简政放权，解决了街道职责不清、负担过重、便民服务程序烦琐等问题，进一步明晰了职责、理顺了关系、提高了服务效率，实现了共谋、共建、共管、共享。

（一）激发了街道活力

厦门市以机构改革为抓手，秉持"五共"精神大胆创新行政体制，逐步放权，建立起了三级便民服务体系和网格化管理系统，先后在全区3个试点完成了便民服务中心和37个村（居）便民服务代办点的标准化建设，并将政府不该管或管不好的事情依托"网格化·微自治"的创新管理模式，移交给"四民家园""乡贤理事会"等自治组织操办。厦门市的一系列改革措施，明晰了职责，理顺了关系。厦门市街道推行共同缔造时，群众普遍认为又是形象工程，但群众看到官员来勤了、关心多了、熟悉增加了，"天天跑，都快成这里的人了"，"大家开始都不太习惯，政府这是怎么了？"在厦门市的共同缔造工作中，厦门市政府从百姓利益出发，实事求是地为百姓着想，并最终通过简政放权减轻了群众的负担，同时激发了街道的活力，让街道更自由地服务老百姓。

（二）提高了工作效率

厦门市以基层培育为支撑，将部分基层需要且能够承担的社会管理和公共服务事项下放给了镇街和社区，一期下放了58项，二期又围绕群众提出的"房前屋后"小事、实事，继续下放了27项行政事项；并为承接任务的基层机构配备了相应的人员和资金，给予了培训指导。政府简政放权实现了基层社区有权管事、有人做事、有钱办事，为凝聚社会各方力量共同参与打开了局面。以海沧区为例，梳理了街道职权154项，其中继续由街道相关部门负责的110项，回归区级部门职能（职能问题）15项，下放社区22项，转购买社会服务职能7项。海沧区在横向职能、纵向职能调整前后发生了巨大变化。

第一，在横向职能层面。调整前街政办和社区事务服务中心职责重复，计生办和计生服务中心权责不明，导致领导不明，效率不高。调整后将农业、水利、防台、防汛、抗旱、畜禽整治和市容环境卫生等职能转移至经济发展办；将指导村（居）级换届选举工作（组织建设方面）的职能转移至党政办；将街政办，社区事务服务中心职能（主要包括民政低保、文教卫、劳动保障、社区工作站），计生办，计生服务中心等职能整合为社区发展办公室，并且配备相应人员，使得权责分明，人员分工明确。

第二，在纵向职能层面。街道职能中有15项为协助区相关部门开展执法、监督、整治等方面的属地管理工作，职能主体不明确、协作机制有待完善，且街道无相关执法权力，导致工作开展难度和阻力较大，效率较低。调整后与区相关部门对接职能问题15项，明确15项职能的责任主体和协助单位，明确各项职能中各相关部门的具体负责工作，制定协助机制和执法管理制度，工作协助开展较为顺利，减少了各部门间的工作推诿和出工不出力的现象，提升了工作效率。

（三）改善了干群关系

区、街、社区三级便民服务标准化建设以来，由于事权下放，造成街道行政审批较少，便民服务事项大都又下放到社区，到街道层面便民服务中心办事的群众较少的现象，而且办事人员需经过社区、街道、区级一层一层审批，效率较低，耗费时间较长，导致群众办事难，干群关系紧张。调整后将社区工作站划归街道社区发展办管理，将原先街道22项便民事项下放至社区工作站，即所有便民服务事项均由社区工作站办理，使得办事人员能在家门口办理，提升了办事效率，改善了干群关系。在厦门市简政放权期间，全市未发生严重群体性事件，政府施政方式的改变使群众地位得到提高，干部作风的转变使群众能够更多地得到关心和爱护。

三　厦门市街道简政放权改革的启示

厦门市以简政放权凝聚政社合作共识，通过简政放权，理顺了政府与社会的关系，把该放的权力放掉，把该管的事务管好，促进了政府高效协调运转，激发了社会活力。厦门市街道简政放权改革机制的实施对我国城乡发展具有重大启示意义。

第一，简政放权是明确权责关系的基础。一直以来，作为基层社会治理主体的镇街和社区的职能定位不清，尤其是社区成为政府的"腿"，承担了大量的行政事务，服务居民和凝聚群众的功能弱化。厦门市通过简政放权改革，理顺了各级政府之间以及政府与社区的关系，把该放的权力放掉，把该管的事务管好，促进政府高效协调运转，激发了社会活力。厦门的实践证明，明确区、镇（街）两级的权责关系需要简政放权。

第二，简政放权是优化资源配置的关键。首先，在人事权层面，人事权力不足是导致基层政府人少事多的一个重要影响因素，也是基层政府特别期待解决的问题。厦门市通过简政放权，向基层下放了一定范围的人事考核权，实施乡镇干部绩效考核改革，基层政府有了更大程度和领域的人事权力，提升了基层治理能力。其次，在财权财力层面，财权和财力是各级政府履行职能的重要基础，乡镇和街道的财权是国家财政体系"最后一公里"。然而，在实际工作中，街道和区级政府之间财政分配不清晰，乡镇财政管理体系不完善，乡镇财政管理不规范。厦门市通过简政放权，健全和完善了乡镇（街道）履行职能的财力保障机制，增强了基层的财政自主权，保障了基层治理的顺利进行。因此，实践证明，厦门市对乡镇和街道放权赋能的改革，是统筹调配人力资源、提升治理效能的关键，进一步增强了基层治理能力。

第三，简政放权是促进城乡发展的重要保障。加强城乡社会管理和服务，推动城乡事业发展，主要靠基层政府。提高乡镇政府行政效率和降低机构运作成本，将更多的人力物力集中到建设方面，基层才能得到发展，群众才能得到实惠。实施简政放权，既降低了乡镇政府的运行成本，同时能让乡镇政府把主要精力放在城乡发展事业上，专注于提升为群众提供公共服务的能力，切实提高群众的生活水平，改善民生。当前，我国城乡差距还很大，群众对各项公共服务的需求日益增加，群众因其环境局限性对政府的依赖度还很高，这对乡镇政府提高治理和服务能力提出了更高要求。各级政府只有重心下移、关口前移，将人力、物力、财力投到乡镇，做好基层社会治理和服务工作，才能缩小城乡发展差距，推动城乡发展一体化早日实现。

如何减负放权推进社区治理

——基于厦门市社区减负放权改革的调查与思考

《中共中央国务院关于加强基层治理体系和治理能力现代化建设的意见》指出，"坚持因地制宜，分类指导、分层推进、分步实施，向基层放权赋能，减轻基层负担"[①]。2013年以前，由于行政组织和自治组织权责没有厘清、定位不够明晰，厦门市基层自治组织管理着许多"不该管也管不好"的事务，导致基层自治组织日趋行政化，社区俨然成为一级"小政府"，自治陷入空转。为了让行政资源更有效地服务基层，让社区更好地服务居民，厦门市思明区和海沧区紧紧围绕"决策共谋、发展共建、建设共管、效果共评、成果共享"的共同缔造方法，转变工作理念、推进工作提升、创新工作机制，改变原有的惯性思维模式和工作方式，向基层放权赋能，减轻基层负担。该政府做的事务由政府做，政府做不了的事务委托给社区做，政府需要"权随责走、费随事转"。经过一系列有益探索和尝试，社区负担减轻了，服务效率提高了，群众办事方便了，社区减负放权推进社区共治提质成效显著。

一 减负放权推进社区共治提质的做法

为社区减负放权是推动试点社区体制机制改革的首要一步。随着厦门市社区承担的职能越来越多，权责定位不清，社区功能异化，处处可见"政府主导"，四处难觅"群众主体"。为了让行政资源有效服务基层，让社区更好服务居民，思明区和海沧区从体制机制上做文章，明确社区定位，给社区

[①] 《中共中央国务院关于加强基层治理体系和治理能力现代化建设的意见》，《人民日报》2021年7月12日第1版。

减负放权。减负放权为进一步明晰社区职责、理顺社区关系、提高服务效率铺平了道路，不仅有效地促进了政府转能转变，还激活了社区基层自治组织自我管理的"细胞"。

（一）明确社区定位

第一，明确社区功能角色。社区是地域性的社会生活共同体。随着经济社会的快速发展，政府承担的管理服务职能急剧膨胀，而习惯被视为政府"助手"的社区承担了大量事务性工作，导致社区功能发生异化。鉴于此，思明区以"强化服务、培育自治"为核心，对区、街道、社区的职能进行了重新定位。在新的治理体系中，街道以社会治理和社会服务为主，社区以社区服务和居民自治为主，网格、楼院等自治单元以居民自治为主，从制度上对社区的功能角色进行明确定位。

第二，明确街居权责边界。思明区以中华街道和滨海街道为试点，列出了社区工作"依法履职行政事项清单"、"协助政府管理事项清单"、"承担自治事项清单"和"行政权力限制事项清单"等四份清单，对街道和社区的权责边界进行了明确划分。海沧区同样列出了"社区依法必须承担的行政事项"、"依法需要社区协助管理和服务的事项"和"社区自治组织承担的自治事项"三份清单，剥离社区行政事务，社区居委会回归自治，不再承担街道的行政工作。

第三，明确居站职能分工。社区党组织、居委会和工作站是思明区社区层面的"三驾马车"。但在实际运行中，由于工作站和居委会的职责不清、关系不顺，给社区的工作带来了一些不利影响。为此，思明区积极探索"居站分离"的有效实现形式，采取"清单管理"的模式，规定下沉到社区的行政事项由工作站承担，自治事项由居委会承担。同时，赋予社区居委会对社区工作站的监督权和考核权，提升社区的组织协调和服务能力。

（二）减轻社区负担

第一，调整社区工作内容。思明区出台的《思明区进一步推进试点社区减负放权工作意见》，对社区现有的88项工作职能，减除社区12项、合并30项事务性工作，简化13项便民服务项目；同时也减除了20大类133小项的党建检查台账，切实减轻社区负担，提高服务效率。

第二，全面清理社区挂牌。社区办公场所对外只挂"社区党支部"（或党委、党总支），"社区居民委员会"和"社区工作站"三块牌子；社区内的实体性组织标牌悬挂于相应的服务地点，其他组织机构的标牌以集中列表的形式悬挂在办事大厅内，无实质性工作对象和任务的机构和牌子及时撤销和摘除。基于此，思明区共清理社区办公场所牌匾4773块。

第三，规范厘清社区事务。思明区主要从以下四个方面入手规范社区工作。第一，严格工作准入。区属部门单位涉及社区工作的必须向区社区办提交申请，经批准之后才能进入社区。第二，规范社区台账。坚决压缩无用台账、簿册等，由区委党建办牵头规范社区党建工作台账，由区社区办牵头规范社区居委会工作台账，合并会议记录本和各类工作簿册。第三，规范参会审批。最大限度精简需社区干部参加的会议，区直部门召开由全体社区干部参加的会议，须经区分管领导批准，重要会议精神的贯彻落实采取逐级召开会议的方式。第四，统一社区考核。除了国家部委和省级明确要求的考评外，各种考评由区社区办牵头，部门委托社区协作的工作，不得带有考评性质。海沧区厘清各部门、各层级的"职能清单"，强化社区的自治服务功能，对社区行政事项进行分类梳理，探索制定任务清单。

(三) 下放社区职权

第一，赋予社区资源整合权。思明区将公安、工商、消防、环保、城管、环卫、物业等相关单位纳入社区工作体系；职能部门设立社区片警、社区联络员等，直接负责职责工作在社区的落实；建立社区工作联席会议制度，定期召开联席会议，共同推进社区事务的解决。

第二，扩大社区经费支配权。思明区将社区工作经费纳入街道财政预算体系，为每个社区安排专项工作经费；要求各街道制定社区经费使用管理办法，简化社区工作经费使用审批手续，加强审计管理，确保专款专用；此外，对于职能部门下放社区或需社区协助的事务，必须"费随事转"，确保满足社区工作经费需求。

第三，赋予社区监督评议权。思明区设立社区事务监督委员会，对社区居委会建立健全各项制度情况、居民（代表）会议精神落实情况、社区事务公开及财务收支情况等多方面内容进行监督。建立群众民主评议社区工作、民主评议社区干部制度，把群众评价纳入社区考核体系，形成"你服务谁、谁评价你、你向谁负责"的社区群众评议机制。

第四，赋予社区管理服务权。为了让社区更好地服务居民，思明区将"三无"老人就餐送餐等13个与群众密切相关的政府职能管理权直接下放到社区，简化审批层级，提高便民服务效能；设立综合事务、民政事务等窗口，对进驻社区事务实行"一条龙优质服务、一站式办理完结"，提高便民服务效率。

（四）实行群众共治

第一，探索新城区社区业主自治模式。在城市新开发的物业小区中，业主的双重身份决定了业主将在小区治理中发挥核心作用，决定了物业小区的自治格局。思明区积极探索物业小区的业主自治模式，不断理顺社区居委会、物业公司、业主委员会之间的关系，建立三方定期联席会议制度，形成居委会的社区管理、物业公司的专业管理、业主委员会的"四位一体"自治管理相结合的共治局面。

第二，探索老城区社区邻里自治模式。思明区老旧社区较多，基础设施落后，居住环境差，大部分老旧社区是无物业小区。思明区以改善居住环境为切入点，以解决小区事务无人管为导向，探索建立居民共同参与邻里自治模式。如小学社区140号无物业小区的退休老干部、老党员自发成立小区自治小组，制定《居民自治公约》，通过民主协商自筹资金设立小区电动门禁，聘请小区下岗失业人员担任管理员，通过"身边人管身边事"，实现了小区有序管理、居民自己"唱戏"。

第三，探索特殊社区开放自治模式。思明区拥有许多外来人口社区、外籍人口社区、历史文化街区以及商贸旅游街区等特殊社区，需要探索多元化的开放自治模式。针对辖区内外籍人士多的特点，思明区拓宽思路，成立"官任社区外籍人士理事会"，让外籍人士参与社区自治；组建外籍夫人沙龙、外籍青年俱乐部等外籍人士学习组织和服务志愿者队伍，建立了一套具有自身特色的外籍人士服务与管理机制。同时，针对人文故居多的特点，仁安社区创新历史文化街巷居民自治管理模式，建立社区文化议事理事会，以自治组织为载体，弘扬传统美德，倡导价值回归，凝聚历史文化，满足广大居民的多元文化需求，实现风貌保护、文化延续、群众安居、旅游提升的有机统一，打造宜居的人文和谐社区。

第四，打造一核多元网格自治模式。海沧区在网格化的基础上，将居民小区与网格合二为一，建立网格的组织框架，提升网格的自治能力。第一，建立网格党支部作为网格自治的领导核心，发挥党员在网格自治中的模范带头作用；第二，建立网格自治理事会作为网格议事决事机构，发挥其议事决事功能，开展网格自治；第三，在小区网格，鼓励和引导小区居民建立业主委员会，发挥业委会在物业监督、利益保障、事务商量等方面的作用。

第五，探索社区"微自治"民主参与模式。微自治为居民"个人"有效参与居民自治提供了可能性。海沧区立足"微心愿"，如设立"金点子"信箱，鼓励居民表达；关注"微事务"，如公共绿地认养等，吸引居民参与；创设"微组织"，如社会公益组织等，促进居民互动；推行"微行动"，如采用"以奖代补"等，激励居民行动；创立"微机制"，如推行"阳台绿化"评比等，维持自治运行。微自治将自治内容嵌入居民日常生活，让社区自治、民主参与内化为居民的一种生活习惯。

（五）提升服务质量

第一，推动社区服务效能化、信息化。思明区在完善社区网格化服务的基础上，大力构筑社区信息化平台，实现信息共享、业务协同，提高工作效率，更好服务居民，让居民更满意。在此基础上前埔北社区开设社区公众服务微信平台，开设以易通卡作为载体的社区民生卡，提升社区活动智能化管理水平。海沧区整合全区各类资源，建立大数据平台，加快推进三网融合和区、街道、村（居）、居民的四级联网，探索网上审批、网上办证等功能的实现，加快形成实用高效、群众欢迎的信息化行政和服务能力。

第二，推进政府购买服务专业化、特色化。思明区精心打造购买服务试点，采用政府购买专业社工机构服务的方式运作，搭建"社工＋义工"服务平台，提升为民服务水平。同时选择前埔北社区等10个服务基础好、品牌特点突出的社区，探索购买特色服务项目。

第三，促进公共服务体系化、网络化。为不断满足人民群众的个性化、多样化、专业化需求，思明区积极打造一站式的便民服务平台、建立全覆盖的社会救助体系、推出更全面的居家养老服务、开展全方位的社区教育服务，通过自助、救助、帮助、互助，提升群众生活在社区的幸福感。

二 减负放权推进社区共治提质的成效

经过一年探索，厦门市社区减负放权有关工作取得了显著效果。通过明确社区定位，厘清社区事务，给社区减负放权，促使社区回归自治。在自治过程中，厦门市围绕群众需求开展一系列改革调整，同时又积极发动群众，吸引群众参与管理，促使服务质量和服务效率显著提高，极大地增进了居民群众生活在社区的认同感和归属感,增强了居民群众的主人翁意识,居民群众更好地参与共同缔造,形成良性运转,社区治理也因此取得了可喜的成效。

第一,社区负担得到减轻。思明区对社区事务性工作进行减除、合并,对社区便民项目进行简化,压缩无用台账、簿册,全面整合社区牌匾,厘清社区事务权责边界等,极大地减轻了社区的工作事务负担,简化了社区工作流程,提高了社区服务效率。如嘉莲街道在莲花五村试水下放16项街道社会事务审核权;收集整理由街道配合出具"过路"证明章的相关事项;采取委托授权的方式,制作社会事务专用章,由街道将审核权下放到社区,群众无须再到街道盖章,方便群众。

第二,服务效率得到提高。思明区将全区96个社区划分成994个网格,推广网格咨询、网格预约等便捷服务,真正将服务送到社区、送进网格、送至百姓家中。同时梳理社区职能、明确工作职责、实行工作准入,实现了"三减两升",即减少了牌子、减少了事务、减少了评比,提升了工作效率、提升了群众满意度。积极推广"社会事务专用章"的做法,真正将办事权力下放社区,减少过路章,方便百姓办事。

第三,工作方式得以转变。思明区通过简政放权,使得工作重心下移、关口前移,积极寻求最广泛的参与方式和最主动的参与精神,以平等对话替代居高临下,以鼓励自治替代全盘管理,切实探索用共同缔造的方法解决社会问题,实现了"四个转变",即工作方向由"自上而下"到"上下结合"的转变,工作关系由"你、我"到"我们"的转变,工作目的从"给领导看"到"让群众用"的转变,工作项目从"大"到"小"的转变。时任厦门市思明区委书记游文昌同志说:"美丽厦门是愿景和目标,共同缔造就是达到目标的桥和路。为了让这条路走得更顺畅,思明区正在改变原有的思维模式和工作方式,从政府单项决策实施转向重视广泛发动群众共同参与。"[①]

第四,社区工作得到认可。思明区通过不断提升服务质量和效能,提升社会治理现代化水平,让发展成果由群众共享,提升了居民的幸福指数,实现了"四个改善",即居民群众的居住环境改善了,房前屋后更加"美";

[①] 林世雄、邓婕:《激发群众踊跃参与共谋共建共管共评共享》,《福建日报》2013年12月5日第8版。

活动空间改善了，男女老少更加"乐"；人际关系改善了，左邻右舍更加"和"；参与意识改善了，主人翁意识更加"浓"。如随着试点工作的推进，曾厝垵社区业主、商家、游客等多元主体更加融合，区域经济快速发展，群众得到了真正的实惠，群众满意度和幸福感得到提升。

第五，示范引领效果显著。通过对前期试点社区工作进行深度案例分析，思明区各部门各单位对共同缔造的理解进一步加深，主动参与意识不断提升，活动影响不断扩大。主要体现在"四个逐步"上，即策划主体逐步延伸，缔造项目逐步扩大，群众参与逐步拓宽，成效经验逐步推广，实现了以"点"带"线"、连"片"成"面"的复制效应。如小学社区35—37号无物业小区的业主们在看见"小学苑"小区的巨大变化后，在小区"党员和事佬"的带领下，自发组成居民自治小组，设置小区自治管理操作流程，将小区取名为"同馨小筑"，紧锣密鼓地推进小区改造。

三 减负放权推进社区共治提质的启示

社区减负放权是厦门市转变社区工作职能，探索社区自治机制的有益尝试。厦门市社区创新减负放权工作思路，以减负促进社区角色转变，以放权驱动社区共治发展，对于积极探索城市社区以共同缔造方法推进社会治理现代化有着重要的启示和意义。

第一，社区减负放权要尊重群众主体地位。社区自治的主体是广大社区群众。厦门的减负放权工作坚持以民生为导向，从房前屋后项目和社区群众关心的身边事入手，努力为群众办实事好事，才得以充分调动社区群众参与社区自治的积极性，引导广大社区群众积极参与到社区自治中，发挥社区群众在社区自治中的主体性作用。因此，社区减负放权工作尊重群众的主体地位是至关重要的。

第二，社区减负放权要探索多元主体共治。经济社会持续发展促使社会管理对象扩大、基层社会矛盾增多、群众诉求不断升级，单纯依靠政府管理势必难以为继。探索多元主体共治，有助于建立基于共同利益和目标的"亲密伙伴关系"，各主体间通过协商、合作解决问题，有助于形成多元主体共同参与社会治理的局面，破解政府无力应对社会诉求与日俱增的难题，实现多中心、协作式的系统治理。因此，社区减负放权探索多元主体共治是非常有必要的。

第三，社区减负放权要具体问题具体分析。社区减负放权要立足于当地经济社会发展特点，立足于现代城区特点和城市社区特质，立足于社区群众的实际需求，既不能"一刀切"，也不能"抄作业"，要实事求是，因地制宜，分类施策，走出一条最适合自己的减负放权和社区共治道路。厦门市各个社区依据自身情况，积极探索符合社区共治的新路子，并取得了令人可喜的效果，充分印证了具体问题具体分析是社区减负放权不可忽视的一环。

第四，社区减负放权要符合共同缔造理念。具体来说，共同缔造就是以居民需求为切入点，以社会工作为支撑，以社区为平台，以社会组织为载体，在社会工作、社会组织和社区"三社"协同中完善社区服务，在服务中激活居民参与，在参与中达成多元自治，在自治中实现社区善治，通过服务牵引，促进社区服务更加完善，推动自治运转更加有效，为完善社区服务开拓了新思路，为实现社区协同共治提供了新模式。厦门市社区减负放权工作既符合共同缔造理念，又回应了社区群众诉求，还有效推进了社区共治提质，是一次成效显著、意义深远的实践。

如何让群众认捐认管公共事务

——厦门市思明区公共事务的认捐认管的调查与思考

基层治理是国家治理的基石，随着国家经济社会的发展，基层治理水平越来越与群众的生活息息相关。《中共中央国务院关于加强基层治理体系和治理能力现代化建设的意见》指出："在基层公共事务中要广泛实行群众自我管理、自我服务、自我教育、自我监督，拓宽群众参与渠道，建立健全基层治理体制机制，推动政府治理同社会调节、居民自治良性互动。"[①]之后，湖北省第十二次党代会也进一步强调，以"共谋、共建、共管、共评、共享"带动群众参与基层治理，激发社会活力。这进一步为完善我国的基层治理体制机制指明了方向。作为厦门市的政治、经济、文化、金融中心的思明区，随着经济的快速发展，面临着城市转型、产业转型和社会转型"三个转型"，历史遗留问题多、社会建设滞后于经济建设，基层的传统管理模式失灵，居民的"社区归属感"缺失，为有效改善居民参与公共事务状况，思明区积极探索，通过完善运行机制，夯实群众参与基础；通过强化激励，激发群众参与动力；通过创新形式，扩大群众参与内容，极大地带动了公众参与社区治理，取得了令人满意的成效。在满足社区居民的基本需求下，既尊重了群众的主体地位，增进了群众的社区共同感和归属感，也创新了政府管理模式，强化了基本公共服务建设，其做法与经验值得借鉴。

---

① 《中共中央国务院关于加强基层治理体系和治理能力现代化建设的意见》，《人民日报》2021年7月12日第1版。

一 公共事务认捐认领的主要做法

（一）完善机制，夯实参与基础

开展"认捐认管"活动并不能一蹴而就，在一开始可能会遇到群众不理解、不支持、不主动、认捐不积极、认管不卖力等问题。因而需要持续地推进和完善，在这一过程中，需要以机制建设为重点，以制度、组织的建立完善破解活动开展过程中遇到的各种难题。

1. 制定"认捐认管"实施办法

首先，试点先行，探索经验。思明并不是一开始就出台认捐认管办法，而是鼓励街道社区先行探索开展"认捐认管"活动。在区"认捐认管"办法出台以前，试点社区前浦北在健身公园改造提升过程中，积极探索居民"认捐认管"项目，调动居民参与，总结相关经验和教训。其次，问计各方，完善办法。在总结试点经验的基础上，由思明区缔造办牵头，制定了《思明区社区公共事物（务）认捐认领认管暂行办法（征求意见稿）》。一方面，向专家学者咨询专业意见；另一方面，发布《征求意见通知》，向相关部门单位，尤其是即将组织开展"认捐认管"活动的一线单位征求经验性、可行性方面的意见。最后，适时公布办法。思明区向社会公布了《思明区关于社区公共事物（务）认捐认管工作的指导意见》，明确了认领项目程序和注意事项、认领主体的权利和义务、社区居委会的责任与义务，同时建立激励机制和退出机制。

2. 明确"认捐认管"管理主体

"认捐认管"活动开展涉及一系列事务，需要明确管理主体，负起活动开展的责任。第一，由社区居委会根据需要，公布可以接受认领主体"认捐认管"的项目。第二，认领主体到社区居委会报名登记，选择自己想要认捐或认管的项目。第三，社区居委会对认领主体进行审核，签订认领协议，明确认领主体的权利义务及具体内容、范围、费用等，并将认领结果进行为期一周的公示。第四，在公示无异议后，认领主体遵照协议，开展"认捐认管"工作。社区居委会作为"认捐认管"活动的实施主体，自然要承担起相关责任。首先要鼓励认领行为；其次要公示认捐认管项目财务状况，接受社会监督；最后要监督认领主体的"认捐认管"行为。

3. 发挥社区自治小组主体作用

尽管社区居委会是"认捐认管"活动的责任主体，但是其事务繁杂、精力有限，因而首先要依托社区各类自治组织来共谋需要认领的事物（务）。思明区建立健全民声反映机制，一方面，向社区共同缔造小组、小区居民议事监督小组等微型自治组织征集可以认领的公共事物（务）。另一方面，搭建议事平台，设立"居民议事厅""议事圆桌会"，让基层党组织、功能性自治互助小组、驻区单位、物业公司等代表共同参与认捐认管事物（务）分析讨论，将认捐认管事项交由群众自己决策。其次，吸纳社区自治小组参与监督"认捐认管"项目实施。譬如公共空间认管、公共绿地认养这样一些项目，思明区通过吸纳社区各类自治小组参与监督认领主体的认领行为来保障认领效果。同时，"认捐认管"会涉及资金使用，关系到认捐者和社区居民的切身利益，需要第三方的监督来确保资金使用的公开透明。最后，社区居委会鼓励群众成立自管互助小组参与认捐认管。例如，镇海社区石泉路车主成立自管互助小组，认管小区停车事务，划定车位、聘人看管，保障车辆有序停放。

（二）强化激励，激发参与动力

"认捐认管"的开展，不仅需要运行机制的完善，管理主体的明确，还需要激励机制的鼓励，才能激发多元主体的参与热情。思明在实践中，以典型树立营造"认捐认管"氛围，带动更多社会力量共建和谐社区；以利益激励引导群众主动参与认捐认管；同时建立健全激励奖励机制确保认捐认管活动走得远、走得好。[①]

1. 发挥模范带动作用

思明在激发群众参与"认捐认管"活动中，尤其注重运用先进典型影响和带动群众，并强调各个街道和社区都要注意发现和总结自己的先进典型，做到学有榜样、赶有目标，在全社会形成全员主动参与"认捐认管"活动的良好氛围。[②] 一是借助媒体宣传认捐认管典型人物。例如在前埔健身公园提升改造施工期间，前浦北社区 67 岁的杨淑慧老人坚持每天都到施工

---

① 参见徐勇等《思明提升：共同缔造中的基层治理现代化》，中国社会科学出版社 2015 年版，第 95 页。

② 参见徐勇等《思明提升：共同缔造中的基层治理现代化》，中国社会科学出版社 2015 年版，第 96 页。

现场走走看看。她因为参与认管前埔健身公园广场，被嘉莲街道授予"公益行动爱心人士"荣誉称号。二是允许认领主体对认捐认管项目冠名。如小学社区在捐赠的木椅上设置标牌，刻上捐赠者名字。小学社区将海城花园小区门前的废弃空地改造为街心公园后，起初用的是石凳。但有居民认为，天气变冷后，坐在石凳上感觉太凉了。在居民的热心认捐下，冷冰冰的石凳换成了凝聚爱心的木椅，上面还刻有捐赠者的名字。捐赠者巩女士的女儿自豪地对同学说，"这是我妈妈捐的椅子。你看，上面还有我妈妈的名字"。社区通过这种方式，对巩女士的认捐行为起到极大的鼓励作用，并带动他人参与认捐认管活动。

2. 运用"以奖代补"激励

思明区在共同缔造行动中，充分运用利益激励功能，引导群众参与共同缔造，建设美丽厦门。针对企业而言，在不改变企业逐利价值取向的情况下，通过项目共建，以实现互利共赢为切入点，引导企业参与"认捐认管"。如前埔北社区与民办幼儿园和心理咨询机构共建社区早教室和心理咨询室。一方面社区可以以较低的成本为辖区居民提供免费的专业服务；另一方面在增强企业荣誉感，体现社会责任的同时，企业还可以借此开展宣传活动。针对社会组织而言，社区居委会和政府职能部门对思明城市义工协会、担当者行动这些社会组织，网格楼院小组、居民互助小组这些功能性自治小组的"认捐认管"工作进行评议，评议结果与"以奖代补"项目申请、评优评先等奖励挂钩，激励社会团体主动认捐认管项目、管好其认领的项目。针对居民而言，在各类奖励、补助的发放中优先考虑"认捐认管"的积极分子。例如鼓励和支持社区困难人员参与认捐认管活动，结合"以奖代补"政策给予他们适当扶持。

3. 制定"积分奖励"办法

模范带动可以营造认捐认管氛围，利益激励可以引导群众主动参与认捐认管活动，而唯有机制建设才可以确保认捐认管活动走得远、走得好。为此，思明区建立积分奖励制度，变社区零星的"经验做法"为"长效机制"，以机制确保认捐认管活动持久着力、持续推进。[①] 前埔北社区进行了

---

① 参见徐勇等《思明提升：共同缔造中的基层治理现代化》，中国社会科学出版社2015年版，第99页。

一系列的体制机制建设，制定一系列社区"认捐认管"活动实施和激励细则，奖励激励认捐认管主体，包括《前埔北社区认领认管办法》《前埔北社区公益基金管理办法》《前埔北社区公益行动积分管理办法》等相关办法、规定，确保认领认管工作有章可循。例如，居民的认捐认管行为，经社区共同缔造小组评定，可以获得"社区公益行动状元""社区优秀志愿者""社区杰出小主人"等荣誉称号。积分达到一定额度后，居民凭着积分卡还可以到"爱心商家联盟"享受优惠服务及爱心礼包。

（三）认领共管，创新参与形式

"认捐认管"并非思明区首创，但思明区创新"认捐认管"的项目内容，丰富居民群众的参与形式，将其他地方推行的绿地认养项目扩展至公共绿地认养、公共设施认捐、公共空间轮值认管、公益项目认领四类。个人或家庭、机关、企事业单位、社会团体等组织机构都可认捐、认管、认养相关项目。思明区扩展"认捐认管"项目、扩大参与途径，极大地方便了群众结合各类项目需求和自身状况参与认捐认管活动。

1. 公共空间认管

社区公共空间是群众日常生活的重要载体，关系居民群众切身利益的实现。为保证公共空间的品质，社区居民作为小区的主人，要切实承担维护从房前屋后到小区公共空间环境的主体责任。自家房前屋后的整理，如果是由群众自己主动参与，既能改善环境，真正让群众满意，又能带动社区居民积极参与社区建设，增强对社区的认同感和满意感。以小学社区"我爱我家"房前屋后改造提升项目为例，在社区的动员下，广大群众主动行动，筹资捐物将海城花园小区门前的废弃空地改造成街心花园，并轮值认管街心公园，包卫生、包秩序、包绿化。废弃空地从原先的"乱糟糟"到现在街心公园的秩序井然，从臭气熏天、居民绕着走到现在居民喜欢聚在此处纳凉话仙。除房前屋后外，对于前埔健身公园等公共空间的卫生管理，思明探索出轮值认管办法，由社区文体队伍和居民轮值管理，既节约了政府成本，又调动了群众的积极性。

2. 公共设施认捐

2017年，《中共中央国务院关于加强和完善城乡社区治理的意见》提出要"提高社区公共服务供给能力，探索建立社区公共空间综合利用机制，合理规划建设文化、体育、商业、物流等自主服务设施"①。然而，一直以来，公共设施一直由政府包办。但是一些花钱不多，并且对于群众至关重要的小型公共设施可以鼓励由群众认捐。海城花园小区门前的废弃空地变成街心公园，在居民的热心认捐下，街心公园里冷冰冰的石凳换成了凝聚爱心的木椅，上面还刻有捐赠者的名字。对于自己捐赠的椅子，他们自然多了一些爱护，而以前，街心小公园石桌石椅、护栏、围墙这些小型公共设施一直是卫生清洁工作的难点。② 社区居民自觉维护他们捐赠的椅子就是"认捐认管"活动实施的效果。因此，"认捐认管"不仅让社区居民捐出来，还收到了让他们自觉管起来的效果。

3. 公共绿地认养

公共空间的绿地、绿植的养护一直是困扰社区的一大难题。长期以来，社区公共空间的绿地建设都是外包给物业承担，但是由于监管维护的缺失，社区的绿地常常存在脏、乱、差的问题，严重影响了居民的生活质量。为此，思明区从居民群众作为社区建设的重要主体出发，发动社区群众积极参与对社区绿地、绿植进行认养的活动，负责为其浇水、除草等，得到了群众的热情响应。例如，镇海社区结合"美丽厦门·共同缔造"工作，成立绿色科普协会，在九竹巷和石泉路等处开辟了科普菜园，设立科普宣传栏，通过举办认养菜地等活动把菜园变成孩子们的科普基地、居民们的怡情场所；通过学生带动家长，更广泛地发动群众参与到认养绿地、绿植中来。同时也有效地普及了绿色健康科普知识，培育起小朋友的责任心。因此，绿地空间的认养不仅满足了社区居民群众对其居住环境的基本需求，而且会增强社区居民对于其居住社区的认同感和参与感。

4. 公益项目认领

在"美丽厦门·共同缔造"的工作实践中，思明区通过广泛的民意征集梳理出一系列"共同缔造"项目，摒弃以往政府包办的模式，创新居民群众认捐认管形式，充分调动相关部门、企业、社会组织及群众参与，开启公益项目认领活动。比如前埔北社区"蓓蕾俱乐部"项目，社区提供场地，

---

① 《中共中央国务院关于加强和完善城乡社区治理的意见》，《人民日报》2017年6月13日第1版。
② 参见徐勇等《思明提升：共同缔造中的基层治理现代化》，中国社会科学出版社2015年版，第100页。

由厦门市图书馆提供书籍，厦门大学、社区幼儿园、心理咨询机构、志愿者等机关、事业单位、企业和居民认领相关项目，在俱乐部设立"早教室""绿色网吧""青少年科学工作室""少儿图书馆分馆""心理咨询"等部门，共同关注未成年人成长。[①] 后江社区后江埭餐饮一条街组建"爱心联盟"，开展"公益待用餐"行动。顾客可在爱心商家认购公益待用餐。辖区困难老人、环卫保洁员等困难群体凭借社区发放的"待用餐领用证"，到餐饮店领取顾客认购的公益待餐券并就餐。由此可见，公益项目依托群众，汇集群众和社会的力量，调动其参与的积极性，同时增强了其对社区的认同感和归属感。

二 公共事务认捐认领的主要成效

（一）公共空间品质得到显著提升

一直以来公共空间由于产权共有，破坏、侵占公共空间的行为时常发生，破坏了小区整体环境，影响了小区形象和品位，降低了社区居民的居住水平。为此，思明区从房前屋后出发，充分挖掘、利用"房前屋后"的有限空间，增建居民活动场所，新建、修缮了20座区级街心公园，增设了328套社区凉亭、休闲桌椅、健身器材等便民设施。同时，在社区的广泛动员下，广大群众积极认领公共空间的维护与建设任务，筹资捐物，包卫生、包秩序、包绿化，保障了公共空间的品质，使其成为居民茶余饭后聚会休闲的好去处。

（二）社区居民主人翁的责任意识得到增强

从前，社区居民大多认为小区内的公共空间、绿地都是属于物业的，公共空间、绿地的维护也是物业的事，居民对公共设施拥有却不爱惜，其与公共居住环境之间缺乏一种情感纽带。因而，思明区通过实行空间认管、绿地认养、设施认捐等措施，将社区的公共空间划分为"责任田"，社区居民主动管理公共空间的卫生和秩序，爱护自己捐赠的公共设施，给自己认养的绿植、绿地等除草、浇水，成为小区公共空间的"监护人"，日常的管护培养了小区居民主人翁的意识。在小学社区，8位居民认捐认管了小学路沿边的

[①] 参见徐勇等《思明提升：共同缔造中的基层治理现代化》，中国社会科学出版社2015年版，第100页。

四张木椅，参与人汤曼红阿姨说："我捐钱修建了这张椅子，就希望它能为居民提供更好、更久的服务。每天我都要趁散步过来看椅子有没有损坏，有没有杂物需要清理。认捐了还要认管，我把这当作我的一份责任。"由此可见，认捐认管的过程大大增强了社区居民的责任意识。

（三）社区居民的人际关系得以改善

思明区的公共空间、公益项目认捐认领活动依托群众，遵循"居民的事情居民做，居民的事情居民管"的原则，使"别人的事"转变为"我们的事"，从而使居民在日常管护、评比等活动中，增进了交流、加强了沟通，由陌生人变成熟人，推动了"熟人社区"的建立，从而进一步调动其参与社区建设的积极性，使得社区建设汇集了群众和社会的力量，也增强了居民对社区的认同感和归属感。

（四）社区居民的参与意识得到唤醒

思明区认真贯彻时任市委书记王蒙徽同志提出的"让居民自己为自己服务"指导精神，前埔北社区率先在全区开展认领认管活动，通过创新责任机制和激励机制，鼓励居民个人、家庭、辖区内企事业单位和社会组织等认领、认管社区公共设施、公共绿地等。项目启动后，居民、商家、家长和学生等积极响应，前埔健身公园新投入使用的20套休闲石椅石凳已全部由社区居民及辖区内单位认领完毕，12名热心居民认管前埔健身公园现场施工项目，16位兴趣小组负责人报名认管责任区域并签订认管协议书，带动900多名队员参与认管。

三 公共事务认捐认领的主要启示

思明区在公共事务"认捐认领"的运行机制、激励机制和形式创新上，进行了卓有成效的探索，以小事为抓手，以生活为平台，以居民为主体，以参与为核心，对带动群众参与具有重要的启发意义。

（一）公共事务的认捐认领要着眼于满足居民的基本需求

公共空间活动是居民的一项基本需求。从思明区的实践来看，公共事务的认捐认领项目，在广泛征求居民意见的基础上，围绕社区居民需求，以居民认同作为立项标准，梳理确定了29个关系到居民最现实、最直接和最切身利益的"房前屋后"美化提升项目，由社区执行、群众参与、部门协调共同落实，大大拓宽了居民的公共活动空间，提升了公共活动空间质量，切实为群众排忧解难。由此可见，立足于居民的基本需求，才能带动群众参与社区治理。

（二）公共事务的认捐认领要多层次提升居民参与

社区建设和治理的主体是居民群众。从思明区的经验来看，思明区以认领认管促进参与，扩展"认捐认管"项目，扩大居民参与途径，借助公共事务的认捐认领活动，激发社区居民参与社区建设、管理、服务的积极性，共同营造幸福家园。同时，以典型示范带动参与，社区借助先进典型影响，带动群众参与，从而培养他们的主人翁意识，进而凝聚社区共同体意识，增进他们的社区认同感和归属感。此外，还以激励奖励机制激发参与，社区在绿地认领、空间认管、公共设施维护等方面，制定了《认领管理办法》，出台了认领"爱心积分机制"，以积分评比奖励的形式，激励群众、企业、社会组织参与到认领的相关项目中。因此，社区治理要尊重居民的主体地位，发挥居民的积极性和主动性。

（三）公共事务的认捐认领要强化基本公共服务

公共事务的认捐认领着眼于满足社区居民的日常基本需求，正是强化基本公共服务的落脚点。从思明区的做法来看，其通过重心下移、关口前移，积极寻求最广泛的参与方式和最主动的参与精神，以平等对话替代居高临下，以鼓励自治替代全盘管理，通过政府引领空间认管、绿地认养、设施认捐、公益认领等活动，切实探索用共同缔造的方法解决群众身边的实事、小事、矛盾。最后，居民群众的居住环境得以改善，公共活动空间得以改善，人际关系改善了，参与意识也改善了，最终群众的满意度、幸福感都得到提升。由此可见，强化基本公共服务的关键是要依托群众，汇集民力，从群众身边的实事小事做起。

如何让驻社区企事业单位参与进来

——基于厦门市海沧区社企同驻共建理事会的调查与思考

治理互动平台的建立对于推进基层民主意义重大，尤其对于外出务工人口较多、人口流动性较大的地区影响深远。《中共中央国务院关于加强基层治理体系和治理能力现代化建设的意见》指出，要优化社区服务格局，鼓励通过社区服务机构与市场主体、社会力量合作，来提升社区服务质量。2013年，海沧区的社区治理面临着如何将外来务工人员纳入居住社区的管理和服务体系中，如何协调社区与企业的关系等一系列难题。为此，海沧区在社区层面成立了社企同驻共建理事会，在居民议事中增添固定比例的企业代表，确保社会治理中企业的声音表达，通过设立社企同驻共建理事会作为社区居委会的有效补充，不断完善企业参与机制，创新社区治理方式和提升社区服务能力，在企业的诉求表达、共建共管方面都进行了积极的探索，对于完善城市基层治理体系具有重要意义。

一 海沧区社企同驻共建理事会的做法

为促进社区与企业的协调发展，海沧区在社区层面创新性地探索出了"社企同驻共建理事会"的治理模式，为社区治理增添了新动能，实现了社区与企业间的共建共赢式发展，具体做法如下。

（一）同驻共建，组建理事会

在社区层面成立社企同驻共建理事会，理事会成员由企业和社区推举社区居委会代表、居民代表、企业代表等组成，经社区居委会审核，由社区公布后确认成为理事会成员。理事会内部设立理事长1名、副理事长2名、秘书长1名，并设立财务部、活动部、事务部、公关部、监管部等，负责专职工作。理事会定期召开议事会，对企业和社区管理和服务事项广泛征求各方面的意见和建议，协助居民和企业申报"以奖代补"项目，建立明确的理事会章程和议事制度，规范理事会运作。

在理事会外部，设立专家队、义工队和社工队。由理事会组织凝集各个企业以及社会上的专业人士，建立专家库名录，按照环保、法律等不同主题成立专家队服务企业。发动理事会成员力量，将社区居民、企业员工以及外部志愿者登记组建志愿服务队。社工队由理事会与专业的社工组织结对成立，为居民和员工提供专业化服务。社企同驻共建理事会充当社区与企业、居民之间的沟通桥梁，理事会与居委会实行"双向监督"，居委会对理事会的活动开展实施"以奖代补"。

(二) 规范管理，强化监督指导

一方面，按照"街路定界、规模适度、动态调整"的原则，将辖区居民小区和企业区划分为不同的网格，网格构成符合"地域相近、文化相连、利益相关、规模适度"的要求，在群众自愿的基础上，以网格为自治单位，设立网格自治理事会。网格自治理事会服从社区党组织的核心领导，社区居委会对理事会给予业务指导、财力物力等支持，同时对理事会自治工作开展进行监督和评估，评估结果纳入理事会年终"以奖代补"的评定。跨网格矛盾纠纷调解和相近相同的利益诉求可以由社企同驻共建理事会统筹协调，经议事会议讨论决议，由社区居委会审核。

另一方面，完善社企同驻共建理事会的议事章程，确保居民代表、企业代表在理事会中的比例，确保理事会的选举民主。建立由社区居委会、物业、业主委员会、流动人口代表、居民代表、企业代表等参与的社区协商议事会议制度。通过社企同驻共建理事会，引导企业参与社区治理，畅通社区外来务工人员的意见表达渠道，建立社区发展共谋机制，实现社区居民与企业员工的共谋参与。

(三) 征集民意，改进社区服务

以社企同驻共建理事会为纽带，根据社区内居民和员工的多元化需求提供社会化服务。首先，积极引入社工组织。对需要政府购买的社工服务，区、街道列出清单，社区根据清单进行申请，积极引导社工进社区。网格自治理事会牵头，收集网格内群众需求，再由社企同驻共建理事会协调统筹后上报给社区，通过社区申请社工服务进网格。其次，加强志愿服务。由社企同驻共建理事会牵头，建立"社工+义工+居民"的模式，利用对台优势，培养专业义工。建立志愿服务积分制，对志愿服务事项划定分数，对参与的企业和员工进行积分管理，企业可以凭积分换取社企同驻共建理事会牵头提供的专业辅导等，并作为街道、社区对企业"以奖代补"的依据；员工可以凭积分到爱心超市换取实物，同时也作为外来人口落户、子女入学的加分因素。最后，通过社企同驻共建理事会引导企业力量参与。探索企业、社工组织、义工组织共建的"社会化+市场化"模式，开展社区就业咨询，加强"四点钟"学校建设和外来员工关怀服务等。

（四）以奖代补，注重考核激励

对于"以奖代补"项目开展、社会组织发展、便民服务中心（社区工作站）的服务等，明确考评主体，建立政府、居民、社区和第三方评议的多方评估机制，按照20%、30%、20%、30%的占比确定评议结果。在社区与网格、社区居委会与社企同驻共建理事会之间建立双向评议机制，分别成立考评小组，列出考评指标进行打分；邀请第三方专业机构对双方的结果进行检测，出入大于30%则重新测评，并将评议结果予以公示，评选出在社区自治中表现优秀的企业、居民和组织，给予一定的物质和精神奖励。考评过程中，需要明确考评的细则，成立专门的考评小组，指定考评指标，实行量化评比，并将考评结果通过社区予以公示，作为以奖代补、政府补贴的衡量标准。对于考评结果不达标的，要采取相应的惩罚措施。

二 海沧区社企同驻共建理事会的成效

兴旺社区作为海沧区的同驻共建示范点，针对居民的治理和区内企业的管理，率先成立了社企同驻共建理事会，在共同缔造中体现出"同驻共建"精神，以实现社区和企业的互动共治。社企同驻共建理事会的建立，是社区以理事会的组织形式，作为联系区内居民和企业员工共同参与社区治理的纽带。社企同驻共建理事会主要负责企业员工"衣、食、住、行"与企业发展及社区建设之间的共性问题等。它的成立无疑是兴旺在共同缔造行动中独具特色的创举，为企业与社区共建共治提供了很好的范本。理事会成立后一直致力于为辖区企业及员工解决切身相关的问题和为社区居民提供高质量的生活服务，取得了良好的治理成效。

（一）居民生活难题得到有效解决

社企同驻共建理事会在工作中贯彻"以人为本，以民为先"的原则，致力于为社区居民以及企业外来居民提供生活服务。2013年下半年，为了解决外来员工上班时间孩子存在安全隐患和"真空"教育看管的问题，社企同驻共建理事会召集社区30几家企业召开了理事会会议，通过三次会议，最后提出了社会化与市场化相结合解决外来员工子女托管问题。由理事会牵头，尚书屋社会工作中心承担，以多方筹资、投劳的方式参与托管问题的解决。2013年9月开学时，有外来员工子弟80多个报名接受服务。尚书屋社工中心以市场价三分之一的亏损价格向学生家长收取托管费用。此外，社企同驻理事会的专家顾问团中有来自各个企业的法律、财务、环保等专家，可对社区居民与社会组织和企业之间的矛盾纠纷进行调解，减少居民、社会组织与企业三方的利益冲突，保证企业生产和社会组织的运转不侵犯居民的生活权益。

（二）社企互助合作更加密切

为了让辖区企业更好地了解企业年度报告公示制度，熟悉该制度网上操作流程，社企同驻共建理事会邀请厦门市工商局相关负责人，为辖区内53家企业的财务人员及工商联络员讲解商事主体年度报告公示网上实务操作。2014年以前，社区某路段因位置偏僻，常发生治安案件，社企同驻共建理事会了解情况后，向周边企业提出意见，由周边6家企业自发组成治保会，在各位企业代表进行商议后，由其中一家公司提供巡逻人员的办公场所，并建立相应的规章制度，各企业选派安保人员定期定点巡逻，共同出资购买并安装警灯等技防设备，实现了小区安保无死角。自2014年3月实行"厂厂联防"以来，这条路上再没有发生过一起治安案件。

（三）社区治理主体实现融合发展

以群众趣缘为导向，兴旺社区培育组建了各类兴趣俱乐部等，满足群众多样化的需求。兴旺社区10个俱乐部构成"特色之家"，已先后组织活动330多场次，参与群众36700多人次。区内企业总共捐资达6.5万元，为社区修建了绿色网吧、健身室、乒乓球室和桌球室，为居民和员工提供了休闲娱乐场所，并以社企同驻共建理事会为认管单位，对其进行日常维护和管理，促进了员工与居民的融合。以趣缘为导向，以服务为依归，通过各种平台建设，在扩大群众参与的同时，实现了居民与企业的融合发展。

(四)自主治理水平显著提升

社企同驻共建理事会发挥了对居民委员会的补位作用,在自治组织内部形成了"居委会—居民—企业"的互联网络。在此基础上,结合以上俱乐部和公益组织,形成了"理事会+业委会+俱乐部+义工队"多元共管的自治模式。兴旺社区名仕阁无物管小区的"自主家园"建设充分体现了同驻共建、多元共管的社会成效。"自主家园"创新"三元治理"机制,分别由小区业委会负责自治管理、社区公益组织实施公益服务、社区居委会提供"以奖代补",试点工作实施一年以来,小区每月的物业费收取率达到96%以上,居民无偿出资2万多元改善硬件设施,社区公益组织在小区内提供志愿服务达18场次620人次,办好事160余件次。"三元治理"机制以社企同驻共建理事会为依托,为无物管小区开辟了微自治、低成本的治理途径。

(五)社区治理更有温度

2014年5月,"第一届新厦门人文化节"在新阳街道悦实广场举办,这是社企同驻共建理事会为让外来务工人员(新厦门人)融入新的环境、参与共同缔造所提议并举办的。文艺晚会前期共收到辖区企业报名节目85个,晚会费用共计5.3万元,由企业捐赠3.3万元和社企同驻共建理事会投入2万元,晚会的成功举办让新厦门人充分感受到家的温暖。社企同驻共建理事会通过举办大型文化节,激发社区活力,让居民与企业工人共同参与,既拉近了居民与企业的距离,又给企业工人送去了人文关怀,在给大家带来视觉盛宴的同时,更提升了基层治理的温度,在共同参与中拉近彼此的距离。

三 海沧区社企同驻共建理事会的启示

企业是社会治理的主体之一。海沧区以同驻共建为指引,注重激发企业的社区认同感和社会责任感,通过培育社企合作新理念,有效吸纳广大群众参与社区管理,致力于打造社区与企业互惠共利、互动共治、互利共存的治理共同体,共同缔造美丽家园。

(一)以利益共享为纽带,实现社企互惠共利

社企同驻共建理事会在不改变企业逐利价值取向的情况下,通过项目共建,以实现互利共赢为切入点,引导企业参与共同缔造行动。一方面社区可以以较低的成本为辖区居民提供免费的专业服务;另一方面在增强单位荣誉感,体现社会责任的同时,企业还可以借此开展宣传活动。以利益共享激励

单位参与同驻共建，不仅能发挥企业在社区建设中的重要作用，而且能促进社区和企业资源共享、优势互补、互惠互利。利益共享是企业参与共同缔造行动的基本条件，有利于各基层政府在发展中更好地处理政府与企业的关系，有利于打造社区居民与企业员工的利益共同体，增强社区治理力量，实现双方互惠共利的理想效果。

（二）以活动共办为引导，实现社企互动共治

注重在活动共办中激发企业的社区认同感和社会责任感，以多种形式培育企业的同驻共建意识，凝聚共建共识。为了提高企业对共同缔造的知晓率和参与率，海沧区开展多样化的宣传活动，培育企业参与精神，构建社企合作的新理念。通过社企同驻共建理事会联合举办多种活动，扩大社区治理参与，激发企业参与共同缔造的热情。只有让企业深入地参与到社区活动中，才能激发企业对社区的认同感和归属感，从而为社区的建设发展提供建设性意见和实质性帮助，促进社区与企业的互动共治，实现社区建设与企业发展的双赢。

（三）以平台共建为支撑，实现社企互利共存

企业参与社会服务和社会治理需要平台，治理互动平台为企业更好地履行社会责任提供了路径，让企业参与相关平台的建设，能有效满足社会参与主体的多元化需求，使得社企合作共建理念深入人心。社企同驻共建理事会的平台不仅拉近了社区与居民的距离，更重要的是增加了社区与企业之间的联系，增加了企业的社区认同感，为完善社区管理和服务提供有效助力。通过引导企业参与平台搭建，强化企业参与共同缔造的意识，把同驻共建共识植入企业的发展理念之中，以此来增强社区有效性治理的活力和企业长效性发展的生命力。社企同驻共建理事会是社区和企业联结的支撑，是双方互利共存的有效平台，通过带动多方主体参与社区治理，不断创新自身治理方式和完善服务能力，在共谋共建共管共评共享中缔造美好幸福生活！

如何奏好基层治理大合唱

——基于厦门市海沧区社区大党委的调查与思考

伴随社区治理半径扩大、非公企业的快速发展，社区党员的构成和组织类型日趋多样，虽然社区与驻区单位联系日趋紧密，社区与党组织上互不隶属、行政上互不关联、管理上条块分割，党建工作呈现出工作协调沟通难、服务资源优势互补难、在职党员在社区作用发挥难等问题。《中共中央国务院关于加强基层治理体系和治理能力现代化建设的意见》指出，要完善党全面领导基层治理制度，加强党的基层组织建设。完善党建引领的社会参与制度，搭建区域化党建平台，推行机关企事业单位与乡镇（街道）、村（社区）党组织联建共建，组织党员、干部下沉参与基层治理、有效服务群众。由此可见，坚持和完善党组织的领导是开展基层工作的前提。2013年，厦门市海沧区针对城市治理现代化背景下党组织作用发挥不充分等问题，出台了试点社区党建示范点打造工作方案，在海虹、海达、海发、未来海岸等4个比较成熟的社区成立社区大党委，通过大党委整合各方力量，加强党委核心领导，提升基层治理效能，其做法与经验具有典型示范意义。

一 厦门市海沧区社区大党委的做法

（一）建立组织，同驻共建

首先，建立街道"大党工委"。按照"同驻共建促发展"的思路，成立由街道辖区公安、地税、工商等单位党组织组成的"大党工委"，建立多元主体契约共治制度，明确各自工作职责，以"契约化"形式将多元主体纳入辖区共治范畴，形成"大党工委"区域范围内各单位党组织和全体党员共同参与、条块结合、优势互补、相互配合的社会事务治理格局。

其次，建立社区"大党委""大党总支"。成立由社区党组织和驻区机关企事业单位、社区社会组织、物业公司等代表参加的社区共建理事会，定期协商决定社区治理重大事项，充分调动社区居委会、业委会、物业公司、社区社会组织、志愿服务队伍和居民群众等主体共同参与社区治理的积极性，有效整合社区多元主体的人力、物力及各类资源优势，共同开展社区服务工作。

最后，建立社区党组织核心主导机制。一是完善社区党组织对社区重要人事任命的提名权。社区党组织应提前介入小区业委会筹备过程、监督小区业委会选举，有权对人选提出异议。同时，社区党组织对社区监督机构负责人拥有提名权和否决权。对社区社会组织负责人拥有提名权。二是完善社区党组织对社区重要事务的决策权，社区党组织应对社区发展规划制定、社区重大事务决策和社区工作部署发挥主导作用。三是完善社区党组织对社区多元主体的监督权，确保社区党组织对居委会、集体经济组织、群团组织、社会组织以及社区党员干部的监督，保证社区多元共治局面的健康有序。

（二）党员下沉，强化领导

一是党支部进网格。社区规模的扩大给党支部的工作带来了新的挑战，使得社区层面的党支部已经无法覆盖全社区的服务。因此，海沧区尝试将党组织下移。首先，在社区层面依托社区党委的领导核心。其次，充分发挥全区城乡社区网格化建设全覆盖的优势，以推进组织设置与网格区域融合为切入点，根据街道辖区各村（社区）实际，整合网格内流动党员、在职党员和"两新党员"等，实行分类组建。一方面城市社区按照"一网格一支部"的要求，组建网格党支部；另一方面村（包含村改居）在原有党小组的基础上，按照"一网格一支部"或者"多网格一支部"的要求，组建网格党支部。同时，依实际在网格党支部内设置若干网格党小组，实现网格党组织全覆盖。以此，在社区党委的领导下，实现网格各类组织的统筹发展。

二是党小组进楼栋。楼栋作为居民生活的最小单元，在增强彼此联系、构建共同利益方面具有先天优势。海沧区在加强党建的过程中，抓住楼栋这个有利单元在条件成熟的楼栋，建立起党小组，形成社区党委—网格党支部—楼栋党小组的"三级党建体系"。在党员组织关系不变的情况下，把居住在同一楼组或相邻楼组的党员（包括在职党员、离退休党员、流动党员等）组织起来，成立党小组，围绕居民共同关注的利益问题有组织地开展内容丰富的各类活动，将党的工作由社区所属党员向社区内全体党员延伸。同时，党组织还鼓励党小组成员积极加入楼栋自治小组，一起承担楼栋内信息宣传、环境维护等工作，实现楼栋事务齐共治。

三是党组织进非公企业。按照中央"有群众的地方就有党的工作，有党员的地方就有党的组织，有组织的地方就要开展党的活动"的要求，海沧区积极推动非公企业党组织建设。针对非公企业党组织组建和开展活动相对较难的情况，海沧区从企业的需求和困难入手，在全区上下大力倡导"服务企业"的意识和氛围，发挥投资区的政策叠加和体制机制优势，不断加大服务保障力度，为非公党组织的建立和活动开展营造良好的外部环境，按计划、分步骤及时有序推进非公有制企业、新社会组织党组织组建，组建非公企业党组织120个、覆盖企业数570家，组建社会组织党组织16个、覆盖企业数48家。

（三）党带群建，服务到边

一是干群共谋，改善社区服务。海沧区成立的"民情调查队"结合党员"进网格·话家常"活动，利用休息日、茶余饭后等空闲时间深入居民家中，与群众交心谈心，宣传党委政府政策，掌握群众思想动态，了解居民需求，摸排矛盾隐患，听取群众意见建议，认真做好民情日志。依托"民声倾听室"，由街道两代表一委员、社区"两委"、议事会成员等轮流值班，公开接访群众，及时解决问题，反馈群众意见及来访情况。同时，拓展接访渠道，开设"民声热线"，在社区网站开辟"民声留言板"，成立社区QQ群，收集汇总意见建议，及时反馈处理。

二是协商议事，汇聚服务力量。通过党建联抓，引导辖区内党组织逐步由"要我共建"向"我要共建"转变，共建大党建工作格局，探索出驻区单位党组织、在职党员和社区党组织、居民党员双向互动、双向管理、双向服务的工作模式，形成社区全体党员共同参与、社区公共资源共享的区域化党建新格局。首先，借助区级组织部门力量，以地缘关系为基础，建立区、街道、社区三级党建联席会议，突破原有组织建制的界限，将分散在各部门、互不隶属的党组织资源整合起来，形成联动的"响应链"。其次，以社区党委为主导，推动"大党委"建设，将机关党组织、"两新"党组织、流动党员上社区党组织共建互联，实现"大联通"。最后，健全区域化工作机制，建立健全社区党建联席会议制度、联考联评制度，采取签订区域化党建协议的形式，明确社区党组织与驻社区单位工作职责，定期围绕区域性、社会性、群众性、公益性事务共商共议，形成沟通联系、互动共治的机制。

三是党社联建，实现服务共享。海沧区统筹整合基层党建阵地、文化阵地、服务阵地等作用功能，高标准建设基层党组织活动阵地示范点。将党的群众路线教育实践活动和城市治理现代化工作高度融合，以服务作为连接党群、党社的纽带，在全区村（居）推行党支部、居委会、业委会共商社区事务周例会、月民主听证会和周末接待日"三项制度"，由村（居）党组织作为社区多元主体的组织者和号召者，就居民、群众关心的利益问题组织协商讨论，有效兼顾各方利益，突显基层党组织"元治理"主体作用。同时，建立"两代表一委员"工作室、党员干部挂钩联系群众制度等，在三个镇街及党代表比较集中的三个村居设立六个党代表工作室，方便群众零距离向党表达意见。此外，建立党委领导下的社区联席会、乡贤理事会、发展协会、行业协会等群众参与自治的平台，促进各种社会力量通过协商调整利益矛盾关系，构建互助共赢的治理格局，实现社区公共服务共享。

二 厦门市海沧区社区大党委的成效

海沧区党委发挥引导群众思想和行动的"总开关"作用，坚持"一切为了群众、一切依靠群众，从群众中来、到群众中去"的群众路线，重新缔造、愈合党的执政基础，在城市治理现代化中深化党建工作，建立全方位服务平台和全过程服务机制，密切党群、干群关系，把"你"、"我"变成"我们"，使党的核心引领真正落实到基层、扎根到群众，确保了城市治理现代化的方向性。

（一）社区自治服务精细化和社会管理扁平化

海沧区党委积极转变自身的观念，坚持服务为本，加强阵地建设，汇集服务力量和回应服务需求，改善了海沧区基层党组织建设组织体制纵向不到底、横向不到边的问题。从海沧经验可以看出，加强社区大党委建设，凝聚群团组织，将党的领导和政府服务下沉到基层，这样既有效加强了群团组织的基层基础，扩大了其有效覆盖面，也增强了对民众的吸引力和凝聚力。社区大党委有助于形成基层党建"大合唱"，成为凝聚党员合力的"黏合剂"和夯实基层基础的"压舱石"，形成齐抓共管、凝聚合力的工作机制，统一指挥、统筹协调的管理方式，推进社区管理服务的精细化和社会管理的扁平化。

（二）社区自治资源得以有效整合

海沧区通过建立社区大党委，将辖区各类企事业单位和新经济社会组织的党员以及流动党员纳入大党委管理，逐步让"社区的事就是自己的事"这一观念在驻社区单位党组织中成为共识，从而使各单位充分利用自身的优势，积极参与社区建设，为社区自治提供服务保障。其中，"服务式"党建工作使得社区居委会和社区党员深受居民好评，群众幸福感不断增强，参与热情持续高涨。截至2013年年底，社区干部先后接访群众1326人次，解决各类问题124个；党员带队入户走访居民1238人次，收到各类意见建议870余条；组织开展各类志愿服务48次，参加的党员达到560多人次，服务群众4820多人次。

（三）社区治理水平得以显著提升

海沧区"协商式"党建工作一方面密切了党组织与多元参与主体的互动关系，提高了各主体参与基层民主建设的积极性，使得群众对社区基层民主建设的认同感逐步增强。另一方面，加强社区大党委建设，凝聚群团组织，将党的领导和政府服务下沉到基层，这样既有效加强了群团组织的基层基础，扩大了其有效覆盖面，也推进形成齐抓共管、凝聚合力的工作机制，统一指挥、统筹协调的管理方式。由此可见，海沧区以社区大党委为纽带，真正把资源聚了起来，把人心凝了起来，把事情拢了起来，切实加强了社区治理水平和治理能力现代化建设，推进社区管理服务的精细化和社会管理的扁平化，不断提升了社区居民群众的幸福感和满意度。

海沧通过创新组建社区大党委，有效整合自治资源，积极组织居民共谋共评，既发挥了党组织做群众工作的优势，又增强了社区的自治能力。

三 厦门市海沧区社区大党委的启示

社区大党委这一新型党建机构的出现，不仅是适应并解决当前基层党建工作中各种现实需要和难题的一次积极探索，更是基层党组织不断"自我净化、自我完善、自我革新、自我提高"的必然要求。

（一）社区"大党委"要凝聚党员合力

海沧在社会治理改革的实践中，充分发挥党的核心领导作用，尤其是党的核心推动作用，创新性地整合党建资源，建立社区"大党委"，实行党员干部挂钩双联系制度，不仅让党组织的功能发挥更强，更让党员服务群众的力度更大。通过社区"大党委"，不断强化"社区党员意识"，使每一个党员都能时刻记住自己的党员身份，担负起应有的责任和义务。像一颗磁石，聚合起社区基层党员的凝聚力。

（二）社区"大党委"要形成联动协调机制

提高城市社区的社会管理科学化水平，进行体制机制创新是前提。必须积极推进社会管理理念、体制、机制、制度、方法创新。海沧社区"大党委"制的建立与运行，突破了城市基层社会管理中的体制性障碍，并为创新领导体制和管理体制找到了一个最佳的切入点，较好地满足了最大限度激发社会活力、最大限度增加和谐因素、最大限度减少不和谐因素的要求。海沧在基层治理体系的改革过程中，推动建立联动协调机制，一方面以街道和社区大党委为载体将职能部门、辖区机关、社会组织、商家企业和社区居民等凝聚发动起来，强化横向联动；另一方面，海沧区建立"区委+街（镇）党工委（党委）+社区综合党委+网格党支部+楼栋党小组（自然村片区党小组）"纵向到底的"五级联动"党建引领体系，强化纵向联动。由此，通过建立社区大党委，形成了纵横交错的党建引领机制，形成行动合力，确保了改革有序高效。

（三）尊重主体地位，积极引领社区自治

提高城市社区的社会管理科学化水平，满足社区群众的需求是根本。必须坚持以人为本、服务为先，统筹兼顾、协商协调，依法管理、综合施策，科学管理、提高效能等原则，完善社会管理格局，加强社会管理制度建设，提高基层社会管理和服务的水平。海沧区以满足新形势下社区群众的需求为根本出发点，通过社区服务、社区文化建设、社区标准化建设等方面的创新，确保基层社会管理创新立于坚实的基础之上，并不断走向更高层次。海沧以社区党委引领自治方向，以社区居民作为自治决策主体，以社区居委会作为自治执行主体，以社区工作站作为行政服务主体，以社会组织补充社区自治，建立起党组织统筹、社区居民决策、社区居委会执行、社区工作站服务、社区社会组织协作"五位一体"的社区治理框架，实现了行政服务便民化，社区管理民主化，社区服务自主化。因此，创新基层治理体系，要尊重居民的主体地位，积极引领社区自治，才能有效提升社区治理水平。

如何推进社区"微治理"

——基于厦门市海沧区兴旺社区的调查与思考

《中共中央国务院关于加强基层治理体系和治理能力现代化建设的意见》强调，要健全居民自治机制，拓展群众反映意见和建议的渠道，增强社区组织动员能力，改进网格化管理服务。[①] 党的二十大报告进一步提出，要实现好、维护好、发展好最广大人民根本利益，紧紧抓住人民最关心最直接最现实的利益问题，坚持尽力而为、量力而行，深入群众、深入基层，采取更多惠民生、暖民心举措，着力解决好人民群众急难愁盼问题，健全基本公共服务体系，提高公共服务水平，增强均衡性和可及性，扎实推进共同富裕。[②] 这些文件为今后的城市社区治理指明了方向。厦门市海沧区的兴旺社区曾是典型的外来人口社区，面临着治安混乱、服务不足、环境恶劣等重大难题，严重影响着居民对社区的认同，社区自治一直处于空转的状态。2013年7月，厦门市委确定"美丽厦门战略规划"，兴旺社区被选为试点社区，社区通过"网格化·微自治"创新，从群众身边的小事、实事入手，问需和问计于民，提升了居民积极参与社区治理的积极性，有效地降低了社会治理成本。"微自治"的背后，反映的是"大社会"治理的缩影，是新形势下社会治理的创新，其做法与经验值得借鉴。

---

① 参见《中共中央国务院关于加强基层治理体系和治理能力现代化建设的意见》，《人民日报》2021年7月12日第1版。

② 参见习近平《高举中国特色社会主义伟大旗帜 为全面建设社会主义现代化国家而团结奋斗——在中国共产党第二十次全国代表大会上的报告》，《人民日报》2022年10月26日第1版。

一 兴旺社区"微治理"的主要做法

（一）征集"微心愿"，畅通民意表达渠道

1. 问需于民，"知民愿"

兴旺社区通过民声倾听室热线和来信来访、民情调查队入户访查征集、遍布社区的32个"微愿箱"、社区微博、社区QQ群、社区网站留言板等渠道和形式以及"智慧兴旺"手机云平台，广泛征集群众对社区建设、治理、服务等方面的"微心愿"。同时，为了确保居民群众表达"微心愿"渠道的畅通，社区先后建立健全了"微心愿"征集、定期分析、落实反馈等制度，真实地听取群众心声，找准群众需要，最终实现群众心愿。试点工作开展以来，社区共征集群众"微心愿"5800多条，落实解决和满足群众心愿3000多条，其中遴选出的十大惠民项目"四民家园"、文化教育长廊、"特色之家"、无物管小区低成本自治、"四化"社会服务、新厦门人综合服务体、邻里中心、智慧社区、微笑社区、信用社区逐一落实。

2. 问计于民，"汇民智"

兴旺社区注重汇聚民众智慧，做到问计于民，设立了"金点子"信箱，让居民随时反映自己需求，或者是对社区建设的建议。四民家园"民情调查队"的20多名成员，经常走访收集社区居民各类意见，社区还借助"网格化"的信息平台，由网格员入户征集居民意见，并利用早晨和傍晚在兴旺广场集中征集意见，广泛征集居民对公共项目建设步骤、设施添置、活动开展等方面的意见和建议。比如"民声话仙场"的改造，先后共向群众征集意见2100多人次，收集汇总意见建议260多条。其中，社区居民提出的增设遮阳伞、纳凉亭防腐木园林葡萄架、户外直饮水机设施等建议均被采纳，[①]既有效地汇集了群众智慧，又帮助居民实现了微心愿。

（二）培育"微组织"，搭建群众参与平台

1. 建立理事会组织

为便于居民参与治理和区内企业管理，兴旺社区分别成立了居民理事会和社企理事会，在共同缔造中体现出"同驻共建"精神，实现互动共治。

[①] 参见魏礼群、赵秋雁等《厦门市海沧区：微自治，让居民自治落地》，社会科学文献出版社2015年版，第316页。

两个理事会的职责都强调"同驻共建"理念的落实，建立了以热心公益的社区居民和驻社区企业为主导力量，社区自行发现问题、研究问题、解决问题的自治机制，不断推进居民"自我管理、自我教育、自我监督、自我服务"的社区建设自治目标。居民理事会和社企理事会的建立，是社区以理事会的组织形式，作为"微组织"的纽带，联系起区内居民和企业共同参与。

2. 发展服务组织

针对外来人口多、常驻企业多，存在对台优势等特点，兴旺社区一方面创造性地推出"台胞志工＋社工＋义工"的服务模式，在社区层面打造志愿服务组织的"孵化基地"，以"自愿自觉、不计报酬"的志愿精神凝聚参与力量。另一方面大力发展专业社工，向社会组织"希望社工"公司购买服务，成立"兴旺社工服务中心"，通过搭建义工服务平台招募义工，开展义工培训，策划志愿服务项目。此外，兴旺社区还借鉴新加坡开展新型社区服务的经验，在社区建立"邻里中心"服务组织，围绕多项居住的配套功能，整合社区内商业、文化、体育、卫生、教育等资源，为居民提供"一站式"综合服务。多样化的服务组织在居民共同缔造中建立起来，并成为社区多元生态打造的重要力量。

3. 创建"特色之家"

兴旺社区非常注重居民的个性需求，在社区开展各类文体活动，成立丰富多彩的俱乐部组织。主要是在调查摸底居民，包括本地居民与"新厦门人"各类爱好特长的基础上，社区推动成立各类具有特色的、从居民的兴趣出发的活动组织，名之曰"特色之家"。这些"特色之家"具有兴趣俱乐部的特点，由社区居民为参与主体，邀请一些专业人士参与建立，成立一些书法之家、银铃之家、广场舞之家、合唱之家等，开展丰富多样的文体活动，拉近居民之间的距离。

（三）共建"微机制"，建构互动共治格局

1. 居民参与，多方共促

以海沧区出台社区自治章程为基础，兴旺社区也制定了更为详细的《兴旺社区居民自治章程》，以此作为社区居民总体的参与机制，统筹社区居民多种渠道的参与机制。[①] 如设立社区居民、业主委员会议事机制，构建居民

---

① 参见谢正富《老城区社区"微治理"问题与对策研究》，《学习月刊》2016年第10期。

理事会参与机制、"四民家园"的运行机制,创建居民成立发展文娱俱乐部机制。兴旺社区还以志愿活动为载体推动居民参与,建立志愿活动参与机制,如认领认管的参与机制。居民参与机制的完善,明确了本地居民与外来人员都有参与社区治理的权力,发展起社区居民"议事、干事、管事、评事"的参与机制。

2. "社""社"联动,多元互助

一方面,兴旺社区以共建项目为依托,培育志愿者组织来维护公共自行车系统。另一方面,兴旺社区以台胞义工队为特色,打造出"台胞义工志愿行"品牌,创建"台胞志工+社工+义工"三联共治模式的"两岸义工联盟",聘请资深台胞义工担任街道"台胞义工志愿行"总辅导长和辅导员,发挥台胞志工对社区社会组织建设的精神引领和行为示范作用。此外,兴旺社区还以奖励优秀为动力,建立义工积分考核制,搭建"义工关爱圈",推动营造社会公益精神。

3. 社企联合,同驻共建

成立社企同驻共建理事会,引领辖区企业主动参与社区公共事务,涌现出"四点钟学校""反家暴联盟""社企联合调委会""环安互助联盟"等一批企业服务员工、企业服务企业的行动品牌,推动新阳公共自行车系统、厂厂联防、工业区绿地认养和空间认管等一批项目,通过"积沙·公益创投"平台,帮助爱心企业与公益项目对接,有效破解了工业区社会治理的诸多难题。建立"新厦门人服务综合体",构建新厦门人"同城市、同管理、同参与、同服务、同待遇"的"五同"服务机制。

4. 上下联通,互动共治

兴旺社区依托区三级网格化指挥平台联勤联动的全覆盖,于2014年4月建成全省首个"智慧社区信息服务云平台",打通从社区到家庭(居民)"政务信息服务"与"商务信息消费"的两个"最后100米",实现"区级—镇(街)—村(居)—家庭(居民)"的四级联通,真正做到"自上而下"与"自下而上"的双向互动。

(四)共促"微行动",完善多元服务体系

1. 创建"邻里中心"

为了破解社区"生人社会"的治理难题,兴旺社区着力打造"邻里中心",从微处着手,推进"熟人社会"在社区的建立。兴旺社区围绕12项具体配套功能,以"油盐酱醋茶,衣食住行闲"生活的各个方面为着力点,将社区内的悦实广场、永辉超市片区打造成集商业、文化、体育、卫生、教育等于一体的"邻里中心",为居民提供"一站式"的综合服务。同时,在基层党组织引领下,借助"邻里中心"开展"睦邻活动拉近新邻里""特色服务普惠新邻里""志愿行动温暖新邻里""文化繁荣凝聚新邻里""政社互动融合新邻里""社企联动共谱新邻里"主题行动,加快推动"新厦门人"融入。

2. 开展"四个关爱"

兴旺社区积极响应海沧区在"美丽厦门·共同缔造"的实践中,倡导"四个关爱"的精神,并以"微行动"付诸实践。兴旺社区采用救治救助与帮扶发展并重的措施,关爱弱势群体。广大群众、社区内义工组织、企业都开展助残、扶贫等各种关爱"微行动",认真推动街道的"朝阳行动"、富民增收行动。此外,兴旺社区凭借"新厦门人综合服务体"的建设,关爱外来人员,以宣传与关怀并重的方式,关爱环卫工人和公交司机。如采用宣传引导激励的方式,引导居民参与慰问公交司机等志愿行动。通过"美好环境计划"的实施,居民开展空间认管、绿地认养等微行动,改善社区环境,减轻环卫工人负担。以微行动开展"四个关爱",在社区自治中引入了人文关怀。

3. 打造"微笑社区"

兴旺社区以打造"微笑社区"为目标,开展创建"微笑环境"、提供"微笑服务"、共建"微笑邻里"、倡导"微笑生活"等措施,大力推进文化长廊宣传、绿地认养、空间认管、无物管小区"自助家园"建设、"民声话仙场"建设、知心亭修建、水池变广场的改建、阳台绿化行动、数字家庭体验室的建设等惠民公共项目,塑造社区幸福居住、邻里和谐的氛围。

二 兴旺社区"微治理"的主要成效

(一)唤醒了群众的参与意识

群众的需求是社区治理"微组织"成立的依据,同时也是微治理开展的立足点。兴旺社区在"微治理"过程中,以居民的需求为基础,真正做到了充分了解民意,问需于民,通过民声倾听室、来信来访、民情调查队、"微愿箱"、社区QQ群、社区网站留言板等渠道和形式,广泛征集群众对社区活动的意见建议，真正做到了问需于民、问计于民。羽毛球场的建立，让居民们从共同缔造开展初期相互观望的态度转变为主动"参与者"，看到了社区改革的决心与毅力。社区"民情调查队"的热情，让居民畅所欲言，加入"美丽厦门·共同缔造"行动中，使得居民在"微治理"过程中，形成了良好的参与意识与共治精神。同时，社会组织的蓬勃发展，也为群众主体作用的更好发挥提供了组织条件。"微治理"让社区自治融入居民生活的方方面面，使居民有机会参与、乐于参与、主动参与。

（二）融洽了社区邻里关系

居民在自己商议、自己管理社区的"微自治"过程中，经由实践达成了共识。在"社区治理"中，要不分"你我"，变成"我们"共同的事，才是最有效率的。绿地认养、空间认管等一系列措施让居民走出家门，走向共同的社区生活。在居民参与社会组织、参与惠民项目、参与"微行动"的过程中，社区居民逐渐形成了"五共"理念，也就是"共谋、共建、共管、共评、共享"，从"微心愿"出发，自行参与到绿地认养、空间认管、纳凉亭建设、房前屋后整治、阳台绿化等十大惠民公共项目。群众的参与意识逐渐增强，居民由原来的"坐看好戏""事不关己"，到领悟到共同缔造是"我们共同的事情"，通过"你我"变"我们"的共同参与，居民们积极为社区发展建言献策，自发参与社区活动、维护社区环境、遵守社区秩序，邻里之间的走动愈加频繁，沟通愈加顺畅，这也进一步提升了居民的共治精神，推动了社区共同体的塑造。

（三）提升了社区服务水平

兴旺社区的"微治理"，大大提升了社区的服务水平。在服务质量方面，"微治理"使兴旺社区过去"坐等群众上门办事"的方式，转变为网格员"主动入户服务"，主动化解邻里矛盾。同时，街道便民服务中心全面下沉至社区工作站。无法在村居工作站马上办结的行政事项，除按规定需由本人办理的事项外，均可在村居工作站委托网格员全程代办。在服务质量方面，变过去问题解决效率低下为及时高效现场处理。社区对外使用统一号码，居民随时拨打，可以自动或人工转接到社区内各办事机构和服务机构，做到社区服务"一号全通"。居民也可以通过社区网站留言板、QQ群、"智慧兴旺"手机云平台等，发表意见建议，实现决策、建设、治理共同参与、共同缔造，实现"大事不出社区，小事不出网格"，提升了社区居民的认同感和幸福感。

三 兴旺社区 "微治理" 的主要启示

作为典型的外来人口社区，兴旺社区历经十几年的发展，从治安乱、环境差、服务水平低下发展到现在治安稳定、环境优美，服务水平大大提升，正是居民自治不断深入开展的结果。兴旺社区对"微自治"的探索，丰富了城市社区居民自治的实践形式，为改善社区自治空转的局面提供了有益经验。

(一) 社区 "微治理" 应以群众关切为基点

"水能载舟，亦能覆舟"，脱离了群众需求的基础，社区微治理的开展也就变成了一句空话，只能停留在宣传的口号中，难以落地基层。正因为以人民群众为出发点、立足点，兴旺社区的"微治理"才能有效运转。在"微治理"过程中，"金点子"信箱、"微愿箱"的设立，为居民提出意见建议提供了多样化的渠道，形成了多元的意见建议反馈机制。同时，社区居委会由社区自治的"包办人"转变为社区自治的服务者，为群众参与提供了广阔的空间，积极采纳社区居民对于社区建设的合理建议，满足了居民的基本服务需求。

(二) 社区 "微治理" 应坚持多元主体参与

社区治理的完善，需要整合居民、企业和社会组织的力量，保障和约束各个参与主体有序参与。兴旺社区设立社区居民委员会议事机制、构建居民理事会参与机制等，发展起社区居民"议事""干事""管事""评事"的参与机制，建立了"台胞志工+社工+义工"模式的社会组织联合参与机制，构建了名仕阁无物管小区"三元治理"的长效机制。兴旺社区以机制规范引导社会组织的社区参与，以机制形式保障企业发挥资金、人力资源以及先进管理理念等优势来参与到社区治理之中。多元主体协同合作，能更好地实现居民、社会组织与企业共同参与社区的互动治理。

(三) 社区 "微治理" 应创新社区治理方式

"微自治"将着眼点和切入点放在群众身边的小事、实事，居民从房前屋后开始，自己的事自己作主，社区的事共同参与，社会组织、个人更加广泛、更加充分地参与到社会治理中，让自治真正地落了地。通过将居民小区与网格合二为一，兴旺社区构建出一套以党组织为核心，居委会、社区工作站、社会组织等多元主体共同参与的社区服务体系。同时,进一步划小自治单元,通过"我爱我楼"楼栋微自治项目的开展,将微自治的"触角"从网格延伸到最基层的社会单元——楼,从而对辖区人(包括外来人口)、地、事、物开展24小时精细化、动态化、全方位的服务治理。"微治理"彻底解决了共同缔造开展之前兴旺社区"纵向不到底、横向不到边"的粗放式管理的问题,切实采取各项惠民政策,从群众身边的小事做起,在社区内部建立与开展类型广泛的组织与活动,实现了社区治理纵向与横向的全渗透、全覆盖,最终形成精细化的社会治理体系。

如何让有德者有得

——基于厦门市志愿服务积分制的调查与思考

2020年7月，《中央农村工作领导小组办公室农业农村部关于在乡村治理中推广运用积分制有关工作的通知》（中农发〔2020〕11号）提到，积分制可以有针对性地解决乡村治理中的重点难点问题，符合农村社会实际，具有很强的实用性、操作性，是推进乡村治理体系和治理能力现代化的有益探索。《中共中央国务院关于加强基层治理体系和治理能力现代化建设的意见》强调，完善考核评价体系和激励办法，加强对乡镇（街道）、村（社区）的综合考核，严格控制考核总量和频次。各地通过推行志愿服务积分制度，能够有效调动各级领导班子和干部队伍工作积极性，提升居民参与基层治理的积极性、主动性，促进文明乡风和良好家风的形成。2014年，厦门社区治理面临居民参与冷漠、干群关系失和、矛盾纠纷频发等问题，鉴于此，厦门市创新实施积分激励机制，推动社区社会治理和服务重心向基层下移，鼓励更多的群众和组织参与到认领的活动项目中，既促进了居民参与社区治理的积极性，也有效发挥社区人力、财力、物力优势，其做法与经验值得借鉴。

一　厦门市推行积分激励机制的做法

（一）健全制度，强化积分管理

在社区治理过程中，厦门市积极探索实施"积分激励机制"，实行积分梯度管理制度，建设相关激励约束指标。从而有效记录和激励多元主体在社区治理上的贡献，将多元主体参与共同缔造的贡献分值化、具体化，并以此作为多元主体享受公共服务、评先评优的参考依据。

1. 建立积分管理机制

厦门市对志愿服务事项划定分数，对参与的企业和居民进行积分管理。并且各社区根据《志愿者管理办法》，制定社区志愿服务的积分考核机制，保障志愿服务组织在关爱社区弱势群体、公共设施维护、社会环境整改、美丽家园缔造等方面的参与。同时，以公益积分激励全社会参与公益事务，对义工个人和公益组织的活动进行信息跟踪，对义工发放义工卡，记载义工参与活动的次数和时间累积的时数。并根据义工卡的信息记录，对表现突出的义工给予表彰。如海沧区通过建立积分管理机制，制作《海沧区在职党员进社区志愿服务手册》，记录党员参与社区活动的服务事项、次数、时间、成效和群众反响等情况，并将党员服务纪实记入志愿服务记录。再根据《海沧区志愿服务管理试行办法》规定，对在职党员进社区服务实施志愿服务积分管理和星级评定制度，展示党员服务业绩。

2. 构建激励约束指标

加强街道治理也是开展社区治理的重要一环，为契合社区治理实际，厦门市在试点的基础上，构建街道激励指标和约束指标行为积分目录，使街道治理从被动变主动，从而激发街道治理的活力。以思明区为例，激励指标的数据来自各街道的表现；而约束指标的数据来自区纪委和区委组织部、区计生局、区综治办、区安监局、思明环保分局等部门评价。从激励指标来看，以下四种情况每项可酌情给予0.2—0.5分的加分，加分总分不超过3分。主要包含：承担美丽厦门战略规划重点工作取得突破性进展；创新政策和举措作为省级以上典型经验被总结推广；应对急难险重工作，开展专项行动成效突出、社会反响良好；获得市级以上综合类表彰或省级以上行业表彰。从约束指标来看，主要设置为党建和党风廉政建设、人口与计划生育、社会管理综合治理、安全生产、环境保护五个指标。约束指标每认定出现一项的，该街道当年度不能评为"好"的等次；发生重大问题，造成恶劣影响的，当年度直接下降一个等次。同时，各街道根据各自实际情况，从经济发展、民生改善、社会进步和生态效益指标四个方面制定本街道具体的约束指标。这些激励约束指标的构建有效解决街道出现的重点难点问题，从而更好服务社区建设。

(二) 搭建平台，激励多方参与

为发挥基层社会治理主体的作用，厦门市将社会居民、企业和外来务工人员等各类主体纳入积分制管理，不同治理主体都有了参与渠道和平台，社会治理呈现出人人参与、积分为乐的良好画面。

1. 居民积极参与社区治理

各社区居委会结合自身实际，实行积分奖励制度，社区居民通过参与各项社区活动获取相应的积分，根据积分情况，可优先推荐参与各类评先评优、爱心回馈等活动，从而居民参与更加积极与活跃。海发社区居委从与小区居民生活密切相关的公共空间问题出发，首先发动小区党员、志愿者走出"家门"，参与房前屋后大扫除、卫生轮值活动，居民们获得的积分不仅可以兑换商品或同等时长的服务，而且脏乱的小区环境得到明显改善，社区显示出欣欣向荣的良好景象。

2. 企业广泛支持社区建设

厦门市鼓励和引导辖区企业、单位、社会团体以资金、物资等方式支持社区建设，搭建社会资助型活动平台。由企业和物业策划开展活动，做到组织有序、内容丰富、成效显著。如前埔北社区开展社区公益行动积分管理办法，邀请辖区内的商家、银行、单位等，自愿加盟为"公益行动联盟单位"，与社区配套，制定自己的爱心积分优惠活动，参加公益行动的社区居民只要持积分卡就可以在这些单位享受相应的优惠活动，比如积分达到50分，就可以在厦门银行前埔支行享受免排队服务，达到20分就可以在联盟定点超市享受购物打折优惠。

3. 外来务工子女凭积分入学

2014年，为了解决随迁子女入学问题，海沧区根据《厦门市进城务工人员随迁子女小学积分入学办法指导意见（暂行）》，采用积分入学的方式，赋予外来人员子女同等的就学机会。首先，按流程报名。按照预约登记、现场审核申请、审核材料计算积分、公示积分、公布学位、填报志愿、派位入学、民办学校空余学位报名的流程，吸纳满足积分条件的外来人员子女入学。其次，按积分核算。按照积分排序，海沧区20所小学共录取1664名随迁子女。最后，积分不足靠补招。根据补招规定，积分不足的随迁子女可适当放松入学条件，通过补招进入民办小学读书。2022年，厦门市六个区分别发布了2022年秋季小学积分入学办法实施细则，为贯彻落实《厦门市教育局关于印发厦门市2022年秋季小学招生工作意见的通知》（厦教发〔2022〕23号）等文件精神，2022年思明区教育局在确保完成招收本区户籍适龄儿童及符合招生政策规定的适龄儿童后，坚持"量力而行、尽力而为、鼓励长期务工、公平公开"的原则，按照国家规定的班生额标准提供学位，采取积分管理和电脑派位相结合的办法，科学合理、公平公开地招收符合积分规定的进城务工人员随迁适龄子女（含随迁残疾子女，以下简称随迁子女）进入思明区小学一年级就读。

4. 学生凭积分换取学习用品

学校老师或社区志愿团体带领学生开展益智活动，在活动中，学生将接受一项任务，如画画、唱歌、背诗、做游戏等，任务完成后，老师和志愿者将根据学生的表现和完成情况给予相应学习积分。2014年3月7日，新阳街道霞阳小学联合台胞义工队、书香阳光志愿服务队、福建华夏技术学校等青年志愿者，共同参与了志愿服务活动。当天下午，霞阳小学10名家庭困难的小学生在老师的带领下，来到新厦门人服务综合体"故事小屋"。当天恰逢惊蛰节气，活动便以"感受春天"的"快乐一课堂"为主题。青年志愿者们向小学生们介绍了惊蛰的含义及天气变化，并领着小朋友们一起朗诵"二十四节气歌"，让小朋友们与青年志愿者迅速拉近距离，结成朋友。紧接着，在青年志愿者的陪伴下，小朋友们动手制作以"春天"为主题的手工画，用手工剪贴画表达自己对春天的热爱及祝福。在制作好手工画后，小朋友得到相应的学习积分。当然，学习积分并非无用。在"故事小屋"旁，有一间透明玻璃隔开的助学超市，小朋友在活动中得到的学习积分，可以在此免费换取各类学习用品，1个积分可以换取等值10元的学习用品。霞阳小学李老师在互动结束后表示，"故事小屋的环境、设施都还挺不错，而且用积分换取学习用品，大大提高孩子们学习的兴趣，我觉得效果很好"。

（三）认领共管，落实志愿服务

各社区在绿地认领、空间认管、公共设施维护等方面，制定了《认领管理办法》，出台了认领"爱心积分机制"，以积分评比奖励的形式，激励群众、企业、社会组织参与到认领的相关项目中。

1. 强化认捐认管模式

各个镇街、社区，根据区级的认领办法，进一步完善本区域的认领积分机制，尤其是社区一级，根据本社区的实际情况，明确规定了认领积分机制适用的范围，如社区内的公共设施、绿地、树木等认领活动。思明区发动居民参与社区公共事物（务）认捐认管活动，各社区居委会结合自身实际，通过制定行之有效的奖励激励机制，充分调动各方参与积极性，带动更多社会力量共建和谐社区。从而鼓励居民个人、家庭、企事业单位、社会团体等认捐、认管社区公共设施、公共绿化、公共活动等公共事物（务），打造"可持续"的共同缔造模式。因而，通过利益激励方式可以更好引导群众主动参与认捐认管活动，而唯有机制建设才可以确保认捐认管活动走得远、走得好。

2. 激励认捐认管主体

对于奖励激励机制建设，前浦北就是其中做得比较好、比较成熟的社区。前浦北社区进行了一系列的体制机制建设，奖励激励认捐认管主体。制定系列社区"认捐认管"活动实施和激励细则，包括《前埔北社区认领认管办法》《前埔北社区公益基金管理办法》《前埔北社区公益行动积分管理办法》等相关办法、规定，确保认领认管工作有章可循。在这些文件中，激励奖励办法多样。居民的认捐认管行为，经社区共同缔造小组评定，可以获得"社区公益行动状元""社区优秀志愿者""社区杰出小主人"等荣誉称号。除了获取这些称号以外，积分达到一定额度后，企业还可以凭积分换取社企理事会牵头提供的专业辅导等；居民凭着积分卡还可以到"爱心商家联盟"享受优惠服务及爱心礼包，同时也作为外来人口落户、子女入学的加分因素。如海沧区依靠志愿者的力量，借助网格化平台，开展"无围墙无门槛型志愿者服务"行动。老年人根据自己的实际需求贴帖子求助，社会上的爱心人士根据情况给予回应或帮助，便会获得相应积分，这些积分可以去"爱心银行"转化为爱心存款。志愿者林女士说："能动的时候多为别人做些事，多积些分，等自己老了，也可以支付积分寻求别人的帮助。"

二 厦门市推行积分激励机制的成效

厦门市的积分制管理得到了社区干部群众的积极响应和极大拥护，不同治理主体都有了参与渠道和平台，对加强和改进社区治理、形成和谐稳定的社会氛围产生了积极作用。

（一）居民主体意识得到激发

居民作为社区里的重要一员，他们不仅是享受者，也是建设者。海发社区借鉴性地成立了厦门海沧区第一个"爱心银行"。"爱心银行"不存钱，存的是居民志愿服务的折算积分，积分既可以兑换生活物品，也可以兑换同等时长的志愿服务。在物质激励下，加入小区服务的居民不断增多。由于每位居民的贡献都可以量化，群众的成就感和参与感都有了显著提高，居民之间也形成"你追我赶"的良性竞争态势，有效地调动了广大居民的参与积极性。

（二）社区关系变得更加和谐

以积分兑换的形式采取精神奖励和物质奖励，并对居民积分高的授予各种荣誉称号，让身边的居民相互感染，相互学习，共同遵守公约。从而使家风、社风、民风都得到了显著改善，辖区居民的邻里关系更加和谐，干群关系不断融洽，社会正能量不断弘扬，着力打造"文明社区""和谐社区"。海沧区通过公益表彰、公益奖励、公益兑换等形式激励社会和个人参与到共同缔造中，有利于全社会共同营造一种志愿服务和公益服务的氛围。

（三）诚信文化观念得到逐步增强

在社区诚信文化建设过程中，总有一些群众在信用情况、违法违规与刑事犯罪记录等方面存在问题，势必会严重影响社区诚信建设。因而，厦门市着力建设全市诚信信息平台，完善信息使用制度，通过建立积分入户工作与信用评级挂钩制度，形成失信者失利、守信者得利的"正淘汰"机制。外来务工人员积分入户核准分值达到一定值后即可申请落户，这有助于推进厦门市诚信文化建设，着力打造"诚信厦门"。

三　厦门市推行积分激励机制的启示

厦门市积分制管理的实践经验，即通过积分评比、积分管理、积分兑换，让群众参与社区治理工作的全过程，实现居民的自我参与、自我管理、自我教育。这不仅有利于加强和完善基层社会治理，也有利于推进我国基层民主的发展，具有重要的启发意义。

（一）积分激励机制应尊重群众的主体地位

实行积分激励机制的主体是群众。从厦门市的实践来看，通过着力发动群众参与到社会治理的方方面面，一方面提高了社会治理的能力，另一方面拉近了干部与群众的距离，增强了群众的社会责任感。在共同缔造这项活动中，居民是社区治理工作的主体，通过发挥他们的主体作用，有利于大大节约社会成本，减少管理难度，既激发居民的热情，又让居民适当获利。既科学又合理，更重要的是可以满足广大人民群众实现"当家作主"的内在要求。因而，在推动积分激励机制过程中要尊重群众的主体地位，发挥群众的主动性与积极性。

（二）积分激励机制应符合循序渐进的发展模式

积分激励机制的推行应在尊重居民意愿和发挥地方积极性基础上有序引导，循序渐进。从厦门市在地方积分制管理实践来看，首先应在上级党委领导下健全积分激励机制，明确各项积分实施办法，加强指导和监督检查，引导积分激励机制规范有序开展，提高社区治理水平。因而，各社区在确定工作目标之后，应按照积分办法分步实施，有序开展，使积分制成为乡村治理的重要工作抓手。

（三）积分激励机制应采取动态管理的积分体系

积分激励机制的推行要着眼于实际，从社区治理的重点难点问题和农民群众最关心、最迫切、最现实的问题入手，采取适宜的管理方式和机制手段，将居民的所有正能量行为与积分挂钩，有效发挥积分制的功能作用。从厦门市的做法来看，各地充分运用信息化手段等方式开展积分数据收集、汇总及统计等工作，优化完善日常管理，建立了长效管理机制。并随着社区发展的新变化，适时调整积分内容和评价标准，建立动态管理、操作性强的积分体系。

如何让社区居民自我约束

—— 基于厦门市思明区镇海社区居民公约的调查与思考

《中共中央国务院关于加强基层治理体系和治理能力现代化建设的意见》指出，"乡镇（街道）指导村（社区）依法制定村规民约、居民公约，健全备案和履行机制，确保符合法律法规和公序良俗"[1]。这为推进我国基层社区治理指明了方向。2013年，镇海社区九竹巷片区是厦门市思明区镇海社区最破旧的楼院片区，没有物业管理，基础设施陈旧，入室盗窃案件高发，居民服务需求强烈，片区治理一度陷入了困境。一直以来社区和居民进行了一些探索和努力，但是无法从根本上改变片区的面貌。直到社区通过制定居民公约，在社区层面以柔性契约的形式按照一定的程序，规范居民行为，实现公共利益最大化，社区问题才得到极大缓解。居民公约着眼于社区自治建设，坚持在共同体理念的指引下，引导居民积极参与基层治理，实现居民的自我管理和自我服务，牢固了城市治理体系的基础环节，对于推动基层治理体系和治理能力的现代化具有重要的实践指导价值。

一 居民公约的具体做法

（一）启动议事平台，收集居民意见

涉及每户居民切身利益的事务讨论，应由居民自己来谋划、决策。镇海社区为加强对社区居民的管理，一方面，成立居民议事会。通过宣传共同缔造的理念，征集居民的意见建议，同时又通过开展问卷调查，进行入户访

---

[1]《中共中央国务院关于加强基层治理体系和治理能力现代化建设的意见》，《人民日报》2021年7月12日第1版。

谈，开辟网络微博、网站专栏，召开居民议事会议和联合社工组织等方式先后收集居民意见建议。另一方面，推动民主议事常态化。在广泛收集和整理居民意见的基础上，社区每个月固定日期内召开议事会，研究确定下个月需要讨论落实的具体项目，例如通过两委和居民代表的反复讨论，提出了建设金色梦想小区的构想以引领九竹巷小区的建设，居民就如何建设小区展开热烈讨论、商定改造提升的方案。

（二）成立自管小组，动员居民参与

镇海社区居委会以九竹巷片区的居民楼为单元，成立居民自治互助自管小组（简称"自管小组"），其中每个楼的楼长是居民自管小组的成员。自管小组成员主要由片区内有组织力、号召力、奉献力的老党员、老教师、老干部等构成。片区的重大事项由自管小组内的13位成员讨论决定，其日常工作主要由固定的4位小组成员承担。自管小组带领社区居民，以居民的需求为工作基点，参与社区社务建设，推动基层社区自治。如改善片区最迫切的治安防盗问题、改造房前屋后空间。同时还通过居民自筹、接受捐款和公益创投等方式筹集管理服务经费，从而破解管理服务难题，开创了老旧楼院邻里互助的自治模式。

（三）制定居民公约，强化自我约束

为了让自治更加规范地运行，实现社区自治的规范化、持续化运行，自管小组讨论制定了《九竹巷居民自治公约》。公约对自管小组的产生、职责，居民的权利和义务等方面进行了规定。公约规定自管小组原则上每年换届一次，由居民对自管小组的工作进行监督和评议。自管小组要做好以下几个方面的工作。一是征集居民的建议和意见，带领居民把小区的设施、环境改造好，如组织居民安装防盗门、清理卫生死角、开辟科普园地等。二是协助居委会调解居民之间的纠纷，通过邻里的熟人纽带化解矛盾。三是管理小区的卫生、治安和公共设施，管理小区的公共事务。四是引导居民自觉遵守公约，自觉维持小区治安稳定，保持小区的良好环境，共同参与小区建设。同时，根据社区发展的实际状况，社区引导九竹巷自管小组与开心菜园互助小组等一起讨论制定了《房前屋后绿地认养居民公约》，确保社区绿地管理更加有序。通过制定公约，居民们主动自我约束，明确了自己的责任，把绿地真正地管理起来，确保了房前屋后的美丽更加持久。

（四）完善评议制度，加强公众监督

镇海社区通过完善监督评议制度，推动社区居民自治规范有序进行。九竹巷片区实行群众评议自管小组、自管小组评议群众双向互评制度，设置"九竹巷自治互助管理小组"监督台，居民群众可以通过监督台对自治互助管理小组及各楼长、各梯长及各功能型自管小组的工作进行监督和评议。同时，自治互助管理小组对各楼长、各梯长及各功能型自管小组带领各家各户参与自治管理的情况给予评议、指导，并对积极参与自治管理、共同缔造行动的居民进行表扬、奖励，以此来调动居民参与社区建设、家园建设的热情。

二 居民公约运行成效

（一）满足了居民的现实需求

通过自管小组的努力，社区的治安问题、空间环境和管理经费等问题得到了极大改善。一是改善了小区治安问题。九竹巷在短时间内维修安装了防盗门，安装了16个监控，基本上覆盖了整个片区，在各个拐角、路口安装了路灯，聘请了保安，一举改变了盗窃案件频发状况。二是改造了空间环境。社区居委会和九竹巷自管小组充分挖掘自身特殊优势，调动辖区内"单位人"和居民"自然人"的共建热情，在"山"上做文章，先后完成了绿色科普实践园地、梦想花园、户外健身器材、话仙长廊、梦想阶梯等一批改造项目，片区内的五六块微型花园被开辟出来，加上两块菜地，九竹巷总共有大小十几块绿地被开发出来，社区内40平方米的场地也改建成了一个小型的健身广场，为社区居民提供了休闲娱乐场所，丰富了社区居民的生活。三是解决了管理经费。对于九竹巷这样的无物业小区来说，主要的难题在于无人管和无钱管。自管小组的成立解决了无人管的问题，接下来就要想方设法寻找财源，为社区发展寻求管理经费。在临近小区收取停车费做法的启示下，九竹巷自管小组在社区的指导下，主要通过三种方式筹集到了资金。其一以自管小组的名义在银行开设账户，把公益创投的收入存入账户；其二接受一些爱心企业、人士等的捐款；其三加上居民自筹部分，作为小区公益资金，解决小区管理经费难题。九竹巷片区通过资金运营的方式盘活、用足了社区公益基金，探索社区自治持续运转的路径。

（二）密切了社区的邻里关系

九竹巷虽然是老旧片区，很多居民也是生活了二三十年的老住户，但是长期以来由于小区活动匮乏，居民之间缺乏互动、关系冷淡，熟人社区一直没有建立起来。共同缔造行动开始后，通过社区主导、居民自发组织以及社会组织参与，九竹巷先后开展了感恩邻里节、包饺子活动、亲子互动活动、老人庆生会、志愿美化行动等形式多样的活动，让居民走出小家融入大家，增加了交流互动，密切了邻里关系。老居民王阿姨在社区组织的包饺子活动中说："好吃不好吃不重要，活动就图一个乐字，大家平时难得在一起聚聚，玩玩乐乐增进感情最重要。"[1] 由此可见，自管小组遵守居民公约规范，协助居委会，增加了居民之间交流互动，密切了邻里关系，缓解了邻里矛盾。自管小组组长赖建春老人说："刚开始还有不少人对我们不理解，认为我们是多管闲事，现在都还挺认可的。现在大伙有什么事就找自管小组，我们解决不了的再找居委会。居民有意见了，我们就去做工作。"[2] 由此可见，大家对于自管小组协调邻里关系工作的认可。

（三）推动了社区自治的法治化运行

居民自治公约正式化、法治化建构，为社区居民自治提供了相应的自治规范，促使群众在城乡社区治理、基层公共事务和公益事业中依法自我管理、自我服务、自我教育、自我监督，巩固法治社会基础，提升居民的幸福指数，促进社区的和谐有序。自管小组讨论制定了《九竹巷居民自治公约》。公约对自管小组的产生、职责，居民的权利和义务方面等进行了规定。公约规定自管小组原则上每年换届一次，由居民对自管小组的工作进行监督和评议。居民公约规范居民行为的同时，也使居民的自我管理、自我服务拥有了长期有效的自治规范。参与三角梅园建设的卓女士说，"这里原来是一个普通的小院子，社区将花园规范管理，居民认领种植，还为花园取名梦想花园"[3]。在自管小组的引导下，社区居民与社区签订认养协议，划分责任

---

[1] 徐勇等：《思明提升：共同缔造中的基层治理现代化》，中国社会科学出版社2015年版，第205页。

[2] 徐勇等：《思明提升：共同缔造中的基层治理现代化》，中国社会科学出版社2015年版，第50页。

[3] 徐勇等：《思明提升：共同缔造中的基层治理现代化》，中国社会科学出版社2015年版，第198页。

区域，定期清理杂草、规整土壤、浇水施肥。

（四）增强了居民的共同体意识

通过制定公约，居民们主动自我约束，明确了自己的责任，从"你建我看"转变为"共建共管"，居民主动承担社区事务，对社区建设的公共责任感得到加强。居民公约以社区契约形式，培育以"勤勉自立、互信互助、开放包容、共建共享"为基本内涵的精神追求和价值取向，将"你、我、他"合为"我们"，培育社区共同体的新精神，在差异中寻找"最大公约数"，在分化中凝聚共识，广泛听取和收集居民的建议和意见，充分发挥居民的主体力量，增强居民的自治意识。家住在九竹巷62号的白阿姨已经70多岁了，老人发现小区居民经常站在又高又长的楼梯上喘气停歇。白阿姨觉得楼梯阶数太多，坡度太大，很多老年人爬到一半以后没有休息的地方。于是自己悄悄动手从几百米高处的鸿山公园上拣来废弃的红砖和大理板石，一块一块地背下来，用自己的双手拌水泥，在半坡上的台阶边堆砌了两块休息长凳，供路过的行人歇脚。当居民问起她的初衷时，她微笑着说："老人爬坡很辛苦，这长凳是我们老人的一个小心愿。我也想为小区尽点力。"① 由此可见，社区居民在参与管理社区事务中，共同体意识得到了提升，推动了社区自治。

三 居民公约的启示

（一）居民公约应发挥居民的主体作用

居民公约坚持立足于居民的主体作用，激发社区内各类主体的参与能力，使自治真正地运转了起来。《九竹巷居民自治公约》规定了居民的权利和义务，规定居民对自管小组的工作进行监督和评议。居民公约促使群众参与社区事务管理，增强主人翁意识和责任感，激发社区居民自治的内生动力，充分发挥居民自治的积极性和主动性，从而使自治真正地运转了起来，实现人人自我管理，促使"身边人"管理"身边事"，牢固了城市治理体系的基础环节，坚持共建共治共享，有利于推动建设人人有责，人人尽责，人人享有的基层治理共同体。

---

① 徐勇等：《思明提升：共同缔造中的基层治理现代化》，中国社会科学出版社2015年版，第201页。

（二）居民公约应依托政府的引导和支持

在当前政府行政控制过多和居民参与不足的情况下，探索居民自治的有效形式、实现自治下沉必须依托政府的引导和支持。这就需要政府和社区摆正自身位置，尊重居民的主体地位，引导居民组织起来，参与社区建设；同时为自治的开展提供制度、资源等必要的支持。任何社会行动都不是自发的，必须有发动者。在居民参与精神薄弱、责任意识不强、自组织能力低下的情况下，在片区层面实现自治共治，就必须充分发挥社区的牵引作用。但是社区牵引不能由社区主导，更不等于社区包办。一方面，九竹巷的自治实践是在政策的牵引下开展的。"美丽厦门·共同缔造"行动为九竹巷这个老旧片区实现新梦想提供了千载难逢的契机。在改造提升过程中，九竹巷获得了政策、资源等方面的支持。另一方面，九竹巷的自治实践是在社区的指导下进行的。社区在准确把握共同缔造精神的基础上，明确自身定位，广泛听取居民意见，成立自管小组，制定居民公约，充分尊重居民的主体地位，指导居民以巷为单位开展自治活动。

（三）居民公约应坚持因地制宜的方式

居民公约坚持具体问题具体分析，立足于社区的实际，利用社区已有的资源优势，制定居民公约，推动社区自治。根据社区的规模、地理状况，充分发挥"熟人社会"的优势，利用社区居民之间的利益联系，生活互助和情感相通，以群众需求为导向，制定居民公约，带动和激发居民参与小区建设、进行自我管理的热情，规范群众行为，建立对社区美好家园的认同感和归属感，推动社区有效治理，对于提升基层治理体系和治理能力的现代化具有重要意义。

如何让社区都动起来

——基于厦门市社区分类评级制度的调查与思考

党的十八大以来，以习近平同志为核心的党中央高度重视基层治理。《中共中央国务院关于加强基层治理体系和治理能力现代化建设的意见》（以下简称《意见》）提出要推进基层治理创新，以市（地、州、盟）为单位开展基层治理示范工作，加强基层治理平台建设，鼓励基层治理改革创新。厦门作为全国首批经济特区和国家综合配套改革实验区，经济社会发展一直走在全国的前列。2010年，厦门人均GDP已超过10000美元，在全国率先进入中等收入阶段，但在经济社会双重转型的背景下，厦门的发展也存在不少问题和困难：社会建设滞后于经济建设、传统的管理模式失灵、居民的"社区归属感"缺失等。为破解进入中等收入阶段后"传统管治"带来的危机，厦门市政府结合党的十八届三中全会精神，以"美丽厦门·共同缔造"为举措，以海沧区和思明区为试点，对"创新社会治理体制"的要求进行了探索。2013年厦门正式开展对自然村和社区的分类评级工作，通过评选典范村（社区）、良好村（社区）、基础村（社区），并规定"以奖代补"项目资金向典范村（社区）倾斜，以激发基层参与活力。厦门市对基层分类评级的探索实践，激发了群众的积极性和争先创优意识，形成了基层治理的良好氛围，有力地推动了经济社会发展，对全面推动社区治理体制创新具有引领意义和借鉴价值，为后来的基层治理改革提供了宝贵的经验。

一 社区分类评级的做法

（一）明确标准，严格遵循程序

一是制定分类标准。基础分类以自然村和社区（视社区范围大小，只有单个小区的社区，则以社区为单位，由多个小区组成的社区，则以小区为单位）为单位，以群众参与公共事务积极性、基层组织建设情况、社会组织培育及发挥作用情况、完整社区建设成效、社区平安创建程度、经济发展成效等方面为依据，分别制定城市社区和农村不同的具体评定标准，并按好、中、差分为美丽厦门典范村（社区）、美丽厦门良好村（社区）和美丽厦门基础村（社区）三个等级。每个社区赋予不同的定位和目标，各有侧重、分类推进。

二是实施量化定级。将基础分类的标准分为"决策共谋、发展共建、建设共管、效果共评、成果共享"五大项，单项20分，总计100分。总评分数80分以上的自然村、社区（小区）为美丽厦门典范村（社区），总评分数60—79分的为美丽厦门良好村（社区），总评分数在60分以下的为美丽厦门基础村（社区）。"五共"单项分数有一项低于12分的则不能被评为美丽厦门典范村（社区）和美丽厦门良好村（社区）。2014年，厦门市海沧区率先在全市出台《海沧区自然村、社区（小区）基础分类评定暂行办法》，按照村居自评、街镇审核、区审定的程序，对全区210个村和小区进行基础分类，共评选出典范村（社区）24个，良好村（社区）137个，基础村（社区）49个。

三是遵循考评程序。在制定基本分类标准的基础上，实施主体自评、镇（街）助评、区审核、市核定的评审机制。首先，以村（居）委会为单位，组织人大代表、政协委员、村（社区）干部，自然村（小区）代表、老党员等开展综合自主评定。其次，由镇（街）召开领导班子会议讨论，根据自然村、社区（小区）自评和社会助评的结果，综合评定自然村、社区（小区）的基础分类，评定结果在镇（街）和各村（居）公示7天，无异议后报区审核。最后，经区审核评定为美丽厦门典范村（社区）的，由区委、区政府按年度命名并颁授牌匾；经区审核评定为美丽厦门良好村（社区）的，由区委、区政府按年度命名通报。

（二）强调落实，进行动态管理

一是制定工作绩效考核机制。区缔造办定期组织开展督促检查，对相关部门推进试点行动开展的工作实行绩效考核，通过阶段性或者节点性的绩效评估来掌握整体推行力度。各级各相关部门对试点工作的进度、质量、效果情况全程跟踪检查，随时发现存在的问题，针对出现的新情况、新问题，及时研究部署，提出针对性的措施进行解决处理，确保工作有力推进。成立专门的考评小组，制定考评指标，实行量化评比，并将考评结果通过社区予以公示，作为以奖代补、政府补贴的衡量标准。对于考评结果不达标的，则采取相应的惩罚措施。

二是开展逆向考核评估工作。一方面，建立街道、社区评议各职能部门的测评机制。赋予街道、社区评议权，对职能部门在街道、社区的工作落实情况进行评估，并将评议结果作为政府职能部门考核的依据。另一方面，建立民主评议社区工作制度。由社区居委会定期组织居民群众和服务对象对社区干部、社区工作进行测评，设立群众评议箱，把群众评价纳入社区考核体系，形成"你服务谁、谁评价你、你向谁负责"的社区群众评议机制。

(三) 树立典范，强化激励机制

一是将社区分类评级与"以奖代补"有机结合。由政府统筹确定"以奖代补"项目，编制项目简介和操作指南，向社会进行公布，让群众自行选择。给综合考核得分较高的区域更多的"以奖代补"项目，规定"以奖代补"资金优先支持典范社区和良好社区。设立针对社区干部和其他共治主体的专项"以奖代补"和奖励资金，以居民、物业、社会组织等的发展成效为考核标准，作为基层干部工作绩效的一部分，并将这部分资金纳入政府财政预算，形成长期性的奖励机制。如在海沧区绿苑小区的"垃圾分类"试点中，通过社区申请"以奖代补"项目，每月评选出30户垃圾分类示范户，给予一些实用物品作为活动奖励，"以奖代补"方式有效激发了居民参与的热情。

二是将社区分类评级与"评优评先"有机结合。一方面，建立"社会治理"导向的社区干部选拔任用机制。对于社会治理创新工作中表现突出的社区干部，今后在专项考录公务员或事业单位时给予优先推荐。与此同时，建立激励型养老保险机制，将年度岗位责任制考核结果与社区干部养老待遇结合起来，体现"在职干得好，退休待遇高"的理念。另一方面，各个村（居）在区级道德模范评议机制、公益模范表彰机制、劳动模范表彰机制下细化奖励内容，设立评定共同缔造中"热心企业"、"热心组织"和"热心居民"等的评价体系，以制度完善"阳台绿化"评比、"美丽家庭"评选、"星级出租户"评选等项目。此外，行政村（社区）内的自然村（小区）被评为美丽厦门典范村（社区）超过自然村（小区）总数50%的，也会由区里进行通报表彰并予以奖励。

三是将社区分类评级与"宣传典范"有机结合。一方面，通过专题学习、政策宣讲等形式，提高各级工作人员对开展分类评级、完善社区自治的认识。同时，充分利用广播、电视、网络等媒体和宣传栏、宣传册、宣传单等方式，加大宣传力度，引导居民关注、参与和支持分类评级工作。另一方面，充分发挥典型的引领示范效应，按照"边推进、边总结、边提升、边推广"的思路，本着"分类选树典型、全面辐射带动"的原则，及时发现工作中的特色做法，挖掘先进典型，总结成功经验。挖掘内涵，通过多层次、多角度的宣传，将典型工作做法进行全面推广，放大先进典型的"持久效应"，努力在全区营造比学赶帮超的良好氛围。

此外，海沧区还开创了"分类评定＋以奖代补＋宣传公示"的激励链条，按照自强型、自助型、基础型三类标准，每年考核社区内部社会组织的成效，进行分类评定等级。考核的主要主体是居委会与居民理事会，评上自强型和自助型的社区组织，将获得在"以奖代补"项目上优先保障的奖励。另外，分类评定下对社区组织"以奖代补"、财务收支等情况进行全年全过程公示，做到公平公正公开，保障和约束社区组织参与治理作用。

二 社区分类评级的成效

通过海沧区和思明区两个试点区对基层分类评级机制的长期探索，厦门市实现了自身治理体系的一大跨越，形成了"互动共治"的社会治理新格局，为厦门市的长期稳定与繁荣发展奠定了基础。

（一）提高了群众的参与度

一方面，随着分类定级工作的开展，居民群众生活在社区的认同感及归属感和参与社区建设的责任感进一步增强。如在2014年的平安海沧建设中，村居群众自发组建平安志愿者义务巡逻队达144支，共有9179位群众自觉参与。再比如海沧区洪塘榕树纳凉点的建设，洪塘小组无偿让出土地300多平方米，村民投工投劳近100个工时，工程费折价约6万元。通过合力共建，强化了居民的责任意识，实现了由"持续观望"到"共同参与"的转变。另一方面，通过社区分类定级，促进了各社区之间的良性竞争，使得群众更加积极主动地参与社区建设。如思明区的小学社区35—37号无物业小区的业主们在看见"小学苑"小区的巨大变化后，就在小区"党员和事佬"

的带领下，自发组成居民自治小组，设置小区自治管理操作流程，将小区取名为"同馨小筑"，紧锣密鼓地推进小区改造。

（二）培育了多样的社会组织

社会组织培育及发挥作用情况是厦门市社区分类定级的重要依据之一，同样也是社区考核评级的重要标准之一。因此，自2013年以来，厦门市便大力扶持和培育兴趣类、互助类、公益类、维权类、服务类等具有导向作用的社会组织，带动全区群众自发性活动蓬勃发展。据统计，仅2014年上半年，海沧区就成立了诚信促进会等51个社会组织，区每万人拥有社会组织数达4个，是全国平均水平的2倍。思明区的镇海社区还建立了全市首个社区社会组织服务中心，培育了"爱护动物保护协会""安安代劳""咖啡师联盟""爱车一族""小语种爱好者联盟"等面向各个层级、服务各类人群的社区社会组织，居民在家门口就可参与组织的活动。

（三）推动了公共项目的建设

以往的公共项目建设，通常采取政府"先拨款，后建设"的运作模式。在这一过程中，很难保障资金的有效投入，甚至陷入"钱花了但事没成"的窘境。为此，厦门市在分类定级的基础上提出了"以奖代补"机制，即由原来财政对项目的直接补助，改为由社区居民、社区居民小组、企业、社会组织等先行筹资投入，待验收合格后，再由区财政给予一定额度的奖励补助。如在湿地公园建设、自行车绿道建设、房前屋后整改、猪舍变凉亭的改建、纳凉点建设等方面，其投入或奖励资金都采用"以奖代补"的机制管理，"谁的积极性高，钱就补给谁"，也就是只有看到参与主体在社会治理中创造出成绩，才有资金的补助和奖励。以奖代补机制，一方面可以激励居民、社会组织、企业参与社区自治，用"小钱"干"大事"；另一方面也可以减轻政府行政和财政压力，促进政府职能转型。

三 社区分类评级的启示

自然村和社区作为人们生产生活的基本单元，一直以来备受关注。其独有的社会性与认同感内涵，以及在行政管理方面的基础地位，使其成为联结群众与政府的重要桥梁。而厦门市关于村（社区）分类定级的探索实践，对做实做细社区管理，打破社区治理瓶颈，共筑和谐发展新局面具有启示意义。

（一）分类评级要坚持实事求是

实事求是是毛泽东思想的精髓，是建设中国特色社会主义理论的哲学基础。厦门政府与群众"共谋"社会管理制度，实质上是借群众的智慧办好群众的事，因此在推动管理共谋的过程中，必须从实际需求出发，深刻分析国情、社情、村情和民情，有针对性地制定管理制度。如海沧区政府针对城市社区和乡镇农村的不同情况，在制定分类评级的具体标准中有所区别，主要是城市社区突出小区自治，农村社区突出自强，做到因地制宜、和而不同，统筹差异发展。这也告诉我们，在借鉴厦门市工作经验，推动居民自治时，必须结合自身实际，因地制宜地创新自治模式，才能满足自治运转的要求。

（二）分类评级要激发群众参与

在整个国家治理体系当中，群众自治是基础环节，没有群众自治的治理体系是虚的，是没有根基的。因此，只有发挥群众主体作用，坚持以群众参与为核心，以奖励优秀为动力，从群众身边的小事做起，从与老百姓生产生活息息相关的项目做起，才能发动群众共办好事实事、共推改革发展，做到决策共谋、发展共建、建设共管、效果共评、成果共享，实现群众共治共享。2013年7月，厦门市委、市政府提出《美丽厦门战略规划》，明确了规划的实施路径是共同缔造，即通过共谋共建共管共评共享，发动全社会共同参与。在共同缔造理念的指导下，海沧区和思明区按照"核心在共同、基础在社区"的要求，坚持以群众参与为核心，从决策共谋、发展共建、建设共管、效果共评、成果共享等五个方面入手，几乎覆盖了居（村）民生活生产的方方面面，并将考评结果与"以奖代补""评优评先""典范示例"等激励机制联系在一起，增进了居民群众生活在社区的认同感和归属感，形成了居民群众的主人翁意识，有效带动了群众参与社区建设。

（三）分类评级要建立长效机制

创新社会治理需要持久着力、久久为功，给予基层更多的推进时间。分类评级工作的开展也是如此。它不能"半途而废"，而是要立足整体、有序推进、长期坚持，建立起常态化的工作机制。一方面，厦门市政府通过成立专门机构，细化人员责任，明确分类标准，制定考核程序，形成了一套比较规范、稳定的分类评级工作机制。另一方面，厦门市政府通过建立健全相应的配套机制，如工作绩效考核机制，对各（村）社区分类评级的过程实施动态跟踪，以便及时发现和应对新问题、新情况，确保工作不流于形式。此外，在社区分类定级的基础上，厦门市政府又着力通过奖励优秀、树立模范等措施，比如规定"以奖代补"资金优先支持典范社区和良好社区等，调动村（社区）参与共同缔造的积极性，激发互动共治的活力，以建立长效机制，确保共同缔造可持续、出成效。

下编

厦门探索的政策文件

厦门市思明区全面开展"美丽厦门·共同缔造"行动工作意见

为全面贯彻落实市委、市政府《美丽厦门战略规划》和开展"美丽厦门·共同缔造"行动的有关部署精神，经研究，决定在全区全面开展"美丽厦门·共同缔造"行动。

一 行动意义

作为全市两个试点区之一，思明区于2013年8月先行开展了"美丽厦门·共同缔造"行动试点工作。经过试点实践，初步探索了城市社区推进共同缔造的路径，创新建立了一系列制度机制，为全面开展"美丽厦门·共同缔造"行动积累了经验、提供了借鉴、奠定了基础。全面开展"美丽厦门·共同缔造"行动，有利于转变提升工作思路和工作方式，进一步拉近与群众的距离，满足群众多元的社会诉求，缓和化解社会矛盾；有利于充分调动群众、企事业单位、社会组织的积极性，进一步凝聚力量、整合资源、激发活力；有利于更有效地维护好、实现好和发展好广大人民群众的根本利益，顺应群众期待，进一步凝聚民心、民力、民智。

二 总体目标

以《美丽厦门战略规划》为总指引，积极对接全市"两个一百年"的发展愿景和"五个城市"的发展目标，在全区范围内全面铺开"美丽厦门·共同缔造"行动，通过推进社会治理体系和治理能力现代化，充分展示思明区生态文明的自然之美、科学发展的和谐之美和温馨美好的人文之美，力争成为美丽厦门示范城区，率先全面建成高水平的小康社会。

三 工作原则

1. 要把握好工作方法。共同缔造是认识论，也是方法论。要着力改变原有的惯性思维模式和工作方式，紧紧围绕"决策共谋、发展共建、建设共管、效果共评、成果共享"的共同缔造方法，转变工作理念、推进工作提升、创新工作机制，以此找寻社会治理的"新路子"、搭建群众参与的"新桥梁"。

2. 要把握好工作内容。要根据现代城区特点，积极推进经济、政治、文化、社会、生态文明"五位一体"建设。要根据城市社区特质，在试点社区推进"两改革三提升"工作内容的基础上，创新党群工作模式，统筹各类资源，从房前屋后的实事做起，从群众身边的小事做起，从与老百姓生产生活息息相关的项目做起，发动群众共办好事实事、共推改革发展、共建美好家园。

3. 要把握好工作路径。要坚持以群众参与为核心，以培育精神为根本，以奖励优秀为动力，以项目活动为载体，以分类统筹为手段，坚持"建设—管理—服务—精神"的城市社区共同缔造工作路径，增进群众参与的自发性、主动性和积极性，汇聚共同缔造的强大正能量。

四 工作任务

（一）立足宣传发动，提升思想认识

1. 强化宣传。要充分利用好宣传栏、户外广告、报纸、电视、广播等传统媒体，借助微信公众号、政务微博、政府网站等新媒体，全方位、立体性地开展宣传发动。要注重宣传试点工作的做法和成效，广泛宣传共同缔造中的好人好事，树立典型模范，用发生在群众身边的人和事，进一步教育群众、发动群众，增进认同、增进参与，营造全民参与、共建共享的良好氛围。要结合实际，组织宣传小分队进社区，有效运用图片、动漫、音乐等特色形式生动形象地推进宣传，让"美丽厦门·共同缔造"行动家喻户晓。

2. 转变理念。要结合区委中心组学习、智慧讲堂、专家讲座、座谈交流会等形式，强化对《美丽厦门战略规划》的解读，增进对共同缔造内涵的理解和实质的把握。要通过学试点、实地看、专家说等方式，进一步提升工作理念，推动工作思路转变。要坚持走"一切为了群众、一切依靠群众，从群众中来、到群众中去,密切联系群众"的群众路线,注重激发群众热情、发动群众参与、塑造群众精神,推进工作方向由"自上而下"到"上下结合"的转变,工作关系由"你、我"到"我们"的转变,工作目的从"给领导看"到"让群众用"的转变,工作项目从"大"到"小"的转变。

(二)立足分类统筹,提升工作内涵

1. 区分"新、老"两个区域。针对新老城区的特点,开展"牵手共筑"主题活动,因地制宜地推进共同缔造行动,营造群众自治和社会共治的氛围。一要在老城区无物业小区,积极推广小学社区、镇海社区无物业小区自治模式,建立由居委会牵头、居民群众自助互助的"小区(楼道)自治小组",通过设置楼长、宣传员、卫生员、调解员、安全员等,实现自我管理、自我教育、自我服务。二要在新城区物业小区,积极推广前埔北社区"四位一体"联合共治模式,建立社区居委会、物业公司、业主委员会、小区议事小组联席会议制度,形成居委会的社区管理、物业公司的专业管理、业主委员会与居民的自治管理相结合的共治局面。鼓励社区居民基于某个特定项目的共同利益,自发组建义务消防队、义务巡逻队等功能型"自治小组",由居民自行处理好涉及自身利益的事情,通过共同行动缔造共同家园。

2. 突出"空间、平台"两大要素。开展"亲密伙伴"主题活动,注重推动城市社区从"生人社区"到"熟人社区"的转变。一要提升公共活动空间。实施"开门见绿",提升房前屋后绿化水平,通过拆违建绿、见缝插绿、绿地提升等方式,结合举办阳台美化比赛、美丽商业街创建评比活动,推进立体绿化、垂直绿化,美化城区立体空间。优化改造街心公园,通过腾地建园、挤地造园、原地修园,配齐照明、桌椅等公共设施,打造一批就近服务居民的可供休闲娱乐、健身锻炼、邻里交流的公共活动空间。建设"十大步道",按照"管理精细化、服务人性化"的原则,细化标识标牌、完善配套设施、健全系统功能,推动完成狐尾山、金榜山等十条健身步道的提升完善,增强健身步道的通达性。推进"空间共享",动员辖区内机关、学校、企业等单位参与房前屋后空间建设,鼓励其免费向社区居民开放活动场所,发挥各级公共活动设施的功能和作用。二要提升公共活动平台。做强文体活动品牌,深入开展"我们的节日——经典诵读""温馨广场大家唱"等品牌活动,促进居民群众参与。做大社区文体组织,鼓励居民自发组建社区合唱团、腰鼓队、广场舞队、柔力球队、书画小组、读报小组等社团,开展各类健康向上的群众性文体活动，建立居民之间的情感纽带。做实互动性社交活动，举办和谐邻里节、社区趣味运动会、社区艺术节、"感恩生活 爱心思明——城市义工志愿行动"等群众喜闻乐见的活动，促进左邻右舍、楼上楼下的居民相互认识和友好交往，营造团结、互助、文明、和谐的邻里关系。

3. 挖掘"文化、精神"两个内涵。开展"我爱我家"主题活动，提升文化品位和精神层次，培育共同情感与精神风尚。挖掘保护地方特色文化，传承弘扬闽南文化、疍民文化、送王船文化和郑成功民族精神等，进一步提升"郑成功文化节"影响力，推进老城区特色街巷游等品牌活动，用传统文化教育和感染居民。要坚持"拆、改、留"并举，探索城市更新保护性改造新机制，按照修旧如旧的思路，继续做好老城区历史文化风貌建筑的保护和修缮工作，留住老城区文化根源与精神信仰，增进居住地群众的情感认同。要打造社区特色精神风尚，引导社区居民、驻区单位共同谋划社区发展、共同制定社区公约、共同打造特色品牌、共同提炼社区精神，增强居民对社区的认同感和归属感，增强居民当家作主意识，进一步凝聚和营造和谐社区的灵魂精神。要在官任社区、莲秀社区等台胞、外籍人员较多的社区以及溪东社区等外来人员较多的社区，积极搭建台胞、外籍人员、外来人员等特殊服务对象参与平台，推动其与社区管理、社区文化、社区精神的融入融合。要加强社区志愿服务精神的培育，动员和带动更多的社区各类成员参与志愿活动，在志愿服务中学会爱与分享、懂得感恩、获取快乐，实现精神上的共建共享。

（三）立足制度建设，提升工作实效

1. 进一步发挥基层组织作用。开展"结伴同行"主题活动，依托"组织"纽带，切实增强向心力和凝聚力，助推社区建设。一要在党群组织凝聚人心上实现新成效。引导基层党组织发挥战斗堡垒作用、工青妇等群团组织发挥示范带头作用，通过党建联席会、工人俱乐部、青年学习沙龙等平台，组织各类议事、调研、谏言活动，打造楼道互助党小组、青年爱车自治协会、退休教师义教联盟、朝阳助老小分队等特色化党群组织，凝聚不同类别不同年龄的居民群众，共同推进社区治理。切实发挥片区大工委、社区大党委作用，深化社区在职党员为群众服务，进一步凝聚群众智慧和力量，带领群众共同参与社区建设。二要在社会组织参与治理上实现新突破。深化社会组织登记管理体制改革，落实社会组织专项发展资金，建设社会组织孵化基地及社区社会组织服务中心，重点培育和优先发展社区服务类、公益慈善类、群众生活类、枢纽（联合）型的社会组织，激发社会组织活力。引导社会组织参与社区治理和公共服务，加大政府购买专业服务力度，落实社会组织"以奖代补"激励机制，推行"专业社工＋驻点义工"双重服务模式，推行在职人员周末服务社区工作机制，构建多元主体参与社区共治的基层社会治理体系。

2. 进一步探索激励监督机制。在推进社区减负放权制度实施的基础上，不断完善发动群众参与、吸引群众参与的激励激活机制和评议评价机制。扎实推进"以奖代补"制度执行，街道及社区都应细化"以奖代补"激励机制、社区公共事物（务）认捐认管制度等，完善评社区、评物业、评项目等评议制度。积极探索社会信用体系建设的有效方式和途径，推进信用思明建设，为政府加强公共服务和城市管理、提升社会治理水平提供有效手段。

（四）立足创新创优，提升工作层次

1. 推进公共服务提质提效。开展"服务零距离"主题活动，不断满足群众的个性化、多样化、专业化需求。全面推进社区减负放权，提升网格化管理服务水平，打造一站式便民服务平台，推行预约、延时、错时服务，落实一次性告知和首问责任制等，让居民群众办事更加省时省心。推进智慧社区与数字家庭建设，实现与居民的空间互动。完善"968180"服务热线，建立区、街、居三级联动机制，打造提升区级"民生110"服务平台，发动社会各界力量共同完善"圆梦助学"、爱心超市、爱心课堂、爱心送餐、爱心小屋、爱心圆愿、老人日间照料点等爱心品牌，全方位提升居民群众生活在思明的幸福感。

2. 探索"互惠共赢"的发展模式。开展"民生直通车"主题活动，办好一批居民急需的好事实事，让市民共享共同缔造发展成果。要用共同缔造的方法推进中心工作、解决社会问题。要积极破解城市管理难题，创新思路，探索长效机制，切实解决占道经营、油烟扰民等涉及百姓利益的问题。要加快推动城区更新改造，集中进行城中村整治提升，深入开展"安静小区""绿色小区""低碳小区"建设，深化文明创建，努力改善群众居住环境、生活环境、生态环境。要提升城区综合功能，加快推进24小时自助图书馆、社区健康自助监测站、社区科普智慧墙、早教中心等项目建设，想方设法提升城区公共安全、公共文化、公共卫生水平，结合实际推进教育均衡发展，千方百计提高居民收入，不断提升群众的满意度，让美丽厦门建设落到实处。

（五）立足协调配合，提升工作合力

1. 强服务搭平台。各单位各部门制定文件、开展工作要切实从共同缔造的角度出发，从服务基层、服务群众的角度出发，通过"精细化管理、人性化服务"，让政府服务真正落实到群众身上。要完善上下联动、部门协作的工作机制，形成纵横关联的行动合力，确保行动有序高效运转。公安、消防、城管、工商、环保、环卫等相关职能部门要继续派专人驻点试点社区，完善片区联络员制度，提供咨询指导服务，及时协调解决问题。要搭建干群互动平台，妥善处理好群众反映的意见、建议和问题。建立意见逐级反馈处理机制，按照"社区第一时间解决处理，处理不了逐级上报协调解决"的方式反馈处理，切实推动群众意见建议协调解决。要加大财政向基层的倾斜、向民生项目的投入，鼓励各单位各部门加大对专业社会服务的购买力度，为群众提供更加专业的服务。

2. 造环境给支持。各单位各部门要积极对接产业升级、机制创新、收入倍增、健康生活、平安和谐、智慧城区、生态优美、文化提升、同胞融合、党建保障"十大行动"，着力推进十个行动组具体任务的开展落实，为"美丽厦门·共同缔造"行动构筑更加扎实的着力点。要建立健全"美丽厦门·共同缔造"行动工作绩效考评制度，探索科学合理的工作考核机制。要建立居民群众及企事业单位的参与档案，记录参与次数及投入的人力、物力、财力、智力等情况，适时表彰一批积极参与"美丽厦门·共同缔造"行动的单位、社会组织、家庭和个人，评选一批"金点子""好管家"，充分调动各方参与共同缔造的热情和积极性。

五 工作要求

共同缔造，核心在共同，基础在社区。各单位各部门要积极学习借鉴试点社区的经验，把贯彻落实《美丽厦门战略规划》与深入学习贯彻习近平总书记一系列重要讲话精神和党的十八大、十八届三中全会作出的战略部署紧密结合起来，与全面深化改革紧密结合起来，与开展党的群众路线教育实践活动紧密结合起来，进一步解放思想、解放和发展社会生产力、解放和增强社会活力，创新思路，不断增强"美丽厦门·共同缔造"行动的自觉性和积极性。

各单位各部门主要领导要亲自负责，加强组织领导和人员配备，制定详细的工作方案，切实做到工作措施到位、职责分工到位，切实将城市社区共同缔造行动的方法、内容、路径在全区各街道、各社区推广开来，在全区各个工作领域推广开来，推动工作落到实处。

摘录自中共思明区委 思明区人民政府《关于印发〈思明区2014年全面开展"美丽厦门·共同缔造"行动工作意见〉的通知》（厦思委〔2014〕2号），2014年1月21日。

厦门市思明区"美丽厦门·共同缔造"试点工作"以奖代补"专项资金申报办法

为深入贯彻市委、市政府《美丽厦门战略规划》，进一步发动群众参与，强化项目支撑，促进项目落实，根据《思明区"美丽厦门·共同缔造行动"试点社区工作实施意见》精神，制定《思明区"美丽厦门·共同缔造"试点工作"以奖代补"专项资金申报办法》。

"以奖代补"是指思明区开展"美丽厦门·共同缔造"试点工作专项资金的财政扶持方式，即由原来财政对项目的直接补助，改为由社区居民、社区居民小组、企业、社会组织等先行筹资投入，待验收合格后，再由区财政给予一定额度的奖励补助。"以奖代补"项目是指公共财政服务以外，可操作性强、可发动群众参与、可让群众得到实惠的项目。

一 项目规划和公示

1. 项目范围：建设类项目、活动类项目、服务类项目或社会组织。

2. 规划时限：一年两次，每年6月、12月（社会组织为一年一次，每年12月）。

3. 项目提出：建设项目、活动项目、服务项目的提出，采取自下而上的方式，由相关部门、街道按照群众参与"决策共谋、发展共建、建设共管、效果共评、成果共享"（以下简称"五共"）的工作要求，在广泛征求群众意见的基础上，提出本单位项目计划，按照规划时限上报区缔造办。社会组织的提出，由区民政局牵头，采取对社会组织开展工作情况进行年度考评的办法，制订年度评选计划，按照规划时限上报区缔造办。

4. 项目确定：建设项目、活动项目、服务项目的确定，由区缔造办牵头、区财政局、区建设局、区文体出版局、区民政局等相关部门为主负责，梳理汇总、统筹调配，提出全区"以奖代补"项目建议名单，编制项目简介，报区"美丽厦门·共同缔造"行动试点工作领导小组研究确定。社会组织的确定，由区缔造办牵头，区财政局、区民政局为主负责，提出年度评选数量和评选标准，报区"美丽厦门·共同缔造"行动试点工作领导小组研究确定。区"以奖代补"项目确定后，由区财政局牵头制定"以奖代补"专项资金安排方案。

（五）项目公示：确定后的全区"以奖代补"项目，应通过政府网站、新闻媒体、宣传栏等方式，向社会公示。

二　项目认领和审批

（一）建设、活动、服务项目的认领和审批

1. 认领时间：每年1月、7月。

2. 认领主体：社区居民、社区居民小组、企业或社会组织。

3. 认领发动：各部门、街道、社区可根据项目的实际情况，发动、指导符合条件的主体认领项目，推选项目负责人，提出项目实施计划。

4. 认领申请：由项目负责人牵头提出书面申请，并经由参与项目的群众代表或受惠的群众代表（至少10名）签名确认，交由所在社区逐级上报审批。

5. 审批程序：由项目所涉及街道提出初审意见；由区缔造办牵头，区财政局及相关业务部门参与，对认领申请进行集中审核，报区"美丽厦门·共同缔造"行动试点工作领导小组研究确定。每年2月、8月底前，由区缔造办将审批结果逐级反馈至认领主体。

（二）社会组织的申报及审批

本办法所称社会组织，特指在思明区依法登记的社会团体、民办非企业单位、基金会和经过民政部门备案的社区活动团体。

1. 申报时间：每年1月至2月。

2. 申报条件：经思明区民政部门登记或备案的社会组织。

3. 申报及审批程序：由申报的社会组织提出书面申请，按照登记管理或备案权限逐级上报审批，经审批后直接进入考评。

三 项目实施和管理

1. 组织发动：各项目实施主体按照"五共"工作要求，广泛发动群众参与项目建设和管理。

2. 指导监督：由区相关部门按照项目内容，至少确定一名熟悉业务的同志作为项目辅导员，负责指导、协调项目建设，监督项目实施程序和质量，督促项目进展。区缔造办牵头相关部门对项目实施进行不定期检查，对没有按照"五共"工作要求推进的项目，及时督促整改。

相关区直部门、街道、社区应定期通过政府网站、新闻媒体、宣传栏、通报会等形式，向社会公示"以奖代补"项目实施进展情况。项目实施主体应定期向参与群众、受惠群众公示项目实施情况和资金使用情况。

四 项目验收和考评

（一）验收和考评申请

申报的建设项目完工后或活动项目、服务项目完成后，由项目实施主体逐级提出验收申请。社会组织的考评工作每年11月份进行，申报的社会组织无需提出考评申请。

（二）验收和考评办法

区缔造办定期汇总申请验收项目名单，根据项目分类、项目内容，明确验收和考评牵头单位。牵头单位应分类制定项目验收办法和群众考评办法，设立符合实际、可操作性强的验收、考评指标条款，并会同项目所在街道、社区组织考评。

条件成熟情况下，可采取政府购买的方式，将"以奖代补"项目验收和审核工作交由第三方机构进行，进一步增强"以奖代补"项目验收审核工作的公开性、公平性和公正性。验收或考评不合格的项目，要求限期整改，规定限期内未达到整改要求的，取消项目"以奖代补"资格。

（三）验收和考评内容

1. 建设项目的验收，包括项目是否按照计划下达的建设内容、建设地点、建设规模、建设标准组织实施，项目工程建设质量和进度完成情况以及群众参与建设管理情况、群众反响情况是否达到要求。

2. 活动项目的验收，包括项目是否按照计划的活动内容、活动规模、发动范围组织实施、群众发动情况、群众反响情况及实际成效是否达到要求。

3. 服务项目的验收，包括项目是否按照计划的服务内容、服务次数、服务时长等组织实施，服务受众面情况、群众反响情况及实际成效是否达到要求。

4. 社会组织的评选，按照区缔造办、区财政局、区民政局共同制定的评选标准执行。

5. 区财政局、区审计局负责项目资金投入真实性、合法性验收。

五　资金拨付和使用

1. 可根据申报项目的资金需求情况，由项目实施主体提出申请，经项目提出部门或街道审核，报区"美丽厦门·共同缔造"行动试点工作领导小组会议研究，对确有需要的项目予以先行拨付部分项目启动资金，原则上不超过30%。

2. 项目验收、审核合格后，由区缔造办牵头相关部门进行梳理汇总，按照项目成效进行分类评级，提出"以奖代补"资金比例建议，统一报送区财政局审核后，报区"美丽厦门·共同缔造"行动试点工作领导小组会议研究决定。

3. 区财政局根据区"美丽厦门·共同缔造"行动试点工作领导小组会议意见，对项目资金使用情况进行核算，按照研究决定的比例，扣除事先下达的启动资金，拨付"以奖代补"专项资金。

4. 建设项目、活动项目、服务项目"以奖代补"专项资金下拨到项目实施主体所在街道，并由相关街道划拨项目实施主体。社会组织"以奖代补"专项资金直接划拨社会组织。

六　工作监督和检查

"以奖代补"项目实施情况和资金使用情况应通过各种形式，进行全过程、跟踪式的公示，接受社会监督，确保资金"专项管理、专款专用"。在项目申报和实施过程中，以及"以奖代补"专项项目资金拨付后发现有弄虚作假、骗取财政资金行为的单位或个人，按规定取消或收回财政资金，并取消该单位或个人今后财政扶持项目申报资格。区缔造办和区审计局按照各自职责对本办法执行情况进行监督检查，每半年不少于一次。

各街道可相应制定"以奖代补"专项资金配套制度，对区级规划时限外的项目或群众需求性大、意愿性强的项目进行确定、审批、实施、监督、验收。原则上,除项目延伸、项目拓展等情况外,"以奖代补"专项项目不多级上报、不重复上报。

摘录自中共思明区委 思明区人民政府《关于印发〈思明区"美丽厦门·共同缔造"试点工作"以奖代补"专项资金申报办法(试行)〉的通知》(厦思委〔2013〕33号),2013年12月2日。

关于思明区"美丽厦门·共同缔造"行动区级项目、区级"以奖代补"项目资金安排的通知

区属各行政事业单位、各街道办事处：

为加快推进"美丽厦门·共同缔造"行动项目进度，发挥项目载体作用，规范资金保障机制，现就2014年区级项目、区级"以奖代补"资金安排明确如下。

一 区级项目财政资金安排方案

（一）列入2014年为民办实事项目、资金需求量较大的项目，由区财政专项安排。

如：鼓浪屿整治提升、城中村改造提升、老旧小区改造提升、改造提升狐尾山等健身步道系统。

（二）街道作为责任主体实施的区级项目，按区、街财政分成比例承担（包含因项目推进需要开展的工作坊经费），主要用于项目基础设施建设、环境氛围改造提升等。项目前期费用、宣传费用等由各街道承担。责任单位根据项目具体实施进度提出分年度资金安排计划和2014年资金需求。2014年先从"美丽厦门·共同缔造"行动专项结余资金中安排。

如：嘉莲街道的莲花香墅片区改造提升、曾厝垵文创村改造提升项目二期、溪岸老别墅提升及配套项目、莲薇社区运动公园改造提升、中华街道文化街巷提升改造、下沃片区改造提升、金榜西路"文化长廊"。

（三）开设老人日托中心项目，由街道纳入财政预算。若项目合并至家庭综合服务中心的，则按家庭综合服务中心相关经费安排进行。

（四）区直部门作为责任主体的，原则上由部门预算经费中调剂支出，

不足部分申请专项追加。

二 区级"以奖代补"项目财政资金方案

（一）部门预算没有安排的，从共同缔造专项资金安排。

1. 区公安分局牵头实施的"推广二代证指纹门禁系统的应用""无物业小区自治管理"；

2. 区委文明办、环保分局牵头实施的"美丽厦门低碳社区"绿色环保行动；

3. 区委组织部、文明办、团区委、区教育局牵头实施的"社区志愿爱心活动"；

4. 团区委牵头实施的"开办爱心学堂"；

5. 区经贸局、区工商分局牵头实施的"改造提升农贸市场"；

6. 区民政局牵头实施的"优秀社会组织评选"。

（二）部门预算已经安排，或部门预算项目可以调剂使用的，由牵头部门向财政局办理资金申请，不足部分从共同缔造专项资金申请追加。

1. 区委文明办牵头实施的"美丽厦门 美丽心灵未成年人心灵关怀项目"；

2. 区旅游园林局、区建设局牵头实施的"房前屋后环境美化提升"；

3. 区文体局的"特色创意文化活动""社区文化活动"项目。

摘录自思明区财政局《关于〈思明区2014年"美丽厦门·共同缔造"行动区级项目、区级"以奖代补"项目资金安排〉的通知》（厦思财〔2014〕175号），2014年8月13日。

厦门市海沧区行政服务中心标准化建设实施方案

为贯彻落实《中共福建省委办公厅、省人民政府办公厅转发〈省机关效能建设领导小组办公室关于推进行政服务中心标准化建设的意见〉的通知》（闽委办〔2013〕3号）和厦门市推进行政服务中心标准化建设相关文件精神，推进我区行政服务中心标准化建设，创建"一流的效率、一流的服务、一流的管理"的行政服务中心，制定本方案。

一 指导思想

以党的十八大精神为指导，紧紧围绕我区经济社会发展大局，坚持"便民、高效、规范、廉洁"的服务宗旨，以提高行政服务中心的管理和运行质量为目的，全面组织实施各项标准化建设，充分发挥行政服务中心在实施《行政许可法》和《全面推进依法行政实施纲要》，深化行政审批制度改革、促进依法行政和优化经济发展环境中的作用，努力建设高标准的服务平台。

二 建设目标

1. 体系健全。 围绕审批和服务的全过程，建立好用、实用、管用的标准体系，实现部门、项目、人员、授权到位，办理机制健全，运行管理规范，审批和服务集中、依法、高效、廉洁。

2. 功能齐全。 实现由单一审批功能向综合性服务平台转变，成为集行政审批、信息公开、资源配置、公共服务、效能监察为一体的综合性服务平台。

3. 管理科学。 对进驻部门的审批和服务项目的组织、协调、管理、监督更加到位，营造"零阻碍、低成本、高效率、优服务"的办事环境。

4. 高效便捷。基本建立高效便捷的审批和服务网络，形成层级清晰、上下联动、部门协力、覆盖城乡的行政服务体系，做到审批和服务程序优化、环节少、时限短、效率高，着力提高窗口现场办结率。

5. 群众满意。实现行政服务中心服务能力与经济社会发展、人民群众需求相适应，办事群众对行政服务中心的满意度不断提高。

三　建设内容

（一）规范服务平台

1. 规范场所建设。按照省、市关于"行政区划+平台名称"的统一命名原则，区政务服务中心更名为"厦门市海沧区行政服务中心"；镇（街）便民服务平台名称为"××镇（街）便民服务中心"；村（居）便民服务平台名称为"××村（居）便民服务代办点"。区人社、卫生监督等办事大厅在行政服务上接受区行政服务中心的统一管理，统一命名为"厦门市海沧区行政服务中心××分中心"。相关场所的位置、面积、形象标识等按闽委办〔2013〕3号文要求设置。

责任单位：区政府办、区监察局、各镇（街）、区人社局、区卫生局

完成时限：2013年上半年

2. 规范项目进驻。凡与企业、群众密切相关的行政管理事项，包括行政许可、非行政许可审批、转变管理方式事项和公共服务事项，都要做到应进必进，确实不能进入行政服务中心的审批和服务事项，须经同级政府批准。积极推动公共企事业单位与企业、群众密切相关的事项进入行政服务中心办理。双重管理和垂直管理部门的审批和服务事项，按照便于工作、加强服务的原则，应进入区行政服务中心办理；市直部门的分支机构应进驻属地区级行政服务中心。与群众生活密切相关的便民服务事项，应进入镇（街）便民服务中心集中办理，并延伸到村（居）便民服务代办点。

责任单位：区政府办、区监察局、各进驻单位

完成时限：2013年10月底前

3. 规范人员进驻。进驻单位应选派政治素质高、业务能力强、敬业精神好、能满足岗位要求的在编工作人员进驻行政服务中心，其中负责办理行政执法行为事项的工作人员应具备行政执法资格。进驻人员不承担进驻单位

其他工作,驻中心工作期限原则上不少于2周年。制定行政服务中心进驻人员选派管理办法,对不能胜任行政服务中心工作或不遵守规章制度的,行政服务中心管理机构有权要求进驻单位更换人员。除系统、行业规定统一着装外,区行政服务中心工作人员应着统一的服装上岗,并佩戴工作证。

责任单位: 区政府办、区监察局、各进驻单位

完成时限: 2013年上半年

4. 规范服务设施。 加强信息化建设,把行政服务中心信息化建设纳入电子政务建设总体规划,建立政务审批服务平台和电子监察系统。其中:政务审批服务平台,包括行政服务中心门户网站、业务办理平台、监督管理系统、后台管理系统、多媒体查询系统、移动服务大厅、即时通信系统、短信服务系统、大屏幕系统。部门自建的业务系统要按统一的技术标准进行改造,实现所有进驻中心的审批服务事项均在网上运行并纳入电子监察。

按照省办事公开的有关要求,实行政务公开,做到服务内容、审批依据、办事程序、承诺时限、办事结果、收费标准公开。在办事大厅设立公开信息的电子显示屏或电子触摸屏。办事大厅和办事窗口处要设立醒目的指示牌,标识单位名称、办事项目等内容;办事窗口应有向群众免费提供的《办事指南》等有关宣传资料。其他便民服务设施建设应按闽委办〔2013〕3号文要求设置。

责任单位: 区政府办、区监察局、区财政局、各进驻单位、区政务信息中心

完成时限: 2013年10月底前

(二) 优化服务运行

1. 强化部门授权。 各进驻单位应确保行政服务中心办事窗口人员、职能、授权、监管到位。有条件的部门应集中审批职能成立审批科整建制进驻,暂不能实现整建制的须成立审批办公室。所有进驻单位须充分授权,依法不需要经过现场勘察、集体讨论、专家论证、听证和技术评审的一般性审批事项,应在窗口受理后直接办结,不得"两头受理""体外循环"。进驻单位主要领导或分管领导应根据工作需要,每周到行政服务中心值班,实现现场审批。行政服务中心办事大厅应建立值班主任制度,由各进驻单位人员轮值。

责任单位: 区政府办、区监察局、各进驻单位

完成时限：2013年9月底前

2. 优化服务流程。实行"一个窗口受理、一站式审批、一条龙服务、一个窗口收费"的运行模式。按市里统一标准建设网上审批和电子监察系统。各进驻单位，包括双重管理和垂直管理部门，应与区网上审批系统对接，实现部门数据共享及审批过程、审批结果实时查询。

责任单位：区政府办、区监察局、各进驻单位、区政务信息中心

完成时限：2013年10月底前

3. 规范办理时限。行政服务中心要组织各进驻单位推进服务流程改造，对审批和服务事项进行全面清理，进一步规范办事流程，实现程序最简、环节最少、时间最短、效率最高，承诺办结时限统一控制在法定时限的35%以内。

责任单位：区政府办、区监察局、各进驻单位

完成时限：2013年9月底前

4. 健全办理机制。建立跨部门事项联合办理的协调机制，按要求规范进驻项目办理方式。推行联审联办、同城通办、"一表制"申报、"一号制"管理。服务窗口实行审批专用章制度，其办理事项的通知用章、依法不需要颁发相关证照的决定用章，应使用进驻单位审批专用章。确需加盖进驻单位公章的，不得重复审核。行政服务中心设立集中收费窗口，公开收费标准，依法收取费用。

责任单位：区政府办、区监察局、区财政局、各进驻单位

完成时限：2013年上半年

5. 健全制度体系。行政服务中心要建立健全岗位职责、首问负责、一次性告知、限时办结、办事公开、否定报备、服务承诺、同岗替代、责任追究等制度，形成行政服务制度体系，做到按制度管权、管事、管人。

责任单位：区政府办、区监察局、各进驻单位

完成时限：2013年10月底前

（三）强化服务监督

1. 加强服务满意度测评。采取电子评价器、网络投票栏、评议信箱、大厅意见簿、问卷调查、电话回访、短信评价等方式，对窗口服务和行政服务中心管理进行满意度评价。对被评为不满意的窗口和事项，行政服务中心管理机构要认真调查核实，分析原因，提出改进意见，督促窗口或有关单位及时整改，并对相关责任人进行问责。

责任单位：区政府办、区监察局

完成时限：2013 年 10 月底前

2. 强化服务监督检查。区效能投诉中心进驻区行政服务中心。行政服务中心应在显要位置公布监察机关、效能建设工作机构、行政服务中心投诉监督电话，在《服务指南》《一次性告知单》上注明投诉监督电话，及时受理对窗口及其工作人员的投诉举报。聘请监督员，加强对审批服务事项办理情况的现场巡查、定期抽查和电子监察，对超时办理、不予办理等异常办件，要加强跟踪督查。

责任单位：区政府办、区监察局

完成时限：2013 年 10 月底前

3. 持续改进服务质量。要根据日常巡查、服务对象评议、监督检查、效能投诉的情况，定期或不定期提出窗口服务和行政服务中心管理持续改进的内容、方法和目标，制定具体方案，落实责任人和时间进度，并跟踪检查改进的效果。对不符合实际的标准事项，要认真研究、查找原因，进行有效性论证和评估，及时对标准内容进行变更、补充和完善。

责任单位：区政府办、区监察局

完成时限：2013 年 10 月底前

（四）做好服务保障

1. 管理体制。按要求，区行政服务中心须设立管理机构，命名为"厦门市海沧区行政服务中心管理委员会"，以加强对行政服务中心工作的组织领导。其主要职责为：负责行政服务中心的日常管理；负责对进驻单位、进驻事项办理的组织协调、监督管理和指导服务，对进驻窗口工作人员的管理、培训和考核；负责对进入行政服务中心的各项便民服务活动的监督管理；负责对下级行政服务中心、部门分中心的业务指导、监督、检查和考核；承担本级政府赋予的其他职责。镇（街）便民服务中心应明确镇（街）分管领导和具体管理部门，村（居）便民服务代办点由村（居）委员会主任负责日常管理和监督。

责任单位：区委编办、区政府办、各镇（街）

完成时限：2013 年年底前

2. 日常管理。进驻人员必须严格遵守行政服务中心的各项规章制度，接受区行政服务中心管理委员会与进驻单位的双重管理。区行政服务中心管理委员会定期对服务窗口及其工作人员进行检查评比,推行流动红旗(星级)窗口、先进个人和优秀首席代表等评选制度,制定具体奖惩措施和办法。进驻单位应认可并充分运用区行政服务中心管理委员会的检查评比和考核表彰结果。年度考核优秀等次名额以及党建、文明创建等先进名额由各相关部门单独划拨给行政服务中心,不占进驻单位指标,其中年度考核优秀等次名额按进驻行政服务中心在编人员总数25%的比例划拨。负责具体审批业务的窗口工作人员在行政服务中心工作的经历视为基层工作经历。区行政服务中心管理委员会负责对进驻单位窗口工作情况进行绩效评估,评估情况纳入本级政府的绩效评估。

责任单位:区委组织部、区委文明办、区直机关工委、区政府办、区人社局、各进驻单位

完成时限:2013年10月底前

3. 经费保障。区行政服务中心工作经费列入区级财政预算,镇(街)便民服务中心、村(居)便民服务代办点工作经费统一列入镇(街)级财政预算。

责任单位:区财政局、各镇(街)

完成时限:2013年10月底前

4. 党群工作。各级行政服务中心应建立健全相应的党组织和工会、共青团、妇委会等群团组织,进驻窗口工作人员的党、团组织关系转入行政服务中心。党、群团组织要定期开展形式多样的活动,增强行政服务中心的凝聚力和向心力。

责任单位:区直机关工委、区政府办、区工会、团区委、区妇联

完成时限:2013年10月底前

四 实施步骤

标准化工作实施期为7个月,分三个阶段进行。

(一)宣传发动阶段(2013年4月至2013年5月)

1. 制定并下发实施方案,召开动员部署会议,宣传标准化建设的目的、意义,对标准化建设工作进行部署安排,进一步统一思想、提高认识,努力营造良好的建设氛围。

2. 举办标准化建设知识培训班,邀请市政务服务中心相关领导或专家

学者讲解、释义标准化，引导工作人员全面了解标准化建设的基本知识，牢固树立标准化服务理念，使实施标准化服务成为进驻部门及行政服务中心工作人员的自觉行动。

（二）组织实施阶段（2013年6月至2013年9月）

1. 按上述第三大点（建设内容），由相关责任部门组织推动实施。

2. 及时开展标准化实施情况检查、督导工作，确保各项工作切实推进。

（三）完善总结阶段（2013年10月）

1. 对标准化实施情况进行全面分析，及时总结成功经验和做法，查找、分析问题和不足，提出整改措施，落实整改。

2. 迎接省、市检查验收。

五 工作要求

1. 统一思想，提高认识。 各级各有关部门要充分认识开展标准化建设工作的重要性，把思想统一到区委、区政府的统一部署上来，把标准化工作作为一项重点工作抓好抓实。

2. 加强领导，形成合力。 成立区行政服务中心标准化建设工作领导小组，由区政府常务副区长任组长，区纪委书记、区政府分管副区长、政府办主任、监察局局长任副组长，与行政服务中心管理机构设置、审批服务提供、前期建设相关的部门主要领导为成员，负责标准化建设的组织、协调和实施工作。领导小组下设办公室，挂靠区政府办，抽调相关部门人员组成，分成综合、协调、督查、信息、监察等工作小组，具体负责标准化建设日常工作，并指定专人专职具体牵头推动。同时，抓紧政务服务保障中心相关工作人员的调任和招聘。各级各有关部门也要成立专项工作小组予以推动，由部门主要领导亲自抓，分管领导具体抓。总体形成一个领导有力、执行有效、协调联动的工作体系，确保行政服务中心标准化建设稳步推进。

3. 明确目标，细化落实。 各级各有关部门要认真贯彻落实本实施方案，并按"体系健全、功能齐全、管理科学、高效便捷、群众满意"的建设目标，结合部门工作实际，细化制定具体工作方案，具体而言：各镇（街）、分中心要分别细化制定便民服务中心、分中心的标准化建设实施方案，各相关进驻部门要细化制定进驻工作方案。各级各部门要将工作方案及专项工作小组成立文件，于6月7日前报送区政府办（纸质文件需加盖单位公章，电子文档大楼内单位直接通过 RTX 发送，大楼外单位发送至电子邮箱：hwj@haicang.gov.cn。联系人：黄文菊，电话：6051862，13599511695）。

4. 严格标准，有序推进。区行政服务中心、镇（街）便民服务中心、村（居）便民服务代办点要参照市级标准体系，制定行政服务各个环节的具体规范，形成标准体系。进驻窗口要结合中心标准体系和各自业务实际，认真制定服务标准和管理规范，实行标准化服务和规范化管理。要按照"统筹规划、科学依法、分级分类、有序推进"的工作思路，推进行政服务中心标准化建设。

5. 督促落实，强化考评。区政府办、区监察局、区效能办根据省、市、区标准化建设要求，适时开展监督检查，督促落实，并将行政服务中心标准化建设情况自 2013 年起纳入政府绩效考评。

摘录自中共海沧区委办公室 海沧区人民政府办公室《关于印发〈海沧区行政服务中心标准化建设实施方案〉的通知》（厦海委办〔2013〕53 号），2013 年 5 月 26 日。

厦门市海沧区志愿服务管理试行办法

为贯彻党的十八届三中全会精神，推进社会治理体制创新，充分激发社会组织活力，实现政府治理和社会自我调节、居民自治良性互动，支持和发展志愿服务组织，推动本区志愿服务持续性发展，共谋、共建、共管、共评、共享"美丽厦门"，学习借鉴台湾志工服务模式，结合本区对台交流优势和发展实际，特制定本办法。

第一章　总则

第一条　本办法适用于本行政区域内以组织形式实施的志愿服务活动。

法律、行政法规对志愿服务活动另有规定的，依照法律、行政法规的规定执行。

第二条　本办法所称志愿服务，是指以志愿者为主体，以志愿服务组织为管理协调机构，从市民群众多种需求出发，开展各种服务社会和帮助他人的公益活动，旨在培育志愿服务文化，推动社会管理创新，发挥志愿者"共建、共管"作用，共同推进"美丽厦门·健康生态新海沧"建设。

第三条　志愿服务以公益性、自愿性、群众性、实效性为基本原则。

第四条　本区建立志愿服务工作协调机制，海沧区精神文明建设指导委员会办公室（以下简称区文明委办）负责指导本区志愿服务工作的开展。

国家机关、社会团体、企事业单位及其他组织应当鼓励、支持志愿服务活动，宣传志愿精神，维护志愿服务组织和志愿者的合法权益。

各镇人民政府和街道办事处应当采取措施，支持和促进本辖区内各村、居志愿服务活动的开展，推进城乡居民自治，鼓励城乡社区把志愿服务的要求纳入村规民约之中。

第五条　全社会应当尊重志愿服务组织和志愿者。提倡和鼓励社会各界和广大公民参加各种志愿服务活动。

第二章 志愿服务组织

第六条 区文明委办作为本区志愿服务业务主管部门，负责本区志愿服务组织的统筹管理，区志愿者协会协助指导和协调本区志愿服务活动的开展。

各镇人民政府和街道办事处负责指导所辖村、居建立社区志愿服务工作站，成立社区志愿服务队，以向居民提供便民利民志愿服务为目标开展活动，并为村、居志愿服务提供必要保障。

工会、共青团、妇联、工商联、残联、侨联、文联、社科联、科协、红十字会、关工委等群团组织成立志愿服务队伍，自主开展活动，接受区文明委办指导。

各级文明单位成立志愿服务队伍，自主开展活动，接受区文明委办领导。

区委组织部、区直机关党工委、区工会等部门要发动党员、机关干部、事业单位工作人员、国有企业工作人员发挥先锋模范作用，宣传志愿服务精神，带头参与志愿服务活动。

区台办要培育"台胞义工志愿行"义工队伍，培养台胞义工骨干，协调区相关部门和台湾公益组织的对接工作，积极推动两岸志愿服务交流。

鼓励热心公益的志愿者自发组织民间志愿服务组织，自主开展活动，民政部门应在其注册登记方面予以政策支持。

第七条 在条件允许的情况下，接受服务的组织要自主招募志愿者，发布志愿服务计划公告，并为参加志愿服务的志愿者提供必要的技能培训和后勤保障。

第八条 志愿服务组织、队伍履行以下职责：

（一）建立和健全志愿服务组织的章程、制度，制定志愿服务活动的规定、措施；

（二）制定志愿服务工作计划，组织实施志愿服务活动；

（三）负责志愿者的招募、登记、培训、考核、管理、表彰，对志愿者进行志愿服务知识和理念教育；

（四）根据志愿者要求，开具志愿服务证明；

（五）为志愿者提供必要的帮助，维护志愿者的合法权益；

（六）依法筹集、使用和管理志愿服务活动资金、物资；

（七）组织开展志愿服务的宣传、合作与交流活动；

（八）志愿服务组织章程规定的其他职责。

第九条　志愿服务组织可以单独或者联合招募志愿者。志愿服务组织招募志愿者，应当以适当方式公告志愿服务计划，并告知在志愿服务过程中可能出现的风险。

第十条　志愿服务组织实行志愿者注册制度，对注册志愿者发放登记手册，鼓励志愿者注册参加志愿服务。

第十一条　志愿服务组织应当建立志愿者档案，制定志愿者服务时间累计和绩效评价制度。

第十二条　志愿服务组织应当统一志愿服务标识。

第十三条　志愿服务组织进行重大的志愿服务活动，应当提前将志愿服务计划报区文明委办备案，志愿服务活动结束后，应及时将志愿服务活动情况报区文明委办备查。

第三章　志愿者

第十四条　志愿者应当具备相应的民事行为能力。限制民事行为能力人在征得其监护人的同意后，可以参加与其年龄、身心状况相适应的志愿服务活动。

第十五条　志愿者享有以下权利：

（一）获得所参加的志愿服务活动的相关信息；

（二）获得从事志愿服务活动所需的物质和安全保障；

（三）获得从事志愿服务活动所需业务知识技能的培训；

（四）对志愿服务组织的工作提出建议、批评和进行监督；

（五）自身需要他人帮助时，优先获得志愿服务；

（六）退出志愿服务组织；

（七）法律、法规及志愿服务组织章程规定的其他权利。

第十六条　志愿者应当履行下列义务：

（一）遵守志愿服务组织的章程和管理规定；

（二）履行志愿服务承诺，参加志愿服务组织安排的志愿服务活动；

（三）参加志愿服务组织安排的教育和培训；

（四）尊重志愿服务对象，保守志愿服务对象的隐私和秘密，不损害志愿服务对象的合法权益；

（五）维护志愿者和志愿服务组织的形象和声誉，不以志愿者身份从事营利性活动或者其他违背社会公德的活动，不向志愿服务对象收取或者变相收取报酬；

（六）妥善使用和保管志愿服务标识；

（七）法律、法规及志愿服务组织章程规定的其他义务。

第四章 志愿服务

第十七条 志愿服务倡导"奉献、友爱、互助、进步"的志愿精神，普及"学习雷锋、奉献他人、提升自己"的服务理念，围绕"关爱他人、关爱社会、关爱自然"开展活动，内容包含敬老爱幼、扶贫助残、文明礼仪、文明交通、文化体育、科普宣传、环境保护、植树造林、社区服务等其他社会公益活动。

第十八条 志愿服务组织、志愿者与志愿服务对象是自愿、平等的服务与被服务关系。志愿服务组织与志愿者、志愿服务对象可以订立志愿服务协议，明确服务的内容、要求以及双方的权利和义务。

第十九条 志愿服务组织或接受服务的组织应当根据服务项目需要，对参加志愿服务的志愿者进行必要的专项服务培训，并提供必要的物质和安全保障，办理相应的人身保险。

第二十条 任何单位和个人不得强行指派志愿服务组织提供服务，不得利用志愿服务组织或者志愿者的名义、标识进行非法活动、营利性活动或者与志愿服务无关的活动。

第五章 志愿服务的保障

第二十一条 志愿服务组织和志愿服务活动的经费包括下列来源：

（一）政府财政支持；

（二）社会捐赠或者资助；

（三）其他合法收入。

区文明委办应编列预算，申请志愿服务财政专项经费，用于全区性志愿服务活动。有条件的志愿服务组织应编列预算或结合社会资源，推动志愿服务发展。

志愿服务经费的筹集、管理和使用应当公开，并接受政府有关部门、捐赠者、资助者和志愿者的监督。

志愿服务经费应当专款专用，任何单位和个人不得侵占、私分、挪用。

第二十二条 经贸、教育、民政、人社、税务等相关部门要为积极参与志愿服务并表现突出的外来务工人员、民营企业提供激励措施，并出台相应奖励办法。

第二十三条　鼓励企业招聘人员时，在同等条件下优先录用、聘用对志愿服务有贡献的志愿者。

第二十四条　教育部门和有关社会团体应当把培养青少年志愿服务意识纳入思想品德教育范围，鼓励和支持青少年利用课余时间参加志愿服务活动。

第二十五条　新闻出版、广播电视等部门和新闻媒体应当积极开展志愿服务的公益性宣传，广泛宣传实践中涌现出的优秀志愿者、志愿服务组织及其典型事迹，加强正面宣传引导，营造有利于志愿者队伍发展的良好氛围。

第六章　志愿者的考评与表彰

第二十六条　志愿服务组织根据志愿者服务日常表现，认定服务时间，并计入档案。

第二十七条　逐步完善以精神激励为主的志愿者表彰激励机制。

（一）区精神文明建设指导委员会、区民政局、各镇（街）、各群团组织等有关部门应定期具体组织开展优秀志愿者、优秀志愿服务项目、志愿者工作突出贡献集体和个人等评选表彰。

（二）引导和鼓励各级各类志愿服务组织开展相关评选表彰活动。

第二十八条　建立志愿者星级认证制度。志愿服务组织根据志愿者服务的时间累计及服务评价情况，认定其为一至五星志愿者，授予志愿者星级证书，在获得认证的下一年度享受相应旅游景点、文体设施门票以及免费体检、免费公交、免费公共自行车、免费技能培训等优惠政策，由区文明委办出台认证和奖励的实施细则。

（一）志愿者注册后，登记参加志愿服务时间在一年内累计达到40小时、80小时、150小时的，可分别认定为"一星志愿者""二星志愿者""三星志愿者"。由负责安排志愿者参加活动的志愿服务组织或志愿者个人提出申请，由对其进行注册的组织机构进行认定，认定结果报区志愿者协会备案。

（二）志愿者注册后，参加志愿服务时间在三年内累计达到500小时、800小时的，可认定为"四星志愿者""五星志愿者"。由负责安排志愿者参加活动的志愿服务组织或志愿者个人提出申请，报区志愿者协会认定。

（三）星级志愿者在获得认证的下一年度享受相应的优惠政策，并在年终将本年度服务情况报区志愿者协会认定备案，若下一年度的服务时长少于本年度服务时长的，不再享受相应的优惠政策。

参照上述志愿者星级认证制度评定一至五星台胞义工。

第二十九条　在重大活动志愿服务和应急志愿服务中，志愿服务组织或接受服务的组织应当对志愿者在从事志愿服务活动中由本人所支出的交通、误餐等费用给予适当的补贴。经常性志愿服务，根据具体情况，可适当给予补贴，鼓励按照"以奖代补"的原则，对志愿者进行物质奖励。

第七章　法律责任

第三十条　在志愿服务过程中，因志愿服务组织过错给志愿者造成损害的，志愿服务组织应当依法承担法律责任。

在志愿服务过程中，因志愿服务对象的过错，或者其他原因给志愿者造成损害的，志愿服务组织应当协助志愿者依法获得赔偿或者补偿。

第三十一条　志愿者在志愿服务过程中对志愿服务对象或者其他相关人员造成损失的，由志愿服务组织依法承担民事责任；志愿者有故意或者重大过失的，志愿服务组织承担民事责任后，可以依法向志愿者追偿。

第三十二条　违反本办法规定，利用或者变相利用志愿服务组织或者志愿者名义、志愿服务标识进行营利性或者非法活动的，公安、民政、工商等有关部门应当予以制止，并依法追究其责任。

第三十三条　侵占、私分、挪用志愿服务经费的，按照有关规定追究责任；构成犯罪的，由司法机关依法追究其刑事责任。

第八章　附则

第三十四条　本办法解释权属于厦门市海沧区精神文明建设指导委员会办公室，所作解释与本办法具有同等效力。

第三十五条　志愿服务组织安排志愿者到外地开展志愿服务活动，参照本办法执行。

第三十六条　本办法自印发之日起施行。

摘录自中共海沧区委办公室 海沧区人民政府办公室《关于印发〈海沧区志愿服务管理试行办法〉的通知》（厦海委办〔2013〕114号），2013年12月13日。

厦门市海沧区自然村、社区（小区）基础分类评定暂行办法

根据《中共厦门市委、厦门市人民政府关于全面推进美丽厦门·共同缔造行动的若干意见》（厦委发〔2014〕3号）精神，按照"决策共谋、发展共建、建设共管、效果共评、成果共享"要求，紧紧围绕建设"美丽厦门、活力海沧"，制定本暂行办法。

一 基础分类的单位和等级

基础分类以自然村和社区（视社区范围大小，只有单个小区的社区，则以社区为单位，由多个小区组成的社区，则以小区为单位）为单位，分为美丽厦门典范村（社区）、美丽厦门良好村（社区）和美丽厦门基础村（社区）三个等级。通过分类，为实施"以奖代补"项目提供参考依据。

二 基础分类的标准

以自然村、社区（小区）群众参与公共事务积极性、基层组织建设情况、社会组织培育及发挥作用情况、完整社区建设成效、社区平安创建程度、经济发展成效等方面为依据，分为"决策共谋、发展共建、建设共管、效果共评、成果共享"五大项，单项20分，总计100分。总评分数80分以上的自然村、社区（小区）为美丽厦门典范村（社区），总评分数60—79分的为美丽厦门良好村（社区），总评分数在60分以下的为美丽厦门基础村（社区）。"五共"单项分数有一项低于12分的则不能被评为美丽厦门典范村（社区）和美丽厦门良好村（社区）。

（一）城市社区（小区）基础分类标准

1. 决策共谋：社区网格员定期走访群众，收集居民群众对"美丽厦门·共同缔造"活动的意见建议，入户率达到80%；每个社区（小区）设有意见征集栏和宣传栏板，开展"美丽厦门·共同缔造"活动宣传每年不少于6次；社区建立党组织、工青妇、社会组织、驻辖区单位、居民代表等共同参与的议事协商制度；社区有定期召开居民代表会议，重大事项有听取居民群众意见且参与人数达到本社区（小区）人口比例50%。

2. 发展共建：社区社会组织参与社区治理建设，列入区级"以奖代补"项目并通过验收，项目受到社区群众普遍好评；社区（小区）均有建立业主委员会，无物业小区居民自治、共治率达80%，有建立社区、业委会、物业管理、居民代表、企业、驻区单位的联席制度，定期召开会议商讨"美丽厦门·共同缔造"活动和社区治理工作；社区广泛组建广场舞、书画、民乐等文艺团体，并有备案登记，群众性文体活动开展经常；辖区内社会服务类、公益慈善类、群众生活类的社会组织机构完善，活动开展丰富，服务受众面广。

3. 建设共管：组织社区（小区）居民、社会组织参与社区（小区）认养、认管、认领、认捐活动，并形成制度；成立社区（小区）发展协会等社区社会组织，并切实参与社区自治，作用明显；社区（小区）注册建立志愿服务站，定期或不定期开展扶危济困、尊老爱幼、四个关爱等公益慈善活动；组织发动社区居民、社会组织参与共同缔造，征集过程完整，项目得到有效落实。

4. 效果共评：请群众评议共同缔造项目的完成效果，形成制度；请群众评议骨干分子在项目开展中的表现，形成制度；积极创新开展评选活动；驻辖区单位及社区社会组织在社区治理方面的共评共促作用明显；社区居民对社区工作者的满意度达到80%。

5. 成果共享：社区党委（支部）充分发挥战斗堡垒作用，社区党员充分发挥先锋模范作用，引领社区群众参与社区治理和服务工作内容丰富，效果显著；社区（小区）环境整洁干净、绿化良好，无污水漫溢、无乱扔垃圾；社区（小区）公共文化设施向社会免费开放，管理有序；经常开展邻里互助活动，邻里之间和睦互助；和谐社区氛围浓厚，无黄赌毒现象，无群体性事件；社区（小区）事务公开制度完善，居务公开栏信息及时更新；建有社区居务公开、居民自治公约等制度，群众共同参与社区文化的氛围浓厚。

（二）农村社区基础分类标准

1. **决策共谋**：村（组）设有意见箱、宣传栏等载体，广泛征集群众意见，宣传入户率不低于80%；"美丽厦门·共同缔造"群众知晓率达90%；村（组）建有党组织、工青妇、社会组织、辖区企业、村民代表等共同参与的协商议事制度；村（组）重大事项均有听取群众意见建议，体现共同缔造。

2. **发展共建**：村（组）群众自觉参与房前屋后环境整治，改善居住环境；村（组）依照标准积极申报、组织实施"以奖代补"等共同缔造项目；村（组）群众积极义务投工、投劳，辖区企业自动自发参与共同缔造项目建设；村（组）群众捐款捐物、捐地让地参与共同缔造项目建设；村（组）群众自发组建广场舞队、书画小组等文艺团体，积极开展群众性文体活动。

3. **建设共管**：村（组）成立乡贤理事会、道德评议会、村民议事会等社会组织，并切实参与自治、发挥作用；共同缔造项目的意见征集、项目确定、实施推进等过程有群众参与；群众积极认捐认管村（组）公共设施、公共绿化、公益活动等公共事物（务）。

4. **效果共评**：村（组）建有"以奖代补"等共同缔造项目接受群众监督、参与验收的机制，有记录；村（组）对共同缔造项目效果评定、先进代表推选等建立倾听群众意见、让群众参与评选制度；村（组）积极开展低保户票决等可激发群众自治热情的评选类活动；村（组）群众对村（组）干部的满意率达到80%。

5. **成果共享**：村党支部组织有力，党员先锋模范作用明显；村（组）主干道环境整洁干净，绿化良好，无污水漫溢、无乱扔垃圾；村（组）公共文化设施向村民免费开放；村（组）邻里和美，经常开展邻里互助活动，邻里之间矛盾纠纷化解及时；村（组）群众诚信守法、尊老爱幼、勤勉自律，无黄赌毒现象、无群体性事件；村（组）制定有村（组）务公开、村规民约等制度，积极推进"百姓富、生态美"。

三 基础分类的程序

（一）自然村、社区（小区）自评

以村（居）委会为单位，组织人大代表、政协委员、村（社区）干部、自然村（小区）代表、老党员等开展综合评定，参评人员无记名填写"基础分类自评表"，村（居）委会将自评情况综合汇总到"基础分类自评汇总表"报镇（街）党（工）委。

（二）镇（街）评定

1. 社会助评。由镇（街）领导班子成员和驻村（社区）干部，镇（街）各办（站、所）负责人，本镇（街）80%以上的"两代表一委员"（区级以上的党代表、人大代表、政协委员），村民代表等参加，由镇（街）党（工）委集中组织各参加人员填写"基础分类助评表"。镇（街）要将助评情况综合汇总，按得分高低排序，填写"基础分类助评汇总表"。

2. 镇（街）领导班子会议确定等级。镇（街）召开领导班子会议讨论，根据自然村、社区（小区）自评和社会助评的结果，综合评定自然村、社区（小区）的基础分类，并填写"基础分类评定表"，并按等级分类形成"基础分类评定汇总表"。

3. 公示。各自然村、社区（小区）的基础分类评定结果在镇（街）和各村（居）公示7天，无异议后报区审核。

（三）区级审核

各镇（街）基础分类评定结果一式两份报区缔造办，由区缔造办审核。经区审核评定为美丽厦门典范村（社区）的，由区委、区政府按年度命名并颁授牌匾；经区审核评定为美丽厦门良好村（社区）的，由区按年度命名通报。

（四）动态管理

每年年底进行年度考核，实行动态管理。年度考核采取自然村、社区（小区）自评申报与上级审核评定相结合的办法。在考核中，群众参与程度下降的将降级，群众参与程度提高的、各项工作取得实质成效的将提级。

四 考评结果运用

"以奖代补"项目优先支持美丽厦门典范村（社区）、美丽厦门良好村（社区）。行政村（社区）内的自然村（小区）被评为美丽厦门典范村（社区）超过自然村（小区）总数50%的，由区里进行通报表彰并予以奖励。

摘录自中共海沧区委办公室 海沧区人民政府办公室《关于印发〈海沧区自然村、社区（小区）基础分类评定暂行办法〉的通知》（厦海委办〔2014〕20号），2014年3月24日。

厦门市思明区关于规范社会组织管理加快社会组织发展的实施意见

为深入贯彻市委、市政府《美丽厦门战略规划》及《思明区"美丽厦门·共同缔造"社区试点工作实施意见》，进一步扶持和发展思明区社会组织，充分发挥社会组织在社会治理和公共服务中的重要作用，根据厦门市《关于加快推进社会组织登记管理体制改革的实施意见》（厦委办发〔2013〕5号）精神，结合思明区实际，提出实施意见如下。

一 目标任务

按照社会服务"政社互动、社会自治"的工作思路和社会组织"民间化、自治化、规范化"的发展方向，努力探索社会组织管理体制创新，不断优化社会组织发展环境，逐步建设与思明区经济社会发展相适应的门类齐全、层次丰富、结构优化、布局合理、覆盖广泛的社会组织体系，形成政府管理、社会监督和社会组织自律相结合的管理新格局，增强社会组织在社会治理和社会服务方面的功能和作用。

二 工作原则

1. 政社互动。构建公共产品的多元供给体系，新增的社会治理和社会服务事项，凡可委托社会组织承担的，向符合条件的社会组织购买服务；将政府各职能部门不再行使和可交社会组织承担的职能事项，转移或委托给社会组织承担；将事业单位可由社会组织承担的社会治理和公共服务事项，转移或委托给社会组织承担。

2. 突出重点。根据社会组织的活动领域及其功能作用，有计划、有重点地培育和发展一批在社会治理和公共服务中能够发挥积极作用的社会组织。思明区社会组织近期发展的重点领域是群众急需的社会服务类社会组织、公益慈善类社会组织、群众生活类社会组织、枢纽（联合）型社会组织。

3. 培育发展。加快建设公共服务型政府的步伐。创新社会组织登记管理体制，为社会组织的发展创造空间；完善政府和社会组织沟通协调机制，加大政府投入，创新财政扶持社会组织的方式；构建社会组织公共服务平台，为社会组织发展和发挥作用提供政策保障。

4. 规范管理。建立健全政府各职能部门的分工合作机制。形成区、街道、社区和群众四级联动的监管体系，监督社会组织依照法律、法规、规章及其章程规范运作。明确社会组织作为独立民事主体的责任。

三　具体措施

（一）明晰社会组织管理责任

1. 区民政部门作为社会组织的登记管理部门。负责社会组织的成立、变更、注销登记；对社会组织开展的活动进行日常监督和年度检查；对社会组织的违法行为视情节依法给予警告、责令改正、限期停止活动、撤销登记等行政处罚；对非法社会组织依法予以取缔。

2. 区相关部门是社会组织的业务指导单位。应将社会组织纳入行业管理，通过提出建议、发布信息、制定导向性政策等方式对社会组织进行指导；通过转移职能、资金扶持、购买服务等方式支持社会组织发展，协助登记管理部门及其他有关部门查处社会组织的违法行为；会同有关部门指导社会组织的清算事宜。

3. 相关部门在规定职责范围内承担对社会组织的监督管理责任。民政、财政、税务、审计、公安、人社等相关职能部门依法对社会组织的财务管理、人员管理、社会保险、涉外活动等进行监管，及时查处社会组织的违法违规行为。

4. 社会组织是独立民事主体，依法承担独立民事主体的相关责任。应建立健全以章程为核心的内部管理制度，依章程规定的宗旨和业务范围进行活动；按照规定接受年度检查和办理变更登记。

（二）改革社会组织登记制度

1. 建立社会组织直接登记制度。对符合登记条件的社会组织实行直接登记。即除法律法规、政策文件规定须由政府有关部门在登记前进行前置审批的社会组织外，其他社会组织均可直接向登记管理机关（民政部门）申请登记，无需由相关部门前置审查同意。

2. 启动社会组织备案制度。对街道（或社区）范围内由自然人、法人和其他社会组织自愿组成，并在街道（或社区）范围内开展活动，但尚不具备登记条件的社区社会组织实行备案管理。以街道为活动范围的社区社会组织由所在街道进行登记和管理，报区民政局备案；以社区为活动范围的社区社会组织由所在社区进行登记和管理，报区民政局和所在街道备案。

3. 放宽社会组织登记限制。允许同一行政区域内成立两个以上业务范围相同或者相似的公益慈善类、社区服务类社会团体和行业协会商会；允许同一籍贯自然人或法人在思明区投资兴办并在工商注册的企业向思明区登记管理机关申请成立、登记异地商会。

（三）加大社会组织扶持力度

1. 重点扶持传递正能量的社会组织。即群众急需的社会服务类社会组织，如开展养老、早教服务的社会组织；公益慈善类社会组织，如开展志愿者活动、助老助学、扶贫帮困、应急救援等活动的社会组织；群众生活类社会组织，即社区活动团体，如文化娱乐、养身保健、学术联谊等社区活动团体；枢纽（联合）型社会组织，即同类型社会组织联合体、工商经济联合会、商家自律协会等社会团体。

2. 建设和完善社会组织孵化基地。逐步建立区、街道、社区三级社会组织孵化基地。依托社会组织孵化基地，对属于重点扶持类型及其他具有发展潜力的社会组织进行组织孵化和项目孵化。即根据孵化基地实际情况，为新设立、新引进符合条件的社会组织提供登记或备案后一年期限的免费办公场所；协助其承接政府及社会项目、培育领军人物、扶持品牌建设，期满后支持其自行发展。同时，依托社会组织孵化基地，为辖区社会组织提供管理咨询服务、信息交流、人员培训等支持。

3. 出台配套扶持政策。设立社会组织发展扶持专项资金，列入政府财政预算，用于资助重点扶持类型的社会组织孵化基地建设。建立社会组织"以奖代补"制度，对符合评选条件，且在维护市场公平公正、保护环境、捐助公益和慈善事业等方面成果显著的社会组织，给予一定奖励。依托思明区"英才计划"实施，加大区级拔尖人才中社会组织人才选拔比例，逐步探索出台高层次社会组织人才引进政策，提供创业资金、创业载体、交流培训、社会保障等相关支持。

（四）完善社会组织监督管理

1. 完善社会监督机制。建立社会组织信息公开制度，接受社会监督。社会组织事务涉及公众利益的，要在新闻媒体公告；其他重要事务，要在登记管理部门指定的网站公开；内部事务，要在社会组织内部公开。要建立公众监督机制，强化新闻媒体的舆论监督作用；允许和鼓励公民，特别是捐赠人对社会组织的章程、组织机构、活动情况和财务管理等相关情况进行监督。

2. 建立联合监督机制。业务指导单位应同登记管理部门共同制定不同类型社会组织的行业标准；登记管理部门制定社会组织分类指导目录和分类章程示范文本。建立由登记管理部门、业务指导单位以及相关职能部门组成的联席会议制度；建立民政、财政、税务、审计、公安、人社等相关职能部门的社会组织法人数据库信息共享系统；将年检工作与日常监督、绩效管理、信用建设、执法查处结合起来，加强对社会组织的年度检查的审核和财务状况的抽查。

3. 建立等级评估机制。建立科学的评估指标和完善的评估体系，建立评估结果档案，将评估结果与社会组织承接政府购买服务、享受政策优惠等事项直接挂钩，达到一定等级及以上的社会组织，优先作为政府部门委托职能和购买服务的对象。逐步探索推行多元化的等级评估机制，聘请第三方评估机构开展评估，邀请公众参与评估，初步建立"政府指导、部门协同、社会参与"的第三方评估机制，提高等级评估的实效性。

4. 建立查处退出机制。对社会组织出现无法完成宗旨、自行解散、合并分立，无法继续开展活动等情形的，应督促其在财产清算后，办理注销手续。对活动不正常、运转能力弱和社会认可度低的社会组织，应引导其合并或注销。对不符合设立条件、弄虚作假骗取登记的，组织机构不健全、管理混乱、超过一年未开展活动、符合注销条件但不办理注销手续的，连续两年未年检或年检不合格的实行有序退出。对违反国家法律造成后果的，依法追究责任，并予以撤销。

（五）促进社会组织发挥作用

1. 促进社会组织参与社会治理创新。 建立社会组织参与驻辖区建设联席会议制度，建立政府部门与社会组织沟通协调的机制，邀请相关代表参加各种听证会、论证会、咨询会和通报会等，支持和鼓励社会组织参与所驻辖区的建设、管理和民主决策。引导社会组织发挥自身优势，主动反映群众诉求、协调利益关系，广泛开展贴近实际、贴近生活的群众文化活动，协助解决社会问题、化解社会矛盾、维护社会安定。鼓励社会组织参与两岸民间交流活动和国际非政府组织活动，在推动两岸和平统一、实施人道主义援助、全区性生态保护等方面发挥积极作用。

2. 促进社会组织参与社会公共服务。 建立政府职能转移和购买服务制度，每年定期编制政府向社会组织转移职能目录，明确转移职能的部门、事项和方式；由区财政部门牵头编制政府向社会组织购买服务目录，并制定相应的实施办法，明确政府向社会组织购买服务的基本原则、实施范围和主体、承接对象和条件、购买形式、操作流程、支付方式和职责分工等；由区民政部门牵头编制社会组织目录，明确具备资质条件承接政府转移职能和购买服务的社会组织。按照公平、公正、公开的原则，建立竞争择优机制和绩效评价机制，促进社会组织参与社会服务。

3. 促进社会组织自身不断发展。 建立社会组织互动交流平台，组织社会组织定期沟通和交流，探讨、分享社会组织在完善自身管理、推进业务发展、参与社会治理等方面的实践和经验，促进社会组织共同发展。不断健全和完善社会组织激励机制，鼓励社会组织提高社会公共服务质量、丰富公共服务产品类型、创新公共服务活动方式；充分发挥枢纽型（联合型）社会组织的龙头带动作用，推动同类别、同性质、同领域社会组织共同快速、健康、有序发展。

四 工作要求

1. 加强工作协调。 成立区"发展和规范社会组织工作领导小组"，建立由区民政、财政、人社和相关职能部门组成的发展和规范社会组织工作联席会议制度，建立长期的社会组织工作协调机制，定期召开会议，相互通报有关情况，研究协调重要问题，抓好各项工作的落实。

2. 加强组织实施。 各部门、街道要高度重视，把发展和规范社会组织工作摆上重要位置，纳入经济社会发展规划，将社会组织改革与深化行政管理体制改革、事业单位分类改革有机结合起来，有计划、有步骤地推进。区有关部门要按照各自的职责分工抓紧制定具体方案和政策措施。

3. 加强氛围营造。宣传部门要加大宣传力度，积极营造有利于转变政府职能发展社会组织的舆论氛围，利用新旧媒体，打造政策宣传、信息发布、舆论监督等平台。各部门、街道要积极引导广大干部群众主动参与和支持社会组织发展工作，为社会组织发展壮大营造良好的社会氛围。

> 摘录自中共思明区委 思明区人民政府《关于印发〈思明区关于规范社会组织管理、加快社会组织发展的实施意见〉的通知》（厦思委〔2013〕33号），2013年11月。

厦门市关于开展社会组织评估工作实施意见的通知

为加强我市社会组织监督和管理，积极引导社会组织加强自身建设，提高自律性和诚信度，根据民政部《社会组织评估管理办法》的规定，结合我市实际，特制定如下评估工作实施意见。

一 意义和目的

开展社会组织评估工作，是全面学习实践科学发展观、促进经济社会发展的重要内容，有利于提高社会组织的整体素质和专业化水平；有利于完善社会组织自律机制，提高社会公信力；有利于激发社会组织活力，为构建和谐社会提供坚强有力的社会支持。

开展社会组织评估以促进社会组织有序发展为目标，引导社会组织健全以章程为核心的内部管理制度，强化法人治理结构，优化社会组织功能；加强班子建设，建立一支团结、和谐的队伍，增强社会组织自主发展、自我管理能力；完善以诚信为重点的信息披露制度，提高社会组织的透明度和公信力；加强和改进对社会组织的监管，探索建立科学合理的类型评估指标体系和评估工作机制。

二 基本原则

1. "政府主导、社会参与"的原则。 充分发挥社会组织双重管理负责的体制优势，坚持业务主管单位、登记管理机关在社会组织评估中的主导作用，加强与相关行政部门、研究机构专家组的协作，形成工作合力；组织和动员社会力量，利用各种社会资源，从政策上促进、制度上保证社会组织评估工作的开展。

2. **"以评促建、重在建设"的原则。**建立社会组织综合评估体系和评估办法，定期跟踪考评，建立评级奖惩机制，鼓励先进，鞭策后进，着力形成社会组织评估的长效机制。

3. **"客观公正、循序渐进"的原则。**评估的内容、指标、程序、方法等遵循科学性、客观性、公正性、公开性原则；社会组织评估要贴近本市社会组织发展与管理实际，兼顾需要和可能，实事求是，因地制宜，逐步推进，不断完善。

三　组织实施

（一）评估机构

市民政局和各区民政局根据实际情况组建社会组织评估委员会和复核委员会，负责本辖区社会组织评估工作的指导协调和监督管理。评估委员会和复核委员会的组成人员要具有代表性、专业性和权威性。评估委员会下设办公室或委托相应的评估机构，负责评估委员会的日常工作。

（二）评估对象

凡在市、区民政部门依法登记的社会团体、基金会和民办非企业单位，且成立时间两年以上（含两年）的社会组织，均可申请评估。

社会组织有下列情形之一的，评估机构不予评估：

（1）未参加上年度年度检查；

（2）上年度年度检查不合格或连续二年基本合格；

（3）上年度受到有关政府部门行政处罚或者行政处罚尚未执行完毕；

（4）正在被有关政府部门或者司法机关立案调查；

（5）其他不符合评估条件的。

（三）评估内容

社会组织评估按照民政部《社会组织评估管理办法》（中华人民共和国民政部令第39号）规定的组织类型分类和评估指标开展，社会团体和基金会实行综合评估，民办非企业单位实行规范化建设评估。评估内容由基础条件、内部治理、工作绩效（业务活动和自律与诚信建设）和社会评价四方面构成。

（四）评估办法

社会组织评估采取社会组织自我评估、评估机构实地评估与评估委员会审核相结合的方法。

（五）评估程序

评估程序包括发布通知、审核资格、实地考察、审核终评、公示结果、受理复核和发证授牌等七个环节。

（六）评估等级

社会组织评估结果等级从高到低依次为5A（AAAAA）、4A（AAAA）、3A（AAA）、2A（AA）、1A（A）。证书和牌匾的样式由市民政局统一制定。社会组织评估结果实施动态管理，有效期限为5年。评估结果为4A（含4A）以上的社会组织评估结论须报省民政厅审核备案，5A级社会组织上报民政部。

（七）评估作用

社会组织评估等级与政府职能转移、政府购买社会组织服务、税收优惠、资格认定、评比表彰、年度检查等工作相挂钩。获得3A及以上评估等级的，可以优先承接政府的职能转移、政府购买服务和获得政府奖励，基金会和慈善组织等公益性社会组织，可以按照规定申请公益性捐赠税前扣除资格；获得4A及以上评估等级的社会组织可以简化年检程序。

四 工作保障

1. 提高认识。 社会组织评估工作是开展社会组织管理的一项重要内容，各级各有关部门一定要高度重视此项工作的重要性，切实加强领导，精心组织，周密部署。要根据我市社会组织管理工作实际，有效结合当前管理工作重点和专项工作，积极稳妥地推进社会组织评估工作的开展。

2. 密切配合。 民政部门要加强与社会组织业务主管单位、相关政府部门以及科研机构的沟通与合作，主动听取各相关部门的意见和建议，认真做好组织评估工作的牵头、指导和组织协调工作，确保各项工作落到实处。

3. 加大宣传。 要加大对社会组织评估工作的宣传和培训力度，提高社会组织对评估工作重要性的认识，消除疑虑，扩大共识，积极营造有利于推进社会组织评估工作的浓厚氛围，激发社会组织参与评估的热情，提高参评率。

4. 落实保障。市、区各有关部门要为社会组织评估工作创造必要的条件，在人员、经费等方面给予保障。要加强对社会组织评估机构的监督和管理，不得因评估工作加重社会组织的负担。民政部门要及时总结经验，不断完善评估机制，充实评估工作内容，提高评估工作水平。

本实施意见自印发之日起执行，有效期五年。

>摘录自厦门市人民政府办公厅转发市民政局《关于开展社会组织评估工作实施意见的通知》，（厦府办〔2012〕239号），2012年8月29日。

厦门市关于推进政府购买服务工作实施意见的通知

为全面贯彻落实党的十八届三中全会精神，进一步推进我市政府购买服务工作，根据《国务院办公厅关于政府向社会力量购买服务的指导意见》（国办发〔2013〕96号）和《财政部关于做好政府购买服务工作有关问题的通知》（财综〔2013〕111号），现结合我市实际，制定如下实施意见。

一 充分认识推进政府购买服务工作的重要意义

政府向社会力量购买服务，是指通过发挥市场机制作用，把政府直接组织提供的一部分公共服务事项，按照一定的方式和程序，交由具备条件的社会力量承担，并由政府根据服务数量和质量向其支付费用的公共服务供给方式。推进政府购买服务工作，是转变政府职能、创新公共服务供给模式的迫切需要，是加快服务业发展、引导有效需求的重要举措，对于深化社会领域改革，整合利用社会资源，增强公众参与意识，激发经济社会活力，提高财政资金使用效益，完善公共服务供给体系，为人民群众提供更加优质的公共服务，都具有重要意义。各区、各部门要充分认识推进政府购买服务工作的重要性和紧迫性，领会中央精神，突出工作重点，立足自身需求，完善工作制度，共同做好政府购买服务工作。

二 严格遵循政府购买服务工作的基本原则

（一）稳妥有序

结合实际，准确把握社会公众服务需求，充分发挥政府主导作用，有序引导社会力量参与服务供给。工作开展中严格规范操作，不断总结调整，稳步推进政府购买服务工作。

（二）注重实效

明确权利义务，坚持突出重点，切实提高财政资金使用效率，重点考虑、优先安排与保障和改善民生密切相关的领域和项目，把有限的财政资金用到人民群众最需要的地方。

（三）公开择优

按照公开、公平、公正原则，坚持费随事转，通过竞争择优的方式选择承接政府购买服务的社会力量，确保具备条件的社会力量公平参与竞争。加强监督检查和科学评估，建立优胜劣汰的动态调整机制，筑牢预防腐败的制度防线。

（四）创新机制

坚持政策衔接，将政府购买服务工作与事业单位分类改革、行业协会商会脱钩等相关改革相结合，凡社会能办好的，尽可能交给社会力量承担。在坚持大的原则不变和透明预算的前提下，有效解决现行政府采购、预算编制、会计处理等技术性管理难题，适当做出政策调整，为政府购买服务工作的顺利推进创造条件。

三 准确把握政府购买服务工作的主体和内容

（一）购买主体

政府购买服务的主体（以下简称购买主体）是各级行政单位和参照公务员法管理、具有行政管理职能的事业单位。纳入行政编制管理且经费由财政负担的群团组织，也可以根据实际需要，通过购买服务方式提供公共服务。从事公益服务的事业单位在提供公共服务过程中，如果需要借助社会力量，可以借鉴购买服务的方式和机制运作，但必须在已有的财政预算内安排。

（二）承接主体

承接政府购买服务的主体（以下简称承接主体）包括依法在民政部门登记成立或经国务院批准免予登记的社会组织，和依法在工商管理或行业主管部门登记成立的企业、机构等社会力量。

政府购买服务的承接主体应具备以下基本条件：

1. 依法设立，具有独立承担民事责任的能力；

2. 治理结构健全，内部管理、信息公开和监督制度完善；

3. 具有独立、健全的财务管理、会计核算和资产管理制度；

4. 具备提供公共服务所必需的设施、人员和专业技术能力；

5. 具有依法缴纳税收和社会保险的良好记录；

6. 在参与政府购买服务项目前三年内无重大违法违规行为，社会信誉、商业信誉良好；

7. 法律、法规规定的其他条件。

（三）购买内容

政府购买服务的内容为适合采取市场化方式提供、社会力量能够承担的公共服务，应根据政府职责范围，与经济社会发展水平相适应，按照事权与支出责任相统一的原则，合理确定购买服务的内容和边界。

教育、就业、社保、医疗卫生、住房保障、文化体育及残疾人服务等基本公共服务领域，要逐步加大政府购买服务的力度；非基本公共服务领域，要更多更好地发挥社会力量的作用，凡适合向社会购买服务的，都可以通过合同、委托等方式交给社会力量承担；对于政府新增的或临时性、阶段性的服务和管理职能或事项，凡适合社会力量承担的，都应按照政府购买服务的方式进行，不再增加新的财政供养机构和人员；对应当由政府直接提供、不适合社会力量承担的公共服务，以及不属于政府职责范围的服务项目，政府不得向社会力量购买。

四　规范有序开展政府购买服务工作

（一）购买机制

政府购买服务机制遵循公开、公平、公正原则，包括项目申报、预算编报、组织采购、项目监管、绩效评价等一系列规范化流程。各部门在编制部门预算时应依照财政部门统一要求，根据当年政府购买服务目录报送购买服务计划。购买主体在财政部门批复购买计划后，应及时向社会公开购买服务项目的预算资金、主要内容、承接标准和目标要求等信息。

购买工作要按照方式灵活、程序简便、竞争有序的原则组织实施，对符合政府采购竞争性条件的，通过公开招标、邀请招标、竞争性谈判、询价等方式确定承接主体；对具有特殊性、不符合竞争性条件的，可以采取委托、特许经营、战略合作等方式进行购买。

购买主体要按照合同管理要求，与承接主体签订合同，明确购买服务的范围、标的、数量、质量要求以及服务期限、资金支付方式、权利义务和违约责任等内容，严禁转包行为。承接主体要严格履行合同义务，按时完成服务项目任务，保证服务数量、质量和效果。

（二）资金管理

政府购买服务主要涉及资金使用方式的变化，所需资金按照以事定费的原则，从部门预算安排的公用经费或经批准使用的专项经费等既有预算中统筹安排。购买主体应充分发挥行业主管部门、行业组织和专家等专业优势，结合项目特点，综合物价水平、工资水平、社会保障规定、税费成本等因素，合理测算并安排购买资金，既要节约财政资金，又要保证承接主体的运营成本及合理回报，还要确保为人民群众提供更加优质高效的服务。

（三）绩效管理

财政部门将政府购买服务资金纳入财政支出绩效评价管理体系，建立绩效评估办法，确保资金使用安全有效。购买主体应会同财政部门，围绕购买服务各个环节做好相关标准研制，逐步建立科学合理、协调配套的购买服务标准体系。探索建立由购买主体、服务对象及第三方组成的综合性评审机制，对购买服务项目数量、质量和资金使用绩效等进行考核评价。评审结果向社会公布，并作为以后年度编制政府购买服务预算和选择政府购买服务承接主体的重要参考依据。

五 扎实推进政府购买服务工作

（一）加强组织领导

政府购买服务是一项新的综合性改革工作，是全面深化改革的重要举措和方向，也是事关人民群众切身利益、保障和改善民生的一项重要工作。各区、各部门要把这项工作列入重要议事日程，按照政府主导、部门负责、社会参与、共同监督的要求，精心组织，明确责任，扎实推进，勇于创新。市财政局要会同有关部门加强对全市政府购买服务工作的指导和监督，总结推广先进经验和做法，积极推动相关制度法规建设。

（二）健全工作机制

各区人民政府要尽快建立"政府统一领导，财政部门牵头，机构编制、民政、工商管理以及行业主管部门协同，职能部门履职，监督部门保障"的工作机制。财政部门要牵头建立联席会议制度，定期召开会议，组织协调全市政府购买服务工作。机构编制部门要加强政府职能梳理，推进事业单位分类改革。民政、工商管理以及行业主管部门要按照职能分工将承接政府购买服务行为纳入年检、评估、执法等监管体系。监察、审计等部门要加强对政府购买服务工作的跟踪监督。

（三）做好政策衔接

机构编制、财政部门要将政府购买服务和事业单位分类改革衔接起来，运用政府购买服务的理念，结合机构编制和财政支持方式变化，倒逼事业单位加快改革。当前，要鼓励事业单位积极参与政府购买服务，与具备条件的社会力量公开、平等竞争；接下来，要抓紧研究制定通过购买服务方式支持事业单位分类改革的具体办法，探索事业单位编制退出管理机制，逐步实现事业单位"养人"向"养事"的转变。

（四）开展试点工作

财政部门要牵头研究制定政府购买服务指导性目录，按照先易后难、积极稳妥的原则，先将一些便于操作、条件较成熟的服务项目纳入购买目录，再根据工作开展的实际情况逐步增加购买内容。2014年市直各部门要重点选取教育、文化、市政市容、劳动就业服务、社工服务、技术服务等民生关注度高、适合由社会力量承担的公共服务事项作为试点项目推进，各区也要立足实际选取适合本区的公共服务项目进行试点，并逐步积累经验，不断扩大购买服务范围。

（五）严格监督管理

各区、各部门要严格遵守相关财政财务管理规定，确保政府购买服务资金规范管理和使用，不得截留、挪用和滞留资金。购买主体应建立健全内部监督管理制度，按规定公开购买服务相关信息，并负责购买服务的具体组织实施和跟踪监督，在项目完成后组织考核评估和验收。承接主体应健全财务报告制度，并由具有合法资质的注册会计师对财务报告进行审计，自觉接受社会和相关部门的监督管理。

（六）加强宣传培训

各区、各部门要充分利用广播、电视、网络、报刊等媒体，广泛宣传政府购买服务工作的重要意义、指导思想、基本原则和主要政策措施，做好政策解读，加强舆论引导，为推进政府购买服务工作营造良好的舆论环境。要切实加大培训力度，强化理论培训，确保广大干部群众及相关社会力量负责人、工作人员了解、熟悉有关背景知识、政策措施及操作规范；强化技能培训，确保相关社会力量学习、掌握承接公共服务的专业技术能力。

摘录自厦门市海沧区人民政府办公室《厦门市海沧区人民政府办公室关于转发海沧区财政局〈关于推进政府购买服务工作实施意见〉的通知》（厦海政办〔2014〕36号），2014年5月29日。

厦门市民政局关于社区社会组织登记和备案管理工作的实施意见

社区社会组织是社区范围内单位或个人单独或联合举办的，由社区居民自发组成的，以自我管理、自我教育、自我服务、自我监督、自我娱乐为活动目的，具有文体、服务、慈善、公益、志愿等类型，在社区范围内开展活动，为社区文化、教育、卫生、体育、法律和社会福利等提供服务的社会组织。在发展社会主义市场经济、创新社会治理体系的新形势下，社区社会组织已成为推进社区公益事业发展，承接政府职能转移，参与社区治理，促进社会和谐的一支重要力量。为了培育发展社会组织和规范社区社会组织运行机制，现提出实施意见如下。

一 明确社区社会组织培育发展与规范管理的指导思想

（一）社区社会组织培育发展的指导思想：以邓小平理论、"三个代表"重要思想为指导，深入贯彻落实科学发展观和党的十八大关于"加快形成政社分开、权责明确、依法自治的现代社会组织体制"的要求，根据社会主义市场经济的要求，充分发挥社区社会组织在开展社区服务活动、反映居民诉求、参与社会公共事务管理方面的作用，形成党委领导、政府负责、社会协同、公众参与的社会管理格局。

（二）社区社会组织培育发展的工作方针和目标：以培育促发展，以规范促提高。以人为本、因地制宜，区分不同情况，分类指导，规范管理；分解落实社区社会组织培育发展和规范运作的各项任务，确保各项工作的顺利实施；坚持社区社会组织自主办会，推进社区社会组织的整体发展；努力建立社区社会组织与社会稳定发展的良性机制，营造有利于社区社会组织健康发展的市场环境。

（三）各级民政部门要进一步提高对社区社会组织培育与管理工作的重要性的认识。社区社会组织培育与管理工作是一项涉及面较广的工作，各级民政部门要把社区社会组织培育和管理工作列入重要议事日程，切实加强组织领导，加强调查研究，注意发现和研究新问题，总结新经验，促进社区社会组织的发展，为社区建设长效管理服务，为推进我市经济、社会的协调发展作出贡献。

二　充分发挥社区社会组织的作用

（四）社区社会组织以为社区居民提供服务为根本宗旨，从社区居民最关心的问题切入，积极发挥自身的优势，提高为民服务水平，发挥维护居民权益、积极沟通协调的桥梁纽带作用。具体表现在整合社区资源、化解社会矛盾、发展社区公益事业、拓展社区服务、繁荣社区文化、维护社会稳定等方面。

三　规范社区社会组织机构的建制

（五）社区社会团体登记的条件：

1. 有规范的名称（名称构成为：行政区域＋活动内容＋组织形式）；

2. 个人发起人3名以上或发起单位2个以上；

3. 有适当数量的会员，个人会员数有20个以上或单位会员数有10个以上；个人会员、单位会员混合组成的，会员总数不得少于20个；

4. 有相对固定的办公场所，准予多个社团合署办公；

5. 活动资金不得低于2000元。

（六）社区社会团体要本着"自愿入会、自理会务、自筹经费"的原则办会。社区社会团体要在《社会团体登记管理条例》有关规定的基础上，制定章程，并依照章程建立和完善社区社会组织的选举制度、内部组织制度、民主监督制度。

社区社会团体实行直接登记制，不必执行筹备期。

（七）区社会团体的理事会为会员（代表）大会的常设机构。理事的产生方法、任期、职能、运作方式由社区社会组织章程规定。理事会依照会员（代表）大会的决议和章程履行职责。

（八）社区社会团体的会长是社区社会组织的法定代表人。会长、副会长由理事会在理事中提名，经会员（代表）大会选举产生，其任期由社区社会组织章程规定。担任会长的人选应具有良好社会信誉，无刑事犯罪记录，且未担任国家党政机关公职。

（九）社区社会团体设立秘书处，作为社区社会团体常设办事机构；秘书长由会员（代表）大会选举产生，负责处理社区社会团体的日常工作，秘书长任期由章程规定。

（十）社区民办非企业单位登记的条件：

1. 有5000元以上的开办资金；

2. 在社区或单位有活动场所，在不影响业务正常开展的情况下，若干个民办非企业单位可申请登记在同一活动场所，或与同一社区的社团合署办公。

（十一）申请设立社区社会组织，应由申请人（单位）提交下列文件：

1. 登记申请书；

2. 活动资金证明和活动场所证明；

3. 拟任负责人基本情况和身份证复印件，社区社会团体还需提交会员花名册；

4. 章程草案。

四　完善社区社会组织的管理体制

（十二）社区社会组织的业务指导单位为区人民政府有关部门或经委托的街道办事处。主要负责对社区社会组织的发展、业务活动进行指导和监督管理。

（十三）区民政局为社区社会组织的登记管理机关。主要负责社区社会组织的设立、变更、注销的登记，对社区社会组织实施年检和依法实施监督管理。

（十四）社区社会组织在社区居委会指导和协调下开展日常工作。

（十五）社区社会组织管理体制采取登记和备案管理。对符合登记条件的社区社会组织，由区民政局进行直接登记；但是，相关法律法规规定需前置行政审批及政治法律类、宗教类、社科类的社会组织仍按照双重管理体制进行登记管理。对暂不符合登记条件但正常开展活动且符合经济社会发展需要的社区社会组织，由街道办事处或镇人民政府备案。街道办事处或镇人民政府每季度向区民政局报送一次社区社会组织数据、类别与目录。

五　做好社区社会组织的扶持工作

（十六）经费来源。社区社会团体主要通过依照章程收取会费、接受捐赠、开展服务等途径筹措活动经费。相关部门要求社区社会团体提供服务的，应通过"购买服务"的方式进行。

（十七）社区社会组织的主管部门要加强对社区社会组织各层次专职人员的培训。

（十八）街道办（镇政府）和社区居委会在经费、办公、活动场所及设备等方面，为本社区社会组织提供扶持。

（十九）鼓励社区社会团体以资金、实物、技术、信息等形式投资兴办社区服务业。

本实施意见自发布之日起执行，有效期5年。《厦门市民政局社区社会组织登记和备案管理工作的实施意见》（厦民〔2010〕29号）同时废止。

摘录自厦门市民政局《关于社区社会组织登记和备案管理工作的实施意见》（厦民〔2014〕222号），2014年9月15日。

厦门市思明区进一步推进试点社区减负放权工作意见

为贯彻落实《思明区"美丽厦门·共同缔造"行动试点社区工作实施意见》，进一步推动试点社区优化结构、理顺关系、完善机制、增强功能，推进社区管理体制改革和治理机制改革，结合我区实际，对试点社区减负放权制定工作意见如下。

一　工作目标

通过推动社区减负放权，解决社区职责不清、负担过重、便民服务程序烦琐等问题，进一步明晰社区职责、理顺社区关系、提高服务效率，突显社区自我管理、自我教育、自我服务的功能，实现社区共谋、共建、共管、共享。

二　工作原则

1. 依法依规原则。严格按照相关法律法规和上级有关文件规定稳妥有序推进减负放权工作。对现行社区工作事项及其文件依据进行全面梳理。对于行政执法性工作及专业性部门工作，要通过剥离、转出、整合等手段，依法减除。

2. 注重实效原则。注意统筹兼顾，充分考虑减负放权事项的必要性和可行性，广泛征求部门、街道及社区意见，科学安排调整事项的责任衔接，避免出现因减负而影响工作落实的问题，确保下放权力放而不乱。

3. 强化服务原则。按照"政事、政社分开"的原则，强化对社区开展居民服务工作的指导，突显社区居委会自主管理，避免包办代替，保证社区居委会真正做到"落实自主权、履行协管权、行使监督权"。

4. 责权利统一原则。通过下放事权管理，使得社区能够合理配置辖区资源。对于委托社区居委会协助完成的工作，要按照"权随责走""费随事转"要求，提供相应的工作经费和条件。

三　主要措施

（一）进一步下放社区职权

1. 整合社区工作资源。将公安、工商、消防、环保、城管、环卫、物业等相关单位纳入社区工作体系。职能部门分别设立社区片警、社区联络员等分片联系社区，对职责工作在社区的落实负直接责任。建立社区工作联席会议制度，由社区党委书记牵头，定期召开联席会议，及时通报情况，协调问题，共同推进社区事务的解决。

2. 扩大社区经费支配权。将社区工作经费纳入街道财政预算体系，为每个试点社区安排专项工作经费。各街道要制定试点社区经费使用管理办法，简化社区工作经费使用审批手续，加强审计管理，确保专款专用。对职能部门下放社区或需社区协助的事务，必须"费随事转"，确保社区工作经费需求。

3. 赋予社区监督评议权。对职能部门工作在社区的落实情况，赋予社区评议权，评议情况作为职能部门考核的依据。对物业公司年审，由区建设部门协调市职能部门，建议赋予社区年审建议权。

（二）进一步提升服务效能

1. 减轻事务负担。减除社区与辖区内商家签订安全生产责任书、企业安全检查、社区用人单位劳动保障信息分析处理、劳动监察举报投诉信息传递、开具预防接种证明等13项事务工作及专业性工作，合并社区党建、涉台、侨务、民间信仰、宣传、志愿者申请受理等10项工作，减轻试点社区工作事务负担。

2. 简化审批层级。采取直接授权、委托授权等方式，将在册低保对象居家养老服务、小额医药救助、爱心老人餐桌、"三无"老人就餐送餐等13项与群众密切相关的政府职能管理权直接下放到社区，简化审批层级，由社区直接审查核实、办理，上报街道和区直相关部门备案，或者社区意见直接作为市、区职能部门认定依据，提高便民服务效能。

3. 提高服务效率。通过便民服务项目流程的内部调整，压缩"五老"人员医疗补助申请、低保人员季度电费补贴申请、"圆梦"助学申请等服务项目的办理时限。结合试点社区便民服务中心建设，设立综合事务、民政事务、人口计生、社会综合治理等窗口，对进驻社区事务实行"一条龙优质服务、一站式办理完结"，提高便民服务效率。

（三）进一步规范社区事务

1. 严格准入。区属各职能部门和其他有关单位，凡拟将其组织机构、行政性工作任务和评比考核等进入试点社区，或委托试点社区协助完成工作的，均须向区社区办提出书面申请，经区社区建设工作委员会批准后方可进入，并坚决服从社区统一管理。试点社区凭区社区办核发的《社区工作准入通知书》接纳进驻机构及工作任务，否则有权拒绝。

2. 规范台账。坚决压缩重复、无效、流于形式的台账、簿册、记录、报表等。由区委党建办牵头，区纪委、区委组织部、宣传部等部门参与，统一规范试点社区党建工作台账，合并党组织会议记录本，简化党建工作考核。由区社区办牵头，相关职能部门配合，统一规范试点社区居委会工作台账，合并会议记录本，合并各类工作簿册。

3. 精简会议。以试点工作为契机，逐步精简需社区干部参加的会议，能不开的不开，能合并的合并，必须开的，坚决压缩与会人员数量和开会时长。区直部门需要召开由全体社区干部参加的会议，须经区委办、区政府办报区分管领导批准。街道办事处定期召开社区干部例会，对社区工作进行综合布置，科室一般不再召开会议。重要会议精神的贯彻落实，采取逐级召开会议的方式进行。

4. 统一考核。原则上除了国家部委和省级有明确要求外，相关部门不得分头组织对试点社区开展各种考评，改由区社区办牵头，各相关部门共同组成考核组，每年进行1—2次综合考评。对于综治和计生"一票否决"，原则上只适合否决评选综合性的荣誉称号，第一责任人和主要责任人的评先受奖、晋职晋级的资格。部门委托社区协助完成的工作，由委托单位组织工作验收，但不得带有考核、评比的性质。

5. 清理牌子。由区社区办牵头，区委组织部、区监察局、区民政局等参与，在10月下旬以前，对试点社区挂牌情况进行一次清理。社区对外只挂"社区党支部"（或党委、党总支）、"社区居民委员会"、"社区工作站"

三块牌子。社区内的实体性组织如社区警务室、社区服务站、社区劳动保障服务站等标牌悬挂于相应的服务地点。其他组织机构的标牌可以集中以列表的形式悬挂在办事大厅内显著的位置。没有实质性工作对象和任务的机构和牌子要及时撤销和摘除。

四 工作要求

1. 统一思想认识。各部门、各街道要充分认识到为社区减负放权是贯彻落实"美丽厦门"战略规划和"美丽厦门·共同缔造"行动的重要内容，是推进社区管理体制改革，发挥社区群众主体作用，着力构建共谋、共建、共管、共享格局的重要举措。试点社区要以试点放权为契机，正确处理好减负与增压、放权与担责的关系，切实转变工作方式，把更多的时间和精力用在融入百姓、服务群众的工作上，为全市社区工作创造新的经验。

2. 统筹推进工作。要把试点放权与社区网格化等相关工作有机结合，着力加强人员培训，提高社区干部的综合素质，培养一专多能、一才多用的多面手，让社区能够从台账和事务性工作中摆脱出来，切实沉入网格、深入群众，从根本上实现社区减负。

3. 不断总结探索。各部门、相关街道和社区要坚持边试点边总结、边提升，进一步加大减负放权和改革的力度，各试点单位要及时总结工作经验，不断完善工作机制，提升试点工作成效，为下一步从点、到线、到面的全面推广奠定坚实基础。

摘录自中共思明区委办公室 思明区人民政府办公室《关于印发〈思明区进一步推进试点社区减负放权工作意见〉的通知》（厦思委发〔2013〕25号），2013年9月23日。

厦门市思明区关于社区公共事物（务）认捐认管工作的指导意见

第一条 为培养社区居民主人翁意识，激发社区居民参与社区建设、管理、服务的积极性，丰富社区活动，凝聚社区意识，提升社区生活品质，依据相关法律法规，结合思明区实际，制定本办法。

第二条 本办法由各社区居委会组织实施，适用于各自社区范围内的公共设施、公共绿化、公共活动等公共事物（务）的认捐、认管。

第三条 本办法中认捐是指捐赠公共设施、公共绿化，组织、赞助公共活动等；认管是指主动负责公共设施、公共绿化的日常管理，公共项目建设过程及建设完成后的管理，公共活动的现场管理等。

第四条 认捐认管主体

（一）个人或家庭。

（二）机关、企事业单位、社会团体等组织机构。

第五条 基本原则

（一）自愿原则。全体社区居民、社区辖区内单位均在完全自愿前提下参与认捐认管活动，方式自选、资金自定。

（二）公益原则。认捐认管的公共设施、公共绿化、公共活动等的性质、权属和功能不得改变。

（三）公开原则。认捐认管活动及其相关内容、实施成效等事项，应及时向社会公开，接受监督评议。

（四）长效原则。各社区要建立长效管理机制，确保认捐认管得以持续、有效开展，并建立完整的认捐认管工作档案。

第六条　主要程序

（一）社区居委会对需要认捐认管的事物（务）进行公示，公示期视项目需要而定。

（二）认捐认管主体到社区居委会报名登记，自主选择认捐认管项目。

（三）社区居委会对认捐认管主体进行审核，能够承担其认捐认管项目的即可通过，签订认捐认管协议，明确认捐认管主体的权利义务及具体内容、范围、费用等，并将认捐认管结果进行为期一周的公示。

（四）在公示无异议后，认捐认管主体按照协议抓好执行。

第七条　认捐认管项目的其他事宜

（一）同一项目可由单个主体认捐，也可由多个主体共同认捐。同一项目有多个主体表达认捐意愿时，可以引导各主体共同认捐，将项目拆分为若干任务，明确各个主体的职责，或者引导部分主体认捐其他项目。

（二）同一项目有多个主体表达认管意愿时，可以在充分沟通的基础上，优先考虑更具专业能力、认管持续时间更长的主体。

（三）公共设施、公共绿化、长期性公共活动的认管期限一般为1—3年，期满后可以自动退出或申请继续认管，由社区居委会根据认管期间的实际表现，对认管主体是否继续认管予以审核；一次性公共活动由认管主体提前向社区居委会申请，社区居委会及时予以审核。

第八条　认捐认管主体的权利

（一）可在社区居委会审批下，由认捐认管主体为认捐认管项目冠名。

（二）可在社区居委会同意的情况下设置标志牌。

第九条　认捐认管主体的义务

（一）认捐认管主体应按照协议做好公共设施、公共绿地的管理、养护工作。

（二）认捐认管主体不得利用认捐认管项目从事谋利活动，如在项目中增设广告牌。

第十条　社区居委会及相关职能部门的职责

（一）由社区居委会建立管理档案，发放认捐认管证书，合理设置标志牌。

（二）由社区居委会将各项目的认捐认管主体在社区公开栏、社区网站等媒介进行公布，进行正面宣传。

（三）由社区居委会设置专门账目，统一管理认捐钱款，做到专款专用，账目清晰，定期公布收支情况，接受居民监督。

（四）社区居委会和相关职能部门要加强对认捐认管项目管理情况的巡查，加强指导和帮助，确保认捐认管成效。

第十一条 激励机制

（一）各社区居委会应大力发动社区居民、企事业单位和社会组织参与认捐认管，增强对社区的认同感和归属感。可适时举行认捐认管主体联谊会、交流会等活动，分享认捐认管心得，推进认捐认管工作，增进人际关系，营造和谐融洽的社区氛围。

（二）各社区居委会应注重引导青少年参与认捐认管活动。鼓励各中小学校将社区事物（务）认捐认管活动纳入学生德育教育内容，探索将认捐认管活动与社会实践活动有机结合的路径，增强青少年参与社区建设的主动性和自觉性。

（三）各社区居委会定期对认捐认管主体的执行情况进行评定，结合社区实际，对优秀者进行表彰；鼓励和支持社区困难人员参与认管活动。

（四）各社区居委会可以结合自身实际，探索实行积分奖励制度，认捐认管主体通过认捐或认管获取相应的积分，根据积分情况，可优先推荐参与各类评先评优、爱心回馈等活动。通过制定行之有效的激励机制，充分调动各方参与积极性，带动更多社会力量共建和谐社区。

第十二条 退出机制

认捐认管主体未尽到义务或出现其他不适宜情形，首次被发现由社区居委会进行劝导，累计三次则取消认捐认管资格，并在一年内不得再次参与认捐认管活动。认捐认管主体因故申请退出的，须提前向社区居委会提出书面申请。

第十三条 本暂行办法自2013年12月1日起施行。

厦门市思明区社区公共事物（务）认领暂行办法

第一条 为培养社区居民主人翁意识，激发社区居民参与社区建设、管理、服务的积极性，丰富社区活动，凝聚社区意识，提升社区生活品质，依据相关法律法规，结合思明区实际，制定本办法。

第二条 本办法由各社区居委会组织实施，适用于各自社区范围内的公共设施、公共绿化、公共活动等公共事物（务）的认领。

第三条 本办法中的认领主要包括认捐和认管两部分，其中认捐是指捐赠公共设施、公共绿化，组织、赞助公共活动等；认管是指主动负责公共设施、公共绿化的日常管理，公共项目建设过程及建设完成后的管理，公共活动的现场管理等。

第四条 认领项目的主体

（一）个人或家庭。

（二）机关、企事业单位、社会团体等组织机构。

第五条 认领项目的基本原则

（一）自愿原则。全体社区居民、社区辖区内单位均在完全自愿前提下参与认领活动，方式自选、资金自定。

（二）公益原则。认领的公共设施、公共绿化、公共活动等的性质、权属和功能不得改变。

（三）公开原则。认领活动及其相关内容、实施成效等事项，应及时向社会公开，接受监督评议。

（四）长效原则。各社区要建立长效管理机制，确保认领得以持续、有效开展，并建立完整的认领工作档案。

第六条 认领项目的主要程序

（一）社区居委会对需要认领的事物（务）进行公示，公示期视项目需要而定。

（二）认领主体到社区居委会报名登记，自主选择认领项目。

（三）社区居委会对认领主体进行审核，能够承担其认领项目的即可通过，签订认领协议，明确认领主体的权利义务及具体内容、范围、费用等，并将认领结果进行为期一周的公示。

（四）在公示无异议后，认领主体按照协议抓好执行。

第七条 认领项目的其他事宜

（一）同一项目可由单个主体认领，也可由多个主体共同认领。

（二）同一项目有多个主体表达认捐意愿时，可以引导各主体共同认捐，将项目拆分为若干任务，明确各个主体的职责，或者引导部分主体认捐其他项目。

（三）同一项目有多个主体表达认管意愿时，可以在充分沟通的基础上，优先考虑更具专业能力、认管持续时间更长的主体。

（四）公共设施、公共绿化、长期性公共活动的认管期限一般为1—3年，期满后可以自动退出或申请继续认领，由社区居委会根据认管期间的实际表现，对认领主体是否继续认管予以审核；一次性公共活动由认领主体提前向社区居委会申请，社区居委会及时予以审核。

第八条 认领主体的权利

（一）可在社区居委会审批下，由认领主体为认领项目冠名。

（二）可在社区居委会同意的情况下设置标志牌。

第九条 认领主体的义务

（一）认领主体应按照协议做好公共设施、公共绿地的管理、养护工作。

（二）认领主体不得利用认领项目从事谋利活动，如在项目中增设广告牌。

第十条 社区居委会及相关职能部门的职责

（一）由社区居委会建立管理档案，发放认领证书，合理设置标志牌。

（二）由社区居委会将各项目的认领主体在社区公开栏、社区网站等媒介进行公布，进行正面宣传。

（三）由社区居委会设置专门账目，统一管理认捐钱款，做到专款专用，账目清晰，定期公布收支情况，接受居民监督。

（四）社区居委会和相关职能部门要加强对认领项目管理情况的巡查，加强指导和帮助，确保认养成效。

第十一条 激励机制

（一）各社区居委会应大力发动社区居民、企事业单位和社会组织参与认领，增强对社区的认同感和归属感。可适时举行认领主体联谊会、交流会等活动，分享认领心得、推进认领工作，增进人际关系，营造和谐融洽的社区氛围。

（二）各社区居委会应注重引导青少年参与认领活动。鼓励各中小学校将社区事物（务）认领活动纳入学生德育教育内容，探索将认领活动与社会实践活动有机结合的路径，增强青少年参与社区建设的主动性和自觉性。

（三）各社区居委会定期对认领主体的执行情况进行评定，结合社区实际，对优秀者进行表彰，并给予适当奖励；鼓励和支持社区困难人员参与认领活动。

（四）各社区居委会可以结合自身实际，探索实行积分奖励制度，认领主体通过认捐或认管获取相应的积分，可在爱心超市、爱心商家联盟等场所兑换实物，可优先推荐参与各类评先评优活动。通过制定行之有效的奖励激励机制，充分调动各方参与积极性，带动更多社会力量共建和谐社区。

第十二条 退出机制

认领主体未尽到义务或出现其他不适宜情形，首次被发现由社区居委会进行劝导，累计三次则取消认领资格，并在一年内不得再次参与认领活动。认领主体因故申请退出的，须提前向社区居委会提出书面申请。

第十三条 本暂行办法自 2013 年 12 月 1 日起施行。

厦门市海沧区新阳街道社会治理
创新改革方案

新阳街道位于海沧区西北部，辖区面积约 27.6 平方公里，下辖 1 个村、3 个社区（含 2 个村改居），人口 17.15 万人，其中常住人口 1.55 万人，流动人口 15.6 万人。街道是海沧投资区最早的工业区——新阳工业区所在地，辖区共有企业 1388 家，街道工业总产值长期位居全省街（镇）前列。在经济发展取得卓著成效的同时，新阳街道传统的治理方式正日益面临挑战，特别是政府主导的传统管理模式难以充分发动全体群众参与治理的热情，出现社区工作任务日益繁重，却仍然难以满足群众日益增长的服务需求的困境。为深入贯彻党的十八届三中全会"推进国家治理体系和治理能力现代化"的指导精神，进一步提升"美丽厦门·共同缔造"工作，深入发动群众参与社会治理，完善社会治理体系，全面提升社会治理能力，按照"不求全面求实效，群众满意为标准"的要求，根据市里关于开展深化试点工作的部署安排，制定本实施方案。

一　总体目标

强化法治、培育自治，坚持政府依法行政和群众依法自治相结合，在改革创新中加快实现新阳街道社会治理体系和治理能力现代化。

二　基本思路

以深入推进社会治理现代化为目标，在党的领导下，推进法治、自治、协商民主三位一体的现代化城市治理。一是以法治为框架，依法治理，促进政府依法行政和群众依法自治；二是以培育自治为基础，重构基层治理框架，培育多元社会组织，倡导多类型多层次的群众自治；三是以协商民主为手段，深入推动政府与群众、企业等"共谋、共建、共管、共评、共享"。

三 重点任务

一是政府依法行政，积极推进社会生活领域的政府依法管理，建设法治社会；二是群众依法自治，促使群众在城乡社区治理、基层公共事务和公益事业中依法自我管理、自我教育、自我服务、自我监督，巩固法治社会基础；三是大力培育多元社会组织，培育居民志愿服务精神。

四 改革原则

（一）便民利民原则

要坚持"五共"原则，以群众需求为中心，始终将"老百姓满意"作为改革的前提和标准，以是否便民作为简政放权、机构改革、信息化服务、政府购买服务、培育自治等各项改革举措成败的重要衡量标准。

（二）协同共治原则

政府、社会、市场是现代化社会治理的重要主体。要加强党委领导，发挥政府主导作用，鼓励和支持群众与市场的多方参与，构建党委领导、政府负责、社会协同、公众参与、法治保障的治理格局。

（三）权责对等原则

在理顺区、街道、村（居）、自治单元的职能关系过程中，必须坚持权、责、利的统一，保障治理主体具备相应的治理能力，确保改革不变相"增负""超负"。

（四）分类治理原则

因地制宜探索最合适的自治单元。对于无物业小区，探索场地自治、活动自治和事务自治等功能性自治；对于外来人口、企事业单位多的社区，探索企事业单位与社区、居民的联合自治；对于规模较大的社区，可以探索划分小社区；对于农村社区和"村改居"社区，注重发挥传统组织的自治功能。

五 完善组织结构，健全治理体系

（一）区级统筹：互动共治

1. 推动机构改革。 明确试点街道主体功能，按照"强化社会治理职能，弱化经济职能"的原则，制定街道机构改革的办法，确定时间节点，分解各部门职责，督促确保落实。

2. 主导资源调拨。 在海沧区全面深化改革领导小组框架下，建立"人随事走""费随事转"一揽子动态调整机制，根据改革过程中区、街道、村（居）职能调整情况，及时研究解决"权、责、利"关系问题。鉴于改革的特殊性和复杂性，在资源分配中适度对试点街道给予倾斜。

3. 理顺区—街—社区关系。 厘清各部门、各层级的"职能清单"，推动简政放权，提出优化策略。重点做好街道职能定位，明确街道"守土有责"的责任范围。完善网格化管理服务体系，提升服务水平，方便居民办事。制定政府购买、市场化运作等配套办法。推进社区减负放权，完善街道、社区工作准入机制，落实"权随责走，费随事转"。强化社区的自治服务功能，对社区行政事项进行分类梳理，探索制定《社区组织协助政府工作目录》和《社区组织依法履行职责事项》等任务清单。

4. 设计过渡办法。 对改革中新体制与旧体制之间出现的职能错位进行过渡性处理，例如原本应由试点街道参与或负责的经济类工作会议，在职能调整后，应参照"计划单列"的形式，不再要求试点街道承担，转由新的职能履行主体承担，确保街道及下辖村（居）集中精力投入改革试点工作。

（二）街道治理：共同缔造

1. 调整街道机构设置。 在不改变街道现有机构编制、领导职数和人员身份的情况下，将街道机构整合成"四办"（党政办、经济服务办、社区发展办、综治办）。党政办负责党工委和办事处的上传下达、综合协调、监督落实等日常管理服务工作。经济服务办负责街道财政预算决算、经济发展规划及工业区内企业的服务等工作，下设园区工作站，与社区工作站相对应，负责企业的行政服务。社区发展办负责社区建设、社会组织培育、引导群众自治、计划生育管理等工作，下设社区工作站，承接行政事务。综治办负责社会治安、纠纷调处、安全生产等工作。

2. 打造街道"共同缔造"治理模式。 理顺街道和社区的关系，社区居委会回归自治，不再承担街道的行政工作。社区工作站的职能街道承担，由社区发展办直接管理，街道所有面向群众的行政事项全部下放到社区工作站，最大限度方便群众，让群众在家门口就能办成事。工作站站长由街道社区发展办干部直接担任。原便民服务中心人员全部下沉到社区工作站办公，直接服务群众，加强服务力量。

(三) 社区服务：多元参与

理顺社区组织，完善社区组织架构，构建出一套党组织、居委会、社区工作站、社会组织等多元参与的社区服务体系。发挥党组织在社区服务中的领导、统筹作用，强化社区党组织对居委会的指导、协助；充分发挥党员在社会治理、服务中的模范带头作用，党员可以个人身份加入社区发展协会和其他社区组织之中发挥作用。居委会要大力提升其组织、协调和服务能力，指导和培育社区社会组织的发展，协助网格自治理事会开展自治活动。社区发展协会以及其他社会组织，以服务居民为导向，按照"社会化＋市场化"的模式，为社区居民提供志愿服务和社会服务；社企同驻共建理事会主要充当社区与企业、居民之间的沟通桥梁，动员各方力量共同参与社区建设，服务居民、企业和员工。

(四) 网格自治：一核多元

在城市社区，在网格化的基础上，将居民小区与网格合二为一，建立网格的组织框架，提升网格的自治能力。厘清各组织关系。建立网格党支部，作为网格自治的领导核心，发挥党员在网格自治中的模范带头作用。建立网格自治理事会，主要由社区干部、网格员、居民代表、物业、业委会代表、社会组织代表等组成。自治理事会作为网格议事决事机构，接受社区党组织领导和监督，接受居委会的指导和协助，主要发挥其议事决事功能，协调社区和网格之间以及网格内部不同组织之间的关系，开展网格自治。在小区网格，鼓励和引导小区居民建立业主委员会，完善业委会的监督职能，发挥业委会在物业监督、利益保障、事务商量等方面的作用。

在农村社区，发挥传统文化关联作用，因地制宜以自然村、片、小组等为单位，探索最合适的自治单元，发挥村落自治功能。如新垵村针对"大村"特点，探索"一村多社区"自治模式，将全村划分为6个小社区，提高自治水平。

(五) 楼栋微自治：我爱我楼

推进楼栋微自治，选举产生楼栋自治小组，由楼栋长、居民代表、老党员、老干部、志愿者、积极分子等共同组成。楼栋自治小组是志愿组织，不领取工资，接受社区居委会的指导与协助。组织、发动居民参加"我爱我楼"主题活动，通过制定自治管理方案、订立楼栋公约，实现楼栋公共事务自管；同时，充分运用智慧社区数字家庭信息化平台，开展楼栋和睦邻里、互助关爱、文化体育等活动，促进邻里和谐融合。

六 改善治理方式，提升治理能力

（一）推进法治化治理

法治化是深入推进社会治理现代化的重要内容，要将政府依法行政和群众依法自治结合起来。推进社会生活领域的司法化，将司法机构的服务延伸到群众的生活中，加大对辖区内"水木工作室"的支持力度，充分发挥社区司法调解员的矛盾调解作用，将民事调解结果予以司法确认。加强社区与法律援助机构对接，依法维护居民权益，推进居民在制度内解决矛盾。深化"美丽厦门·共同缔造"群众参与的成果，推进群众的契约性自治。根据村居实际，经过民主讨论制定《小区自治公约》《村规民约》等各种自治公约，提升群众依法自治的精神，促使群众在城乡社区治理、基层公共事务和公益事业中依法自我管理、自我服务、自我教育、自我监督，巩固法治社会基础。

（二）推进社会化治理

加强新厦门人服务综合体功能发挥，推进区级社会组织孵化基地建设，推进登记管理体制改革，加快培育多元社会组织。建立社会组织专项发展资金，建立区、街、社区三级社会组织服务平台，为社会组织提供办公场地和人员培训、管理咨询等服务。大力培育发展社区志愿者组织，加强"两岸义工联盟"品牌建设，壮大志愿者队伍，开展有针对性的服务。探索"社工＋义工"模式，建立社工、志愿者联动机制。搭建社区志愿者与各类民间组织、慈善机构和非营利性社会团体交流合作平台，拓宽社区志愿服务渠道。继续扩大政府购买社会服务，加大公共财政投入，逐步扩大购买服务的范围和数量，凡是能够通过购买提供的服务项目，不再下派给社区执行。建立公益创投制度，梳理出新厦门人心理关爱、空巢老人日间照料、小学生四点钟学校等公益项目，向社会公示，通过公益服务项目洽谈会，引导企业和社会慈善力量参与，实现政府需求、市场需求与社区社会组织发展的契合。

（三）推进信息化治理

从全区层面，整合各种资源，建立大数据平台，加快推进三网融合，推进区、街道、村（居）、居民的四级联网，推进便民服务中心标准化建设，推进网上审批、网上办证等功能的实现，加快形成实用高效、群众欢迎的信息化行政和服务能力。立足新阳街道先进的网格化信息平台优势、全市率先开通的居民小区公共区域无线宽线网络、智慧社区体验屋、社区信息服务云平台等，加快推进社区事务管理平台、居民互动网络平台、公共服务信息平台、社会志愿服务平台、居家养老服务平台等智慧社区建设，促进智慧家庭普及。

七 机制保障

（一）规范参与机制

一是规范居民参与机制。建立多层级、形式多样的志愿服务长效机制。如探索"志愿服务银行"和"志愿服务消费券"，将志愿服务与落户、子女就学等优惠政策挂钩。二是规范社会组织参与。按照《海沧区社会组织管理指导意见》和《志愿服务组织管理办法》等政策文件精神，推进社会组织的规范运行。依托"两岸义工联盟"，建立"台胞+社工+志愿者"的长效机制。三是规范企业参与机制。对于周边企业较多的自治单元，可建立"街道+自治单元+企业"同驻共建机制，形成制度或公约，在居民议事中增添固定比例的企业代表。

（二）强化激励机制

一是建立"以奖代补"的激励机制。根据《海沧区"以奖代补"项目操作实施办法》，由街道设立"村（居）自治以奖代补"专项基金，村（居）建立相应的管理小组，根据考评结果，给个人、社会团体或组织发放奖励经费。二是建立模范带动的激励机制。各个村（居）在区级道德模范评议机制、公益模范表彰机制、劳动模范表彰机制下细化奖励内容，设立评定共同缔造中"热心企业""热心组织""热心居民"等的评价体系，以制度完善"阳台绿化"评比、"美丽家庭"评选、"星级出租户"评选等项目，建立物质、荣誉、人文关怀三位一体的激励方法。

（三）完善共谋机制

建立问卷调查、居民访谈、信息反馈等多样化的意见征集途径，广泛开展平等对话、相互协商、规劝疏导等协商活动，不断推广和完善党代表联系群众、民主评议票决、民主听证会、政情通报会等制度机制，使共谋共评以制度化形式贯穿整个试点工作始终，努力寻求改革的最大公约数，增进最大共识度，形成最大凝聚力。

八 改革步骤

（一）宣传发动阶段（5月底前）

通过召开机关部署动员会、部门业务协调会、群众座谈讨论会，个别访谈、发放学习资料、宣传材料、媒体宣传、户外宣传、网上宣传等形式，在区、街道、村（居）、居民四个层面广泛进行宣传发动，增强各个层面对开展试点工作的认识，形成改革共识，确保改革成为民心所向，为全面开展试点工作打牢思想基础。

（二）基础筹备阶段（6月15日前）

区、街道、村（居）三级密切配合，预先估计职能体系改革及划小自治单元的保障需求，对改革涉及的编制、人员、经费、办公条件、台账转移、端口对接、规章制度、技术手段等统筹进行考虑，预先安排解决方案，确保改革有序进行。

（三）推进改革阶段（6月16日—8月底）

逐步试点具体的做法，根据试验灵活调整改革的内容与步骤，按照先易后难、先存量后增量的原则，一是从理顺职能关系出发，同步对区、街道、村（居）三级职能进行调整，动态平衡职能关系，确保各项法律规定的职能不遗漏、不架空；二是从治理结构出发，调整原有的治理结构，划小治理单元，理顺社区纵向和横向的关系，接着从治理功能着手，优化社区治理的机制。

（四）总结经验阶段（9月份）

针对改革试点的情况，通过专家论证，并结合群众、干部、村（居）、区里、市里的意见与建议，对街道治理改革进行评估，发掘成功的改革措施，纠正不当的改革举措，与其他地方的治理模式进行比较分析，探讨改革的经验与教训。

九　工作要求

（一）加强领导，提高认识

区社会治理创新改革领导小组要切实履行对改革的领导责任，强化部署和跟踪督查，把各项改革举措落到实处。各级各有关部门要充分认识试点工作的重要性，把思想统一到区委、区政府的统一部署上来，把改革作为一项重点工作抓好抓实。街道主要领导要亲自负责，建立领导有力、执行有效、协调联动的工作体系，确保各项工作稳步推进。

（二）坚持改革，大胆突破

要按照习近平总书记"解决我国发展面临的难题，不深化改革不行，深化改革力度小了也不行"的重要论述，坚定不移推进改革，不仅要不怕碰钉子，更要善于拔钉子，要坚持用发展的眼光看问题，敢于突破条条框框的桎梏，"以更大的政治勇气和智慧深化改革"。

（三）加强宣传，培育典型

试点工作具体措施要广泛征求群众意见，确保试点工作吸引群众参与、获得群众认可。要及时总结工作中的特色做法，挖掘先进典型，总结成功经验，努力在全街营造比学赶帮超的良好氛围，以点带面推动改革工作深入开展。

（四）科学考核，力求实效

探索科学合理的试点工作考核机制，对改革成效进行全面考核。要坚持"好不好由群众说了算"，确保改革出实招、出实效。要通过考核引导相关部门积极参与，主动作为。试点过程中，区相关督查部门要定期组织开展督促检查，推动工作落实。

厦门市海沧区新阳街道各层级治理运行机制

海沧区深化改革工作，总体目标是着力构建形成"纵向到底、横向到边、纵横交错、多元共治"的社会治理新体系，实现"党委领导、政府引导、社会协同、群众参与、法治保障"的"共同缔造、互动共治"新格局。具体各层级运行机制如下。

一 街道治理：共同缔造

以"共同缔造"为核心理念，结合街道的主体功能定位，强化街道社会建设、公共服务职能，改善街道在社区建设和经济服务方面的职能。

1. 调整街道机构设置。 在不改变街道现有机构编制、领导职数和人员身份的情况下，将街道机构整合成"四办"（党政办、经济服务办、社区发展办、综治办）。党政办负责党工委和办事处的上传下达、综合协调、监督落实等日常管理服务工作。经济服务办负责街道财政预算决算、经济发展规划及工业区内企业的服务等工作，下设园区工作站，与社区工作站相对应，负责企业的行政服务。社区发展办负责社区建设、社会组织培育、引导群众自治、计划生育管理等工作，下设社区工作站，承接行政事务。综治办负责社会治安、纠纷调处、安全生产等工作。

2. 打造街道"共同缔造"治理模式。 理顺街道和社区的关系，社区居委会回归自治，不再承担街道的行政工作。社区工作站的职能街道承担，由社区发展办直接管理，街道所有面向群众的行政事项全部下放到社区工作站，最大限度方便群众，让群众在家门口就能办成事。工作站站长由街道社区发展办干部直接担任。原便民服务中心人员全部下沉到社区工作站办公，直接服务群众，加强服务力量。

二 社区服务：多元参与

强化社区的服务功能，建立多元参与服务平台。设立社区事务准入门槛，依法列出社区工作清单。一是行政事项。交给社区工作站承担，由街道直接管理。二是协助事项。凡是依法需要社区协助管理和服务的事项，政府按照"费随事转"的原则予以经费保障。三是自治事项。居委会作为社区的自治组织，搞好社区自治，发挥居委会组织、协调、服务等功能。

理顺社区组织，完善社区组织架构，构建出一套党组织、居委会、社区工作站、社会组织等多元参与的社区服务体系。发挥党组织在社区服务中的领导、统筹作用，强化社区党组织对居委会的指导、协助；充分发挥党员在社会治理、服务中的模范带头作用，党员可以个人身份加入社区发展协会和其他社区组织之中发挥作用。居委会要大力提升其组织、协调和服务能力，指导和培育社区社会组织的发展，协助网格自治理事会开展自治活动。社区发展协会以及其他社会组织，以服务居民为导向，按照"社会化＋市场化"的模式，为社区居民提供志愿服务和社会服务；社企同驻共建理事会主要充当社区与企业、居民之间的沟通桥梁，动员各方力量共同参与社区建设，服务居民、企业和员工。

三 网格自治：一核多元

在网格化的基础上，将居民小区与网格合二为一，建立网格的组织框架，提升网格的自治能力。

厘清各组织关系。建立网格党支部，作为网格自治的领导核心，发挥党员在网格自治中的模范带头作用。建立网格自治理事会，主要由社区干部、网格员、居民代表、物业、业委会代表、社会组织代表等组成。自治理事会作为网格议事决事机构，接受社区党组织领导和监督，接受居委会的指导和协助，主要发挥其议事决事功能，协调社区和网格之间以及网格内部不同组织之间的关系，开展网格自治。在小区网格，鼓励和引导小区居民建立业主委员会，完善业委会的监督职能，发挥业委会在物业监督、利益保障、事务商量等方面的作用。

加强信息化建设。运用智慧社区的优势，把行政服务、自治与信息化结合起来，使居民在家里就能办成事，实现居民与党委政府的良性互动，共同缔造美好家园。

四 楼栋微自治：我爱我楼

推进楼栋微自治，选举产生楼栋自治小组，由楼栋长、居民代表、老党员、老干部、志愿者、积极分子等共同组成。楼栋自治小组是志愿组织，不领取工资，接受社区居委会的指导与协助。组织、发动居民参加"我爱我楼"主题活动，通过制定自治管理方案、订立楼栋公约，实现楼栋公共事务自管；同时，充分运用智慧社区数字家庭信息化平台，开展楼栋和睦邻里、互助关爱、文化体育等活动，促进邻里和谐融合。

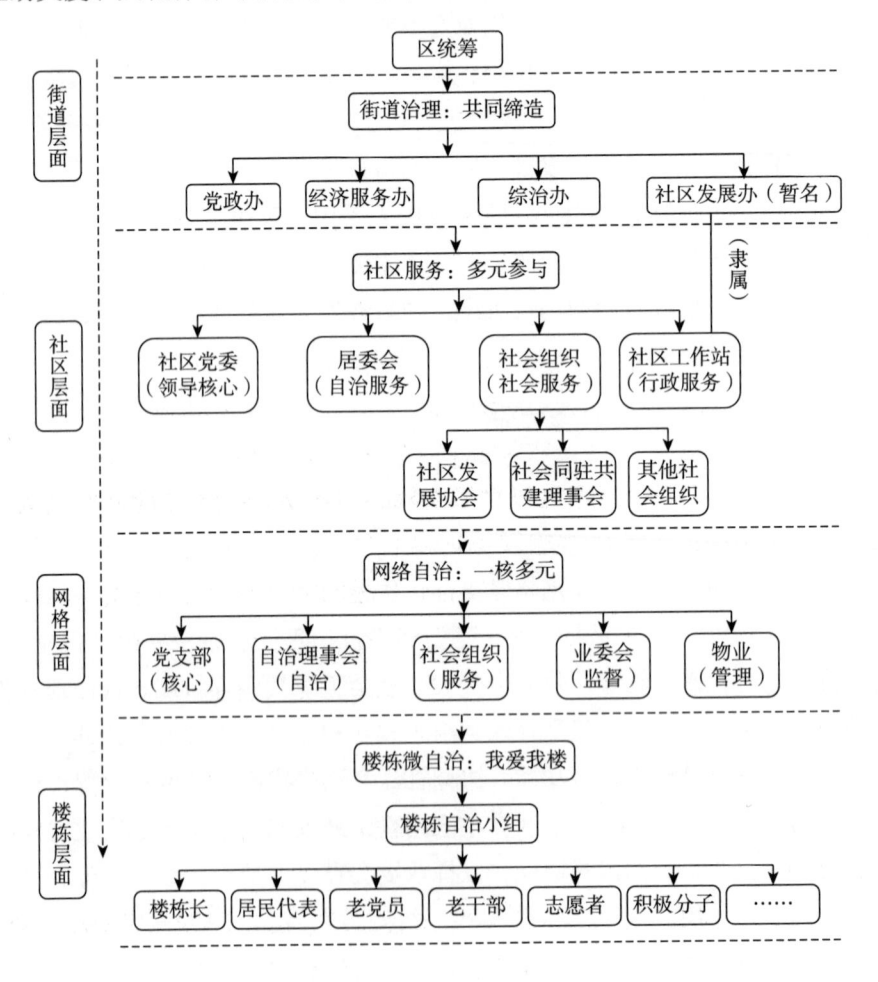

厦门市海沧区兴旺社区关于建立"四民家园"的实施方案

为进一步加强基层民主建设，推进社区居民自治，兴旺社区居委会决定结合社区实际，构建适宜社区居民自治的新模式，建立社区"四民家园"，内设"民声倾听室""民情调查队""民智议事厅""民心服务站"，进一步畅通民声沟通渠道、强化民情收集调查、创新民智发挥载体、提升民心工程质量，创建文明和谐微笑社区，特制定如下实施方案。

一　指导思想

以"三个代表"重要思想为指导，认真贯彻落实科学发展观，全面践行党的群众路线主题教育实践活动，进一步健全基层群众民主自治机制，建立以社区党组织为核心，以居委会为主体、工作站为依托，具有广泛代表性的居民自治制度，遵循"听民声、知民情、集民智、暖民心"的社区工作逻辑，建立"四民家园"，设立"民声倾听室""民情调查队""民智议事厅""民心服务站"，以"充分发扬民主、依法议事维权、为民排忧解难、促进社区和谐"为基本原则，引导社区居民自发地开展自治活动，听取民意，凝聚民智，借助民力，服务民生，共创文明和谐微笑社区。

二　主要内容

（一）建立"民声倾听室"

1. 机构及职责： 倾听室成员由街道党代表、人大代表、政协委员以及社区"两委"、居民议事会成员、业委会成员、物业公司代表等人员组成，成员轮流到倾听室值班，接待来访居民，倾听社区居民对社区服务管理的意见建议，并做好梳理汇总。

2. 具体要求： 在倾听室设立"民声综合台"，在每个小区设立"民声信箱"，开通并向居民公布"民声热线"，在社区网站开辟"民声留言板"。

3. 工作制度

一是每天（包括周末、国家法定假日）至少有1名成员按日常作息时间在值班室值班接访，倾听社区居民反映的问题和建议。

二是值班人员要及时记录居民反映的各种问题和建议，撰写倾听日记，并做好下一班的交接工作。

三是值班人员要及时对各种问题和建议进行梳理分类，对重大重要问题及时报告倾听室主任。

四是原则上每周或根据实际确定一个时间段召开一次工作例会，每半个月召开一次汇总会，成员汇报收集的问题和建议，倾听室副主任对问题和建议进行梳理分类，共同研究解决措施。

五是能够解决的问题由值班人员尽快处理解决，会议研究一时无法解决的及时上报社区居委会处理。

六是每年终应召开总结会，听取、评议倾听室和成员年度工作情况，结合群众满意度等情况作出综合评议，报社区居委会备案，纳入评先评优参考内容。

（二）建立"民情调查队"

1. 机构及职责： 成员由社区网格员、居民议事会成员组成，调查队伍定期深入各个小区、楼栋收集民意，分析梳理社区居民关注的热点问题。

2. 工作制度

一是调查员要定期深入负责网格区域的各个小区、楼栋收集民意，每天撰写"民情日记"。

二是原则上每周召开一次民情例会，每月召开民情汇总会，分析梳理社区居民关注的热点问题。会议由队长或队长委托副队长召集并主持。遇有重大问题或突发事件，可临时召开会议。

三是对调查发现的问题，能够解决的自行处理解决，不能够解决的在上报队长的同时及时上报街道网格化指挥中心，并做好跟踪落实。

四是对居民反映的问题和建议，调查队员要及时给予答复反馈落实进展情况。

五是建立民情调查员招募、培训、考核、奖惩机制。

六是每年年终召开总结会，听取、评议调查队和队员年度工作情况，结合群众满意度等情况作出综合评议，报社区居委会备案，纳入评先评优参考内容。

（三）建立"民智议事厅"

1. 机构设置：建立社区议事会制度，设立"民智议事厅"作为社区议事会日常工作场所，社区议事会在社区党组织的领导下开展工作，由居委会具体组织实施，参加社区议事会的成员由社区"两委"、居民代表、物业公司代表、业委会代表、辖区单位代表、律师等11—15名代表组成，其中主任、副主任，执行秘书各1名。

2. 人员要求

（1）基本条件。政治素质高，拥护党的路线、方针、政策和国家的法律法规，有一定的政治理论水平。工作责任心强，社会责任感强，热心社会管理和社会建设，有一定的群众工作经验和议事协调能力，能正确反映群众的意愿。作风正派，办事公道，在群众中有较高的威信和影响力。

（2）结构要求。成员的构成要具有广泛性和代表性，兼顾片区、职业、学历、年龄等情况。其中，主任由社区党组织书记担任，副主任由居委会主任担任，此外，成员中至少应有1名律师代表。

（3）产生和退出

①除正、副主任外，议事会其他成员原则上经居民代表会议推举产生。

②成员的任期与社区居民委员会的任期一致，可连选连任。

③对多次无故不参加会议，发挥作用差，群众满意率低或主动申请辞职的议事会成员，由议事会表决后予以辞退。

④议事会成员出现缺额的，经社区党组织批准，由居委会提请居民代表会议重新按程序推选增补。

（4）主要职责

①主任：负责组织召集居民议事会，掌握原则，把握方向，积极将议事结果向有关部门反映，协调各方落实。

②副主任：协助主任组织议事活动，负责整理、收集、确定议题等常务工作。

③秘书长：协助主任、副主任工作，负责会务，记录、整理议事结果并

予以公布等具体日常工作。

④律师：负责对议事内容提供法律咨询和审核，确保依法议事。

⑤成员：直接参与社区各项活动，多方收集民意，提出主张和意见。

3. 工作制度

①原则上每个季度召开一次社区议事会，由主任或主任委托副主任召集并主持。议题由主任或主任委托副主任确定，也可由社区居委会或者居民联名提出。遇有重大问题或突发事件，可临时召开会议。

②参加人员超过全体成员的三分之二可以开会，超过到会人员半数通过可形成结果。

③议事会成员分片负责联系社区群众，收集片区居民群众的意见。

④议事会对涉及社区公共利益的事务定期进行协商讨论，讨论前应广泛征求社区居民意见，讨论时邀请本社区党代表、人大代表、政协委员列席并发表意见，并邀请社区各界代表参加，协商结果应向全体社区居民进行通报。

⑤议事会形成结果后，由社区党组织负责将结果向有关部门反映，寻求支持；社区居委会、工作站，物业管理处，社区其他组织共同参与落实，并由居民小组长组成的评估小组负责跟踪、监督、评估落实情况。

⑥每年年终应召开专题议事会，听取和评议社区居委会年度工作情况，结合群众满意度等情况作出综合评议，报街道街政办备案。

4. 硬件要求

（1）设立"民智议事厅"，厅外要有显著的标志、牌匾，厅内悬挂议事内容记录板或通过投影仪显示议事主题，制作统一牌匾悬挂议事会组织机构、议事制度、议事原则、议事会成员职责等。

（2）设立议事公开栏，将会议议题、讨论过程、议事结果和落实情况及时向居民群众公布。

（四）建立"民心服务站"

1. 机构及职责：成员主要依托社区工作站、社区各类社会组织和各类服务资源单位，站长、副站长均由社区工作站站长、副站长兼任，主要负责整合社区各类社会资源，有效调度各类社区自治团体的自治力量，为社区居民提供优质便捷的服务。

2. 工作制度

一是每天（包括周末、国家法定假日）至少有 1 名成员按日常作息时间在值班室值班接访，为来访的居民提供各种服务。

二是值班人员每天要撰写民情日记，并做好下一班交接工作。

三是原则上每周召开一次工作例会，每月召开工作汇总会，分析梳理社区居民急需重点提供的各种服务。会议由站长或站长委托副站长召集并主持。遇有重大问题或突发事件，可临时召开会议。

四是接受社区居委会委托，承担自治事项，开展社区服务，努力协助社区居民解决各类问题，促进社区关系，凝聚社区民心。

五是充分挖掘社区居民的社会资源，有效整合各类社区自治团体的自治力量，合理扩大服务供给途径，积极吸纳综合素质高、有志于社区服务的优秀人员充实到民心服务团中，竭力为社区居民提供优质高效的物质、文化、生活服务。

六是每年年终召开总结会，听取、评议服务站和成员年度工作情况，结合群众满意度等情况作出综合评议，报社区居委会备案，纳入评先评优参考内容。

三 实施步骤

（一）筹备阶段（6月初至6月底）

1. 6月上旬：完善确定实施方案，明确任务分工和工作安排。

2. 6月底前：

（1）制定工作措施，民主推选产生各工作组成员，制定工作规则，完成"四民家园"及"室、队、厅、站"场地选择、设施安装等筹备工作；

（2）制作"四民家园"及"室、队、厅、站"牌匾、制度、意见征集信箱等。

（二）实施阶段（7月初至9月底）

挂牌成立兴旺社区"四民家园"，"民声倾听室"开展倾听活动，"民情调查队"开展调查活动，"民智议事厅"召开第一次居民议事会，"民心服务站"开展服务活动。

（三）总结阶段（10月底前）

总结工作情况，分析存在的不足，提出改进措施，形成社区"四民家园"长效工作机制，并为全街推广提供样本经验和示范。

四　工作要求

（一）统一思想，提高认识

建立社区"四民家园"是社区立足基层特点和辖区实际，探索完善基层群众自治制度的一项重要举措。有效建立并运行这一制度，对于切实发挥居委会作用，凝聚社区各种组织合力，促进社区和谐具有重要意义。居委会全体干部职工一定要提高认识、统一思想、从建设"和谐文明微笑社区"的高度进一步增强主动性，认真落实，细化措施，确保按时完成，取得实效。

（二）精心组织，强化责任

社区"四民家园"必须做到坚持基层党组织的坚强领导，坚持充分发挥居委会的自治主体作用，坚持社区居民热情参与下的广泛民主。全体工作人员要广泛宣传发动，团结和带领社区全体成员积极参与，使之成为全社区的共同目标；要勇于担当，主动承担工作责任，充分发挥社区民主自治主力军的作用；要认真落实任务，切实加强保障；居委会要加强与辖区有关单位的沟通互动，加强协调，形成合力。

（三）认真贯彻，抓好落实

认真领会社会主义基层民主建设和共同缔造的精髓，结合实际，大胆创新，努力探索适合本社区的居民自治新形式；认真抓好落实，把解决问题放在首要位置，实实在在地解决一批群众反映强烈的突出问题；认真结合现有基层民主制度，把"四民家园"各项制度与社区党务、居务、站务、财务公开等现有制度有机结合起来，使构建基层民主与落实其他民主制度相互配合、相互促进、共同发展。

（四）注重总结，打造典型

要注重总结，不断分析成功的经验和失误的教训，把最有个性、有特色、最实在、最具有操作性的服务管理方法进行提炼加工，形成规律性的做法和认识，并上升为规范化制度。同时，要加大宣传培育力度，打造典型，切实发挥典型经验的示范带动作用，引导广大居民参与"四民家园"自治活动，切实把典型效应转化为群体效应、社会效应。

厦门市新阳街道关于开展楼栋微自治："我爱我楼"活动实施方案

为进一步深化社会治理创新改革，完善社区服务、促进社区自治、改善社区环境，根据海沧区社会治理创新改革试点工作的统一部署和有关要求，新阳街道拟于近期开展楼栋微自治："我爱我楼"活动。特制定方案如下。

一 指导思想

以党的十八届三中全会提出"推进国家治理体系和治理能力现代化"的精神为指导，根据市委、区委关于进一步提升"美丽厦门·共同缔造"工作，完善城市基层治理体系，全面提升社会治理能力的工作部署和"不求全面求实效，群众满意为标准"的工作要求，坚持标本兼治，明确工作重点、解决突出问题，确保楼栋微自治："我爱我楼"活动取得显著成效。

二 目标要求

通过开展楼栋微自治："我爱我楼"活动，切实发挥居民自治作用，采取有效措施，解决楼栋存在的社区自治效果不彰和环境管理相对无序等问题，探索建立"党员作用发挥好、卫生整洁环境好、家庭和睦邻里好、文化活动影响好、群防群治稳定好"的楼栋自治管理制度。

三 工作重点

开展楼栋微自治："我爱我楼"活动要围绕完善社区服务、增强楼栋自治的工作要求，以楼栋为单位，依托党员示范、楼栋洁净、邻里互助、楼栋文化、楼栋安保等"五个载体"，重点打造美丽的楼栋环境、趋同的文化纽带、丰富的互动平台、健全的安保机制，逐步增强居民自治自觉性、自治能力和社区凝聚力。

四 实施步骤

按照区委关于社会治理改革创新试点工作的部署要求，配合"共同缔造·探索居民自治有效实现形式"高端研讨会召开的时间，从2014年6月上旬开始，至2014年9月上旬结束。工作分三个阶段进行。

第一阶段：动员部署阶段（2014年6月中旬前）。新阳街道缔造办组织召开"楼栋微自治：'我爱我楼'活动"动员部署工作会议，统一思想，明确任务，提出工作要求，完成工作部署。各社区居委会结合工作实际制定工作方案，各网格自治理事会、各楼栋居民代表配合社区做好宣传发动工作，并通过现场采访、发放调查问卷（倡议书）和网上征集意见等形式，详细了解各楼栋的基本情况，梳理楼栋存在的问题，力求在较短时间内组织和发动居民群众积极参与楼栋自治。

第二阶段：全面推进阶段（2014年6月中旬至7月下旬）。一是建立楼栋自治组织。社区居委会、网格自治理事会在6月下旬前组织居民选举成立楼栋自治管理小组，制定自治管理方案、订立楼栋公约，逐步实现楼栋公共事务自管自治。二是打造楼栋文化纽带。发动居民广泛参与楼栋"征名"活动，制作楼道微笑文化墙等集体活动，并结合岁时节庆组织开展楼栋特色活动，着力增强社区居民的文化认同感。三是丰富邻里互动平台。持续开展邻里一家亲活动，组织"向邻居问一声好""与居民握一次手""到邻居家串一次门""请邻居到家做一次客"等系列活动，有针对性地提升居民的社区归属感。四是加强楼栋安保工作，引导居民开展"邻里守望——我看你的门"活动，配合物业加强楼栋治安巡逻，并酌情增设摄像探头，营造群防群治的社区安全环境。7月上旬前，建立相对完善的依托自管小组进行楼栋公共事务自管的自治模式。

第三阶段：巩固提高阶段（2014年8月上旬至9月上旬）。持续开展楼栋"星级评比""楼栋联谊""今天我做东"等居民互动活动；楼栋自治小组建立工作例会制度，定期收集和解决居民反映的问题，逐步建立楼栋自治的长效机制，切实巩固"我爱我楼"的活动成果。

五 活动要求

1. 提高认识，转变观念。各社区居委会、网格自治理事会要充分认识楼栋微自治："我爱我楼"活动作为促进居民自治、完善社区服务的重要载体的作用，凝心聚力、集思广益开展"我爱我楼"活动。

2. 把握重点，转变作风。各社区居委会、网格自治理事会要充分发动群众、依靠群众，想群众之所想、急群众之所急，把工作重点切实放在发挥党员作用、培育居民自治、敦促邻里和睦、丰富文娱活动等实际问题的解决上。

3. 加强协助，抓好落实。各社区居委会要切实履行职责，加强协作，结合社区、楼栋的实际情况，创新开展楼栋各项文化活动，协助做好各项后勤保障，督促推进各项工作落实。

后 记

2022年湖北省第十二次党代会提出：广泛开展美好环境与幸福生活共同缔造活动，以城乡社区为基本单元，以改善群众身边、房前屋后人居环境的实事小事为切入点，以建立和完善全覆盖的基层党组织为核心，以建构"纵向到底，横向到边，共建共治共享"的城乡社会治理体系为目标。一场以"共同缔造"为主题的基层治理创新在湖北全省推广开来，当然，"共同缔造"并不是一蹴而就，而是十多年的水滴石穿。"共同缔造"产生于云浮，成熟于厦门，实践于沈阳和全国住建系统，最后进入中央文件。其根本原因在于"共同缔造"回应了时代之问，有助于破解时代性的基层社会治理难题。

本书的主要目的是为"共同缔造"探源，与《以共同缔造推进基层治理现代化：云浮探索》是姊妹篇，是云浮探索之上的深化与发展。改革开放以后，厦门进入快速发展阶段，经济与社会发展的非均衡性矛盾在此期间不断突显，尤其是进入中等收入社会以后，面临着经济与社会双重转型的压力，陷入了"中等收入社会"的发展困境。自党的十八大以来，尤其是党的十八届三中全会上提出了创新社会治理体制的重大战略任务，同时明确全面深化改革的目标是推进国家治理体系和治理能力现代化，并把城乡社区治理纳入国家治理体系和治理能力现代化的改革布局当中，进一步突显其在国家治理中的基础性地位。为此，在2013年，时任福建省委常委、厦门市委书记王蒙徽同志提出开展"美丽厦门·共同缔造"行动，改进社会治理方式，以群众参与为核心，以培育精神为根本，以奖励优秀为动力，以项目活动为载体，以分类统筹为手段，在城市社区治理方面围绕决策共谋、发展共建、建设共管、效果共评、成果共享的理念有序推进。厦门探索以其强烈的政治担当和远大的发展抱负,着眼于完善社区治理体系、创新社区治理机制、构建社区治理格局,打造出了凝聚有力的城市社区治理共同体,促成了政府、社会与群众"共谋共建共治共评共享"的治理格局,积极破解了中国现代化城市经济社会发展面临"中等收入陷阱"所带来的各类社会难题,让社会治理的触角真正延伸到社区的"最后一公里",着力构建形成"纵向到底、横向到边,纵横交错、多元共治"的社会治理新体系,实现了"党委领导、政府引导、社会协同、群众参与、法治保障"的"共同缔造、互动共治"的新格局,这是推进基层治理体系和治理能力现代化的生动实践。不同于云浮探索,厦门探索完整地提出了"五共"理念,即共谋、共建、共管、共评、共享,这为中央提出并构建"共建共治共享"的社会治理格局提供了丰富而又扎实的地方实践经验。最为重要的是,厦门城市社区的探索历程在今天仍然具有先行示范性,它为全国社区治理创新提供了一个鲜活的样本,为全国探索和推进基层治理现代化提供了有益经验,值得各地学习和借鉴。

本书的主题集中于基层治理,聚焦于厦门市运用"共同缔造"理念和方法推动城市社区治理体制创新的理论与实践,立足于当下基层治理现代化的现实问题,全面梳理厦门社区治理的各类资料等,全面展现厦门探索中所蕴含的社区治理围绕"五共"理念的做法、成效与经验等,分别从创新治理模式、建构新型联结、明确主体责任、强化监督考核、优化服务格局等层面逐次展开,构成了本书的理论研究部分。在此之后,为了更加形象生动地展现厦门探索中的具体经验,本书基于当时厦门主政者面临的一些棘手问题,结合相关资料,整理了一系列的案例报告,侧重于操作性层面的经验介绍,能够为实践者提供借鉴。最后部分是厦门探索实践经验所形成的制度性成果,包括当时一系列政府文件等,能够更加直接地为当下以共同缔造推进基层治理创新提供参考。

正如"共同缔造"活动一样,本书是地方政府与学术机构共同合作的产物。事实上,这本书自2013年前后徐勇教授参与厦门创新实践的理论指导开始积累相关资料,当时厦门市领导前后多次到访华中师范大学并进行交流,徐勇教授持续跟踪厦门市"共同缔造"行动,可以说厦门探索来自地方政府与学术机构的密切合作和长期互动,并由此形成了一个"共同体",在理论与实践的来回往复中不断向前发展,因此,才有了厦门、沈阳、住建部等不同地域不同领域的"共同缔造"实践。感谢十多年来致力于"共同缔造"的王蒙徽书记，从最初的人居环境领域入手，扩展到统筹经济社会发展，从社会管理转换到社会治理，再到人居环境整治，直至当下的基层治理现代化。

本书是华中师范大学政治学部徐勇教授团队共同缔造的集体成果。自云浮探索开始，华中师范大学中国农村研究院作为教育部重点研究基地进行系统的地方经验研究，承担着咨政服务的任务，由此组建了相应的智库研究团队，出版了一系列智库书系，成为教育部签约智库，并在教育部重点研究基地评估中获得不错的成绩。尤其是社会服务成效显著，此后获评政治学"一流学科"建设单位，以基层与地方治理为重点研究方向，建立了华中师范大学政治学部，在以徐勇教授为部长的政治学部领导下，各个研究团队积极开展"助力湖北"系列活动。陈军亚教授领衔的基层治理与农村发展团队以贯彻落实湖北省第十二次党代会精神为重点，以湖北省美好环境与幸福生活共同缔造活动为对象，先后与省委组织部、省委办公厅、省委学教办、省农业农村厅等开展合作，在全省范围内进行理论宣讲、实地指导和经验总结等，推动了"共同缔造"走深走实。但是，在实地调研过程中，团队成员有感于各级干部群众对于"共同缔造"的理念与要义，内容与方法，政策与措施等有不少疑问，尤其是如何将共同缔造理念和方法落实落细到实际工作中还有不少困惑。基于此，在徐勇教授倡议下，陈军亚教授组织华中师范大学中国农村研究院中国政治所研究人员编辑"以共同缔造推进基层治理现代化"书系，尝试从"共同缔造"的实践经验来解答相关疑惑，进而推动湖北省共同缔造活动走向深处，为探索创新基层治理现代化先行区贡献力量。本书是书系的第二本书，徐勇教授、陈军亚教授亲自参与写作提纲讨论，并对具体写作进行细致的指导，张启春老师、黄凯斌老师、黄振华老师、吴春宝老师、陈明老师、李华胤老师、吴帅老师、王璐老师等先后参与书稿讨论等，在此一并表示感谢！

本书具体的编写由"以共同缔造推进基层治理现代化：厦门探索"课题组承担，自2022年接到书稿编写任务后，编者依托博士生与硕士生组建研究与写作团队，其中，任路老师负责提纲审核与统稿修改等工作，博士生冯晨晨负责研究团队具体组织工作，分配写作任务并具体指导修改等。理论研究部分具体写作及修订安排：第一章由赵欢编写、冯晨晨修订，第二章由于金歌编写、王雅娇修订，第三章由李玉波编写、程娜修订，第四章由蔡清华编写、赵茜修订，第五章由丁依婷编写、李龙起修订，第六章由郭泽颖编写、赵欢修订，第七章由程娜编写、冯晨晨修订。案例报告部分由程娜、赵欢、王雅娇、赵茜、张浩、蔡清华、李玉波、李龙起、郭泽颖、于金歌、张琴、丁依婷、张碧莲等编写。政策文件部分根据案例报告同步收集整理，最后由张琴、郭泽颖、于金歌负责核对并辑录文件来源信息等。后记部分由张浩进行补充完善。在此对所有编写人员表示感谢！

此外，本书的编写离不开《海沧跨越：在共同缔造中提升社会治理》与《思明提升：共同缔造中的基层治理现代化》这两本书的执笔人，他们为本书提供了重要的基础性资料，才使得本书的编写得以顺利完成。感谢中国社会科学出版社为本书的出版提供平台，感谢出版社资深编辑冯春凤老师为本书出版牵线搭桥，感谢本书的责任编辑朱华彬老师，他承担"以共同缔造推进基层治理现代化"书系编辑出版，细致认真的编辑校对使得本书能够以更完美的状态呈现在大家面前，期待本书的正式出版能够为基层治理理论研究和实务工作提供一些参考与借鉴。由于编者理论水平所限，书稿可能有所欠缺和不足，敬请各位读者批评指正！

编著者

2023 年 5 月 6 日